関西大学東西学術研究所研究叢刊 52

文化交渉学のパースペクティブ

── ICIS 国際シンポジウム論文集 ──

吾妻　重二　編著

関西大学出版部

目次

東アジア圏における伝統と近代化

泊園書院研究……東アジア宗教儀礼研究班（Ⅰ）

はじめに

吾妻重二

一

関西大学東西学術研究所の文化交渉学研究拠点（ＩＣＩＳ）は、二〇一五年七月十八日・十九日の二日間にわたって国際シンポジウムを開催した。テーマは「文化交渉学のパースペクティブ」である。本書はその際の発表を中心にまとめた論文集である。

はじめに、文化交渉学の成り立ちと本シンポジウムの開催に関して簡単に述べておこう。

「文化交渉学」の語は近年ようやく一般にも知られるようになり、市民権を得つつあるように思われる。この語は、それぞれの文化は孤立しておらず、他地域の文化と互いに接触し、刺激や影響を与えあい、時には反発しあいつつ展開していくと見る視点が込められている。一言でいえば「文化は交渉する」、あるいは「文化は越境する」という視点のもとに諸文化の形成や展開、受容や変容をダイナミックにとらえていこうとするのが文化交渉学の特色といえよう。このような視点は従来にもなかったわけではないが、文化事象や人文学の場においてそれほど自覚的に用いられてはいなかったように思う。文化交渉は英語でいえばCultural Interaction, 中国語では「文化互動」であって、むしろこれらの表現の方がこの語のニュアンスをよく伝えているかもしれない。

さて、文化をこのように考えるとき、当然ながら導き出されるのは「文化は孤立していない」という観点であり、「文化は固定していない」という観点である。

「文化は孤立していない」というのは、言い換えれば、他地域や他領域とまったく無関係に、まるでガラパゴス島のように孤絶して展開した文化なるものは実際には存在しない、もしくはきわめて考えにくいということである。そうではなかろうか。たとえば、かつて東アジアの政治的・文化的中心であった中国について見てもそうである。文化を受容するよりも圧倒的に発信する側にあり、自己中心の世界を誇った中国ではあったが、しかし他地域・他民族との接触を抜きにしてその歴史を語ることはできない。そればかりか、中国は近代になってヨーロッパや日本など他国からきわめて多くの文化を導入することでみずからの文化を更新していく。つまるところ「中国文化は孤立していない」ことになる。言い換えれば、中国文化は他地域・他民族とのたえざる接触と交渉により成立してきたということになる。

同じことは日本についてもいえる。日本は古くから中国・朝鮮などの外国から多くの文物や思想、文化を取り入れてきた。「鎖国」という、一見、国境を閉ざしていたかに見える江戸時代においても、他国の文化は実はいくつかの窓口を通して相当程度流入していた。さらに明治以降になると、大量の外国の文化・情報が日々もたらされて受容と変容を繰り返していくわけで、外国の文化を抜きにして日本の近代文化を考えることはできない。つまり、日本文化を考える場合、他国との文化的接触というものを視野に入れることで、日本文化もよりよく理解することができるわけである。こうしたことは中国や日本に限らず、どのような国にも、どのような文化についても当てはまると思われる。

また、「文化は固定していない」というのも当然のように見えて、重要な見方と思われる。自己完結していると思われていた文化事象が実はそうではなく、新たな発展や変化を起こしていく事例は数限りなくある。たとえば中国の十二世紀に成立した朱子学は、その体系性の緻密さから完結性が高く、これを超える哲学思想は出現しにくいと考えられたことがあるが、よく知られるように、その後の朱子学の発展は中国、朝鮮、日本、ベトナムで実はみな違っている。いわば「朱子学は固定していない」のである。

もっと卑近な例をあげてみてもいい。たとえば「和食」という食文化は二〇一三年、ユネスコ世界無形文化遺産に登録されたことからもわかるように、一つの立派な「文化」であるが、別に昔から変わらずに「そこにあった」のではない。そうではなく、さまざまな歴史と変遷を経て今日にいう「和食」というものができあがっているのである。そればかりか、いったんできあがったように見える和食のメニューも、実は絶えず改良を加えられ、進化していることは誰しも認めるところであろう。このようなわけで、「文化は固定していない」のである。

いま思いつくままにいくつかの事例を述べたが、これでわかるのは、文化交渉学とは文化の成立と展開そのものにかかわる重要な視点を含んでいるということであろう。文化事象を研究する場合は、以上に述べたような文化のもつダイナミズム、すなわち接触、受容、流通、消化、摩擦、変容、影響、定着といった様相をとらえることが必要になってくるのであって、文化交渉学とは常にそのような広い視野と複眼的思考に支えられて進められることになる。もちろん、このように他の領域に踏み込むことはけっして容易なことではなく、時として「つまみ食い」に陥る危険をともなうが、しかしそれも調査・論証方法に十分留意することで避けうるものと思われる。

二

さて、本学におけるこうした「文化交渉学」の発端は二〇〇七年度、本学が申請した「東アジア文化交渉学の教育研究拠点形成」プログラムが文部科学省「グローバルＣＯＥ」に採択され、「文化交渉学教育研究拠点」（Institute for Cultural Interaction Studies, 略称ＩＣＩＳ）を設けたことに始まる。本学の陶徳民教授がそのリーダーとなった。

このグローバルＣＯＥは五年間にわたって教育・研究の双方における高度なプログラムを推進し、終了後、最高ランクの評価を与えられたことはよく知られるとおりである。いわば日本における国際的高等教育・研究のトップランナーとして役割を発揮してきたことになる。

その教育面についていえば、二〇〇八年度、本学の大学院文学研究科内に文化交渉学専攻を開き、続いて二〇一一年度、これを新たな独立大学院「東アジア文化研究科」に発展させた。二〇一二年度にはそのすぐれた業績が認められて文部科学省「卓越した大学院拠点形成支援補助金」の採択対象となり、早稲田大学と並んで最高のＳ評価を受けている。

研究面についていえば、グローバルＣＯＥのメンバーが精力的に研究を重ね、数多くの著書・論文を発表してきたことはいうまでもないが、「東アジア文化交渉学会」（Society for Cultural Interaction in East Asia, 略称ＳＣＩＥＡ）を設立したことも特筆される。これはグローバル的視野をもつ創造的な研究活動を目指して作った国際学会で、国内外の多くの会員の参画のもと、二〇〇九年六月、本学において第一回大会を開催し、今年までに八回の国際大会を重ねている。

さて、現在の「文化交渉学研究拠点」（ＩＣＩＳ）は、こうしたグローバルＣＯＥの研究面における活動を継続的に発展させるため二〇一二年度、本学東西学術研究所内に設置されたものであり、「言語接触研究班」、「近世近代日中文化交渉（日中移動伝播）研究班」、「東アジア宗教儀礼研究班」の三つの研究班からなっている。リーダーは当初、藤田高夫教授がつとめ、二〇一四年十月からは吾妻がつとめている。そして、これらの三研究班は二〇一五年度に最初の研究期間である三年間の最終年度を迎えるにあたり、研究成果と展望を内外に発信すべく今回のシンポジウムを開いたのである。

三

この「文化交渉学のパースペクティブ」シンポジウムのプログラムは次のとおりである。三研究班が立てたテーマはそれぞれ「東アジア圏における伝統と近代化」、「泊園書院研究」および「文化交渉と東アジアの宗教・思想」、「文化交渉学と言語接触研究の現状と展望」であり、研究発表者のほかに司会とコメンテータを立てて進行と議論がなされた。

ＩＣＩＳ国際シンポジウム――文化交渉学のパースペクティブ

近世近代日中文化交渉（日中移動伝播）研究班　七月十八日（土）一三：〇〇～一六：〇〇

テーマ：東アジア圏における伝統と近代化

発　表：王　青（中国社会科学院哲学研究所研究員・中華日本哲学会副会長）

「近代日本と近代中国におけるイプセン主義の受容」

高橋文博（就実大学教授）

「主従道徳と近代日本」

中谷伸生（研究員・文学部教授）

「木村蒹葭堂の文人趣味と文化交渉」

藤田髙夫（研究員・文学部教授）

「林泰輔の中国上代研究――伝統漢学から近代中国学への展開」

髙橋沙希（非常勤研究員）

「明治洋画界における青木繁」

司　会：井上克人（主幹・文学部教授）

コメンテータ：陶徳民（研究員・文学部教授）

東アジア宗教儀礼研究班（1）　七月十八日（土）一六：二〇～一七：三〇

テーマ：泊園書院研究

発　表：吾妻重二（研究員・文学部教授）
「近代学制のなかの泊園書院」
横山俊一郎（非常勤研究員）
「泊園書院の教育と明治・大正期の実業家」
司　会：二階堂善弘（研究員・文学部教授）
コメンテータ：中谷伸生（研究員・文学部教授）

言語接触研究班　　七月十九日（日）九：三〇〜一二：三〇
テーマ：文化交渉学と言語接触研究
発　表：鄒　振環（復旦大学歴史系教授）
「マテオ・リッチの世界地図の刊行と伝播」
内田慶市（主幹・外国語学部教授）
「周縁資料による中国言語学研究の過去・現在・未来——文化交渉学の視点から」
沈　国威（研究員・外国語学部教授）
「近代の訳語がどう創られたのか」
乾　善彦（研究員・文学部教授）
「漢文訓読という言語接触」
司　会：奥村佳代子（研究員・外国語学部教授）

コメンテータ：陳力衛（委嘱研究員・成城大学教授）

東アジア宗教儀礼研究班（２）　七月十九日（日）一三：三〇～一六：三〇
テーマ：文化交渉と東アジアの宗教・思想
発　表：三浦國雄（委嘱研究員・四川大学教授）
「『北斗本命延生経』徐道齢注の諸問題」
二階堂善弘（研究員・文学部教授）
「日中寺院における伽藍神の探求」
西本昌弘（研究員・文学部教授）
「日中交渉史のなかの杭州水心寺」
鈴木章伯（非常勤研究員）
「梁漱溟における社会主義から仏教への転向」
佐藤トゥイウェン（非常勤研究員）
「ベトナムにおける「家訓」文献」
司　会：原田正俊（主幹・文学部教授）
コメンテータ：吾妻重二（研究員・文学部教授）

このように、発表は文学、哲学、思想、学術、言語、歴史、美術、宗教あるいは漢学塾・泊園書院といった個別研究など多種多彩な内容にわたり、地域的にも中国や日本、ベトナム、ヨーロッパなどにかかわっていて、一見まとまりがないようであるが、しかしいずれも従来の固定的枠組を踏み越える複眼的視野をもっているところに大きな特徴がある。

前に述べたように、文化の相互交渉というものはいつの時代でも、どのような分野でも、またどのような地域・国家間においても起こりうるものであり、このような多様な発表がなされたことにこそ、むしろ「文化交渉学」の特色があるといえる。そのためであろう、多くの聴衆の参加のもと活発な質疑応答がなされ、今後の展開にも大きな示唆が与えられたと思う。

もちろん一言で東アジアの文化交渉といっても無限に存在するから、本書はその側面のごく一部を切り取ってみたにすぎない。今後もさまざまな視点からテーマを設定し、研究を進めていく必要があることはいうまでもなく、それがひいては東アジア諸国間の相互理解にもつながっていくはずである。

グローバルCOEを引き継ぐ三研究班は今年度から次の三年間のサイクルに入った。これからも多彩なアプローチを通して研究の幅を広げ、成果の発信に努めていく所存である。江湖の諸賢のご支援とご批評をお願いしたい。

言語接触研究班

テーマ：文化交渉学と言語接触研究

域外漢語研究の過去・現在・未来
――文化交渉学の視点から

内田慶市
（主幹・外国語学部教授）

一　はじめに

現在わたしたちは「文化交渉学」という新しい学問体系の構築に取り組んでいる。もちろん、「文化交渉学とは如何なる学問体系か」という問いかけに対してわたしたちは未だ明確な回答は持ち合わせてはいないが、少なくとも次のような基本的認識は共有している。

従来の文化交流研究が、たとえば日中交流史という場合、二つの国家単位のナショナルな研究枠組が前提となっており、研究領域・分野においても、言語、思想、民族、宗教、文学、歴史など学問分野ごとの知見が個別叙述的に蓄積される一方で、文化交渉の全体像を把握する方法が欠如していたのに対し、私たちの提唱する「文化交渉学」では、国家や民族、更には個別学問分野という単位を超えて、東アジアという一定のまとまりを持つ文化複合体を想定し、その内部での文化生成、伝播、接触、変容に注目しつつ、トータルな文化交渉のあり方を複眼的で総合的な見地から解明しようとする新しい学問研究である。

これを別の言葉で表現すれば、跨文化、跨学科、跨領域、跨地域……つまり様々な「越境」をその基本的キーワードとして設定することも可能である。私たちがこの新しい学問体系の構築に向けて採用した方法論が「周縁からのアプローチ」である所以でもある。

さて、「文化交渉学とは何か」は、拠って立つ専門領域・分野によって様々な回答があり得る。今後、議論を積み重ねて行く中で、具体的な実を伴った学問体系として確立させていく必要があるが、たとえば、言語に関連する研究として私が興味を持っているのは次のようなものである。

東アジア英学史研究（東アジアにおいて英語がどう学ばれ、どう研究されてきたか。『華英通語』類の研究を含む。）
英華字典の系譜（英語に限らず「漢葡」「漢拉」「漢法」といった広く中国語外国語対照字典を含めてよい）
ピジンと欧化語法（言語接触の具体的な事象として）
近代における文体論の変遷（言文一致や白話と口語の違い等も含む）
近代における訳語と概念史の研究（語彙交流史を超えて）
翻訳論
……

ここでは、個別学問分野である中国言語学の立場からの「文化交渉学とは何か」に対する一つの回答例として「域外漢語研究の新しい可能性」について述べることとする。

二　域外漢語研究

先ず、私たちの言う「域外漢語研究」とは何かについて、少し基本的な了解が必要であるかも知れない。ここで言う「域外」とは「中国域外」ということであるが、必ずしも地域に限らない。たとえば、日本、琉球、朝鮮、ベトナム、欧米は明らかに「域外」と言えるが、日本に残されている中国から舶来された資料などは「域外」とは呼ばない。一方、中国国内に残されている文献資料であっても、満州語資料、蒙古語資料、あるいは満蒙漢合壁資料などは「域外」と見なされる。

取りあえず筆者は以下のようなものを「域外漢語資料」と考えている。

（1）朝鮮資料……『老乞大』『朴通事』『華音啓蒙』『你呢貴姓』等
（2）満漢・満蒙資料……いわゆる「合壁」資料で、『三合語録』『清文指要』『清文啓蒙』類
（3）琉球官話資料……『白姓官話』『学官話』等
（4）唐話資料……『唐話纂要』など唐通事の「課本」類、あるいは漂着船資料

（5）日本人の手になる「課本」資料……『亜細亜言語集』『官話指南』等
（6）ベトナム資料……明・清を中心とし、「字喃」や「漢越語」等

ただし、『聖諭廣訓』など元は漢語だが、それに注釈を付け加えたのが欧米人であるような場合は「官話研究」においてどう取り扱うべきか、或いは、「周縁からのアプローチ」という立場に立てば、「中国語の周縁」という時、中国語内部の「中心」と「周縁」ということも当然考えられていい問題であり、その場合、いわゆる「雅言」と「方言」、「官話」と「郷談」、あるいは「普通話」と「方言」、更には「書面語」と「口頭語」や「古典語」と「現代語」といった関係で中国語をとらえる観点も浮かび上がってくる。

従って、「域外」（「周縁」）とは何かについては、今後、更なる議論が必要となってくると考えている。

ところで、日本においては、この域外資料の有効性についてはすでに一九五〇年代から香坂順一、太田辰夫、魚返善雄、尾崎実などによって繰り返し主張されてきた。たとえば、太田辰夫は「清代の北京語」（一九五〇）や「北京語の文法特點」（一九六四）、「『紅楼夢』新探」（一九六五）といった論考の中で、Mateer の『官話類編』や九江書会版『官話指南』の双行注や三行注などを駆使して北京語と南方語の特徴を明らかにしているし、香坂順一や尾崎実なども、『官話類篇』の書き込みや、Wade の『語言自邇集』、Wieger の『漢語漢文入門』等の欧文資料を利用して中国近世語の特徴を明らかにした。魚返善雄も早くから欧米人の中国語研究に注目し、欧米人が特に「官話」学習において必読書として挙げていた『聖諭廣訓』の翻刻なども行っている他、琉球官話等の域外資料についても言及している。

一方、中国においてはかつて羅常培がトリゴーなどの初期宣教師の資料を用いて音韻学的に研究をした（一九

三〇）以外には、これまで欧文資料を扱うことは少なかった（周振鶴、游汝傑、銭乃栄など極めて少数）が、この数年来、北京外国語大学中国海外漢学センターを中心に急速に研究が進められており、最近は更に厦門大学中文系がこの分野で大きな成果を挙げてきている（李无未《日本汉语教科书汇刊（江户明治编）》など）。ヨーロッパでも同様であり、今後は世界的規模でこれらの資料を使った研究が益々広がっていくと思われる。

三　新資料の発見に伴う「域外漢語研究」の新しい可能性

近年来、「域外漢語研究」に関する新しい資料が陸続と発見されているが、その中で筆者が実際に目にしたもののうちから数点について選び、それらの資料の「域外漢語研究」における可能性、有効性について述べることとする。なお、「最近目にした『西学東漸』と言語文化接触に関する書物」（『或問』、第七号、二〇〇四・三）および「新しく目にした東西言語接触研究に関する資料――二〇一三年欧州訪書記」（『東アジア文化交渉研究』第七号、二〇一四・三）も参照のこと。

1　歴史資料――雍正期イエズス会文書

ところで、ヨーロッパの図書館では、漢籍を見る場合には、注意すべき点がある。それは、元々は線装本であっても洋装本に装幀し直したりするのはごく普通であるが、更には、一冊に綴じられたものが、中身は一冊ではなくて、全く別のものを合訂したりすることもよくあるからだ。つまりは、実際に中身を手にとって丹念に見ていかなければ何が収められているか分からないこともあるということだ。カタログだけでは不十分ということになる。

たとえば、ローマ・カサナテンセ図書館の Mss. 2273 の Menegon の目録（Eugenio MENEGON, 2000, The Biblioteca Casanatense（Rome）and Its China Materials.《中西文化交流史雜誌（中國天主教史研究）》XXII.）では単に「Guignes-Bremond, "Miscellanea Sinensia,"［some Chinese documents and one ms. Catechism are included］」とあるだけだが、実はバセ（Joan Basset）『天主聖教要理』が収められている。

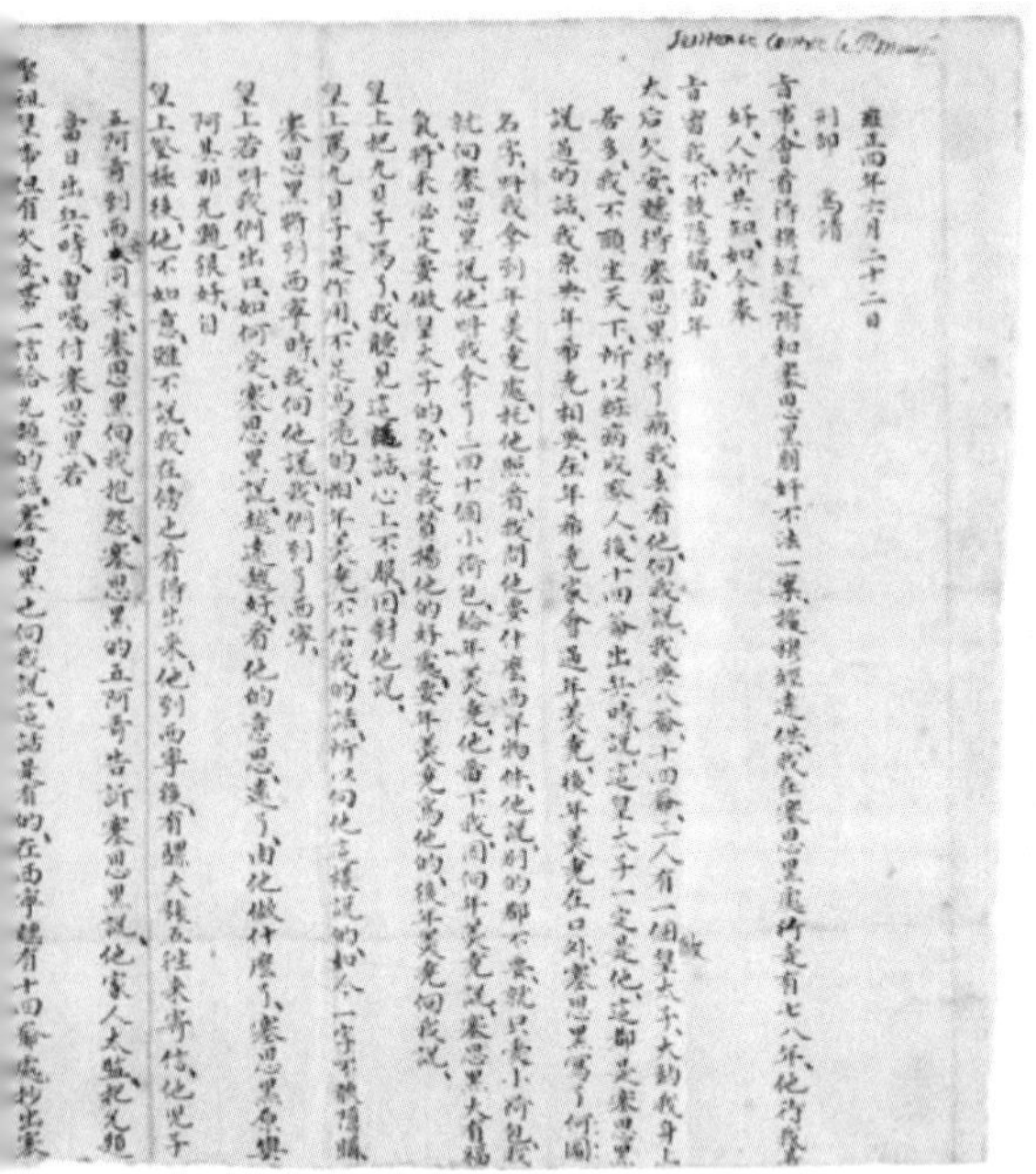

この『天主聖教要理』は別の手稿が Mss.2256（"Miscellanea di scritti vari, lat, ital, franc., uno in cinese" early 18th century［probably from Guignes; one ms. Chinese catechism included］）の中に収められている。

次のイエズス会文書も同じ Mss. 2256 に綴じられていたものである。

これはポルトガル宣教師モラン（中国名を穆經遠、一六八一－一七二六）の雍正帝の兄弟である允禟

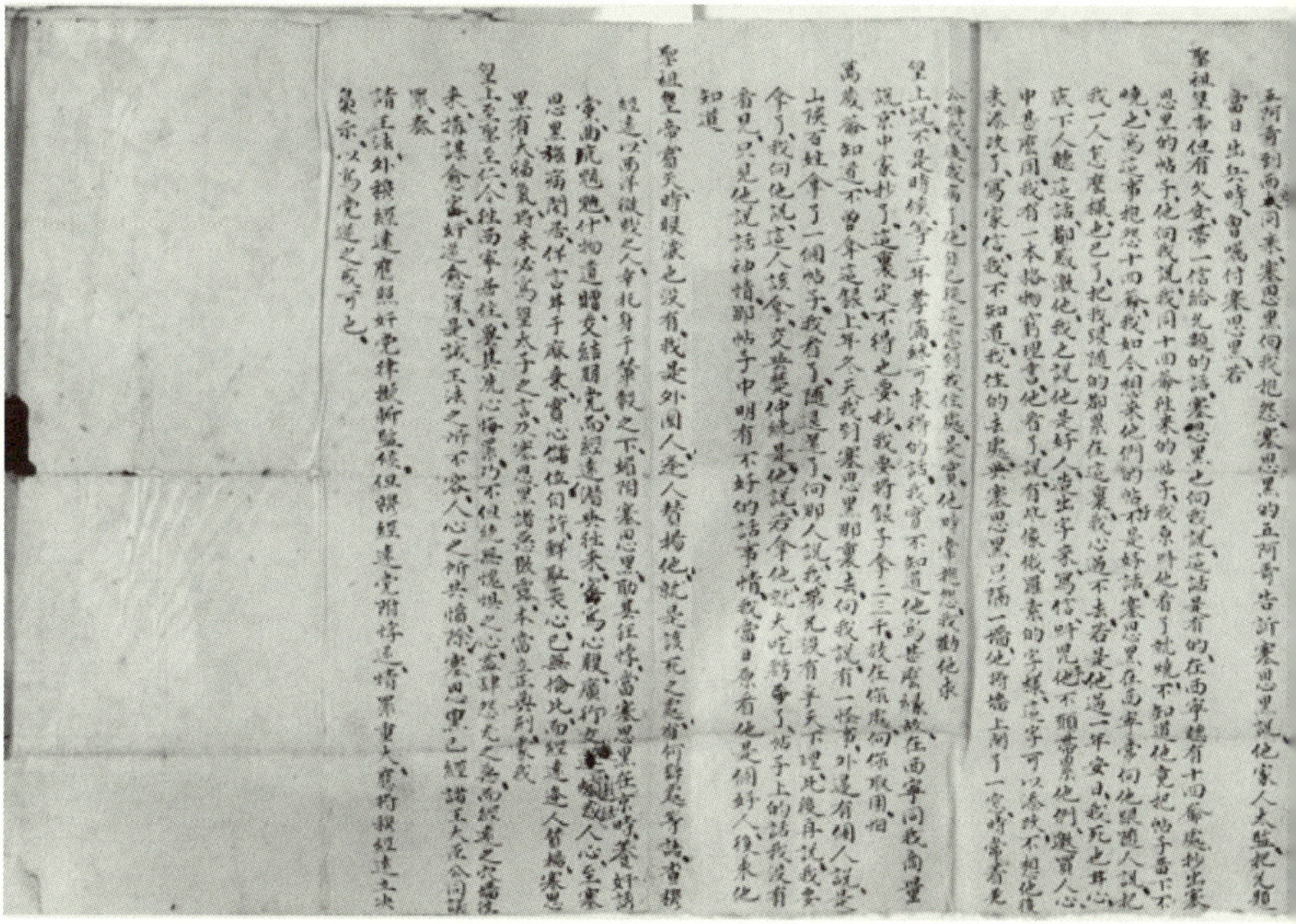

（塞思黒＝豚と呼ばれる、康熙帝の第九子）との関係等の供述書であり、当時の雍正帝のキリスト教への迫害や兄弟への弾圧がうかがい知れる貴重な文書である。翻刻は次の通り。

（翻刻本文）

雍正四年六月二十二日

刑部為請旨事，會看得穆經遠附和塞思黒朋奸不法一案，據穆經遠供，我在塞思黒處行走有七八年，他待我甚好，人所共知，如今奉旨審我，不敢隱瞞，當年太后欠安，聽得塞思黒得了病，我去看他，向我說，我與八爺，十四爺，三人有一個做皇太子，大約我身上居多，我不願坐天下，所以粧病成廢人，後十四爺出兵時，說，這皇太子一定是他，這都是塞思黒說過的話。我原與年希堯相與，在年希堯家會過年羹堯，後年年羹堯在口外，塞思黒寫了何圖名字，叫我拿到年羹堯處，托他照看。我問他要什麼西洋物件，他說，別的都不要，就只愛小荷包，我就向塞思黑說，他叫我拿了三四十個小荷包，給年羹堯，他留下我，因向年羹堯說，塞思黑大有福氣，將來必定要做皇太子的。原是我替揚他的好處，要年羹堯為他的，後年羹堯向我說，皇上把九貝子罵了，我聽見這話，心上不服，因對她說，皇上罵九貝子是作用，不足為憑的，怕年羹堯不信我的話，所以想他這樣說的。如今一字不敢隱瞞，塞思黑將到西寧時，我向他說，我們到了西寧，皇上若叫我們出口，如何受。塞思黑說，越遠越好，看他的意思，遠了，由他做什麼了，塞思黑原與阿其那允題，很好，自皇上登極後，他不如意，雖不說，我在傍也看得出来。他到西寧後，有騾夫張五往來寄信，他兒子五阿哥到西寧同来，塞思黑想我抱怨，塞思黑的五阿哥告訴塞思黑說，他家人太監，把允題當日出兵時，曾屬付塞思黑，若聖祖皇帝但有欠安，帶一信給允題的話，塞思黑也想我說，這話是有的，在西寧聽有十四爺處，抄出塞思黑的帖子，他向我說，我同十四爺往来的帖子，我原叫他看了就燒，不知道他竟把帖子留下不燒，也為這事抱怨十四爺。我如今想來他們的帖子不是好話，塞思黑在西寧常向他跟隨人說，把我一人怎麼樣，也巴了，把我跟隨的都累在這裡，我心過不去，若是他過一年安日，我死也甘心，底下人聽這話，都感激他，我也說他是好人，造出字來，寫信，叫兒子他不願帶累他們，邀買人心，中什麼用，我有一本格物窮理書，他看了，說，有些像俄羅素的字樣，這字可以添改，不想他後來添改了，寫家信，我不知道。我住的去處，與塞思黑只隔一墻，他將墻上開了一窓，時常着老公叫我，後我病了，他自己從這窓到我住處，是實，他時常抱怨，我勸他求皇上，說不是時候，等三年孝滿，就可求得的話，我實不知道他為什麼緣故，在西寧同我商量說，京中家抄了，這裡定不得也要抄，我要將銀子拿二三千，放在你處，向你取用，怕萬歲爺知道，不曾拿這銀，上年冬天我到塞思黑那裡去，向那人說，我弟兄沒有爭天下理，此後再說，我要拿了，我向他說，這人該拿，交與楚仲就是，他說，若拿他，就大吃虧了，帖子上的話我沒有看見，只見他說話神情，那帖子中命有不好的話事情，我當日原看他是個好人，後來他知道聖祖皇帝賓天，時眼淚也沒有，我是外國人，逢人贊扬他，就是該死之處，有何?處等語，查穆經遠，以西洋微賤之人，幸托身于輦轂之下，媚附塞思黑，助甚狂悖，當塞思黑在京時，養奸誘黨，曲庇魍魎，什物遺贈，交結朋黨，而經遠潛與往來，密為心腹。廣行交邀，煽惑忍心，至塞思黑有大福氣，將來必為皇太子之言，及塞思黑諸惡敗露，本當立正典刑，蒙我皇上至聖至仁，令往西寧居住，冀其洗心悔罪，乃不但絕無愧惧之心，益肆怨尤之惡，而經遠之穴墻往來，構謀愈?，奸逆愈深，是誠王法之所不容，忍心之所公憤，除塞思黑已經諸王大臣公同議罪，奏請王法，外穆經遠應照奸党律擬斬監侯，但穆經遠党附悖逆，情罪重大，應將穆經遠立決梟示，以為党逆之戒也。

これを見れば分かるが、こなれた口語体の文章で書かれており、単なる歴史文書としてでなく、当時（雍正四＝一七二六年）の口語を反映した漢語資料としても貴重なものであり、口語資料としてすでに注目されている『聖喩廣訓』に匹敵するものであると考えられる。

また、関連する資料はこの他にカサナテンセ図書館では四種見ているが、いずれにもラテン語での簡単な説明が付されている。この雍正四年のものには"Sentence Contre le P［ere］Mourão"（Mourão牧師の審判）とあるが、他のものも同じ筆跡であり、一七二〇年の文書にははっきりと「Carolus（康和子）」の署名がある。

康和子（一六七三－一七五五、ラテン語ではCarolus Horatii de Castorano、イタリア語でCarlo Orazi da Castorano、フランス語ではCharles Horace de Castoranoとなる）は、フランシスコ会の宣教師で、『意漢字典（Dictionarium latino-italico-sinicum）』を編纂している。その写本は四部あり、二部を中国に（すでに消失）、残りの二部はローマに持ち帰り現在バチカン図書館に収められているが、その字典の筆跡とこの文書との筆跡はほぼ同じであり、これらのカサナテンセに残されたイエズス会文書は彼がローマに送ったものであることがうかがい知れる。また、彼が中国に居たのは一七〇〇年－一七三二年の間であり（一七三四年にローマに戻る）、この文書はまさに一七二六－一七三三年以前に書かれたものであろう。

実は、こうした文書はカサナテンセ図書館のみならず、ヨーロッパの図書館（たとえばバチカン図書館やパリ外国宣教会図書館など）に複数部残されている。（吴旻、韓琦、編『歐洲所藏雍正乾隆期天主教文獻匯編』上海人民出版社、二〇〇八、参照）

宣教師の文書がこのように複数部中国からローマに送られた理由については、以下のような記述が見られる。

為確保信息傳到歐洲，有些耶穌會士甚至把相同的信件經幾個不同渠道寄出。於是，在近兩個世紀時間裡，耶穌會士發自中國的大量信件源源不斷地傳到了歐洲。這些書簡出自身在中國且對其已有切身體驗者之手，其內容大多是寫信者本人所聞或親身經歷之事，自然就具備了〝現場報道〟的性質。它們給西方帶去了中國的形象和信息，因此被反覆轉抄，廣為流傳，成了當時歐洲人了解中國的重要窗口。（『耶穌會士中國書簡集：中國回憶錄二』序）

まさに「ライブ」感覚で情報が届けられたわけであり、その意味からも格好の「生きた口語資料」ということができるだろう。

歴史学の資料がこうして言語資料としても有効であることは、すでに琉球官話資料などからも明らかであるが、次のようなものも今後その中に加えられていいはずである。

關於雍正六年的暹羅國的漢語通事

問 這五個人是那一國的人，叫甚麼名字，那一月日在那裏地方，開船要往何處，到那地方被風打破的。

……

供 嗅嚨嗎林兩個是西洋莫來由人，又伊哥安迆密喀兒三個是西洋彌尼喇人，自彌尼喇開船要往獏喇吧，去約有十天遭風打破，如今又有一月多了。飄到這裏不曉得甚麼地方。

問 你船上共有多少人口，船主水手叫甚麼名字，如今都在那裏呢。

供 船上共有三十五人，船主叫做嚧吟礎，死了三十個，只存小番水手五人，死的姓名不記得了。

……

問 船上有甚麼貨物沒有呢。

供 只有黃藤海參是船主的，別貨都沒有，船破總漂棄無存。

問 有客人沒有呢。

供 沒有客人。

（王竹敏「泰國漂流船的資料」『或問』一九、二〇一〇）

これは、タイの漂流船の記録であるが、ここで使われているのはまさに「口語」体の中国語である。

2　漢訳聖書

漢訳聖書の分野でも近年大きな発見があった。一つはバセ（Jean Basset, 白日昇）の漢訳聖書稿本が四種全て揃ったこと、一つは「幻の聖書」であった賀清泰（ポアロ、P. Le Poirot）の『古新聖経』の発見である。

バセの聖書は、大英図書館所蔵の『四史攸編』と、そのモリソンによる手書き稿本が香港大学に所蔵されていることは以前から知られていたが、ここに来て、別の稿本がカサナテンセ図書館とケンブリッジ図書館で相次いで発見された。この四種の違いは、『四史攸編』、モリソン手書き、ケンブリッジ所蔵版のそれは、「Diatesseron」つまり「Harmony of the Gospels」（総合福音書）であって、たとえば、第一章は「ルカの冒頭部分」――「ヨハネの冒頭部分」――「ルカ第一章」――「マタイ第一章」から成るという具合で、いわゆる「シャッフル」本であるが、カサナテンセ所蔵本だけはモリソンの『神天聖書』と同様に新約聖書の順序通りに翻訳されているという点である。これらの編集の違いが何故生じたか、あるいはどちらが先でどちらが後かという点については筆者も以前に私見を述べたことがあるが、まだ完全には解明されてはいない問題である（拙稿二〇一〇「馬禮遜參照的漢譯聖書――新發現的白日昇譯新約聖經稿本」『自上帝說漢語以來――《和合本》聖經九十年』謝品然、曾慶豹合編、CABSA研道社、等参照）。

ポアロの『古新聖経』については、かつて徐宗澤一九五八（『明清間耶穌會士譯著提要』）などが、その存在（徐家匯藏書樓と北堂の二カ所）や具体的な中身について触れてはいたが、実際には誰も見てはいなかった。それがようやく徐家匯で発見されたのである。すでに、影印本（鐘鳴旦、杜鼎克、王仁芳編『徐家匯明清天主教文獻續編』第二八冊–第三四冊、台北利氏學社、二〇一三）と排印本（李奭學等主編『古新聖經殘稿』全九冊、中華書局、二〇一四）

も出版され、今後の漢訳聖書研究に大きく寄与するはずである。なお、李奭學によって、ポアロの最も早い自筆手稿本の写真の存在も明らかになっている。

このポアロの『古新聖経』にはもう一つ満漢合壁版も存在する。これは、サンクト・ペテルブルクの東方文献研究所に所蔵されているものであるが、以前に金東昭二〇〇一で紹介されたことがある。ただし、金二〇〇一の記述は Volkova の滿文手寫本文獻目錄（*Opisanie man'chzhurskikh rukopiseĭ Instituta narodov Azii AN SSSR*, 1965）に拠っており、実際とは異なる部分もある。従って、案外、金氏自身は現物を見ていないのかも知れない。

体裁は本文全一〇一葉、各半葉一〇行（満語五行、漢語五行）で、「如達國眾王經尾增的総綱・巻壹下・第一三篇（＝歴代志上・第一三章）」から「如達國眾王經尾增的総綱・巻壹下・第二九篇」までを収めている。筆跡からは、漢字本とほぼ同じ手になるものと判断される。

この満漢合壁版の中国語には『清文指要』等の満漢合壁課本に見られるようないわゆる「翻訳臭」というものが余り感じられない。これは、つまり満州語と漢語のどちらが先に成立したかという問題にも関わってくることで、今後の課題となる。

なお、ポアロの『古新聖経』には以下のように満州語版もある。

参考までに、現在までに確認されている『古新聖経』の版本を以下にように示しておく。

（1）漢字版（ポアロ自筆北堂版）…香港思高聖経学会蔵残片
（2）満文版…東洋文庫、サンクト・ペテルブルグ東方文献研究所所蔵
（3）満漢合壁版…サンクト・ペテルブルグ東方文献研究所所蔵

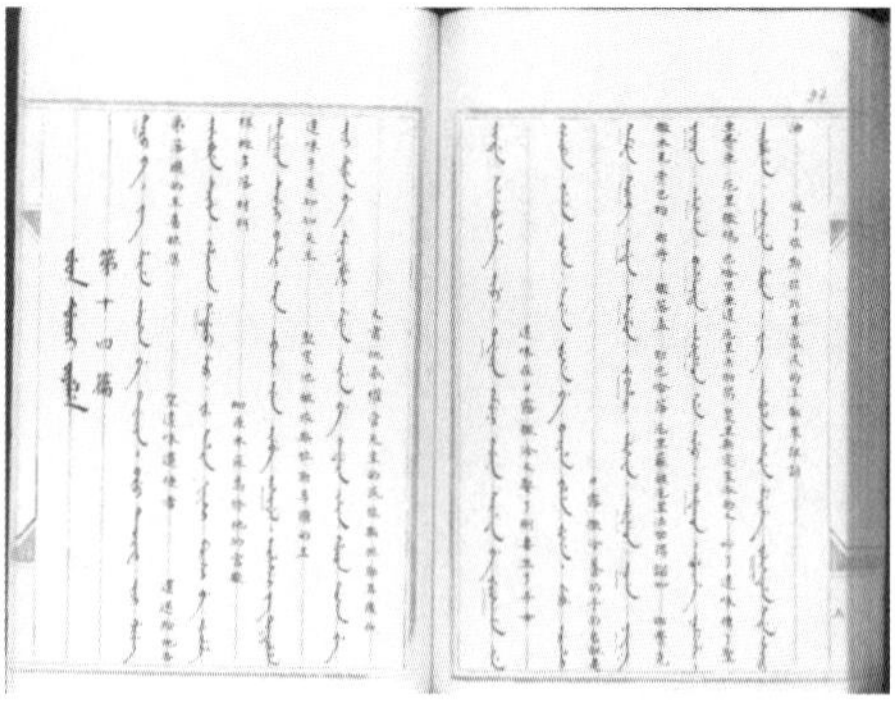

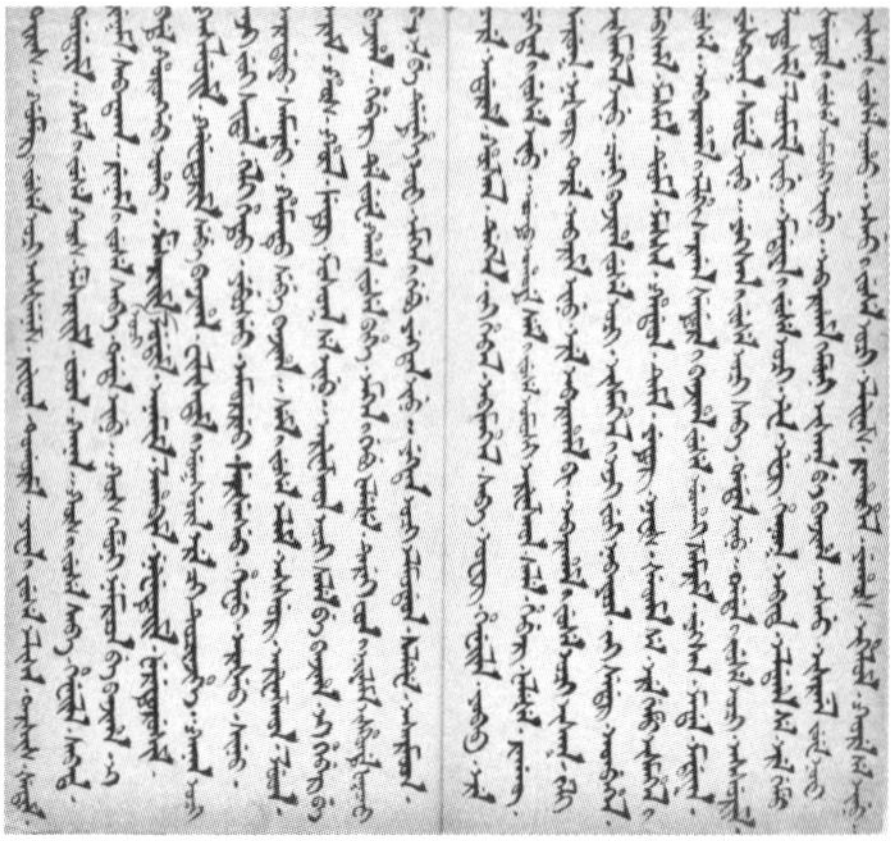

（東洋文庫所蔵）

（4）漢字版（徐家匯版）…上海徐家匯蔵書楼所蔵

ところで、この『古新聖経』の言語であるが、基本的には口語体で書かれている（李奭學などは「北京官話」で書かれているというが、検証が必要である）。

漢訳聖書の文体（漢訳聖書のみならず、「近代漢語の文体」と言った方がより正確かも知れない）には三種ある。一つは白話体（「口語体」とも。ただし、「白話」と「口語」が同じものかどうかにも議論がある）、一つは文言体（「文理」体とも）、そして一つは白話文言混交体（「半文半白」体、「折衷」体、「浅文理」体とも）である。

たとえば、モリソンは『神天聖書』の翻訳に際して、最初は『聖諭廣訓』をモデルにした「白話」体を考えていたが、最終的には『三国演義』を典型とする「雅」を残した「文言白話混交体」を採用した。
これに対してポアロは以下のように明確に「口語体」を主張している。

看書有兩樣人，一樣是誠心愛求道理，並不管話俗不俗，說法順不順，只要明白出道理來足彀了，也對他的意思：這樣的人，可不是賢人麼，所該貴重的，他們也貴重本來要緊的是道理，話雖是文彩光輝，若無道理，算甚呢，一口空噓氣而已。

還有一樣人，看書單為解悶，倘或是讀書的人，單留心話的意思，深奧不深奧，文法合規矩不合，講的事情，或是從來沒有見過的，或是奇怪的，或是多有熱鬧的，一見沒有，或書上沒有修飾，就厭煩了，抛下書，無心看了。論這樣人，一定要不服我翻的聖經，但這不服的人原不圖取神益，而悅耳目：若是這樣，一定顯出他們不很明白懂得來歷。怎麼說呢？

聖經不是人自己本意作的書，是天主親自說，聖人記載的。天主若要用奇妙的文法，既然他無所不知，一定能做絕美文法的書，但他不肯。因他的意思是為人寡學道理，行道理的事，所以特用俗語說了一件事，又重說，要高明的或愚蒙的都能容易懂得，也深深記得當緊的道理，天主貴重的，不過是人的靈魂，聰明愚蒙，天主不分別，為幾個懂文法的人，不忍耽擱了萬萬愚蒙的人不能懂文深的書，他們靈魂，也不能得受便益：既然天主的聖意是這樣：翻譯聖經的人，敢背他的旨意麼？翻譯的書，合對本文，全由不得人，或添或減，或改說法，恐怕有錯處，定不得有人說，為欽敬天主的言語，也為合讀書人的心意，也不高，也不低，用用中等的說法，翻譯使不得麼？有何妨礙呢？（『古新聖経』再序）

上述の近代漢語の三種の文体については、特にVaro（萬濟國）以降多くの西洋人によって指摘されてきているが、その実態がどういうものであるかについては現在まで納得いく結論は出ていない。その弁別の鑑定語にしても、わずかにヤホントフ（雅洪托夫「七至十三世紀的漢語書面語和口語」『漢語史論集』北京大学出版社、一九八六）を持つだけであるが、いずれにせよ漢訳聖書は近代文体論研究の有用な資料と言うことができる。

3　北京官話資料

元日本大学教授鱒澤彰夫氏の旧蔵書約一〇、〇〇〇冊が関西大学アジア文化研究センターに寄贈された。その内容は近代日本の中国語学書が中心で、特に、明治期以降の中国語教科書類は相当な数に上り、これまで関西大学東西学術研究所でも購入していたものと合わせれば、恐らく世界一の中国語教科書コレクションとなるはずである。もちろん、ウェードの『語言自邇集』の初版から三版までを含め、西洋人の中国語学書も数多く収集されている。

ここでは、その中の『北京官話全編』について少し述べておきたい。

これは筆者もこれまで見たことのない北京官話のテキストであるが、初稿本（全七冊）、定稿本（全三七八章、全七冊）、それに総訳（『北京官話全編総譯』全九冊）からなる。

表紙には「前総領事深澤暹著　北京官話全編」とあるが、この深澤暹の略歴は以下の通りである。

明治九（一八七六）年四月二八日

旧肥前藩五島藩士深澤立三（旧名祐人）の次男として東京麻布鳥居坂の旧藩邸内で生まれる。

海軍を志し「攻玉社二松学舎」に学ぶも近眼のために志を転じ三橋信方の横浜英語学校に学ぶ。父のすすめで志を支那に馳せ，英語学校卒業（明治二六＝一八九三年七月）後、当時横浜南京町に隠棲していた田島藏之助に就いて支那語を学ぶ。

次いで清韓語学校が創立されるや之に入って更に支那語を修め、一年で卒業。

明治二七（一八九四）年五月

外務省留学生試験に合格するも、人員に制限あり、船津辰一郎一名だけが採用。

明治二九（一八九六）年五月　再受験でようやく採用され、北京留学を命じられる。

明治三一（一八九八）年一一月 外務書記生に任ぜられ上海総領事館勤務

明治三二（一八九九）年一二月　杭州在勤

明治三三（一九〇〇）年六月　再び上海総領事館へ（日清通商条約改定の交渉事務）

明治三七（一九〇四）年二月　墨西哥公使館在勤

明治三八（一九〇五）年三月　桑港領事館に移る

明治四〇（一九〇七）年七月　漢口在勤するも、高橋総領事と意見を異にし離任帰朝

明治四一（一九〇八）年一一月　奉天在勤

大正元（一九一二）年一〇月　杭州領事事務代理

大正三（一九一四）年六月　杭州領事館副領事（長沙在勤）

大正五（一九一六）年　吉林在勤

大正七（一九一八）年二月　牛荘へ、発令四日で汕頭へ

大正八（一九一九）年五月　公使館三等書記官として北京公使館在勤
大正一〇（一九二一）年六月　再び領事として南京へ
大正一二（一九二三）年一月　吉林領事館へ
大正一四（一九二五）年三月　同上総領事に栄転し勇退
昭和三（一九二八）年－一一（一九三六）年
　奉天領事館嘱託（昭和七年一二月から昭和八年一月まで吉田茂大使の満州中国旅行に随行）
昭和一一（一九三六）年一二月　辞して帰京
昭和一九（一九四四）年一〇月二二日没
（『續對支回顧錄』下巻「列傳深澤暹」一九四二、「深澤暹関係文書目録」解題、二〇〇六参照）

著書に『邦譯西廂記』（一九三四年、東京秋豊園）があり、上記の「列傳」によれば、『元朝歴史物語』『明朝歴史物語』『清朝歴史物語』等は近く上梓の予定であるとあるが、実際には未刊行である。その原稿も今回寄贈された。

この『北京官話全編』の言語を見ると、以下のように、いわゆる太田辰夫氏の北京語の文法特点の七つを全てクリアーしており、まさに北京官話の資料として『語言自邇集』に匹敵する極めて価値の高いものを私たちは手にしたことになる。今後本格的な研究が待たれるところである。

〝给〟

給你請安。（二）

我給您再倒一碗茶。（三）

〝来着〟

都上那兒逛来着？（六三）

您昨兒竟在家裡，作甚麼来着？（一三四）

〝呢〟（沒有〝哩〟）

你還提他們世兄呢。（三）

那兒的話呢。（六）

〝別〟

你可別多心。（六）

你別送。（四六）

〝很〟

他的口音很不好。（四）

價錢很便宜。（五）

〝多了〟

近來都是比先好多了。（七）

比我這件強多了。（五〇）

〝咱们〟

那麼偺們明兒見。（二二）

鱒澤文庫には，この他にも伊沢修二の伊沢文字を利用した日本語発音矯正教材，日本語教材や軍隊中国語ならぬ「軍隊韓国語」の教材（『日韓會話提要』）、ベトナムで出版された字喃による『金雲翹扔』（保大六年＝一九三一）など枚挙に暇ないが、たとえば次のガリ版刷りの「支那語雑録」の「支那語ノ種類」などは、中国語学概論として現在も十分使用可能な水準となっている。

支那語ノ種類（一）

単ニ支那語ト云フ時ハ其意義頗ル漠然タルモノニシテ僅カニ「漢人種間ニ行ハルル言語」ト云フノ意ニ過ギザルノミ、故ニ之ヲ種々ニ分類シテ考察スルコト必要ナリ

官話ト云フ意味ハ場ニ依リ諸種ノ異レル観念ヲ表スモノトス、土語ニ対シテ官話ト云フ時ハ各地何レモ官話アリ、例ヘバ福建ニハ福建ノ官話アリ、広東ニハ広東ノ官話アリト云フガ如シ、然レドモ最モ普通ニ用キラルル官話ノ意義ハ「語音ノ声音語句ノ構成等比較的一貫セル文法ニ則レル高級的ノ支那語」ト云フニアリテ此ノ意義ニ従ヘバ支那語ハ官話ト非官話トニ大別スルコトヲ得ベシ

即チ官話トハ

一、北京官話ノ系統ヲ引ケル　黄河流域ノ六省、淮河流域ノ江蘇安徽ノ北部ニ行ハルル言語

二、南京官話ノ系統ヲ引ケル湖北、四川、雲南、貴州、広西、湖南及南京杭州ニ行ハルル言語

ヲ云ヒ（四川地方ハ成都官話ノ一系統ヲ成スト論ズルモノアリ）、非官話語トハ（地方語、方言）

一、福建語（厦門語、汕頭語、福州語）
二、広東語（本地語、客家語）
三、浙江語　江蘇ノ一部、浙江ニ行ハル
等を云フ
……

支那語ノ種類（二）
……
南京ト杭州トガ江蘇浙江ニアルニ拘ラズ浙江語ノ系統ニ属セズシテ南京官話ヲ流行スルハ曾テ国都ノ地タリシニ因ルト解セラル
……
先年教育部読音統一会ニ於テ標準語採用ノ議起ルヤ一般ニ北京語ヲ基礎トスルコトニ一致セシト雖モ間々支那語ノ標準語トシテ北京語ハ不完全ナリト主張スル者アリ、章太炎氏ノ如キハ其ノ一人ニシテ氏ノ説ハ湖北附近ノ官話ヲ以テ支那語ノ正流トナスニアリ、而シテ其ノ理由トスル所ハ金元以来北方ニハ朔虜侵入シテ中原ノ音ハ江漢ニ移リ去レリト云フニアリ、此ノ説ハ全ク根拠ナキ説ニハ非ザルガ如シ。
……

支那語ノ種類（三）

上海語
上海ハ開港前僅カニ荒煙蔓草ノ一漁村ノミ故ニ純粋ノ上海語ナルモノハ僅ニ旧県城西南一帯ノ土着人ニ依リテ保存セラルルノミニシテ普通ニ上海語ト称セラルルモノハ大抵蘇州語ト寧波語トノ混合ニ成レルモノナリ……
上海ハ外国トノ交通最モ頻繁ナル関係上外国語ヲ混入スルコト少ナカラズ，即チ外国語ヲ音訳スルコト概ネ上海ヨリ出ズ，例ヘバ密司脱（ミスター）引擎（エンジン）馬達（モーター）徳律風（テレホン）如キナルヤ准文即語トシテ支那人間ニ使用セラル
上海ハ英語支那語折衷ニ成レル一種特別ノ英語行ハル、之ヲ Pidgin English（Business English、転化）ト称ス，即チ商用語ナリ。上海ニテハ支那人之ヲ洋泾浜語トモ云フ，支那人ハ之ヲ英語ト考ヘ、外国人ハ之ヲ支那語ト考ヘ使用スルモ其実綴字、発音、文法全ク特殊ナルモノ也……

なお、現在「鱒澤文庫目録」を作成中で完成後は公開する予定となっている。

四　小結

以上、文化交渉学と言語接触研究、とくに新しく発見された資料に基づく個別分野としての中国言語学研究の

可能性について述べてきたが、我々が目指す「文化交渉学」において扱うべき課題は山積している。

また、一方で、最近は「周縁」とか「脱領域」「越境」という言葉がごくごく当たり前に使用されてきている。それはもちろん結構なのであるが、しかしながら、この場合にも「初めに周縁ありき」ではないことに留意しなければならない。あくまでも確固とした「中心」があっての「周縁」であり、それがない「学際」や「脱領域」「越境」は「根無し草」であることを忘れてはならないだろう。今後とも色んな分野との「協同」が求められるが、拠って立つ場所、帰する所がない学問は「空虚」である。自戒の意味も込め、このことを最後に述べて、小結とする。

[付記]

本稿は二〇一五年に開催された「ＩＣＩＳ国際シンポジウム：文化交渉学のパースペクティブ」において「周縁資料による中国言語学研究の過去・現在・未来――文化交渉学の視点から」というタイトルで発表したものを元にしており、その後、『東アジア言語接触の研究』（沈国威・内田慶市編著、二〇一六年二月、関西大学出版部）に掲載されたが、今回、更に加筆修正を行った。（二〇一六・三・三一）

中国におけるマテオ・リッチの世界地図の刊行と伝播

鄒　振　環
（復旦大学歴史系教授）
二ノ宮　聡　訳
（東西学術研究所
非常勤研究員）

一　はじめに

西学東漸の歴史上、マテオ・リッチ（Matteo Ricci、一五五二～一六一〇）は象徴的な人物である。彼は中国にあって中国語を用い『天主実義』や『交友論』を編纂しただけでなく、キリスト教の神学や理論思想を詳述することで、儒教や仏教について独自の分析をおこなった。徐光啓と共同で翻訳した『幾何原本』前六巻は、ヨーロッパ天文学の知識を伝え、中国人の世界観や中国の暦法に革命をもたらすといった強い影響をあたえた。さらに彼は、西洋の音楽、絵画、時計作製技術をいち早く伝えた人物でもある。つまり、中国における西洋学問の系統的な伝播はリッチによって開始されたのである。彼は中華文明を真摯に吸収した。また彼が実践した「適応策略」は東西文化交流史にあって恒久不変の価値を有する。

明末に体系的に紹介された西洋学問の中でも、リッチが描いた世界地図は特に注目された。人類文明の発展は、一般的に言語・図形・文字・数字や記号の出現というプロセスを伴う。文化の交流も往々にしてこれと類似した段階を経る。明末における中国と西洋の文化交流にあって、初めに登場した図像符号で最も代表的なものがリッチの世界地図であった。地図は空間を表現するための主たる方法であり、ある時代の地理・地形、さらに時代の空間観念を反映する図形学であり、その時代に共有される空間の記憶やイメージでもある。地図に包摂される時代・環境そして文化の情報は、しばしば言語をも超越する豊富な内容を持つ。中国語世界において初めて世界の全貌を示したものとして、リッチの世界地図は当時の西洋文化の豊富な情報を含有するだけでなく、中国人に新たな知識を数多くもたらした。

この地図に関して明確な文字が記載される版本は十二種類に及ぶ。それは自刻版、他者の手による翻刻、複製版が含まれる。さらに海賊版となると数えきれないほどある。そして木刻版のほか彩色絹本も見られる。その影響は朝鮮と日本にまで波及しており、東アジア世界に極めて大きな影響を及ぼした。地図について二〇〇四年に上海古籍出版社から黄時鑑、龔纓晏著『利瑪竇世界地図研究』が出版されている。同書は今日までのマテオ・リッチ世界地図の製図地図、刊刻、複製、伝播と収蔵について最も系統的に研究したものである。本書は上中下の三編から構成され、上編は製図と刊行、中編は起源と影響、下編は文献の整理、さらにマテオ・リッチ世界地図に記される文章や題識の全文、「坤輿万国全図」の地名索引、研究文献目録、付録の各種地図画像七十三幅が含まれており、まさにマテオ・リッチ世界地図研究の百科全書の名に恥じない[1]。よって本稿では、先行研究を基にマテオ・リッチ世界地図の刊刻と伝播について若干の意見を述べることで、専門家の意見を仰ぐこととしたい。

二　開拓の旅と地図の複製

一五七八年三月二十四日、リッチや羅明堅（Michele Ruggleri）など十四名は「セントルイス号」に乗船し、欧文地図や地図集などを携え航海に臨む。それはインドのゴアやコーチシナを経由する苦難に満ちた行程であった。一五八二年八月七日、マカオに到着。同年、彼らは中国、さらに奥地へ開拓の旅を開始する。一方、世界地図の複製は、一五八二年にリッチが肇慶に居を構えたことに始まる。その後、韶州、南昌、南京を経て北京へと至る地図複製の伝播過程は、リッチが中国大陸に滞在していた期間に合わせそれぞれ前進していった。それと同時に各種の世界地図版本の印刻も進められた。このように、中国知識人の中でリッチの学術に対するイメージは、まずは世界地図を通じて作り上げられていった。

一五八四年から一六〇三年までの二十年間、リッチは中国語版世界地図を何度も編纂した。筆者は、リッチの世界地図刊行と伝播の状況に基づき、版本を「山海輿地全図」、「坤輿万国全図」、「両儀玄覧図」の三系統に分類し、さらに木刻本と彩色絹本の二種類とした。中国語世界地図の最古の版本は、あらゆる版本のもととなった「山海輿地図」であり、当時の広東の西江走廊経済文化交流の中枢地域であった肇慶で刊刻された。同地図の名称は文献ごとに異なる。あるいは「山海輿地全図」や「輿地山海全図」とされ、またあるいは「大瀛全図」と題される。これは当初、リッチは中国語の名称を「山海輿地」または「輿地山海」それとも「大瀛全図」であるか確定させられず[2]、より正確に「世界」という意味を表そうとしたためである。ある学者は、この地図はドイツ出身のベルギーの著名な学者オルテリウス（A.Ortelius　一五二七～一五九八）に倣ったとする。またある者は、リッチは『地球大観』の製図を参照したという(3)。ただ残念なことに「山海輿地全図」の原本はすでに失われ、確かな複製画も発見されていないため、この地図の初期の全貌は今日では謎に包まれてしまった。

一五九五年から一五九八年にかけて、リッチは南昌で活動した。その間、多くの世界地図を作成している。これら地図の原画はすべて失われてしまったが、「輿地山海全図」の複製画だけは章潢『図書編』に保存されている。万暦二十六年（一五九八）、リッチは南昌を発ち北京へ向う。南京にさしかかった時、「山海輿地図」の蘇州石刻拓本を目にした。これは応天巡撫の趙可懐が鎮江知府の王応麟から得た物である。趙可懐はこの地図をいたく感じ入り、万暦二十三年から二十六年（一五九五～一五九八）にかけて石刻で複製を作成させた。趙可懐はこれに「賛揚備至」と跋をしたためた。さらに版本を南京の王忠銘尚書に送った。一六〇〇年、リッチは南京吏部主事の呉中明の要請により「山海輿地全図」を増訂した。呉中明はこの世界地図を自らの官邸に飾り、広く人々に鑑賞させた。さらに専門の刻工を雇い、石に複製をつくらせた。その仕事は精緻であり、広く称揚した。「山海輿地全図」と題した修訂版は、南京から中国各地へと発行され、遠くマカオや日本にまで伝来した。この原画はすでに失われているが、馮応京『月令広義』や王圻『三才図絵』に複製版を見ることができる。

一六〇二年、リッチは幾多の苦労の末に北京に到着し、首都に居を構える。現在、我々が知るリッチの十二種類の世界地図の原画、翻刻、複製版のうち、今日まで保存されている原本は一六〇二年に北京で作成された「坤輿万国全図」と一六〇三年の「両儀玄覧図」である。

刊本の二つ目の系統は、最も広く流布した一六〇二年の李之藻（一五七一～一六三〇）の版本の「坤輿万国全図」である。最新の統計によると、この刊本は少なくとも三回印刷され、現在、世界に九か所の蔵本がある。

一、ローマのバチカン図書館
二、日本の宮城県立図書館
三、日本の京都大学付属図書館
四、日本の国立公文書館（内閣文庫）
五、フィリップ・ロビンスン文庫。のちにフランスのアンリ・シラー収蔵
六、オーストリア国家図書館
七、イギリスのロンドン王立地理学会
八、アメリカのミネソタ大学ジェームスフォードベル（James Ford Bell）図書館
九、ロシア国立図書館蔵本。(4)

「坤輿万国全図」は六曲一双の屏風型をしていたが、現在では一枚に表装されている。縦一六八・七cm、横三八〇・二cm。リッチの世界地図が依拠した西洋の原本の多くは大判のものであった。それは、中国士大夫の鑑賞趣味に適えるためであり、より多くの余白部分は西欧文字よりも大きい漢字の注釈を付すためである。本文が依拠する「坤輿万国全図」の刊本は、一九三六年に禹貢学会が影印したものである。同図は、中心の図柄が楕円形をしており、そこに四角や円形、さらに中国語の注釈で構成されている。中心となる図は世界地図であり、五大州の相対的位置が示され、中国が中心に置かれる。山脈は立体的な形象、海は細かな波紋で表され、南極は非常に大きく描かれる。地図の余白には地名と関連する注釈のような説明が添えられる。その中の二つはマテオ・リッチの署名であり、地球に関する知識と西洋の絵画法が紹介される。地図は等積図法を採用しており、経線は孤

を描き、緯線は平衡の直線である。右上に九重天図、右下に天地儀図、左上に北半球の全図と日食、月食の図、左下に南半球全図と中気図がある。さらに量天尺の図が中心図の左下に付される。

地図中の文字は、およそ五種類に分類できる。一つ目は地名で千百十四の名を記す。二つ目は題識で、リッチ、李之藻、呉中明、陳民志、楊景淳、祁光宗の六篇がある。三つ目は説明であり、地図全体、九重天、四行論、昼夜の長短、量天尺、日月食、中気、南北の半球などを述べる。四つ目は表であり、「総論横度里分」表、「太陽出入赤道緯度」表がある。五つ目は付注。各州の自然地理や人文地理を解説する。

同地図にリッチが記した序に述べられる製図の歴史によると、この世界地図は「十六世紀のベルギー地理学派の影響を受けている」。おそらくオランダの地理学者C. Macator（一五一二～一五九四）の一五六九年の地図、オーストリアのA. Ortelius（一五二七～一五九八）の一五七〇年の地図、さらにPlancius（一五五二～一六二二）の一五九二年の地図を参照していると思われる。同地図の精緻な海の波紋は、イタリア地図画家の画法であると同時に、「中国式」輿図水紋の表現方法も留める。(5)

刊本の三つ目の系統は、リッチが描いた「両儀玄覧図」である。日本人学者の鮎沢信太朗の研究によると、「両儀玄覧図」は李応試が一六〇三年に北京で刊行した。図は全八幅、一幅は縦二〇〇cm、横五五cm、全体で四四二cmあり、一九四九年に瀋陽故宮の翔鳳閣で発見された。この図は「坤輿万国全図」を底本としており、もともと六曲だったものを八曲に増やし、呉中明の旧序文のほか、李応試の序と跋を一篇ずつ、リッチの序を二篇、馮応京、常胤緒、阮泰元、鐘伯相、侯拱宸の序が記される。図上にはさらに表題として刊刻に関わった人々の名前、そして「耶蘇会友人」として鐘伯相、黄芳済、游文輝、倪一誠、丘良稟、徐必登などの名が記される。「両儀玄覧図」も「坤輿万国全図」同様、遼寧省博物館に所蔵される。同図の漢字の書きこみの隣には、墨書で満文が付されている。山脈の多くは濃い緑色で描かれ、鮮やかで人目を引く。これは清代初期に宮中にもたらされ、皇帝が通覧したためと考えられる。

馮応京は、この図の序文においてマテオ・リッチ世界地図を「凡三授梓。逓増国土、而茲刻最後乃最洋（凡そ三たび梓を授く。国土を逓増して、茲に最後に乃ち最も洋く刻む）」と称する。阮泰元の跋でも「幅愈広、述愈備（幅は愈ます広く、述べるに愈ます備わる）」と同図を称揚する。ここから、この図はリッチが作成した世界地図の中で最大の地図であり、当時の人々は内容が最も整った一幅であるとみなしていたことがわかる。ここでの「両儀」とは「天地」の意味であり、「玄覧」とは道家の「玄象」に由来する。李応試は序で「往哲以鶏卵喩両儀、……余嗜中土玄象（哲に往かうに鶏卵を以て両儀に喩え、……余《わ》れ中土の玄象を嗜む）」と述べる。『老子』における「玄覧」の解釈は、「心居玄冥之初、覧知万物。故謂之玄覧（心は玄冥の初に居り、万物を覧て知る。故に之を玄覧と謂ふ）」とある。「両儀玄覧図」は李応試が道家の語彙を借用したものである。この図にはリッチの新序が付され、さらに「坤輿万国全図」の「九重天図」を「十一重天図」に改めた。「両儀玄覧図」は、熊三抜が『簡平儀説』において言及した以外、当時の人はほぼ論及しておらず、流布した範囲が非常に限られていたことがわかる。[6]

この他、「坤輿万国全図」には彩色絹本がある。リッチが編纂した全図の解説に次のように述べられる。「其各州（洲）之界、当以五色別之、令其便覧（其の各州（洲）の界、当に五色を以て之れを別ち、其れを便覧せしめる）」と。南京博物院に所蔵される同図は着色された複製である。南北アメリカや南極は淡いピンク、アジアは薄い黄土色、ヨーロッパやアフリカはほぼ白に近く、少数の島々の縁取りが濃い赤色となっている。山脈は青緑色の輪郭、海洋は深緑で波を表す。リッチは説明の中で、

天下五総大州用朱字、万国大小不斉、略以字之大小別之。其南北極二線昼夜長短平二線、関天下分帯之界、亦用朱字。

(天下の五総大州に朱字を用い、万国の大小は斉はず、略ぼ字の大小を以て之れを別つ。其れ南北極二線昼夜長短平二線(訳者注：南極と北極、南北回帰線、赤道)、天下分帯の界に関するも亦た朱字を用ふ。)

という。リッチが描いた「坤輿万国全図」は確かに彩色されている。

龔纓晏の調査によると、彩色絹本は少なくとも六か所に所蔵されている。一、南京博物院蔵本。二、韓国ソウル大学蔵本。三、大阪府、北村芳郎氏蔵本。四、アメリカマサチューセッツ州シャロンのThe Kendall Whaling Museum蔵本。五、フランス国立図書館ニコラ・リゴー蔵本。六、中国国家博物館蔵本。(7) 色彩本の海洋部分には、様々な形の帆船・クジラ・サメ・トドなどの海洋生物が十五頭以上描かれる。南極大陸にはサイ・ゾウ・ライオン・ダチョウなど八頭の陸上動物がいる。これら動物は南極に生息していないが、絵が果たす重要な役割は地図中の空白部分を埋めることにあった。洪亜は「利瑪竇的世界地図」(『禹貢』第五巻、一九三六年第三、四合刊)において、色彩絹本は万暦三十六年(一六〇八)に多くの宦官の手による複製本であるとし、これら船舶、珍しい魚、多くの獣は「別の所からの書き写しである」とした。また、別の論文では、宦官は自ら絵を描き加えることはできず、宮中でこれらの絵を描くことはできなかった、とする。筆者は色彩本の動物の姿はリッチがデザインしたと考える。(8)

三　マテオ・リッチ世界地図にみられる新知識・新観念と新語彙

リッチの世界地図は、明末清初の中国知識人が世界を覗く最初の窓口であった。地図は明末知識人が今まで聞いたこともない多くの新たな知識や情報、新たな作画地図の方法や地理学の新語彙をもたらした。

1　「地円説」と地球の知識

古代中国には早くから「天円地方」の概念が存在していた。『周礼』「大宗伯」に「以玉作六器、以礼天地四方。以蒼璧礼天、以黄琮礼地（玉を以て六器を作り、以て天地四方に礼す。蒼璧を以て天に礼し、黄琮を以て地に礼す）」とある。さらに鄭玄注に「礼神者必象其類、璧円象天、琮八方天地（神なる者を礼するに必ず其の類を象り、璧円は天を象り、琮は八方の天地なり）」とある。古代において天地を貫く象徴としての玉琮は、外側が方形、内が円、柱の中が空洞の玉器であった。この玉器の外側は方形に彫刻されている。これは古代の人々の観念にある大地と同一である。また、その内部は円形に作られ、古代の人々の概念にある天空と似ている。器の中心は空洞であり、天地や上下と互いに通じていることを象徴した。よって、祭祀の時に玉琮を用いて天地を祀り、鬼神を引き寄せる神秘的な力を有したのである。大地の形状は、中国人のイメージの中では基本的に「天円地方」あるいは「天円地平」とされる。近代的意味における西洋の「地円説」や地球の経緯図は、最初はリッチによって中国にもたらされた。リッチは世界地図の中で次のように西洋の地円観念を紹介する。

地与海本是円形、而合為一球、居天球之中、誠如鶏子黄在青内。有謂地為方者、乃語其定而住不移之性、非語其形体。天既包地、則彼此相応、故天有南北二極、地亦有之。天分三百六十度、地亦同之。天中有赤道、自赤道而南二十三度半為南道。赤道而北二十三度半為北道。按中国在北道之北、日行赤道則昼夜平行、南道則昼夜短、行北道則昼夜長、故天球有昼夜平圏列于中、昼が長い、昼短昼長二圏列于南北、以著日行之界。夫地厚二万八千六百三十六里零百分里之三十六分、上下四旁皆生歯所居、渾淪一球、原無上下。蓋在天之内、何瞻非天。総六合内、凡足所佇即為下、凡首所向即為上。其専以身之所居分上下者未然也。且予自大西浮海入中国、至昼夜平線已見南北二極、皆在平地、略無高低。道転而南過大浪山、已見南極出地三十六度、則大浪山与中国上下相為対(峙)矣。而吾彼時只仰天在上、未視之在下也。故謂地形円、而周囲皆生歯者、信然矣。

(地と海はもともと円形であり、合わさり一つの球となった。それは天球の中に居り、誠に鶏子黄(卵の黄身)が青内にいるようである。地を方形という者があるが、それは定住していて移動しない性質を語っているのであって、その形を述べているのではない。天は地を包むことで互いに感応する。それにより天に南と北の二極があり、地にもこれが有る。天を三百六十度に分け、地もまた同じにする。天の中心に赤道があり、赤道から南に二十三度半を南回帰線とし、赤道の北、二十三度半を北回帰線とする。中国は北回帰線の北にあるので、太陽が赤道の上を通過すれば昼夜の長さは同一になり、南回帰線の上を行けば夜が短くなり、北回帰線を通れば夜が長くなる。故に天球の中心には昼夜の長さが等しい地域があり、昼が長い、昼が短いという二つの地域が南北に位置する。これにより太陽の通り道を表している。そもそも大地の厚さは二万八千六百三十六里あり、上下四方のいずれにも人がいる。これは天と地が未分化であった時の渾沌とした状態が一つとなったもので、本来、上と下の別はなかった。天の内にあっては、なぜ天を仰ぎみないのか。全部で六合のうち、足をとどめ置ける場所は下であり、首を上げ仰ぎ見る場所は上である。身体がそれぞれ居るべき場所の上や下は未だはっきりしない。西側に向い海から中国に至ると、昼夜を分かつ緯線に南北の二極が見られるが、いずれも平面であり、ほぼ高低はない。道を曲がり南に大浪山を過ぎると、南の極は三十六度となる。つまり大浪山と中国は上と下で互いに対極に位置するのである。この時、ただ天を仰げば上にあり、未だこの下にあるものを見ていない。よって、地の形を円といい、ここに生活している者は、それが正しいと信じるのである。）

中国人により明確に地円の観念を理解させるために、リッチは、楕円形の投影では地球の事実を説明するのに不足を感じたため、世界地図に二つの南北半球図を書き加えたのであろう。「二半球図」も中国最古の両半球図と言える。リッチは序言に次のように解説する。

但地形本円球、今図為平面、其理難于一覧而悟、則又倣敝邑之法、再作半球図者二焉、一載赤道以北、一載赤道以南、其二極則居二圏当中、以肖地之本形、便于互見。
（ただ、地の形は本来、円球であるが、この図では平面に描く。その理由を簡便に理解することは難しいが、我が国の方法に倣い、半球図を二つ作成した。一つは赤道以北を描き、一つは赤道以南を記す。この二極は二つの地域の中心にあり、地形の本来の形に似ているので、互いに参照されたい。）

よって、我々は『坤輿万国全図』から、二つの製図方法――楕円形投影法と円錐形投影法を知ることが可能である。

リッチは赤道を中心に地球を南北の両半球に分け、南北回帰線や南極圏、北極圏の線を書き加えた。それぞれの地域ごとに気候を熱帯、二つの温帯、二つの寒帯に分類した。これについてリッチは次のように述べる。

以天勢分山海、自北而南為五帯。一在昼長昼短二圏之間、其地甚熱、帯近日輪故也。二在北極圏之内、三在南極圏之内、此二処地居甚冷、帯遠日輪故也。四在北極昼長二圏之間、五在南極昼短二圏之間、此二地皆謂之正帯、不甚冷熱、日輪不遠不近故也。

（天勢を以て山海を分け、北から南までを五つの帯とする。一つは昼が長い地域と昼が短い地域の間であり、ここは非常に熱い。それは太陽がこの地域の近くを周回するためである。二つ目は北極圏内。三つ目は南極圏内。この二ヵ所は非常に寒い。それは太陽がこの地域から遠いところを周遊するためである。四つ目は北極と昼が長い地域の間であり、五つ目は南極と昼が短い地域の間である。この二つの地域は温帯と呼ばれ、寒くもなく熱くもない。それは太陽が遠くもなく近くもない所を巡るためである。）

これは中国で最初の五帯分類法を示している。リッチの世界地図が初めて地球、経線、赤道、子午線、地平線などを地球の面の上に具体的にそして明確に示した。後世中国の地理テキストはいずれもリッチのこれら地表の気候分割法を採用している。

マテオ・リッチ地図が紹介した地球の知識に関連するものに、さらに宇宙論に関する「九重天」と「十一重天」の図説がある。古代ギリシアの学者は、人々が目にすることができる日、月、星辰には、その運行に速いと遅いがあり、宇宙の中心からすると地球は遠くもあり近くもある。そのため全宇宙をいくつかの重天と分割することで、地球は宇宙の中心に居り、固定され不動であるとした。規則的に周回する月、水星、金星、太陽、火星、木星、土星それぞれの運動速度を有する天体は一重に居るとされる。『坤輿万国全図』には九重天図が描かれる。図中には、各重天の名称や運動周期が記される。『両儀玄覧図』では十一重図に改められる。この他、日食・月食の二図を一つとして、日、月食の原理を解説している。たとえば『四行論略』である。同書に紹介されるのはギリシア・イオニア学派のタレスの宇宙論である。天と地は、火、土、水、木から作られる。水は主に元素、地球を一つの円輪として水面に浮かぶ。天によって覆われ、その形は円天井である。多重の宇宙論と四元素論は、実際には伝統的中国の思想観念とは根本で矛盾する。表面的には四行論と中国の五行説は類似しているが、その実、これらは各自の世界観の中で形成され、人の魂、万物の化育などの問題とも密接に関連している。よって、両者の衝突も必然的であった。リッチは『乾坤体義』において五行論の「金」と「木」を基本元素として批判を加えた。

2 「五大州」と「万国」の概念

古代中国の世界についての認識は、時間の延伸とともに、たえず空間を開拓してきたという紆余曲折の過程である。先秦時代、人々の世界認識は非常に限定的であり、いわゆる「普天之下」、「率土之濱」、つまり「中国」と周囲の「蛮夷」であった。そして「中国」とは、中原と呼ばれた黄河中下流域を指した。漢代になりシルクロード貿易による交通が発達すると、中国人の世界に対する認識は飛躍的に広がった。陸路では張騫の「鑿空」により、人々の視野を大きく開かせた。それだけでなく、西は砂漠やパミール高原を越えただけでなく、遠く中東・

南アフリカまで至る。班超と甘英の「遠征」により、アジア西部やヨーロッパ東南地域、そしてアフリカ東北部のローマ帝国東方の領土（大秦、驪軒）は民衆の知るところとなった。海路では、漢代にはすでに東方の日本と密接な往来があった。しかし、海洋世界の開拓で最も重要なことは、やはりインド洋に向けた新航路の開拓であった。だが、これ以後、明代中期までの一三〇〇年あまり、中国人の世界地理認識に大きな進展は見られず、基本的にはこうした地域に留まるのであった。この期間、法顕、玄奘、義浄、杜環、汪大淵、鄭和など多くの冒険家や航海家が登場したが、いずれの活動も、これら地域を越えるものはなかった。唐代や宋代はアラブ国家との往来が盛んとなり、多くのアラブ商人が中国へやってきた。中国では、アフリカ北部や東部、ひいては南部に関する多くの情報を獲得していたが、こうした地域に赴いた者は極めて少数であった。明代初期の鄭和やその船団員は遠く東アフリカまで航海しており、『鄭和航海図』に東アフリカ航路が記録されている。これにより中国人のインド洋新航路に比較的明確な認識を与えた。だが、当時は科学的測量技術が不十分であったため、地図上に反映されるものの多くは、実際の見聞に基づく地理知識の映像である。よって地図上の記号は往々にして縮尺が不正確である。たとえば、ある山脈や砂漠、大海などに関する知識が非常に少ないために、地図に描かれる図像は簡略で小さくならざるをえない。特に鄭和以降、中国とアフリカの往来は再び中断するため、当時のヨーロッパ人が世界を「州」の概念によって分割していたことを中国人は知る由もなかった。これら西洋と「絶縁」[9]された区域は依然として曖昧模糊としていた。仏教の伝来以降もたらされた「四大部州」の宇宙空間観念も、やはり確かな地理空間イメージを有していなかった。

リッチは『坤輿万国全図』の中で、当時すでに認知されていた地球上の大陸名称を中国語で次のように記す。

以地勢分輿地為五大州、曰欧羅巴、曰利未亜、曰亜細亜、曰南北亜墨利加、曰墨瓦蝋泥加。若欧邏巴者、南至地中海、北至臥蘭的亜及氷海、東至大乃河、墨何的湖。大海西至大西洋。若利未亜者、南至大浪山、北至地中海、東至西紅海、仙労冷祖島、西至河折亜諾滄。即此州只以聖地之下微路与亜細亜相聯。其余為四海所囲。若亜細亜者、南至蘇門答蝋、呂宋等島。北至新曽白蝋及北海。東至日本島、大明海。西至大乃河、墨阿的湖、大海。西至紅海、小西洋。若亜墨利加者、全為四海所囲、南北以微地相聯。若墨瓦蝋泥加者、在南方惟見南極出地而北極恒蔵焉。其界未審何如、故未敢訂之。惟其北辺与大小爪哇及墨瓦蝋泥峡為境也。

（地勢を以て輿地を分かち五大州と為す。曰く欧羅巴、曰く利未亜（アフリカ）、曰く亜細亜、曰く南北亜墨利加（南北アメリカ）、曰く墨瓦蝋泥加。欧羅巴のごとき者は、南は地中海に至り、北は臥蘭的亜及び氷海に至り、東は大乃河、墨何的湖に至る。大海を西にすること大西洋に至る。利未亜のごとき者は、南は大浪山に至り、北は地中海に至り、東は西紅海、仙労冷祖島に至り、西は河折亜諾滄に至る。即ち此の州ただ聖地の下の微かなる道を以て亜細亜と相い聯なる。其のほかは四海に囲まれる所と為る。亜細亜のごときは、南は蘇門答蝋、呂宋等の島に至る。北は新曽白蝋及び北海に至る。東は日本島、大明海に至る。西は大乃川、墨阿的湖、大海に至る。西は紅海、小西洋に至る。亜墨利加のごときは、全て四海に囲まるる所と為り、南北は微かなる地を以て相い聯なる。墨瓦蝋泥加のごときは、南方に惟だ南極の地出づるを見て、而して北極は恒に蔵す。其の界未だ如何に審らかにならず。故に未だ敢て之を訂めず。惟だ其の北辺と大小爪哇及び墨瓦蝋泥峡を境と為すなり。）

このうちヨーロッパは三十カ国あまりが描かれる。たとえばポルトガル、スペイン、フランス、イギリスである。アジアはインディア（インド）、アラビア（アラブ）、ユダヤ、西ボリビア、韃靼、女真、日本、朝鮮など。

リッチは地図の中でヨーロッパ地理学が大発見した成果を紹介したのである。リッチのいう「五州」と今日の「五州」は少し異なる。アジアとヨーロッパ、アフリカを三州に分ける。さらにイタリア人のアメリゴ・ヴェスプッチが到達した南アメリカを新大陸と認め、ヨーロッパ地理学者は「アメリカ州」と名付けた。「墨瓦蝋泥加」のフェルディナンド・マゼラン（一四八〇頃～一五二一）とはFernao de mgalhaesの音訳である。当時、オーストラリアは未だ発見されておらず、南極州と太平洋州の一部にある想像上の大陸に過ぎなかった。

上述してきたように、リッチは五大州と「万国」の概念を初めて中国に紹介した人物であり、明末の文人たちに全く新しい世界の全容を示した。域外世界に対する理解がぼんやりとした状態にあった中国士大夫にとって、伝統的「四方」と「四海」という内側、さらに仏教が宣揚する四大部州の外についての最初の理解となった。「万国」と「五大州」の概念が初めて筆写されたものは、清代初期に編纂された伝統的正史『明史』である。同書の『外国伝七』「意大里亜」にはっきりと「五大州」の名前が列記される。

3　漢語体系に取り入れられた地理学の新語彙

マテオ・リッチの世界地図により初めて他地域の名称が漢語に翻訳された。地名の訳語の一部は今日では使用されない。利未牙（リビア、アフリカ）、払郎機（ポルトガル）、払郎察（フランス）、諳厄利亜（イギリス）、大浪山角（喜望峰）など。だが一部の州名、国名、地名の訳語は今日に至るまで使用され続けている。亜細亜、大西洋、地中海、尼羅河（ナイル川）、羅馬（ローマ）、羅馬尼亜（ルーマニア）、那波里（ナポリ）、古巴（キューバ）、巴布亜（パプアニューギニア）、加拿大（カナダ）など。現在使用される一部の地名は、リッチの訳名を換骨奪胎した。

欧邏（邏）、亜墨（美）利加、牙売（買）加、馬路（魯）古、智里（利）、泥（尼）羅河など。リッチが紹介した世界観念は、これら地理学の新語彙とともに中国にもたらされた[10]。

地球：「坤輿万国全図」「総論」に「論地球比九重天之星遠且大幾何」という一節があり、「地球既毎度二百五十里」と述べる。これにより地球に関する認識は伝統的天円地方や天円地平の観念が改められた。地球は球形であり、自然空間認識の上に伝統を超越し、大地には東、南、西、北さらに上下や左右の二次元が存在するという観念が形作られた。さらに三次元の方位観念がつくられた。二次元という方位詞は伝統的尊卑意識に基づく。地球の三次元観念の形成は、大地には内と外、中心と周縁、旋回運動と地表に中心がないという特徴が明確にされる。自然界、つまり大地には空間上の中心は存在しない。さらに言えば、文化を中心とした基礎も存在しない。これは画期的な観念であり、極めて大きな衝撃をもたらした。これが後に『聖朝破邪集』や『不得已』において地円説を激しく批判する理由となる。

万国：古代中国にも「万国来朝」という言葉があった。「万国」とは「殊方」、つまり異なる場所、中心または周縁の藩属を指す。リッチのいう「国」とは民族国家または異なる政治実体の意志である。これにより世界に存在する諸国家を表す。これは後に中国人が世界の様々な種族や文化的存在を受容するための空間的受け皿となる。しかし「万国」概念が伝来したものの、はたして正確に理解されたのであろうか。この理解は二つの方法がある。万国を承認すると同時に、自らは万国の中で独立した国である、または万国の中心であるという認識。もう一つは、自己の国家は万国の中の一つであると認識すること。

五大州：「州」の概念が初めてもたらされると、中国は世界ひいてはアジアの一部分にすぎず、想像にあった世界の中心ではないと説かれる。これは中国の王朝中心主義世界観と衝突した。『明史』「外国伝、意大里亜伝」

にリッチの世界地図について「言天下有五大州（天下に五大州ありという）」と記され、五大州の名称が列挙される。ここにおいて中国はアジアの一部にすぎず、「中凡百余国、而中国居其一（凡そ百余国に中りて、中国は其の一に居る）」と指摘される。同時に『明史』の筆者は「其説荒渺莫考、然其国人充斥中土、則其地固有之、不可誣也（其の説は荒渺にして考なし。然るに其の国人中土を充斥すれば、則ち其の地に固より之れ有りて、誣いるべからざるなり）」とする。

大西、太西、泰西：ここでの「大」、「太」、「泰」は通字であり「極遠（極めて遠い）」を表す。中国は伝統的に「絶域」という言葉がある。これはあいまいな概念であり、遥か遠くのある場所、または多くの場所を指し、明確に定められた空間ではない。一方、「泰西」とは特にヨーロッパを意味し、明確な方位と地域を表す。これはリッチがヨーロッパを解読した方法であり、中国人に新たな文化的参照システムを提供しようと試みたのである。この言葉は清末になると普遍的に使用され、ヨーロッパの歴史を記した『十九世紀史』は『泰西新史攬要』と訳された。

亜細亜州：中国の伝統では、東洋と西洋の概念的区分があるだけで、「亜細亜」の概念は存在しない。亜細亜の概念は多くの士大夫に衝撃をあたえた。なぜなら「亜」には二番目、小さいという意味があり、ヨーロッパ人は中国を低く貶めている、と考えたからである。「亜細亜」という言葉には、宗教、文化、政治、種族、身分認識といった多くの意味が含まれる。これは近代になり中国人が民族国家概念を形成するにあたり重要な意義を果たした。

伝統的中国と西洋の交流は地理的要因のために、中国の地理学には自然地理の専門用語が不足しているだけでなく、域外の州名、国名、地名などの翻訳において、利用可能な語彙のストックが大きく欠落していることが明らかになった。マテオ・リッチ世界地図は、中国地理学が世界に対して非常に豊富な自然地理や世界の人文地理の専門用語や地域の訳名を備えるよう志向させ、極めて豊かな中国地理学語彙の貯蔵庫をもたらした。リッチは新語彙創作においても重要な役割を果たす。一つは、伝統的語彙を再解釈した。彼は「世界」という言葉を使用してはいなかったが、「山海輿地」、「輿地山海」、「万国」、「両儀玄覧」などの言葉を通じて中国人に「世界」観念をもたらした。二つに、不明瞭な意味の語彙の使用法に関して、大航海時代という時代背景の下、再解釈を加えた。たとえば「万国」にさらに明確な意味内容を付与した。

研究概念の形成過程において、我々は言葉の出現や使用頻度を考察するだけでなく、だれが使用したかについても検討しなくてはならない。たとえば「地球」という概念は、雍正十年（一七三二）に出版された『康熙御制文』に収録される康熙帝の筆記形式の著述である『幾暇格物篇訳注』に「自古論歴法、未嘗不善、総未言及地球。北極之高度所以万変而不得其著落。自西洋人至中国、方有此説、而合歴根。（古えより歴法を論ずるに、未だ嘗て善ならず、総じて未だ地球を言うに及ばず。北極の高度とする所は万変を以てして其の著落するを得ず。西洋より人、中国に至り、方に此の説ありて合して歴根となる）[11]」と記される。輿論の先駆けとして「地球」の概念を使用しており、その意味は一般的意味とは異なった。

4　西洋の人文地理知識の紹介と中国文化との対話

地図は文化の産物である。そこに表される世界は自然そのままの姿ではないが、自然についての一つの解釈である。リッチの世界地図に紹介されるものは、全てが経験的再現ではなく、西洋人文地理知識の紹介という側面を有する。つまり非常に選別された内容である。彼はヨーロッパ地理学を紹介する際に欧州宗教の政治や法理と物産や習俗の重要性を特に強調した。

此欧邏巴州有三十余国、皆用前王政法、一切異端不従、而独崇奉天主上帝聖教。凡官有三品、其上主興教化、其次判理俗事、其下専治兵戎。土産五穀・五金・百果、酒以葡萄汁為之。工皆精巧。天文性理、無不通暁。俗敦実、重五倫。物匯甚盛、君臣康富。四時与外国相通、客商游遍天下。（此の欧邏巴州は三十余国有り。皆な前王の政法を用い、一切の異端に従わず、独だ天主上帝の聖教を崇奉する。凡そ官に三品有り、其の上は教化を主興し、其の次は俗事を判理し、其の下は専ら兵戎を治む。土は五穀・五金・百果を産み、酒は葡萄の汁を以て之と為す。工は皆な精巧なり。天文の性理、通暁せざるなし。敦実に俗い、五輪を重ねる。物匯は甚だ盛んにして、君臣は康富なり。四時と外国は相い通じ、客商は遍く天下に游ぶ。）

イタリアの紹介は次のようにある。「此方教化王不娶、専行天主之教、在邏馬国。欧邏巴諸国皆宗之（此の方の教化するに王は娶ず、専ら天主の教を行い、邏馬国に在り。欧邏巴諸国は皆な之れを宗とす）」。また入爾馬泥利亜（ドイツ）は以下のようにある。「入爾馬泥亜諸国、共一総王、非世及者、七国之王子中、常共推一賢者為之（入爾馬泥亜諸国（ドイツ諸国）は、共一の王の総べるところなり。世に及ぶ者あらざれば、七国の王子の中より、常に共に一賢者を推し之れと為す）」。中国に「小西洋」と称された「応帝亜（インド）」は「天下之宝石、百貨自是地出、細布、金銀、椒料、木香、乳香、薬材、青朱等、無所不有。故曰時有西東海商、在此交易（天下の宝石、百貨は是の地より出ず。細布、金銀、椒料、木香、乳香、薬材、青朱等、有らざる所なし。故に時に西東の海商と、此に交易在りと曰ふ)」とされる。

これらを択び紹介したのには深い意味がある。その目的は、これらはいずれも中国人に中華文明からはるかに離れた「絶域」が中国と同様に方形の大地を有し、中国の声教儀章に全く引けを取らない礼学教化、さらにはヨーロッパ全土に影響力をもつ聖教――天主教を知らしめるためであった。異域に関する知識の大小は海外交通の空間的振幅の大小に比例する。歴史上の域外交流は、中国に葡萄、ガラス、獅子をもたらした。しかし、現実の物質は生活における表面的な「相互交流の有無」によってのみ伝来し、珍奇な異物は一部貴族の好奇心を満たすに過ぎない。異域文明からもたらされた情報のみが、浅い交流から深い交流へと転化させることができる。異域文化についての詳細な認識は、自身に一定程度の文化的衝撃をあたえる。マテオ・リッチ世界地図の西洋人文学に関する知識点の顕示は、中国の文人たちに同一空間の遥か離れた国に、自身と同等かそれ以上に重厚で巨大な文明が存在することに気づかせた。

『坤輿万国全図』は、中国人に多くの動物学の知識をもたらし、さらに中国文化との対話に関心を払わせた。同図「小西洋」の条の右に「此処有革馬良獣、不飲不食、身無定色、遇色借映為光、但不能変紅、白色(此処に革馬良なる獣あり、飲ず食わず、身に定色なく、色に遇いて映を借り光となす。但し紅、白色に変わるあたわず)」とある。『海録』での「小西洋」は、インドのゴア(Goa)を指す。ここでは明らかにインドのカメレオンを意味する。カメレオンは学名「避役」、スペイン語では「Camaleón」または「camaleones」である。ポルトガル語では「Chameleons」となる。「革馬良」とは音訳であろう。リッチは、中国の古典籍には古くから蜥蜴(石龍子とも)に関する記述があることに注目していた。たとえば宋代の陸佃『埤雅』に「蜴善変、『周易』之名、蓋本乎此(蜴善変は『周易』の名なり。蓋し此れを本とす)」とある。明朝の李時珍『本草綱目』に「蜴即守宮之類、俗名十二時虫。嶺南異物誌言。『其首随十二時変色』（蜴は即ち守宮の類、俗名を十二時虫という。嶺南異物誌に言う。『其の首は十二時に随い変色す』）」と記す。明代の人々は蜥蜴と『周易』の「易」の字が関連することを喜んだ。リッチは「小西洋」を紹介する際に、「身無定色」の「革馬良獣」にわざわざ言及している。これは明らかに中国人に対して、異域世界のインド・ゴアに「『周易』之名、蓋本乎此」に類似する動物が存在することを示唆しているのである。

同図の「満剌加」の右にある海の部分には注釈で次のように記される。「満剌加地常有飛龍繞樹、龍身不過四、五尺、人常射之（満剌加の地には常に飛龍有りて樹を繞る。龍身は四、五尺に過ぎず、人常に之れを射る）」。満剌加は中国の藩属国である「暹羅国属国（シャム国）」に属する。そして常に「飛龍繞樹」であった。特に「飛龍」という言葉は、古代中国において尊貴なる地位であり大いなる聖人とされた。『周易』「乾卦」の「九五」爻の辞に「飛龍在天、利見大人（飛龍は天に在り、大人を利見する）」とある。「乾卦」は開始から終わりまでの意味であり、乾陽は初、二、三、四、五、上の六つの爻の変化であることがわかる。たとえ、その昇降は一定でなくとも、常に時に依りて行われ、あるいは潜龍に乗り、またあるいは飛龍に乗りて天を制する。龍が飛びて天にあることは、あたかもある人が尊貴な地位にあるようなものである。この爻は後に帝王を象徴する吉祥の爻と解釈された。そのため中国古代の帝王は「九五の尊」と称された。天主教は仇敵である仏教経典の中でさえ、龍は神聖なるものの象徴とし、九龍吐水灌浴太子によって、仏陀の太子誕生物語に神聖性、権力性、権威性を持たせている。リッチは五経に精通しており、『周易』「乾卦」の「飛龍在天、利見大人」という爻辞を知らないことはありえないであろう。また、彼は中国の龍と皇帝の間の奥深い関係について鋭く意識しており、「満剌加」という動物を描写する時、中国で崇拝されている聖なる動物である「飛龍」という言葉を惜しみなく使用したのである。さらに「人常射之」により、ヨーロッパ人の知る「龍」を表現した。これは藩属国の「人」に殺される物であり、そこには中国の皇権の意義を紐解く奥深さが含まれる。

5　実地測量と絵地図製作の新技法

中国でも地図は古くから見られる。長沙の馬王堆漢墓から出土した地図には、計里画方による製図方法が存在する。また、西晋の裴秀は製図六法を作り出し、絵画地図製作の基本的図式を規範化し、中国の絵画地図の礎を定めた。元代以前の中国には緯度と子午線の長さに関する測量法が存在していた。しかし「天円地方」の観念のために、測量の結果を天文の視点から地上の方位を理解するだけのものにとどまっていた。だが、これと地図絵画の関係は少ない。明代に至るまで、計里画方以外に、地図の絵画製作法に目覚ましい進歩はなかった。中国では、リッチにより近代西洋の新たな科学技術や測量法が実際の測量に取り入れられ、さらに地図製作にも採用された。つまり、リッチ来華以前から実地測量に強い興味を抱いていた。西洋の投影法による絵画地図製作法は、まず最初に、ある一点の緯度と経度を定める必要がある。そのためリッチは中国に向う途中、各地の緯度経度を測量することで、赤道上から見た南極北極と地平線の交角を観測した。リッチは『山海輿地全図解』で次のように述べる。

其経緯線本宜每度画之、茲且惟每十度為一方、以免乱雑、依是可分置各国于其所。東西緯線数天下之長、自昼夜平線為中而起、上数至北極、下数至南極、南北経線数天下之寛。子福島起為十度、至三百六十度復接焉。試如察得南京離中線以上三十二度、離福島以東一百廿八度、則安之于其所也。凡地在中線以上、主北極、則実為北方。凡在中線下、則実為南方焉。

（其の経緯線は本と宜しく毎度これを画くべし。茲れ且つ惟だ毎十度を一方と為し、以て乱雑を免れる。是れに依りて其の所に各国を分かち置くべし。東西緯線は天下の長を数え、自ずから昼夜の平線を中と為して起こり、上を数ふるに北極に至り、下を数ふるに南極に至り、南北の経線は天下の寛を数ふ。子は福島より起こり十度と為し、三百六十度に至りて復た接す。試みに南京を離るること中線上は三十二度を以てし、福島を離るること東は一百廿八度を以てすれば、則ち之れ其の所に安んずを察らかに得るがごとし。凡そ地は中線以上に在り、北極の主るは、則ち実に北方となるべし。凡そ中線より下に在れば、則ち実は南方と為るなり。）

来華後もリッチは各地の経緯度調査を継続し、北京、南京、大同、広州、杭州、西安、太原、済南などの都市の経緯度をほぼ正確に測量した。北京や南京など中国各都市の経緯度の測量結果からみるに、緯度の値は現代の測量値とほぼ同一である。リッチは地図上に子夜と正午における緯度の測定方法を絵図で描くことで、経緯度の意義と用法を中国の地理学会に紹介した。彼は、量天尺の二つのまるい穴から観察を行なう使用法を解説する。地図上には「太陽出入赤道緯度表」と記される。

実地測量によりマテオ・リッチ世界地図の中国や東アジア部分についての真実性と緯度が正確であることが証明された。その正確性は同時代のヨーロッパで出版された世界地図をはるかに凌ぐものであった。これ以外のアジア部分、たとえば日本の四島は三十度から四十二度の間に位置しており、実際の緯度との誤差は三度ある。また、一五六九年にメルカトルが出版した世界地図や一五七〇年にオーストリアのアジア地図と比較しても、その正確性は極めて突出している。それは十六世紀のヨーロッパの製図学者が使用していたアジアに関する資料は主にイタリアやフランスの旅行家の報告であったためである。これら旅行報告は往々にして地理的位置は非常にあいまいであった。その理由は、旅行家は経度や緯度の測量を実施していないからである。よって、こうした地図よりもリッチが実測し作成した地図がはるかに優れていることは偶然ではなかった。この測量法は中国古代の伝統的「計里画法」による位置測定法と比べても、さらに正確であった。リッチはいわゆる量天尺（astrolable）により各地の緯度を計測し、さらに日食と月食を用い緯度を測った。これにより得られた結果は現在の測定値と比較してもほぼ差異が見られず、中国地理学における空前の成果となった。こうした実測の結果は、長きに渡る欧州の中国に対する曖昧とした観念を明瞭にしただけでなく、最も重要なことは、こうした実験的態度は中国の地理学に全く新しい技法をもたらしたことである。マテオ・リッチ世界地図には、ほかにも西洋科学の実験方法や正確性を追求する科学的精神が内包されている。こうした意義において、マテオ・リッチ世界地図の刊刻によってもたらされた新しく異質な知識資源が伝統的中国思惟モデルに与えた影響は、奥深く画期的な価値を有した。

四　「万国」輿図の天下観に対する衝撃と士人の「世界観念」の萌芽

中国は歴史上、長きに渡り「自己を中心」とする時代があった。この「中心」モデルは、方位、序列、文化の交錯といった構造であった。まず、中国は地理的に「天下の中」に位置する。たとえ「閎大不経」とされた鄒衍の「大九州」説や荒唐無稽とされた『山海経』であっても天下を描写する際、東・西・南・北・中および内外によって天下の方位地域や山海を区別するのは例外ではなかった。この「天下観」の形成は中国の特殊な地理的配置と密接に関わる。中国はアジア大陸の最東部に位置する。西北は砂漠、西南は高山深谷、南は熱帯雨林、東は広大な海に面する。地理的条件による封鎖のために、中国の士大夫は中国を天下の中央とみなしただけでなく、文化の中心的立場にあると考え、中国文化は天下に流布する最高の文明様式とした。戦国時代、趙国の公子成は文化に関する中国の意義について次のように記す。

中国者、聡明叡知之所居也、万物財用之所聚也、聖賢之所教也、仁義之所施也、詩書礼学之所用也、異敏技芸之所試也、遠方之所観赴也、蛮夷之所義行也。
（中国は、聡明叡知の居る所なり、万物財用の聚る所なり、聖賢の教ふる所なり、仁義の施さるる所なり、詩書礼学の用ひらるる所なり、異敏技芸の試す所なり、遠方の赴き観る所なり、蛮夷の義を行なふ所なり。）

宋代の理学家、石介の『中国論』は、中国の士大夫が長きに渡る歴史発展の中で形成した文明の優越感や周辺民族への軽視を最もよく示す資料である。「天処乎上、地処乎下、居天地之中者曰中国、居天地之遍者曰四夷、中国内也（天は上に処るや、地は下に処るや、天地の中に居る者を中国と曰ひ、天地の遍に居る者を四夷と曰ふ。中国は内なり）」。天下は諸夏および蛮夷戎狄からなる。中国とは諸夏であり、詩書礼学の国であり、順序として内服に居り、方位としては中心にある。蛮夷戎狄は鳥や獣と同等で、順序として外服に居り、方位としては四裔にある。これはつまり、中国が作り出した自己の特殊な文化体系であり、相対的に閉鎖された地理的環境および自給自足の小農経済構造――夷夏伝統である。「夏」とは、黄河流域に育まれた中原地域文明の中心を指し、「夷」とはこの中心からみて四方の部族、いまだ華夏文明を知らず、礼儀の薫陶を受けていない少数民族を意味する。中原から見て夷が位置する場所に基づき、それぞれ「東夷」、「西戎」、「南蛮」、「北狄」と称される。中国士大夫の目からすると、これら四方の部族は、礼儀の教化を受けていない野蛮な状態である。これは中国で歴代出版された「華夷図」や「広輿図」に明確に示されている。北宋の神宗皇帝の時代から作成された『華夷図』碑から羅洪先の『広輿図』まで、いずれも周辺国家の位置を曖昧として明確に示さず、中国の領土を広大に描き、広大な海は小さく記す。

リッチの世界地図は明清士人の「天下観念」形成に大きな衝撃を与えた。そして士人「世界観念」が萌芽するための知的資源となった。

1　新知識の受容と「地理的視界」から「文化的視野」への拡大

大航海時代前夜、ヨーロッパ人の「世界観念」とは、その実「ヨーロッパ観念」に過ぎなかった。同様に中国人の「世界観念」は中国を中心とした「天下観念」であった。大部分の民族や国家が描く世界地図は、その全てが自己の国家を世界の中心に位置させる。また長きにわたりヨーロッパ人も自己文化中心論の概念を有していた。しかし、中国人のように地理的優越性や文化的優越性について強調を加え、さらには自己の優越性がすでに喪失した状況下にあっても此の如く自信を妄信するような民族は一つもなかった。

リッチの世界地図が示した知識とは、西洋社会が作り上げた知識であった。この世界地図がもたらしたヨーロッパの新たな知識は、まず中国知識人に自らの天下観を内省させるところとなった。ヨーロッパ人は五州を明確に区分し、経度緯度を明らかにし、世界地図の随所に国名を記した。この地図を眼前にした中国知識人は、前代未聞の震撼を覚えるとともに、驚嘆や羨望、好奇という感情から反感や拒絶、排斥へと変わり、最終的にはもともと抱いていた天下観念への強い疑念を生じさせた。確かに多くの中国の知識人はリッチの世界地図に触れることでイエズス会士がもたらした「世界意識」を次第に受け入れるようになる。たとえば徐光啓などは、まず一六〇〇年春に南京で趙可懐と呉中明の二名の進士がそれぞれ翻刻したマテオ・リッチ世界地図に出会う。その後、次第にリッチがもたらした大型の大地観に惹きつけられ「西泰子之言天地円体也、猶二五為十也（西泰子の言は天地は円体なり、猶お二五を十と為すがごときなり）」と述べる。さらに地円説を正・戯・別の三論にわけ詳細な解説を加えた。李之藻は一六〇一年に「『寮友数輩訪』利瑪竇、其壁間懸有大地全図、画線分度甚悉（寮友数輩、利瑪竇を訪れ、其の壁間に大地全図を懸ける有り、画線分度甚だ悉す）」と述べる。これ以降、西洋の製図学に心酔し、中国伝統の図形学の欠点を指摘する。「余依法（リッチが教授した西洋法）測験、良然。乃悟唐人画方分里、其術尚疏。（余法に依りて測験するに、良然なり。乃ち唐人の画方分里を悟り、其の術は尚お疏る）」。葉向高はリッチを次のように称する。

画為『輿地全図』、凡地之四周皆有国土、中国僅如掌大、人愈異之。……其言輿地、則吾儒亦有地如卵黄之説、但不能窮其道理、名号、風俗、物産、如泰西氏所図記。
（画は『輿地全図』為り。凡そ地の四周は皆な国土有り、中国は僅かに掌大なるがごとし、人愈ます之と異なる。……其の輿地を言うは、則ち吾が儒に亦た地の卵黄の説のごときもの有り。但だ其の道理、名号、風俗、物産を窮めるあたわず。泰西氏の図記する所のごとし。）

地球には上下や横や斜めがなく、中国が何にゆえ世界の中心であろうとは論じるまでもない。こうした「自身を中心とする」天下観念への疑問や「東海西海、心同理同」とする「世界意識」の承認は、一部の士大夫がイタリア人宣教師 Giulio Aleni『職方外紀』の序言に述べている。古代中国では「天」と「地」の空間的叙述の中に古代中国の歴史伝統的権威の根本と意識形態の合理的依拠を密かに記した。仮に天円地方の宇宙観をいかにしても成立させることができなければ、過去の歴史や伝統の経験はその意義を失う。もし四夷が卑小で野蛮な附属国でなければ「天朝大国」の尊厳や自信は揺らいでしまう。中国人が信奉する世界の合理性の根拠は、伝統的時間と空間の感覚と密接に関わる。

こうした伝統的合理性の根拠はリッチの世界地図により伝えられた新たな知識の衝撃により、旧知識の解釈や思想信仰は「ドミノ」式連鎖のように崩れ倒された[12]。空間観念の変化は思想界に「革命」をもたらし、地理的視野の展開により必然的に文化的視点の展開がもたらされた。明末清初の一部知識人は、天下には確実に未知なる世界の「文明」様式が存在すると受け入れはじめた。それは平等な視点から中国と西洋文化の長所短所を比較しようと試みたのである。彼らの中には西学について多くの知識を持たない者もいるかもしれないが、異域文化との接触により健康で開放的心理状態を作り上げた。たとえば明末の学者、謝肇淛『五雑组』に次のように述べる。「天主国、更在仏国之西、其人通文理、儒雅与中国無別（天主国、更に仏国の西に在り。其の人びとは文理に通じ、儒雅と中国に別なし）[13]」。

現代的意義の「世界観念」とは地理的、文化的の二重の意味を持つ。すでに地球は球形と証明され、空間認識においても伝統的東、南、西、北、上下左右を超越した大地の二次元観念が形成され、三次元の方位観念がつくられている。地球の旋回運動や地表に中心は存在しないという特徴により世界に「中心でない場所はない」とされ、地理的にはいかなる中心や辺縁も存在しない。世界は五大州など多元的実態により構成される。よって、世界の発展は多元的であり、各民族はそれぞれ自己の文明の指標をもつ。こうした理性的「世界観念」は、早くはヨーロッパではリッチなどに代表される東洋文化に接触した宣教師グループのなかで形成された。リッチが文化交流において主張した「文化適応」とは、この認識に基づく。西洋文化の受容過程にあって非常に尊重された中国伝統の「マテオ・リッチの規矩」は、「世界観念」を創造しはじめたばかりの徐光啓、李之藻、ひいては康熙帝にまでも信奉された。「世界観念」の構築は中華民族の近代化へ向けたあらゆる歩みの起点であり、極めて困難な思想的啓蒙である。ある意味において述べるならば、中国の近代化へ向けた道程とは、自己を「天下」に君臨する中央の国から「万国」の中の一国家へと転換させる道のりであった。

2　歴史記憶と伝統的経験の激論

新知識の紹介と受容の過程は中国本土の歴史記憶を動かす過程でもある。新たな知識の伝来は旧伝統と深い対話をおこなう極めて有効な手段であり、明末の西洋地理学知識の伝来は多くの士大夫に地学文献の研鑽を促した。『図書編』を編纂した章潢は、リッチが中国にもたらした欧文の世界地図は天文図と誤認されたことを描いた。彼はこれを中国の古典に題を求め『昊天渾元図』と名付けた。

またリッチは『坤輿万国全図』を制作する過程において、伝統的文献を大量に参考とした。たとえば『坤輿万国全図』には『五代史』、『魏書』、『隋書』に由来する資料があり、羅洪先の『広輿図』、『大明一統図』などを取り入れる。なかでもリッチは元代の馬端臨の『文献通考』を特に重視し、西アジア、東南アジア等の地域の注釈文は『文献通考』を一部そのまま引用する。厳従簡が一五七四年に編書した『殊域周咨録』や一五九一年の羅日褧『咸賓録』などは大部分が使用される。日本の地名については明代の胡宗憲『籌海図編』を用いる。知識人がマテオ・リッチ世界地図を目の前にした時、ある者は驚きのあまりすぐさま記憶の中にある異域知識を掘り起し、伝統的歴史文献から対応、あるいは近似の知識を探し出した。そして新たな知識と旧見聞を結び付ける努力をおこなうことでリッチがもたらした西洋地理学の資料と方法により中国の古代経典を内省するのである。祁光宗はマテオ・リッチ世界地図を「拠所聞見、参以独解、往往言前人所未言至。以地度応天躔、以読天地之書為為己之学、幾于道矣。（聞き見する所に拠り、参わるに独解を以てし、往往に前人のいまだ言い至らざる所を言う。地度を以て天を躔むに応じ、天地の書を読むを以て己の学と為す。道に幾し）」と称揚する。楊景淳は『禹貢』、『漢書』「地理志」は「靡所不具、此其大章明較著者而質之六合、蓋且掛一而漏万、孰有嚢括苞挙六合如西泰子者？詳其図説、蓋上応極星、下穿地紀、仰観俯察、幾乎至矣。（具はざる所なし。此れ其の大章明較の著者にしてこの六合を質す。蓋し且つ一を掛けて万を漏らす。孰れか六合を西泰子のごとく嚢括苞挙する者有らんや？其図説は詳らかにして、蓋し上は極星に応じ、下は地紀を穿ち、仰ぎ観て俯きて察し、幾ぼ至るなり）」とする。

方以智は『物理小識』において地円説を強く説き、『周髀算経』にも論拠が見られる。その子、方中履の編纂による『古今釈疑』十二巻『天地之形』に『坤輿万国全図』の「地与海本是円形、而合為一球（地と海は本と是れ円形にして合して一球と為る）」の語を引用する。さらに『黄帝素問』、『周髀算経』、邵雍、朱熹などをいずれも証左に用い、「中国之説本明、至利瑪竇入而始暢（中国の説は本とより明らかなり。利瑪竇の入るに至りて始めて暢る）」と証明する。

こうした歴史的記憶と伝統的経験が一つにまとめられることで西洋学術を受容するための心理的支柱を構成し

た。経験を証明できる範囲内において、人々は徐々に西洋人の説に道理があると認めた。明末の西洋地理学は新たな知識として、一部の知識人に認知され、さらに伝統的知識資源を引き続き掘り起こそうと試みることで、この膨大な知識体系において整合から伝統へと取り込もうとしたのである。

3　晩清における西学知識再構築過程のマテオ・リッチ「万国図説」の意義

十八世紀以降、清代の民間においてマテオ・リッチ世界地図は極めて珍しく、得難いものとなった。一部の翰林院学士以外の大部分の人々はリッチの世界地図を目にする機会がなくなった。こうしてほぼ言及されることがなくなり、地図の伝播に関する基本的過程は次第に人に知られることがなくなっていった。康熙年間末、マテオ・リッチ世界地図の影響力はほぼ失われていた。

こういった状況に関してある研究者は五つの理由を挙げる。その一：版本が煩雑になり制作が容易でなくなった。その二：地図が大きすぎるため移動や所蔵に不便を生じた。その三：紙が波打ちやすく保存が難しかった。その四：地図に対する理解が減少し注目されなくなった。その五：内容が古くなり前時代の物となりつつあった。(14)これらの理由には多くの道理があるものの、最も重要な点は学術界の西洋地理学の新知識に対する需要が減少したことにある。マテオ・リッチ世界地図を代表とする西洋地理学からの新知識資源は学術界に不可欠の知的資源ではなくなっていた。

十九世紀中葉、中国が西洋の強大な軍事力と対面すると、マテオ・リッチ世界地図は再び重要視される。晩清中国の地理学者はリッチが中国語世界に伝えた世界地図の価値を再び強く意識する。たとえば魏源の百巻本『開国図志後叙』冒頭の言葉は次の通りである。「譚西洋輿地者、始于明万暦中泰西人利瑪竇之『坤輿図説』（西洋輿地を譚る者は、明万暦中の泰西人利瑪竇の『坤輿図説』に始まる）」。この『坤輿図説』とはリッチの『坤輿万国全図』の文字部分を指す。『開国図志』巻三十七「大西洋欧羅巴州各国総叙」には「案語」として殊更にこう述べる。

明万暦二十九年、意大利亜国人利瑪竇始入中国、博弁多智、精天文、中国重之。自称大西洋之意大利亜人、未嘗以以大西洋名其国。

（明万暦二十九年、意大利亜国人利瑪竇始めて中国に入る。博弁多智にして、天文に精しく、中国これを重んず。自ら大西洋の意大利亜人と称し、未だ嘗て大西洋を以て其国を名のるなし。）

また巻七十四「国地総論」上「釈五大州」に「考万暦中利瑪竇所絵『万国地図』」とあり、巻七十五「国地総論」に『坤輿万国全図』に記される序言全文を収める一節があり「利瑪竇地図節」と題する。そこにはマテオ・リッチ世界地図に関する地円説、赤道、南極、五帯の区分、五大州の基本概念を全文著録している。魏源はマテオ・リッチ世界地図に詳細に目を通していたことが知られる。

リッチが作成した『坤輿万国地図』に見られる造語、「地球」、「天球」、「半球」、「赤道」、「南極」、「北極」、「北極圏」、「南極圏」、「地平線」、「経線」、「緯線」、「大西洋」、「地中海」、「紅海」、「海島」、「万国」、「亜細亜」、「欧羅巴」、「亜墨利加」などの語彙はいずれも晩清の各種地理学文献に頻繁に登場する。イギリスプロテスタント宣教師モリソンの『英華字典』には「天球」、「地球」、「半球」、「南極」、「北極」、「赤道」、「地平線」などの語彙が収録される。徐継畬『瀛環志略』ではマテオ・リッチ世界地図や漢訳名を多く使用する。「大西洋」、「地中海」、「紅海」、「海島」など。晩清の世界を研究対象とした知識階級にとって、マテオ・リッチ世界地図の多くの地理知識はすでに西洋の新たな地理学知識に取って代わられていたことは容易に気づくところである。しかし一部の基本概念、五大州の概念、経緯度の概念、気候帯の区分法、ヨーロッパ人による地理の大発見の新成果、ひいては世界各地の風俗、民間の実情の紹介、特に漢訳された外国の地理名詞、アジア、ヨーロッパ、北極、南極、地中海などは、いずれも晩清西学知識の再構築過程において古代ギリシアローマのルネッサンス時期の思想家の文献と同様に重要な価値をもたらした。まさに晩清知識人はこれらマテオ・リッチ世界地図など一連のイエズス会士に関わる西洋地理学の限りある重要な知的資源を有効に活用し、伝統的経典を再検討し、新たな西洋文献に応えることで、晩清の知識世界に「天崩地裂」という巨大な変化を起こしたのである。

付記：本文は紙幅の制限があるため、文中の多くの引用部に一つひとつ出典を注記しない。興味のある読者は鄒振環『晩明漢文西学経典：編訳、詮釈、流伝与影響』第一章（復旦大学出版社、二〇一一年、三二〜八一頁）を参照されたい。

注

（1）近年の日本人学者によるマテオ・リッチ世界地図に関する重要な研究に、富山大学人文学部教授、鈴木信昭氏の「朝鮮粛宗三十四年描画入り『坤輿万国全図』考」（『史苑』二〇〇三年三月第六十三巻第二号（通巻一七〇号））があり、朝鮮の彩色本の収蔵について考察している。この他、二〇〇六年十月に鈴木氏は『朝鮮学報』第二〇一輯に「朝鮮に伝来した利瑪竇『両儀玄覧図』」で、朝鮮大学校所蔵の「両儀玄覧図」について研究している。二〇〇八年一月『朝鮮学報』第二〇六輯に「利瑪竇『両儀玄覧図』考」を発表し、同図の十一重天天文図を中心に考察している。また、二〇一五年七月十九日に関西大学で開催された東アジア文化交渉史の学会において三浦國雄先生からご意見を賜るとともに、三篇の論文を頂戴した。この場を借りて感謝申し上げたい。

（2）黎玉琴、劉明強「利瑪竇史海鉤沈一則」（『肇慶学院学報』二〇一一年第四期）。劉明強「万暦韶州同知劉承范及其『利瑪竇伝』」（『韶関学院学報（社会科学版）』二〇一〇年第十一期）を参照。

（3）『地球大観』（*Theatrum Orbis Terrarum*）は大型地図集である。第一版には、地図集と同名の世界地図、アジア・アフリカ・ヨーロッパ・アメリカの地図、さらに世界主要地域や国家の地図など計五十三の図版が収録される。出版とともに広く読まれ、一五七〇～一六一二年にかけてラテン語・ドイツ語・フランス語・スペイン語・オランダ語・英語・イタリア語で合計四十あまりの版が出版される。一五九八年のオルテリウス死去以降、同書の図版や付録図は一五〇枚あまりに増補された。黄時鑑、龔纓晏著『利瑪竇世界地図研究』（上海古籍出版社二〇〇四年）六二頁を参照。

（4）日本人学者の高田時雄氏の「俄蔵利瑪竇『世界地図』札記」、北京大学中国古代史研究中心編『輿図、考古史学新説――李孝聡教授栄休記念論文集』（中華書局、二〇一二年）五九三～六〇四頁参照。

（5）マテオリッチ世界地図の水紋研究については、郭亮『十七世紀欧州与晩明地図交流』（商務印書館、二〇一五年、二〇五～二八二頁）を参照。

（6）『両儀玄覧図』に関して、筆者はかつて「利瑪竇世界地図的刊刻与明清士人的『世界意識』」（『近代中国研究集刊・近代中国的国家形象与国家認同』、上海古籍出版社、二〇〇三年第一輯、二十二～七二頁）において論及したことがある。

（7）龔纓晏「関于彩絵本『坤輿万国全図』的幾個問題」、張曙光、戴龍基主編『駛向東方（第一巻中英双語版）全球地図中的澳門』（社会科学文献出版社、二〇一五年、二二三～二三九頁）。

（8）この問題については、鄒振環「殊方異獣与中西対話――『坤輿万国全図』中的動物図文」（李慶新主編『海洋史研究』第七輯、社会科学文献出版社、二〇一五年三月、二九二～三三三頁）を参照されたい。

（9）須弥山（梵語：Sumeru）。メル山、メルール山、スメール山とも訳す。意味は宝山、妙高山または妙光山。古代インド神話では世界の中心の山とされ、小千世界の中央（小千世界は大千世界の一部分）に位置し、後に仏教によって援用される。伝説によると、須弥山の周囲は海に覆われており、海上には四大部州がある。南は贍部州、東は勝身州、西は牛貨州、北は倶盧州。これは仏教の重要な宇宙空間概念である。

（10）マテオリッチ世界地図は西洋の新語彙の伝播において非常に貢献した。しかし語彙学者の注視は受けていない。現在、最も代表的な研究である『近現代辞源』（黄河清編纂、姚懐徳審定、上海辞書出版社、二〇一〇年）に挙げられる「亜細亜州」、「欧羅巴州」、「亜美利加州」などの言葉の条（五五九、八五四〜八五五頁）は、いずれも晩清の文献をあげている。その理由についてははなはだ不明である。

（11）李迪訳注『康熙幾暇格物編訳注』、上海古籍出版社、一九九三年、十八頁。

（12）葛兆光『中国思想史』第二巻、復旦大学出版社二〇〇〇年、四五八、四九二－四九三頁。

（13）謝肇淛『五雑俎』、中華書局一九五九年、一二〇頁。

（14）黄時鑑、龔纓晏『利瑪竇世界地図研究』、上海古籍出版社、二〇〇四年、一一二頁。

中国語近代翻訳文体の創出：厳復の場合

沈　国威
（研究員・外国語学部教授）

異なる言語の接触により、翻訳が誕生した。辺境地域、越境貿易は最も初期の翻訳場だったであろう。翻訳の初期形式は、口頭による意味の移しであったが、中国語の場合、東漢以降の仏典翻訳が書面語の翻訳の始まりである。仏典は書面語の形で具現されてはいるが、『翻訳名義集自序』には「翻訳とは梵語を中国語に置き換えることであり、発音は異なるようだが、意味は大同である」とある。[1]「音」は依然として強烈に意識される存在であった。これは相当長いあいだ外国人が口述、中国人が筆録というのが主な翻訳方法であったためである。このような翻訳法のため、経文に多くの口語的要素が残されていた。一方、十六世紀末から始まったイエズス会士らによる洋書翻訳は、翻訳法では仏典翻訳の手法を踏襲したが、翻訳書の内容は、宗教の他に広範囲の世俗的領域に広がった。状況を一変させたのは、雍正帝の禁教政策であった。禁教により、宣教師の翻訳は一世紀に渡り中断を余儀なくされたが、十九世紀初頭、プロテスタント宣教師が一世紀ぶりに再度来華し、第三次翻訳ブームを巻き起こした。十九世紀末、厳復が宣教師に取って代わり、中国人による中国人のための翻訳を始めた。この時、初めて「西洋人口述、中国人筆録」という伝統的な翻訳法が放棄された。一八九五年から『天演論』の翻訳を始めた厳復は、二十世紀最初の十年間でその主な翻訳書を完成させた。この十数年間はまた中国語、特にその語彙がこれまでで最も急激な変化を蒙った時期でもあった。[2]

翻訳は言語間の対峙と変換である。翻訳に影響をもたらす要素としては、まず訳者が考えられる。次に読者の審美趣味と社会全体の知識水準である。しかし最も重要な影響因子は、目的言語からくる制限にほかならない。特に異文化の体系的知識を訳出するには、目的言語に対する要請に厳しいものがある。このような言語間の緊張関係が、翻訳の成否を左右する。では、十九世紀末二十世紀初頭の中国語は、西洋書物を訳出するだけの重荷を担えたのか。当時の翻訳者については、最も成果を上げ、影響力の大きい人物と言えば厳復以外にはいない。しかし『天演論』の格調高い古典中国語の訳文で一世を風靡した厳復は、時の中国語に非常に不満であった。厳復は、「いま諸君と科学の話をするのに、中国語を使うことは、正に職人が中国の旧式の道具を使い、時計を作るようなものである。その難しさは本人しか分からない。これも、（中国語を）修正改良しながら使うよりほかはない」と自分の講演に集まった聴衆に訴えた。[3]

翻訳文は、訳語、文（文型）、文章様式（文体）という三つの要素によって構成される。本稿は、厳復を例に、近代中国語翻訳文体の形成という角度から一九世紀末二〇世紀初頭の翻訳と中国語の関係について考えてみたいと思う。

厳復は、『天演論・訳例言』の中で、「『易』には修辞立誠とあり、孔子は言葉が理解できればよい（辞達而已矣）と言っている。孔子はまた言葉に文彩がなければ遠く伝わらないとも言っている（言之無文、行之不遠）。この三者は、文章の王道であり、また翻訳の模範である。故に私は信、達のほかに雅馴を求めるのである」と述べている。[4]

つまり訳語、センテンス形式に続き、厳復ははっきりと「雅馴」という文体の問題に気づいたのである。「辞達而已」と「言之無文、行之不遠」には、訳語レベルの問題も含まれるが、決定的な要素は、文体である。厳復は英語に精通し、原書の内容についても豊富な知識と的確な理解がある。しかし厳復が一旦、英語のテキストを中国語に変換しようとすれば、まずどのような文章スタイルを採用するかという言語形式の問題に直面したであろう。[5]ハクスリーの二編の文章は、一つは講演の原稿で、もう一つは講演の内容をより分かりやすく理解してもらうために書いた解説である。講演の内容はより専門性が高く、解説が必要だとハクスリーは考えたのであろうが、それでもその専門的な内容は、講演という口頭形式によって表出できたのである。しかし当時の中国語を顧みれば、演説体がまだ存在しなかった。一九世紀以降来華した宣教師らは中国人助手の助けを借りて、「浅文理」というスタイルで聖書を翻訳したり、布教文章を執筆したりした。「浅文理」というスタイルは不特定多数に対し、口頭による宣教も可能であった。しかし、モリソン（R. Morrison, 馬礼遜、一七八二〜一八三四）が中国に渡来（一八〇七）してからすぐ着手した聖書の中国語翻訳事業は、一九世紀末になってほぼ百年経過したが、「浅文理」は結局中国の知識人に受け入れられる文体にはならなかった。

『天演論』を翻訳した時、厳復は桐城派古文の大家、呉汝綸氏に翻訳文の添削を懇願した。[6]呉汝綸は返信の中で厳復の訳文に「もしご自分で著述をされるならば、思いのままに筆を走らせることができるが、ハクスリーの本を翻訳するという大義名分の下であれば、訳文に引用されたいにしえの書物や事柄は、いずれも原著に使用された西洋のもののままのほうが適当であろう。中国のものに改める必要はないのではないか。というのは、中国の事跡や人物なら、ハクスリー氏はもとより知るはずがないからである。翻訳法としては、東晋や南北朝の名流が仏典を翻訳した時の方法が良いであろう。その翻訳は中国の学者の著述と比べ、文章の体裁において、明らかに異なり、形に適っているように思える。これはご大著においては些細なことで、また序文にも説明されていることではあるが、やはり原著のままのほうが優美である」と述べている(7)。

つまり何が何でも外国語原著の人物、事件を中国化するというのは、必ずしも効果的ではない。仏典の翻訳では異国情緒がむしろ重要な要素として活用されていた。プロテスタント宣教師、例えばモリソン、トーム（R. Thom. 羅伯聃、一八〇七～一八四六）には訳文表現の本土化を意識的に図る試みも見られるが(8)、呉汝綸は仏典翻訳を手本として推奨したのである。

厳復は、呉汝綸の助言を取り入れ、訳文を修正した(9)。厳復は師として仰ぐ呉汝綸に次のように報告した。「拙訳『天演論』は最近添削し終えました。自説の多くは訳文から削除、または文末の案語に入れました。晋以降の仏典翻訳の方法をすべて採り入れることはできませんでしたが、前より良くなりました(10)。」二人の書簡から仏典翻訳が西洋書翻訳の模範とされたことが分かる。但しこの段階で二人が検討したのは翻訳上の細かい点に留まり、まだ文章の体裁そのものへの言及は見られない。文体に関する真剣な思索は、『天演論』の巻頭にある呉汝綸の序文（日付は戊戌孟夏(11)）に初めて現れた。序文の中で呉汝綸はまず「文」と「道」の関係を論じ、「おおよそ我が聖賢の教えは、上のものは道理が優れ、文章も完璧である。その次は、道理はやや劣るが、文章には久しく伝わるだけの力がある。文章が良くなければ、その道理もそれだけで存在することはできない」と述べている(12)。道を載せる重責に耐えられない文章は、無用のものである。このような「文以載道」という思想は、当時の中国では支配的な地位にあった。呉汝綸は、続けて周の時代の末期、学術の流派が多く現れ、その文章は喜ばしいものが多いが、（その文体は）大まかに言えば「集録」と「撰著」の二種類しかない(13)。いわゆる「集録」は、各章が各々独立し、相繋がらないもので、『詩経』『尚書』はこのタイプの最も早い時期の作品である。一方、「撰著」とは、文章が一つの主題をめぐって展開するもので（建立一幹、枝葉扶疏）、『周易』『春秋』が最初の例となる。漢の時代は撰著が多く、最も名前が知られたものは司馬遷の『史記』と揚雄の『太玄』である。前者は『春秋』、後者は『周易』をそれぞれ模倣している。この二つの書物には、大まかなストーリーがあり、文章はそれをめぐって展開する。しかし唐の中葉になると、韓愈が『詩経』『尚書』を推奨し、世の中の風習も集録タイプのものを好むようになった。宋代もその傾向が続いた。故に唐宋以降、集録の書物が多くなり、撰著の文体は見られなくなった。たまにあっても文章は劣り、喜ばれなかった。一方、最近中国に伝わった西洋の書物の多くは、一つの主題をめぐって展開するもので、これは漢代の撰著と合致するところであった。呉汝綸は、撰著は「宏大叙事」という体系立てで事象を詳細に述べ立てる目的に最も適しており、撰著の文体は同時に学術、特に西洋科学の体系性と密接な関係があると考えていたようだが、撰著であろうが集録であろうが、文章の体裁上、相違はあるが、結局のところ文章力がものを言うと指摘している。人々は西洋の学問はいずれも中国人が知らないもので、民智を啓くのに、最も良い方法は翻訳を行うことであると言っているが、しかし惜しいことに、今の「我が国の翻訳者は、大抵文章が劣り、西洋の知識を伝えるには力不足である」というのが現状であった。読書人が良しとするものは、「集録」でもなければ、「撰著」でもない。時文や公文書（公牘）、説話、つまり八股文、役所の公用文（例えば樊増祥らが手がけた判決文、筆者）と小説等の雑文、筆記、逸聞などである。このようなもの以外は、現在の中国では文章と言えるものは殆どない。西洋書の中には多くの新知識が含まれているが、しかし時文、公用文、説話のような文体は西洋書翻訳の大任を担えない。翻訳されたとしても、有識者の興味関心を引き起こせない。呉汝綸は、次のように指摘している。漢、晋の時代に仏教が中国に伝来した時、中国の学問はまだ衰えておらず、才能のある人が口述者の訳文を筆録するが、口述筆録の両者が切磋琢磨し、仏典の翻訳は独特の文体となり得た。

呉氏は、ハクスリーの学説と仏教にどのような関係があるかは不明だが、その文章を訳出し、司馬遷、揚雄と比肩することは並大抵のことではない。それどころか唐宋の文章と同列に語るのも容易なことではないと指摘している。[14] 厳復は正に宣教師らの訳書の失敗を見て、文体が非常に重要な問題だと気づいたのである。彼は『天演論』の翻訳に当たって古典の文体、つまり「雅馴」の道を選択した。厳復は自分の訳文を通じてハクスリーの学説のみならず、もっと重要なこと、即ち生存競争、優勝劣敗という進化論の思想を中国の読者に広めたのである。「読者を怖れさせ、変革の必要性を知らしめた（使読焉者怵焉知変）」と呉汝綸は言うが、読者に感銘を覚えさせる文章は言うまでもなく優れた文章である。呉汝綸は序文の中で「厳復の訳文は、晩周諸子の文章と甲乙がつかない（與晩周諸子相上下）」、「我が国で西洋書を翻訳してから、厳復の翻訳を超えたものはない。厳復のような文章であれば、彼と翻訳のことを語ってもよい（自吾国之訳西書、未有能及厳子者也。［中略］文如幾道、可與言訳書矣）」と厳復の訳文を褒め称えている。文章の見地から見れば厳復の『天演論』は大成功を収めた。魯迅が言うように「呉汝綸でさえ彼のために序文を寄せた（呉汝綸都也肯給他作序）」ほどであった。しかし呉汝綸は厳復の訳文に最大級の賛辞を送りながらも、同時にまた「しかしながら私はまた困惑もしている。というのは、書物はその時の読者に相応しなければならない。昨今の人々は、時文、公用文、説話を学問と考えているのに、厳復は晩周諸子の文章と甲乙がつかない、不朽の文章を世に送ろうとしている。両者は全く相容れないと危惧している」と指摘している。[15] 呉汝綸は、西洋の新しい知識の内容と厳復の翻訳文の形式、当時の読者の閲読趣味の間に大きなギャップが存在していることをはっきりと意識している。このようなギャップは必然的に新知識の普及に悪影響を与える。時代の読者を伝統的な文体に適応させるか、それとも文体を時代の読者に合わせさせるかという問題において呉汝綸は、「待たなければならない。そのような人物を得られれば、民衆の啓蒙も期待できる（蓋将有待也。

待而得其人、則吾民之智瀹矣）」と言っている。皆が桐城派の文章を書くことはもちろん期待できない。誰かが新しい文体を作り出すのを待つよりほかない。正に「ハクスリーの人間社会も進化の過程から逃れられない（赫胥黎氏以人治帰天演之一義也歟）」とあるようにすべては進化中であり、[16]文章も例外ではない。

『天演論』の雅馴は、当時の読者の閲読趣味を満たした。しかし「建立一幹、枝葉扶疏」という文体はまだ完成していない。「與晩周諸子相上下」の文章は本当に西洋科学の宏大叙事に適しているのか。『天演論』を脱稿した前後、厳復は『原富』の翻訳に着手した。この本は、専門性の高い大著であり、経済学の術語が大量に使用されている。術語の大量使用は、必然的に文章スタイルに影響を与える。『天演論』のような翻案意訳は明らかに適当ではない。[17]翻訳文ももはや『天演論』のような格調高いリズムを再現することができない。厳復は大いに困惑していた。早くも一八九八年春、厳復は次々に『原富』の訳文を呉汝綸に送り、『天演論』のように助言、添削してくれるよう、再三にわたって呉汝綸に懇願した。呉汝綸も厳復の「虚懐謙挹、懃懃下問、不自満假」という謙虚な態度に心を動かされたが、しかし呉汝綸も『原富』のような専門書には無力である。呉汝綸は西暦一八九九年三月十一日付（己亥年正月三十日）で、厳復に次のような書簡を送った。

スミス氏のこの本は、正に事の道理を極め、その様子を描き出している。あなたの立派な翻訳でその全容を読者に示し得た。今の世の中は、あなたに追いつける者などはいない。玉稿を頑張って拝読したが、内容が難しいので、勉強になったとはとても言えない。訂正を加えた部分は、文言の推敲と独断偏見に過ぎない。あなたが何度も手紙で校正するようにと言うので、俗習のように遠慮を偽ってはご高誼に背いてしまう。不適当とは百も承知だが、謬見でも申し上げないとかえって不愉快にさせると危惧した。私は最近益々老いて動作も目も鈍くなった。朝のことは晩には忘れ八十、九十のようだ。智力も衰え、何もできなくなった。[18]

呉汝綸は、自分が貢献できるのは「語句の推敲（字句間眇小得失）」であり、「至らぬ私見（愚心所識一孔之明）」に過ぎず、ご参考までと言っている。しかし呉汝綸は、「しかしながら『古文辞類纂』は二千年の優れた文章と申し添えておく。六経あとの第一の書物と考える。これからきっと西洋の学問が盛んになり、中国の夥しい数の書物はすべて廃棄すべきだと思うが、この書だけ残れば、いにしえの文章が延々と続き、絶えることはないだろう。故に資金を集め、石印出版をし、さらに校勘記を二巻に纏めた。聞き漏れの一助にと思い、清書してから差し上げる」と筆を思わぬ方向に進めた。[19]『古文辞類纂』（一七七九刊）は、桐城古文派の重鎮、姚鼐が編纂した文集である。ここでの言及は、唐突の感が否めない。しかし呉汝綸による『天演論』の序文と併せて読めば、その真意を理解するのは難しくない。つまり『古文辞類纂』は集録タイプ書物の最高峰であり、西洋式の宏大叙事でもこのような書物によって文章力を養っておかなければならないと呉汝綸は考えたのである。[20]

厳復は呉汝綸のこの手紙を受け取るやすぐ返信した。[21]厳復の手紙は残っていないので、呉汝綸の返信からその内容を推測するよりしかたないが、厳復は呉汝綸の真意を誤解したようである。厳復の誤解を解消するため、呉汝綸は、二月二十三日付（西暦一八九九年四月三日）で再度厳復に書簡を送った。[22]呉氏の書簡から見れば、厳復は呉氏が『古文辞類纂』を推奨したことに対して自分の文章は、しかるべき水準に達していない、つまり雅馴に欠けることを呉氏が暗示していると誤解していた。厳復は、二月七日付で呉汝綸に書簡を送り、弁解を試みた。「文章に雅馴を求めようとしますが、その際、由緒の分からない言葉を排除しなければなりません。しかし勝手に変えれば真実を失うし、そのまま使うと文章をだめにしかねません。誠に難しい」と呉汝綸に理解を求めた。[23]つまり西洋の専門書を翻訳するには、中国の典籍にない新語・術語を使用せざるを得ない。しかしこのような新語・術語は、「闌入之詞（由緒不明な語）」と見なされ、訳文の雅馴に悪影響を与える。実に両立できない事である。厳復の誤解に対し、呉汝綸は二月二十三日付の返信の中で「翻訳なさった『計学』を校閲する際、往々にして異議を挟むが、要を得ていないと百も承知している。貴殿は来書において謙虚な態度で再三愚見を求められた。私は自分の力量も顧みず、恥ずかしい限りである」と釈明し、また「前便は意見を的確に伝えることができず、言葉遣いも適当ではない」と詫びた。[24]呉汝綸は自分の真意は、「中国の書物に雑多なものが多く、広く受け入れられない」ということであり、西洋の学問が伝わってから、人々は中国の典籍を読む余裕がなくなった。「世の中の人たちは、低俗な文章を作り、初習者に便宜を図ろうとした。そのため中国の学問は徐々に廃れていく。これが私の大いに怖れることだ」と警鐘を鳴らすことであった。厳復が返信の中で見せた困惑に対し、呉汝綸は、「私の意見は、文章の品位を傷つけるくらいなら、むしろ原著から逸れることを選ぶ。取るに足らぬ些細な事は、書き記さなくても問題ない。文章という大義名分の下、粗野で浅はかなものを書くならば地位の高い人に見放される。これは昔から見識のある人にとって不変の戒律である」と助言した。しかし同時にまた「今の鴉片窟のごときは、自ずから文章に入りにくく、削除しても問題ないが、しかし林則徐のために伝記を執筆するならば、鴉片を焼き捨てることは特筆大書すべきである。但し事の顛末を明確に述べなければならない」と指摘している。呉汝綸は、語句の選択は表現内容によって決まるものとし、厳復の新語使用に理解を示した。呉汝綸は「欧洲の言葉は我が国のと根本的に異なるはずだ。翻訳はそのための文体を打ち立てるが良いだろう。六朝の人が仏典を翻訳する時、その文体はすべて特別に作ったものである」と仏教翻訳を引き合いに出して、現在の西洋の学問の受容は、「中国語既有のものを踏襲すべきではないのみならず、仏典をも援用すべきではない」と言い、謙虚に自分が「西洋の言葉に通じず、臆測できない」が、「西洋の文章に固より独自の体裁を持つだろう。語句を変え、その文体をそのまま援用することも良さそうである。但し手本として倣うことのできる中国の書物は、皆無だろう」と推測していた。呉汝綸は『天演論』序文にある「有待論」を一歩前進させ、西洋の新知識を採り入れるため、斬新な文体を積極的に作る必要があると言っている。しかし、六朝時代の仏典翻訳の時は、「中国の学問はまだ衰えておらず、有能な人が（口述された訳文を）筆録し、文章を首尾一貫に整え、故にその文章は自ら一類を為す」ことができたが、「西洋の書物が我が国に流入してきた昨今、ちょうど我々の学問が衰微していた時であり」[25]、十九世紀末、西洋の新しい学問の浸食で、中国の学問はすっかり衰えてしまった。加えて、新文体の創出は「優れた文章家でなければ容易いことではない」[26]ため、呉汝綸は「思うにあなたの力量であれば、必ずや歴史に残るような文章を書ける」とその希望を厳復に託したのである。しかし、厳復の孤軍奮闘は、古文派の衰退を挽回することはできなかった。『時務報』『清議報』の文体と日本語からの新語の挟み撃ちに遭った厳復は、その行末も予見しがたいものではなかった。

呉汝綸の励ましと期待は、厳復の自信を取り戻すことができなかったようである。厳復は、一九〇〇年初頭に呉汝綸への書簡の中で、「『原富』の翻訳はまた新しく四五冊訳了しました。但し文章は益々くどくて雑然としています。投げ出そうとも思いました。私は文章のことを、心から好み、美食や美女に対する追求よりも強く願っています。不幸なことに始めたのが遅かった上、先生に恵まれず、中年を過ぎても成功しませんでした。先生が導いてくださいましたが、いかせん智力が衰えました。もし十年ほど早く先生に出会えていれば」と書き、最後に「先生以外は適任者がいらっしゃいませんので、お引き受け頂きますよう」と序文を懇願した。[27]『原富』の原稿を出版社に渡してから、厳復は再度呉汝綸に序文を願い出た。[28]厳復にとって、私淑した恩師に序文を書いてもらうことは、敬意を払うためではなく、呉汝綸の序文のみが、その俗文に陥った翻訳を救えるのである。一九〇二年、『原富』は商務印書館より刊行された。巻頭に厳復の「訳事例言」があり、日付は一九〇一年九月二八日、続いて呉汝綸の序文があり、日付は一九〇一年十二月である。再三にわたって序文を断った呉汝綸は遂に厳復の要望通りに序文を寄せたのである。

桐城派文集に対する呉汝綸の意図せぬ言及が、厳復には大きなプレッシャーとなり、翻訳自体を投げ出そうとしたのだが、しかし厳復は最終的に原著の主要部分の翻訳を完成させた。前述したとおり、『原富』が出版されてから、梁啓超は、厳復の訳語に賛辞を送りながらも、その訳文の文体に否定的な意見を述べた。

我々が残念に思うのは、その文体があまりにも古風を追求し、わざと先秦の文体を模倣したことである。多くの中国古典を読んでいなければ、簡単には理解できない。文章界も革命しなければならないこと久しいが、欧米、日本などの国において、文体の変革は常に文明進展の程度に正比例している。ましてやこのような難しい理論の書物は、流ちょうでストレートな文体で翻訳しなければ、どうして若い学生らに理解させることができようか。著述、翻訳の仕事の目的は、文明の思想を国民に伝えることであり、深山に隠れた、不朽たる名誉を期待するものではない。文人の古い習慣であるが、賢者のために直言をはばかり、言わずにおくことができない[29]。

自ら「文字則愈益蕪蔓、殆有欲罷不能」と考えていた訳文が、「太務淵雅」「刻意摹倣先秦文体。非多読古書之人。一翻殆難索解。」と評価されては、厳復も恐縮しきっていたであろう。「淵雅」は厳復が求め続けた文章の境地だが、しかし『原富』の「淵雅」はとても『天演論』と同列に論じられるものではないことを、厳復が誰よりも知っていたのである。梁啓超の非難に対し、厳復は長文の反論を送った。

厳復は、「窃以謂文辞者、載理想之羽翼、而以達情感之音声也」と言っている。「理想」は、当時はideaの訳語であり、現在は「概念」と訳す。言葉は、概念の外殻である。厳復はそれを「羽翼」と称しており、遠くまで届く意味合いが込められていよう。厳復は、精確な概念には、粗末な言葉を用いてはいけない。低俗な語句では美しい情感も表すことができない。中国の文章で最も美しいのは、司馬遷と韓愈である。彼らはともに文章は、簡潔、著者の感情に真実でなければならないと主張している。私の文章は、別に「淵雅」を求めない。著者の感情に真実であればよい。あなたは、文体の変化は時代の文明進展の程度と正比例していると言っているが、中国の学術について言えば、戦国と隋唐の時代は「全盛而放大光明之世」で、文体もこの二つの時代を超えたものはない。また文章の道は、革命と何ら関係のないヨーロッパの文章を近代と古代とで比べても、進歩したのは、概念であり、学術である。「其情感之高妙、且不能比肩乎古人」である。法律、政治に関する文章に至っては、古今では大差がない。中国では仏教経文の文体だけがこれまでの文章と異なる。翻訳書を理解するには、まず術語を理解しなければならない。例えば翻訳者が術語の意味を理解せずに軽率に翻訳に取りかかれば、その訳書は読者に理解できるはずがないだろう。低俗な言葉ばかりを使い、学識のない人にへつらうことは、文章の道に対する「凌遅（切り裂く）」であっても、「革命」ではない。私が翻訳する書物は、深奥な学理のあるもので、学童を満足させるものではなく、中国の典籍をたくさん読んだ人のためである。中国の古典を読まずして、私の翻訳書が理解できないのは私の責任ではなく、本人にある。西洋の書を翻訳するのは、全国民に文明の思想を伝えるためであるが、それは、内容に程度の深浅があり、一緒くたにしてはいけない。

厳復は、結びに「深山に隠れた、不朽たる名誉を期待するとはとんでもない。苟も翻訳に従事する以上、原著の厖大さと意味の繊細さ、それを伝える文章としては、カゲロウのように朝晩一日の寿命であれば、それは新聞や雑誌の文章である。学者が避けなければならないところである。故に敢えて申すが、美妙な調べは、すべての人の耳に同じく伝わるものではなく、形の美しいものは、世俗の目に混同するものではない。言葉の博大なものは、平凡な人の耳には届かない。人々に分かってもらいたくないのではなく、勢いできないことである。」とまで言い放っている。(30) 居直りとも言える態度を取ったのである。

厳復の書簡から、呉汝綸の強い影響が認められる。例えば、呉汝綸が「世人乃欲編造俚文、以便初学。此廃棄中学之漸、某所私憂而大恐者」と言えば、厳復は、「若徒為近俗之辞、以取便市井郷僻之不学、此于文界、乃所謂陵遅、非革命也」と答え、呉汝綸が「若名之為文、而俚俗鄙浅、薦绅所不道、此則昔之知言者無不懸為戒律」と言えば、厳復は「不佞之所従事者、学理邃賾之書也、非以饗学僮而望其受益也、吾訳正以待多読中国古書之人」と梁啓超に反論する。

一九〇三年、呉汝綸が逝去した。(31) 厳復は引き続き『群学肄言』(一九〇三)『群己権界論』(一九〇三)『社会通詮』(一九〇四)『法意』(一九〇四〜一九〇九)『穆勒名学』(一九〇五)『名学浅説』(一九〇九)を訳出し刊行した。専門性が益々強くなるが、良き導師を失った厳復が、如何に「宏大叙事」という原著の要請と「雅馴」という当時の読者層からの要望に答えたのかについて、詳細に検証する必要がある。

訳語の創作において厳復は「一名之立、旬月踟躕」と誇らしげに宣言している。(32) しかし、訳語体系の構築は、もっと多くの時間と訳者集団の努力が必要である。(33) 新しいセンテンス形式の獲得は大量の翻訳実践を必要とするが、文章スタイルはさらに複雑な要素が絡んでくる。これは読者の審美傾向と密接な関係があり、語句、センテンス形式のように原文と対応しているか否かを客観的に検証できる手立てがないからである。厳復は、二十世紀初頭の中国語の現状と表現の可能性について強い失望の念を抱いている。彼は、「今しがた、西洋の学問が東洋に伝わってきた。政治経済から物理生物まで教育者は母国の言葉を用いるのが不変の真理である」と指摘する一方[34]、同時にいますぐ中国語で西洋の学術を教授することについては、「その主張は立派だが、惜しいことに今中国の事情が分からず、時期尚早である。［中略］二十年経てば、知識が蓄積され、翻訳の人材も多くなるので、中国語で学校教育を行うことの是非を議論しても遅くない」と述べている[35]。二十年といえば、一九一九年の新文化運動が想起されるが、厳復はそれを予見したかのようである。少なくとも一九〇六年という時点において、厳復はまだ中国語に懐疑的であった。もう一度引用することになるが、厳復は、「いま諸君と科学の話をするのに、中国語を使うことは、正に職人が中国の旧式の道具を使い、時計を作るようなものである。その難しさは本人しか分からない。これも、（中国語を）修正改良しながら使うよりほかはない」という[36]。

厳復は、まさにこの種の「刀鋸錘鑿」式の中国語で無理に翻訳作業に従事したのである。厳復の一連の翻訳を終えた時も遅々として進まない新しい国語は、まだ形成の途上にあった。

参考文献

羅新璋編：『翻訳論集』、北京：商務印書館、一九八四年
王力：『漢語史稿』、科学出版社、一九五八年、中華書局、一九八〇年版
王栻主編：『厳復集』第一〜五冊、北京：中華書局、一九八六年
沈国威：『近代中日詞彙交流研究――漢字新詞的創制、容受與共享』、北京：中華書局、二〇一〇年

沈国威：「従『天演論』到『原富』：以厳復呉汝綸的信札為素材的考察」、『翻訳史研究』、二〇一三年、一九〇～二〇七頁。
沈国威：「西方新概念的容受與造新字為訳詞：以日本蘭学家與来華伝教士為例」、『浙江大学学報（人文社科版）』二〇一〇年第一期、一二一～一三四頁
沈国威：「訳詞與借詞：重読胡以魯『論訳名』」、『或問』第九期、二〇〇五年、一〇三～一一二頁
沈国威：「近代訳詞與漢語的双音節化演進：兼論留日学生胡以魯的『漢語後天発展論』」、『日本学研究紀念文集――紀念黒龍江大学日語専業創立五〇周年』、黒龍江大学出版社、二〇一四年、一六～三八頁。
燃（呉稚暉）：「書『神州日報』『東学西漸』篇後」、『新世紀』第一〇一～一〇三期、『辛亥革命前十年間時論選集』第三巻、三聯書店、四七三頁
胡以魯：『国語学草創』、商務印書館、一九二四
朱慶之編『仏教漢語研究』、北京：商務印書館二〇〇九
朱慶之『仏典與中古漢語詞彙研究』、台北：文津出版社一九九二
北京師範学院編著：『五四以来漢語書面語的変遷和発展』、商務印書館、一九五九年
王国維：「論新学語之輸入」、『教育世界』第九六号、一九〇五年四月。『王国維遺書』巻五『静安文集』、上海古籍書店一九八三年版、葉九七上～一〇〇下
黄克武：『自由的所以然』、上海書店出版社、二〇〇〇年
赫胥黎著：『天演論』、厳復訳、北京：商務印書館、一九八一年
約翰・穆勒著：『穆勒名学』、厳復訳、北京：商務印書館、一九八一年
内田慶市：『近代における東西言語文化接触の研究』、大阪：関西大学出版部、二〇〇一年

付記：本稿は、「十九－二十世紀之交的翻訳與漢語：以厳復為説」（『合璧西中――慶祝顧彬教授七十寿辰文集』、二〇一六年六三八～六五五頁）の第三節を加筆・翻訳したものである。訳出に当たって、紅粉芳恵氏のご協力を賜った。なお、本稿には日本科学助成金：基盤研究（C）（一般）（H27～H29）「現代中国語への道程：語彙二字語化における外部誘因、特に日本語の影響に関する研究」の段階的成果が含まれている。

注

(1)「夫翻訳者、謂翻梵天之語転成漢地之言。音雖似別、義則大同」羅新璋編：『翻訳論集』、北京：商務印書館、一九八四年、第五一頁。

(2)王力氏は「アヘン戦争以降、中国社会には劇的な変化が起こった。資本主義の芽生えに従って、言語社会は実際の新語と新表現で言語の語彙体系を充実させる必要が出てきた。とりわけ一八九八(戊戌年)のブルジョア改良主義運動の前後、『変法』の中心人物と改革派は西洋の民主主義の理論とその他の西洋文化を伝えてきた。故に中国語の語彙体系に哲学、政治、経済、科学、文学の専門用語を大量に必要とした。現代中国語における新語の創出はどの時代よりも遙かに多い。中国語における仏教語彙の増加は歴史的に見れば一大事件ではあるが、西洋言語の新語の増加と比べれば、百倍千倍の差がつく。(鴉片戦争以後、中国社会起了急劇的変化。随着資本主義的萌芽、社会要求語言用工作上需要的新的詞和新的語来充実它的詞彙。特別是一八九八年(戊戌)的資産階級改良主義運動前後、〝変法〟的中心人物和一些開明人士曾経经把西方民主主義的理論和一般西方文化伝播進来、于是漢語詞彙里需要増加大量的哲学上、政治上、経済上、科学上和文学上的名詞術語。現代漢語新詞的産生、比任何時期都多得多。仏教詞彙的輸入中国、在歴史上算是一件大事、但是、比起西洋詞彙的輸入、那就要差千百倍。)王力『漢語史稿』、科学出版社、一九五八年、中華書局、一九八〇年版、五一六頁。

(3)厳復：「今者不佞與諸公談説科学、而用本国文言、正似製鐘錶人、而用中国旧之刀鋸錘鑿、製者之苦、惟个中人方能了然。然只能対付用之、一面修整改良、一面敬謹使用、無他術也。諸公務察此意。」「政治講義」、王栻主編：『厳復集』第一~五冊、北京：中華書局、一九八六年、第五冊、一二四七頁。

(4)厳復：「『易』曰：修辞立誠。子曰：辞達而已。又曰：言之無文、行之不遠。三者乃文章正軌、亦即為訳事楷模。故信達而外、求其尔雅。」

(5)沈蘇儒は、「厳復が『天演論』の翻訳に着手したとき、『之乎者也』のような古文のほかにどんな言語形式が使えるかという問題に直面する。(在他拿起『天演論』来翻訳的時候、除了『之乎者也』的古文以外、他还能有什么别的文字工具?)」「論信達雅」、収羅新璋編『翻訳論集』、九四二頁。また黄克武は次のように指摘している。「一八九〇~一九〇〇年代、厳復が翻訳に従事した時、言語の面で主に四つの選択肢があった。一つは対句を尊ぶ駢文、一つは科挙試

験用の八股文、一つは桐城派古文、一つは白話小説である。（当一八九〇至一九〇〇年代、厳復従事翻訳工作時、在文字上主要有四種選択：一是講究文藻華麗與対仗工整的駢文：一是科挙考試用的八股文：一是从曾国藩（一八一一～一八七二）開始、上承唐宋八大家的「桐城——湘郷派古文」、或称桐城派古文：一是劉鶚（一八五七～一九〇九）、李伯元（一八六七～一九〇六）、呉趼人（一八六七～一九一〇）等人在撰写小説時所用的白話文。）」黄克武：『自由的所以然』、上海書店出版社、二〇〇〇年、第七一頁。

（6）呉汝綸は西洋言語を解せず、科学知識もない。助言できるのは、文章の修辞であるが、これは正に厳復が必要としたものである。

（7）呉汝綸：「若自為一書、則可縦意馳騁。若以訳赫氏之書為名、則篇中所引古書古事、皆宜以元書所称西方者為当、似不必改用中国人語。以中事中人、固非赫氏所及知、法宜如晋宋名流所訳仏書、與中儒著述、显分体制、似為入式。此在大著雖為小節、又已見之例言、然究不若純用元書之為尤美」「呉汝綸致厳復書（二）」、丁酉二月初七日（一八九七年三月九日）、『厳復集』第五冊、一五六〇頁。『天演論』の翻訳草稿の「訳例」に「原書引喩多取西洋古書、事理相当、則以中国古書故事代之、為用本同、凡以求達而已。（原書の引用や比喩は西洋の古書によるものが多いが、同じ趣旨なら中国の古典や故事に変えてある。効用が同じで理解しやすいからである）」とある。『厳復集』第五冊、一四一三頁。

（8）内田慶市『近代における東西言語文化接触の研究』、大阪：関西大学出版部、二〇〇一年、一四五～一六四頁。

（9）草稿にある「易曰、韓非曰、孟子曰」などは刊行本では殆ど削除されたか、文末の案語に移されたのである。『厳復集』第五冊、一四一〇～一四七六頁。

（10）「拙訳『天演論』近已刪改就緒、其参引己説多者、皆削帰後案而張皇之、雖未能悉用晋唐名流翻訳義例、而似較前為優」『厳復集』第三冊、五二〇頁。「厳復致呉汝綸函」、一八九七年十一月九日（旧暦十月十五日）。

（11）呉汝綸：『天演论』「呉序」。『厳復集』第五冊、一三一七頁。

（12）「凡吾聖賢之教、上者、道勝而文至：其次、道稍卑矣、而文犹足以久：独文之不足、斯其道不能以徒存。」『厳復集』第五冊、一三一七頁。

（13）「晩周以来、諸子各自名家、其文多可喜、其大要有集録之書、有自著之言。」『厳復集』第五冊、一三一七頁。

（14）「凡吾聖賢之教、上者、道勝而文至：其次、道稍卑矣、而文猶足以久：独文之不足、斯其道不能以徒存。（中略）晩周以来、諸子各自名家、其文多可喜、其大要有集録之書、有自著之言。集録者、篇各為義、不相統貫、原于『詩』『書』者也。自著者、建立一幹、枝葉扶疏、原于『易』『春秋』者也。漢之士争以撰著相高、其尤者、『太史公書』、継『春秋』而作、人治以著。揚子『太玄』、擬『易』為之、天行以闡。是皆所為一幹而枝葉扶疏也。及唐中葉、而韓退之氏出、源本『詩』『書』、一変而為集録之体、宋以来宗之。是故漢氏多撰著之編、唐宋多集録之文、其大略也。集録既多、而向之所為撰著之体、不復多見、間一有之、其文采不足以自発、知言者擯焉弗列也。独近世所伝西人書、率皆一幹而衆枝、有合于漢氏之撰著。又惜吾国之訳言者、大抵弇陋不文、不足伝載其義。夫撰著之與集録、其体雖変、其要于文之能工。一而已。今議者謂西人之学、多吾所未聞、欲瀹民智、莫善于訳書。吾則以消今両書之流入吾国、適当吾文学靡弊之時、士大夫相矜尚以為学者、時文耳、公牘耳、説部耳。舍此三者、幾無所為書。而是三者、固不足與文学之事。今西書雖多新学、顧吾之上以其時文、公牘、説部之詞、訳而伝之、有識者方鄙夷而不知顧。民智之瀹何由？此無他、文不足焉故也。（中略）往者釈氏之入中国、中学未衰也、能者筆受、前後相望、顧其文自為一類、不與中国同。今赫胥黎氏之道、未知于釈氏何如？然欲済其書于太史氏、揚氏之列、吾知其難也。即欲侪之唐宋作者、吾亦知其難也。」『厳復集』第五冊、一三一七頁。

（15）「予又惑焉。凡為書必與其時之学者相入、而後其効明。今学者方以時文、公牘、説部為学、而厳子乃欲進之以可久之詞、與晩周諸子相上下之書、吾惧其舛馳而不相入也」『天演論』「呉序」、『厳復集』第五冊、一三一九頁。呉汝綸は友人への手紙の中でまた「『天演論』も上梓することになり、厳復から販売協力を求められたが、昨今、新聞を読める人さえ多くないし、読める人も書物を少し読んだだけで、中国の古典に精通しているわけでもない。『時務報』の文章でもうびっくり仰天だから、厳復の『天演論』は、恐らく理解できないだろう（天演論亦拟排日付印。几道欲某代為銷售、近日閲報者尚不能多、又閲者未必深通中国古学、不過略猟書史、得時務報已拍案驚奇、如几道之天演論、則恐『大声不入俚耳』）。」、「答呂秋樵」（戊戌正月廿日）、『呉汝綸全集三』、黄山書社、二〇〇二年、一八一頁。

（16）呉汝綸：『天演論』「呉序」、『厳復集』第五冊、一三一九頁。

（17）厳復は「この訳は『天演論』と異なり、着手する時、原著の言葉を完全に理解した。順番を変えたり、内容を追加したりしたことはない（是訳與『天演論』不同、下筆之頃、雖于全節文理、不能不融会貫通為之、然于辞義之間、無所顛倒附益）。」と言っている。『厳復集』第一冊、第一〇一頁。

(18)「斯密氏此書、洵能窮極事理、鐫刻物態、得我公雄筆為之、追幽鑿険、抉摘奥賾、真足達難顕之情、今世蓋無能與我公上下追逐者也。謹力疾拜読一過、于此書深微、未敢云有少得、所妄加検校者、不過字句間眇小得失。又止一人之私見。徒以我公数数致書、属為勘校、不敢稍渉世俗、上負諈諉高誼。知無当于万一也。独恐不参謬見、反令公意不快爾。某近益老鈍、手蹇眼滞、朝記暮忘、竟諄諄若八九十。心則久成廃井、無可自力。」厳復：「呉汝綸致厳復書五」、『厳復集』第五冊、一五六三頁。

(19)「因思『古文辞類纂』一書、二千年高文、略具于此、以為六経後之第一書、此後必応改習西学。中学浩如煙海之書、行当廃去、独留此書、可令周孔遺文、綿延不絶。故決計紏資石印、更為校勘記二巻、稍益于未聞、俟繕写再呈請是正」厳復：「呉汝綸致厳復書五」、『厳復集』第五冊、一五六三頁。

(20)「撰著之與集録、其体雖変、其要于文之能工。一而已。」『厳復集』第五冊、一三一七頁。

(21)二人の書簡往復は次のようになっている。呉汝綸は正月三十日付（西暦一八九九・三・十一）で厳復に書簡を送り、それを受け取った厳復は二月七日付（一八九九・三・一八）で返信をした。当時の通信事情を考えればほぼ即時返信したのであろう。呉汝綸は、厳復の返信を受け取り、しばらくした後、二月二十三日付で再度厳復に書簡を送り、自分の真意を説明し、厳復の疑問に答えた。

(22)厳復：「呉汝綸致厳復書六」、『厳復集』第五冊、一五六四～一五六五頁。以下の引用は、この書簡より。

(23)「行文欲求爾雅、有不可闌入之字、改竄則失真、因仍則傷潔、此誠難事。」『厳復集』第五冊、第一五六四頁。

(24)「以校読尊著『計学』、往往妄貢疑議、誠知無当万一、乃来書反復歯及、若開之使継続妄言、誠謙挹不自満假之盛心、折節下問、以受尽言、然適形下走之盲陋不自量、益増慚恧。（中略）某前書未能自達所見、語輒過当。本意謂中国書籍猥雑、多不足行遠。（中略）世人乃欲編造俚文、以便初学。此廃棄中学之漸、某所私憂而大恐者也。（中略）欧洲文字、與吾国絶殊、訳之似宜別創体制、如六朝人之訳仏書、其体全是特創。今不但不宜襲用中文、并亦不宜襲用仏書、窃謂以執事雄筆、必可自我作古。又妄意彼書固自有体制、或易其辞而仍用其体似亦可也。不通西文、不敢意定、独中国諸書無可倣效耳。（中略）鄙意与其傷潔、毋寧失真。凡琑屑不足道之事、不記何傷。若名之為文、而俚俗鄙浅、薦紳所不道、此則昔之知言者無不懸為戒律。（中略）如今時鴉片館等、此自難入文、削之似不為過。儻令為林文忠作伝、則焼鴉片一事固当大書特書、但必叙明原委。」『厳復集』第五冊、第一五六四～一五六五頁。

（25）「今西書之流入吾国、適当吾文学靡弊之時、（中略）往者釈氏之入中国、中学未衰、能者筆受、前後相望、顧其文自為一類。」『厳復集』第五冊、第一三一八頁。

（26）「特建新類、非大手筆不易辨也。」『厳復集』第五冊、第一五六五頁。

（27）「『原富』拙稿、新者近又成四五冊、惟文字則愈益蕪蔓、殆有欲罷不能之意。（中略）復於文章一道、心知好之、雖甘食者色之殷、殆無以過。不幸晩学無師、致過壮無成。雖蒙先生奨誘拂拭、而如精力既衰何、假令早遘十年、豈止如此？以前而論、則有似夙因：由後而云、則又有若定命者、先生以為何如？（中略）一序又非大筆莫誰属矣。先生其勿辞。」厳復：「與呉汝綸書（二）」、『厳復集』第三冊、第五二二頁。『厳復集』の編者は、この書簡を一九〇〇年一月二十九日付としている。

（28）「望加墨賜寄、勿責促逼也。此序非先生莫能為者。惑者以拙著而有所触発、得蒙速藻、則尤幸矣！」厳復：「與呉汝綸書（三）」、『厳復集』第三冊、第五二四頁。『厳復集』の編者は、この書簡を一九〇一年九月から十二月のものとしている。

（29）「吾輩所犹有憾者。其文筆太務淵雅。刻意摹倣先秦文体。非多読古書之人。一翻殆難索解。夫文界之宜革命久矣。欧美日本諸国文体之変化。常與其文明程度成比例。況此等学理邃賾之書。非以流暢鋭達之筆行之。安能使学僮受其益乎。著訳之業。将以播文明思想于国民也。非為藏山不朽之名誉也。文人結習。吾不能為賢者諱矣。」梁啓超「介紹新著 原富」、『新民叢報』第一号、一九〇二年二月二十三日、第一〇一～一一五頁。また「與梁啓超書二」、『厳復集』第三冊、第五一六～五一七頁。

（30）「慕藏山不朽之名誉、所不必也。苟然為之、言庬大意繊、使其文之行于時、若蜉蝣旦暮之已化。此報館之文章、亦大雅之所諱也。故曰：声之眇者不可同于衆人之耳、形之美者不可混于世俗之目、辞之衍者不可回于庸夫之聴。非不欲其喩諸人人也、勢不可耳。」ほぼ同時に厳復は商務印書館社長の張元済への書簡の中で「『叢報』于拙作『原富』頗有微詞、然甚佩其語：（中略）其謂僕于文字刻意求古、亦未尽当：文無難易、惟其是、此語所当共知也。」「與張元済書十四」（光緒廿八年正月卅、一九〇二・三・九）、『厳復集』第三冊、第五五〇～五五一頁。

（31）師の逝去に厳復は悲しみに浸った。「平生風義兼師友、天下英雄惟使君。」と哀悼の言葉を送り、また「恵施去而庄周亡質、伯牙死而鐘期絶弦、自今以往、世復有能序吾書者乎？」と嘆いた。厳復「群学肄言訳余贅言」、『厳復集』第一冊、第一二七頁。
(32) 厳復はまた「不佞訳文、亦字字由戥子秤出。」とも言っている。厳復『法意』第二一九頁。
(33) 沈国威：『近代中日詞彙交流研究――漢字新詞的創制、容受與共享』「語言接触編」第三章。
(34) 「方今欧説東漸、上自政法、下逮虫魚、言教育者皆以必用国文為不刊之宗旨」厳復：「與伍光建書」、『厳復集』第三冊、第五八五頁。この書簡の日付は宣統元年臘月十四日（一九一〇年一二月二十五日）である。
(35) 「此其説美矣、惜不察当前之事情、而発之過蚤、（中略）迨夫廿年以往、所学稍富、訳才漸多、而後可議以中文授諸科学。」厳復：「與外交報主人書」、『厳復集』第三冊、第五六一頁。この書簡は元々『外交報』一九〇二年第九、一〇期に掲載された。
(36) 厳復：「政治講義」、『厳復集』第五冊、第一二四七頁。

漢文訓読という言語接触

乾　善彦
（研究員・文学部教授）

一　はじめに

本稿は、すでに公表した日中言語接触についての以下の二編についで、「漢文訓読」をキーワードとして、中国古典語の学習が日本語に及ぼした影響を考えるものである。

前稿①日本語と中国語の接触がもたらしたもの（二〇一〇・十一、日本語学二十九－十四、四十五～五十四頁）

前稿②『歴史言語社会学入門』（高田博行、渋谷勝己、家入葉子編、大修館）「第五章　中国語と日本語の言語接触がもたらしたもの」（二〇一五・三、九十五～百十五頁）

前稿①では、日中の言語接触が、通常の社会言語学でとりあげられるような言語接触ではなく、漢文（中国古典語）という書きことばを通じて、間接的かつ社会的に生じた、日本語の書記にかかわってのものであったことを述べ、「追記」に以下のように書いた。

おそらく、変体漢文が成立し、それとして機能する背景に、漢文を訓読するということがあったものと思われる。訓読という一種の直訳法、逐字訳は、構文的にも語彙的にも漢文と日本語とのあいだに、つねに複線の思考回路を形成し続けてきた。それが、平安和文の成立にも大きくかかわることは、見てきたとおりである。これもことばの接触という観点からは、大きな問題であり、これについては、あらためて考える必要がある。

前稿②では、教科書という性格もあり、概説的になったが、古代における日中の言語接触を総括するに際して、漢文訓読についてふれ、結論の部分に「日本語と漢文訓読との親和性」について言及した。ただし、紙面の都合もあり、また、教科書という制約もあり、意を尽くした説明とはなっていない。そこで、今回、漢文訓読という装置を言語接触の中心に据えて、和漢の混淆と日本語書記用文体の成立について考えることにする。

なお、これと平行して「和漢混淆文」という術語（ターム）をキーワードとして、「和漢の混淆」を論じた別稿を用意している。本稿と合わせて発表者の構想する「日本語書記用文体の成立」を考えることになる。この二篇は、本論集の基礎となっている「文化交渉学と言語接触研究」（ICIS国際シンポジウム「文化交渉学のパースペクティブ」言語接触研究班「文化交渉学と言語接触研究」（二〇一五・七・十九、関西大学千里山キャンパス））における口頭発表をはじめ、「「和漢混淆文」ということ」（大阪市立大学国語国文学会総会（二〇一五・七・二十五、大阪市立大学学術交流センター)、「『日本霊異記』から『三宝絵』へ」(奈良女子大学若手研究者支援プログラム(二〇一五・八・二十三、奈良県立万葉文化館))の全三回の口頭発表に基づくものである。また、別稿と本稿とで、前著以降、今までに考えてきた「日本語書記用文体の成立」を総合するという性格のものであるので、掲出する用例など、既発表論文と重なる点の多いことを、お断りしておく。

二 「漢文訓読」という装置

漢文訓読とは、中国語の書記用文体である「漢文」の一字一字に日本語を対応させて、原文はそのままにしながら日本語に翻訳するシステムである。これは漢文理解の一方法であった。そこでは、漢字一字(一語)に日本語を対応させること、つまり漢字に「和訓」を与えることと、読み進める順番を日本語の語順に変更すること、つまり反読を指定すること、中国語にない要素、助詞や活用語尾などを補読することとの、三つの方法が柱となる。前稿①で述べたように、漢字の「和訓」、つまり現在われわれがいうところの「訓読み」は、漢文の学習を通じて得られたものであり、自然な言語接触から生じたものではない。漢文理解の過程で、一字に対して多くの訓を生じさせたが、漢字で日本語を書くという営みの中で、「定訓」を定めていった、つまり用法を固定化させていったものと考えられる。

定訓の形成には、訓によって書きあらわすことが、契機としてあったはずである。漢文訓読だけからだと、一字多訓が予想されるからである。現に、後世の類聚名義抄や字鏡集など、一字に対して多くの訓を収載する辞書があらわれてくる。万葉集の訓仮名や古事記の訓法からは、はやい時期に定訓が定まっていたことがうかがえる。六世紀後半とされる島根県岡田山一号墳出土鉄剣銘にみえる「各田ア臣（額田部臣）」は、固有名に和訓が使用されており、おそらく漢文訳しにくい固有の氏姓名などから、訓で書くことがはじまったのであろう。変体漢文のような日本語書記の方法も比較的早い時期に生じていたかと思われるが、それには国家体制の整備が必要となる。つまり、書くことを必要とする場（社会体制）が書くことを要請するのである。それを大きく推進させたのは、とりもなおさず、律令制の導入であったと考えられる（これについては別稿を用意する）。変体漢文を生み出す土壌はすでにできあがっており、律令制の導入がそれを促進したという図式が、一応は考えられるのである。

漢文訓読は、日本に限ったことではなく、近年、東アジアの漢字文化圏全体に広がっていたことが、金文京『漢文と東アジア——訓読の文化圏』（二〇一〇、岩波新書）などによって明らかにされつつある。また、日本と最も関係の深い、朝鮮半島における漢文訓読との対照については、数度の国際会議、シンポジウムがもたれ、その成果が、藤本幸夫編『日韓漢文訓読研究』（二〇一四、勉誠出版）にまとめられている。

しかし、漢文訓読ということが、それぞれの非中国語圏で行われたとしても、それが日本語に及ぼした影響を考えるに、日本語におけるそれは格段のものがある。本研究の中心的なテーマである「日本語書記用文体」の成立に大きくかかわっているからである（後述）。

また、文化的に見て、訓読文化のようなものがある。漢文訓読による漢籍理解は、典籍だけにとどまらず、仏教経典にもおよび、さまざまの訓読法を展開した。紀伝道の漢文訓読法は、中国の古典理解の唯一の方法として、漢文学習に採用されるだけでなく、たとえば往来物といった変体漢文体文書の学習・習得にも利用された。その結果、漢字教育においても漢文訓読は大きな影響を与え続けている。現在の国語教育においても、教科の中に漢文が含まれ、それが漢文訓読によって理解されているが、これは日本独特のものであるといえよう。倉石武四郎のように漢文訓読を排除しようとした動きもあった（大平桂一「倉石武四郎と吉川幸次郎が中国留学からもちかえったもの」（大阪女子大学・北京大学学術交流報告集――日中異文化接触の軌跡――、二〇〇〇・三））が、結局は、現代の国語教育に深く根付いているのである。齋藤希史『漢文脈と近代日本――もう一つのことばの世界――』（二〇〇七、日本放送出版協会））は幕末の文章作成において、漢文訓読が重要な役割を果たしていたことを述べる。西洋近代の新たな情報を文章表現するための論理的な思考は、漢文訓読的な「ことば」でなければ、成立しなかったというのである。

また、明治期には一時、英語を漢文訓読と同じ方法で習得しようとした試みもあった（森岡健二『欧文訓読の研究』（一九九九、明治書院））。漢文訓読の方法は、いわば逐語訳でもある。これを利用すれば、どのような言語も訓読が可能である。しかし、それが定着しなかったのは、中国語ほども、一字あるいは一語の対応がしにくかったためと思われる。欧文の場合、やはり言語的な特徴が中国語とは異なること、表音文字で記される欧文の場合、結局は意味の喚起にとぼしいことなどがあったものと思われる。その点からも、漢文訓読は、日本語にとって他言語とは異なる重い意味を持っていた。明治期に漢文訓読体が、文章表現の基準に据えられたのも、決して偶然ではなく、連綿と続く日本語書記用文体獲得の歴史の中で漢文ないし漢文訓読が、常に中心的な地位を占めていた、その結果なのである。

以上のように、言語面だけでなく、文化面においても、漢文訓読は、古代から現代に至るまで、日本語日本文化の中に深く根付いているといえる。その点で、他言語における、漢文訓読とは、大きく意味が異なるのである。

三　漢文訓読の始まりと展開

では、日本列島において、漢文訓読の制度はいつごろ導入され、どのような進展をみたのか。七世紀には、漢文訓読のようなことがおこなわれていたと思われる。それを裏付ける木簡が二枚ある。

一枚は、滋賀県北大津遺跡出土音義木簡であり、そこには、漢字と和訓とが記されている。

(a)　采〈取〉／披〈開〉

(b)　體〈ツ久羅布〉／賛〈田須久〉／慕〈尼我布〉／欑〈久皮之〉／鑠〈汙ツ〉

(c)　誈〈阿佐ム加ム移母〉

(a)は、同訓の字による訓の提示、(b)は仮名による和訓の表示である。(a)では注の方にいわゆる定訓がおかれている。(b)ではすべて終止形の形で訓が記されており、これらによって、和訓がある程度定着していたことがわかる。

(c)は、漢字一字に対して一語ではなく、助動詞助詞を補って、いわゆる文節単位の読み方が記されるが、これは一字の字訓ではありえず、漢文の文脈に従った読み方であったと思われる。これによって、七世紀にすでに、漢文を訓読で理解することのあったことがうかがわれるのである。

もう一枚は、奈良県飛鳥池遺跡出土の音義木簡である。

・熊〈汙吾〉羆彼〈下〉迊〈ナ布〉戀〈累尔〉寫〈上〉横〈詠〉営詠
・蜚〈皮伊〉尸之忤懼

ここには、漢字音が仮名によって記されているが、「汙吾〔ウグ〕＝ng韻尾」「ナ布〔サフ〕＝p入声韻尾」（「ナ」は「左」の省画）「累尔〔レニ〕＝n韻尾」など、有韻尾の字音が漢字二字で示される。このように韻尾を一字で分出することは、開音節構造である日本語の音節構造の特徴を示すものであり、ここには、厳密な漢字音でなく和音が示されているとおぼしい（注）。

これらによって、漢文の学習の場において、和訓と和音とが形成されていったことがうかがわれる。平安時代に行われた「文選読み」は、たとえば『千字文』の初句「天地玄黄」を例にとると「天地〈テンチ〉の天地〈あめつち〉は玄黄〈ゲンクワウ〉と玄〈くろ〉く黄〈き〉なり」のように、音読と訓読とを併用する特殊なものであるが、漢字の学習も兼ねて、このような訓読方法が七世紀から行われていた可能性が考えられる（以上、前稿②）。

ただ、訓点の記入された資料となると八世紀末までくだり、『訓点語辞典』によると、延暦二（七八三）年加点の『華厳刊定記』（大東急記念文庫蔵）が早い例とされるが、これは区切り点などを差しただけのもので、和訓や和音が記されたようなものではない。なお、読点を差したものとしては、西大寺境内から出土した八世紀木簡があり、この方法は奈良時代までさかのぼることが確認されている（二〇〇九年十二月四日付朝刊各紙）。つまり、訓点の記入はそれよりくだる（年記がわかる古いのは『成実論』天長五（八二八）年点など）。ただ、白藤禮幸「上代宣命体管見」（国語研究室六、一九六七・十）が明らかにしたように、宣命書きに小書きされる日本語要素は、後代の訓点記入される要素と大きく重なる。漢文訓読は、中国語と日本語の差異を自覚させたが、宣命書きが古くからみられることから、訓点記入の方法は、比較的早い時期から可能であったことが考えられる。これも、訓点記入を必要とする場（社会的な要請）があったかどうかという問題なのであろう。

それはともかく、漢文訓読ということが、古代の日本語の書記に大きな影響を与えていた、いや、古代日本語の書記を形成する基盤となっていたことは事実である。古代日本語表記の重要な方法である、変体漢文や宣命書きという表記体は、漢文訓読を前提に成立したと考えられるからである。

四　変体漢文の実態とその原理

変体漢文は、漢文のように書くことを原則とした日本語の一表記体である。それが、言語そのものに結びつけることができないのは、ただ漢字の訓の用法で書かれているからにほかならない。ヨミが確定できないかぎりにおいて、そこに「ことば」があったにせよ、その「ことば」を求めることができないからである。

・椋直伝之我持往稲者馬不得故我者反来之故是汝卜部
・自舟人率而可行也　其稲在処者衣知評平留五十戸旦波博士家
（椋直伝ふ。我が持ち往きし稲は、馬を得ざるが故、我れは反り来たり。故に是れ汝卜部、自ら舟人を率て行くべし。其の稲の在処は衣知評平留五十戸旦波博士家なり。）

これは、滋賀県西河原森ノ内遺跡出土の文書木簡であるが、この木簡は、ほぼ日本語の語順にしたがって漢字をおいており、まさに日本語文としかいいようがない。しかし、「不得・可行」は漢文の慣用にしたがって、倒置して書かれる。しかしてこれらの助辞は、どのような日本語文脈であっても、決して日本語の語順どおりに書かれることはない。（この木簡については、犬飼隆『木簡による日本語書記史』（二〇〇五、笠間書院）に詳細な読解がある。）

また、変体漢文で書かれているとされる正倉院文書の中に、次のようなものがある。

土師公守解　申請暇日事
合四箇日
右依帙畢暇請レ以解
宝亀三年十五日（続修二〇）

（土師公守、謹みて解す、申す、暇日を請ふ事。合はせて四箇日。右、帙畢はるに依りて、暇を請ふ、以て解す。宝亀三年十五日）

ここでは、三行目の「請」に転倒符があり、日本語の語順に従って書いたところを、漢文の語法に訂正している。このような訂正は、

己智帯成謹解　申請暇日事

合参箇日

右為計帳奉暇日請所レ如件以解

天平宝字六年七月九日（続修二〇）

（已智帯成、謹みて解す、申す、暇日を請ふ事。合はせて三箇日。右、計帳を奉らむがために、暇日を請ふ所、件の如し、以て解す。天平宝字六年七月九日）

の「所」にもみとめられ、やはり、日本語的なところを漢文の語法に訂正している。しかし、この文書では、「奉」の字や「請」の字も日本語的な語序であり、漢文の語法からははずれているのに、訂正はなされていない。

このように、漢文からの付き離れの度合いは資料によって大きく異なり、その幅は広い（前稿②）。

古事記の文章は、変体漢文を基盤としているが、犬飼隆が「精錬」ととらえるように、きわめてヨミを指向した特殊なものとなっている。序文に、

然、上古之時、言意並朴、敷レ文構レ句、於レ字即難。已因レ訓述者、詞不レ逮レ心。全以レ音連者、事趣更長。是以、今、或一句之中、交二用音訓一。或一事之内、全以レ訓録。即辞理叵レ見、以レ注明、意況易レ解、更非レ注。（『古事記』序文）

（然れども、上古の時は、言と意と並に朴にして、文を敷き句を構ふること、字に於きては即ち難し。已に訓に因り述べたるは、詞心に逮ばず。全く音を以て連ねたるは、事の趣更に長し。是を以て、今、或るは一句の中に、音と訓とを交へ用ゐつ。或は一事の内に、全く訓を以て録しつ。即ち辞の理の見え叵きは、注を以て明し、意の況の解り易

きは、更に注せず。）

とあるのは、そのあたりの事情を述べたものだが、たとえば、冒頭付近の部分、

次国稚如㆓浮脂㆒而、久羅下那州多陀用弊流之時〈流字以上十字以㆑音〉、如㆓葦牙㆒因㆓萌騰之物㆒而成神名、宇摩志阿斯訶備比古遅神〈此神名以㆑音〉。次天之常立神〈訓㆑常云㆓登許㆒、訓㆑立云㆓多知㆒〉。此二柱神亦、並独神成坐而、隠㆑身也。

（次に国稚く浮ける脂の如くして、くらげなすただよへる時に、葦牙の如く萌え騰れる物に因て成りし神の名は、宇摩志阿斯訶備比古遅神。次に、天之常立神。此の二柱の神も亦、並に独神と成り坐して、身を隠しき。）

では、神名など訓みを重視する部分では割書きされた訓注によって訓みを示したり、「久羅下那州多陀用弊流之時」のように、地の文においても「音訓交用」の方法がとられている部分では、音で訓むべきところを「以音注」によって指示したりしており、ことばの「かたち」がわかる工夫が随所になされているのである。しかしながら、「意の況の解り易きは、更に注せず」とあるように、内容が把握しやすい部分では、このような注はなされない。そこでは、ことばの「かたち」は必ずしも自明ではないのである。冒頭の「天地初発」について、注釈書によって訓みが異なるのはそのためである。かめいたかしが、「古事記はよめるか」と問うた発言は、今も生きている（拙稿「古事記の文章法と表記」（萬葉語文研究九、二〇一三・十））。

古事記の文章の基盤でもあった変体漢文は、広い意味で、ひとつの和漢混淆文といえる。和漢混淆文といえば、

今昔物語集や平家物語の文体がその典型とされるが、この語の提唱者である小中村清矩は、漢文の中に和語を挿入したものとして、古事記の文体を念頭に置いていた（見坊豪紀「「和漢混淆文」という名称の起源」国立国語研究所論集一ことばの研究、一九五九）。これについては、別に論ずることにするが、上にみたように、変体漢文は日本語と漢文との接触、つまり、和漢の混淆から生まれたひとつの到達点であったのである。

五　和漢の混淆と漢文訓読のことば

変体漢文なり古事記の表記体は、それ自体、和漢の混淆であるが、その背景には漢文訓読という装置があった。漢文訓読がもたらしたものは、その他にもある。というよりも、古代の漢字による日本語書記の成立のほとんどすべてが、漢文訓読を契機とした和漢の混淆現象として説明しうるものなのである。ここでは、宣命書きと正倉院仮名文書とをとりあげる。

宣命書きについては、拙著にもふれたが、先掲白藤禮幸「上代宣命体管見」（国語研究室六、一九六七・十）が、訓点によって示される語と宣命書きによって仮名書きされる語との共通性を指摘している。つまり、漢文訓読によって、漢文と日本語との差異が意識されるようになった結果、漢文にない助詞助動詞活用語尾が意識されるようになり、これが宣命書きという方法につながると考えられる。漢字仮名交じりの起源について、春日政治『古訓点の研究』（一九五六、風間書房）が、訓点記入の方法によって漢字片仮名交じりが成立するところに求め、上代の宣命書きとは直接つながらないことを説いたが、そしてそれは首肯されるが、宣命書きの起源を漢文訓読に求めるならば、そして正倉院文書にみられる部分的に宣命書きを採用する変体漢文体文書を間に置くならば、宣命書きと漢字片仮名交じりとは、あながち無関係とはいえないことになる。いずれも漢文訓読を契機として成立した日本語の書記法なのである。

宣命書きという方法は、朝鮮半島において発生したものであり、日本列島に特有のものではない。吏読などにその淵源を求めることができる。また、ハングル制定以降、『童蒙先習』の吐のように、見た目、宣命書きに類する漢字ハングル交じりの文献もあった。しかしながら、朝鮮半島において、このような漢字ハングル交じりの方法は、ついに定着するに至らなかった。近代の漢字ハングル交じりでは、漢字は字音語表記のみに限られ、訓読みされることはない。その点で、日本語の場合とは、やや様相を異にする。つまり、漢字を訓読することを表記に反映させることはなかったのである。

正倉院に残された二通の仮名文書については、奥村悦三の一連の論文がある（奥村悦三「仮名文書の成立以前」（『論集日本文学・日本語一』（一九七八、角川書店））、「仮名文書の成立以前　続——正倉院仮名文書・乙種をめぐって——」（万葉九十九、一九七八・十二）、「暮らしのことば、手紙のことば」（『日本の古代　一四　ことばと文字』（一九八八、中央公論社）））。その要点は、正倉院仮名文書にあらわれる日本語は、決して自然なものではなく、変体漢文体文書を訓読したようなものだというものである。奥村の比較に用いたのは、万葉集のことばである。奥村は、万葉集のことばを日常のことばとみた。それに対して、仮名文書のことば遣いが異なっていて、それが変体漢文体文書と関係の深いことを指摘したのである。

では、変体漢文の背後にある「ことば」とはどのようなものであると考えられるかというと、それは漢文訓読に用いられたことばということになる。なぜならば、先に述べたように、変体漢文が漢文訓読を基盤として成り立っているからである。とすると、次に、では漢文訓読のことばとはどのようなことばだったのか。万葉集のことばが日常のことばとすると、漢文訓読のことばは日常のことばではなかったのかということが問題となる。

漢文訓読が、漢文を日本語で読解する一種翻訳のような作業であるとすると、これも日常的に使われることばでなければ伝わらないであろう。だとすると、生活のことばとは異なる日常のことばを想定する必要がある。

平安時代には漢文訓読のことばと仮名文学作品に用いられることばとで大きく異なっていたことが指摘されている。それを明確にとらえたのは、築島裕『平安時代漢文訓読につきての研究』（一九六三、東京大学出版）である。その後、両者の差異については、古語的、文語的など様々に考えられてきたが、仮名文学作品がかならず歌を含むことから、仮名文学作品のことばは歌を含む場で用いられたことばであると考えられる。それと奥村が万葉集を日常のことばと考えたのとは通じる。

一方、漢文訓読に用いられることばも、自然な日本語でなければならない。そうでないとそもそも漢文を理解したことにはならないからである。だとすると、考えられるのはまさに漢文との関係であろう。つまり、漢文を日常とするような世界で用いられたということである。これを、変体漢文がものされた場との関係で考えるならば、律令官人たちが日常に使ったことばということになろう。つまり、「日常のことば」という場合に、二種類のことばを考えなければならないということである。

古事記の背後にあることばが、仮名書部分は伝承のことば、訓字部分は漢文訓読のことばであろうことを、先掲拙稿「古事記の文章法と表記」（萬葉語文研究九、二〇一三・十）において指摘し、その内実を、前者は「生活のことば」、後者は「日常業務のことば」であると考えた（拙稿「古代における書きことばと話しことば」『話し言葉と書き言葉の接点』（二〇一四、ひつじ書房））。

奥村はひらがな成立以降の、『土佐日記』においても漢文訓読的要素を指摘する（「貫之の綴りかた」（叙説三十二、二〇〇六・一二））。『竹取物語』にも漢文訓読的要素の強いことが指摘されており、つまり、仮名散文は、日常の表記体である変体漢文をもとに成立すると説くのである。だとすると、女流の仮名文学作品のことば以前の仮名散文のことばは、漢文訓読のことば、つまり官人たちの「日常業務のことば」に近いものであったということになる。そしてそれが変体漢文のことばに通じると考えるとき、古代から書きことばとしてあったのが、官人たちの日常における和漢の混淆によって生じたことば（生活のことばよりも漢語や訓読語の多く混ざった、漢文の直訳の影響を大きく受けたことば）であったと考えられる。

六　まとめにかえて

以上、漢文訓読がさまざまのかたちで和漢の混淆にかかわり、日本語散文文体の獲得に大きくかかわってきたことをみてきた。日本語にとっての漢文訓読は、他言語におけるそれと、まったく質を異にするものであったといえよう。日中の言語接触が漢文訓読を介しておこなわれたことは、和漢混淆文に基礎を置く現代日本語にとって極めて重要な出来事であった。これを抜きにして、日本語は書くということを獲得しなかったことも十分に考えうることである。

最後にもうひとつ。平安時代に日本語を書くための文字である仮名（ひらがな・カタカナ）が成立して（これも漢文訓読と、無関係ではない）、日本語はようやく、ことばを書きとめるための書記用文体を獲得したことになる。そこにひとつの和漢の混淆をみたわけである。さすれば、仮名の成立は、日本語にとって、書記用文体を獲得するためのきわめて重要な出来事であった。朝鮮半島においては、同じ方法をはやくから獲得しながら、朝鮮語を書きあらわすための文字として、漢字を昇華させなかった。同じ漢字文化圏で同じ方法を運用しながらも、中国との距離が違っていたと考えるしかない。あるいは、そこに音節構造の違いがあったことが考えられるが、これについては、改めて論じる必要がある。同じような環境で言語接触がおこなわれ、おなじように自国語を書きしるす方法を模索した両者の差異が、どこでどのようにして生じたのか、これは今後のもっとも大きな課題である。

（注）奈良県飛鳥池遺跡出土音義木簡において、和音が二字であらわされることについて、とくに、有韻尾字の場合、韻尾の後に母音を補うことによって、一音節（あるいは二拍）に和音化すると考えた。だが、その背景には、朝鮮半島において、「仇伐・仇利伐」のように、漢語にはないr韻尾を、同じ頭子音をもつ「利」で補うことがあるかもしれないのを想起すべきかもしれない。これについては、なお詳細な分析と熟考を要するが、連合仮名の用法と合わせて考えるべきであると思われる。

近世近代日中文化交渉（日中移動伝播）研究班

テーマ：東アジア圏における伝統と近代化

主従道徳と近代日本

高橋文博
（就実大学教授）

一　はじめに

本稿は、近代日本における統一的な国民国家の形成と並行して、近代日本国家が、主従道徳を国民道徳として転成していく様相を示そうとするものである。

主従道徳とは、第一義的には、前近代の日本における武士の主従関係に照応する道徳を意味する。武士は、鎌倉期以後、着実に社会的重要性を増し、徳川期には決定的な重要性を持つに至ったが、明治維新の社会変革により、武士身分は、実質上、消滅した。だが、主従道徳は、近代日本における統一的な国民国家形成のなかで、天皇と国民の関係を理念的に方向づけるものとして、国家に領導される形で転成したのである。

以下では、前近代における武士の主従道徳のあり方を考察し、ついで、近代日本において転成する主従道徳のあり方を考察する。

二　武士の主従道徳

武士とは、武つまり強力を世襲的に行使する、職業的戦闘者である。戦闘は領地を獲得・確保・拡大するためになされるのであり、本来的な意味での武士は、領地を保有する領主である。領主は、領地を獲得・確保・拡大するために従者とともに、主従結合を構成した。

平安時代後期から室町時代までの武士の主従結合は、武士団と名づけられている。武士団は、その長である主および主と血縁関係にある同族、そして、主と血縁関係にない従者から構成されていた。注目すべきことは、武士団の活力の中核が、主と血縁関係にない従者との情誼性を伴う主従結合にあったことである。

ところで、武士団は、通常、単独で自立しているのではなく、武士団の長である主がより強力な上位の武士団の長と主従関係を結ぶことにより、複階的構造を形作っていた。この複階的に連合する武士団の長同士の主従関係は直接的なものであった。したがって、上位の武士団の長と下位の武士団の長とが主従関係にあるとき、下位の武士団の構成員にとって、上位の武士団の長は主ではないという関係にあった。このような武士の社会的性格にもとづいて、「主君の主君は主君ではない」と言い慣わされる道徳的原則が存在した。

武士の主従道徳を「御恩と奉公」と語ることがある。これは、主による従者の領地支配および生活の保証という恩の恵与と、これに応じた、従者による戦闘を核心とする主への奉仕という関係を指している。そこには、物質的なものを媒介とする双務的互恵性があり、したがって、恩の有無に応じて、主従の離合集散が生ずることになる。

だが、主従の互恵は、物質的なものを媒介にしつつも、同時に情誼性を伴うことがあり、その場合には、双務的互恵関係にとどまらない傾向をもつ。特に、武士の主従結合が先祖伝来のものである場合はその傾向が強まり、主従結合の存続自体に価値を認めることになる。こうした場合、主従関係における従者の主への奉仕は片務性を強くもつ。

武士の主従道徳における双務性と片務性のいずれが強くあらわれるかは、主従結合の成立する条件により相違する。だが、双務的互恵性は、人間関係一般に通有のことである。そのことからすれば、従者の主への片務的な奉仕は、武士の主従関係に強くあらわれる点で、武士の主従道徳を特色づけるものといえよう。この武士の主従道徳は、主従結合に生きることに高い価値を置くことの反面、国家社会という広い視野を欠落することでもあった。

ここで、武士が戦闘者であることにもとづく武士特有の道徳を確認しておく。武士は、戦いにおいて敵に勝つことを誉れとした。だが、戦いには勝ち負けのあることが常である以上、負けて死ぬ場合にも、全力を尽くして戦って武勇を発揮することを美徳とした。さらにまた、戦いで死を恐れないこと自体を、武士の誉れとすることも生じた。そして、戦闘が主従結合においてなされることから、主とともに戦うことを誉れとすること、さらには、主のために献身し、主のために死ぬことを美徳とするにも至る。

ところで、武士が、鎌倉期以後、為政者としての地位を得て政治的社会的に重要性をもつに至ると、単なる戦闘者であることも、単なる情誼性にもとづく主従結合にとどまることもできなくなる。武士は、為政者としての道徳を体現しなくてはならなかった。

にもかかわらず、鎌倉期以後徳川期を通じて、武士が為政者としての地位を確保し、自らの領地を保持し得る根拠は、武士であることであった。武士であることは、職業的な戦闘者としての精神的態度を保持すること、そして、主従結合に生きることである。

三　徳川期における主従道徳

天下一統が実現し、安定した政権が形成された後の徳川期には、将軍、大名、旗本らが家臣とともに領地、領民を治める封建割拠体制がつづいた。戦闘による領有関係や主従関係の変更の機会は、基本的に存在しなくなった。そして、かつては小なりといえども領主であった武士が、幕府や大名家などの家臣団に組み込まれることにより、領主としての性格は希薄化し、あるいは喪失した。また、戦闘者であることにもとづく武士の自立性も、一般的に、脆弱なものとなった。

武士は、戦闘の生じ得ない状況でも、武勇の発揮を中心とする戦闘者としての精神的態度を保持し、また、主従道徳も重要な意義をもちつづけた。

次に、徳川期における主従道徳の様相を考察するために、いくつかの重要な思想を考察する。

1 伝統的な武士道論――「葉隠」における常朝の思想

「葉隠」における山本常朝（一六五九－一七一九）の思想をみる。「葉隠」における常朝は、平和な時代状況を強く刻印されてはいるが、伝統的な武士の主従道徳をかなりよく体現している。

「武士道と云は死ぬ事と見付たり」（「葉隠」聞書一、二条）という常朝の言葉は、「葉隠」のなかで最もよく知られた言葉であろう。この言葉は、生か死かを選択しなくてはならない場合には死を選べととつづいており、戦闘の場で死を恐れることを潔しとしない、伝統的な武士の精神的態度を表現している。だが、死の覚悟そのものは、徳川期においても、武士には通有のことであって、常朝に特有のこととは必ずしもいえない。

常朝の思想において注目すべきことは、武士を戦闘者とする態度が後退していることである。彼は、「葉隠」の序文とでもいうべきところで、四つの自誓を掲げているが、自らした注釈的解説で、次のよう述べている。

第一の「於二武道一おくれ取申間敷事」について、「是を武勇を天下に顕すべき事と覚悟有べし」とする。ところが、参照を指示している「愚見集」（常朝著）をみると「仮初の参会ニも、半句一言微塵毛頭も後を取」ると武士道の疵であるから、片時も油断するなと述べている。武勇を顕す場面は、主として平時に言葉を発するときなのである。

第二の「主君の御用に可レ立事」を「是を家老の座に直りて諫言し、国を可レ治、とおもふべし。」としている。主君への奉公は、戦場での働きではなく、主君への諫言である。

第三の「親に孝行可レ仕事」については、「孝は忠に付也。同物也。」として、親への孝行を主への奉公としての忠に等しいとする。孝行は忠に還元されている。

第四の「大慈悲をおこし人の為に可レ成候事」については、「是をあらゆる人を御用に立者に仕なすべし、と心得べし。」としている。人のためになる慈悲も、人を主への御用に立つように仕立てる努力のことである。（「葉隠」聞書一、四誓願、および十九条）

このように、常朝における武士としての道徳は、平時における主への奉公へと収斂している。彼が、主への最高の奉公と語るものは「大忠節」である。大忠節は、自誓の第二にあったように、主に諫言して、主家の安泰をはかることである。常朝は、次のように述べる。

一、忠節の事。一番乗・一番鎗幾たびよりも、主君の御心入を直し、御国家を固め申すが、大忠節也。「葉隠」聞書十一、二八条

武士の最高の奉公は、戦闘における武勇の発揮よりは、御家の安泰のために諫言することだというのである。だが、最高の奉公を諫言することであるとしながらも、常朝自身は、諫言し得る立場になかった。彼自身の態度は、次のようなものであった。

奉公人は一向に主人を大切に歎く迄也。是最上の被官也。御当家御代々名誉の家中に生出、先祖代々御厚恩の儀を不レ浅事に奉レ存、身心を擲ち、一向に奉レ歎ばかり也。」（「葉隠」聞書一、三条）

主従関係が先祖代々継続していることにおいて、主から従者への恩の恵与が既定のことと想定されている。御

恩と奉公は、従者における片務性を強く帯びている。また、その奉公が、主君を「歎く」（大切に思う）と表現されているところに、主従関係の極めて情誼的性格があらわれている。この情誼性は、「家中」という語にもみられるように、家臣の家を主の御家に属するものとして、家族関係が擬制されていることにもかかわる。しかしまた、その情誼性と並行して、常朝には、自らの属する鍋島家が、民に対していかに政治を行うべきかといった、為政者的な視点は欠落している。

常朝は、武士の主への奉仕を、直接的な主従関係に限定し、主従の情誼性を強く帯びた片務的な、しかし武勇の希薄な献身を求めた。彼の主従道徳は、自らと自らの属する御家に限られていた。

2 儒家思想

一 山崎闇斎の君臣関係論

次に、山崎闇斎（一六一八－一六八二）の儒家思想における君臣関係論をみる。彼が、儒家的な人倫の道を実現しようとして、深く心を砕いたのは、道を実現し得る修養実践の探究であった。だが、それは、当然に政治的社会的関心と結び付いていた。

闇斎は、武士ではなかったし、儒家的探究において、特に武士の生き方に焦点をあてることもなかった。だが、彼は、眼前の徳川社会を、儒家的言説で捉えたのであり、武士社会を君臣関係として理解していた。

闇斎は、君臣関係について、「大和小學」で、次のような注目すべきことを述べている。

文王何の罪かあらんに、紂をとらへて羑里にをきし時、臣が罪誅にあたりぬ、天王は聖明なりとおぼしめしき、萬代までたふとく覺え侍る、「大和小學」明倫第二、君臣

これは、韓愈（七六八－八二四）が周の文王に仮託して作った琴曲「拘幽操」を踏まえている。この琴曲には、次のような歴史的背景がある。

『史記』によると、殷の紂王の重臣であった周の西伯昌（後に諡して文王という）は、紂の暴虐をひそかに嘆息したが、これを紂に密告するものがあった。そのため、紂は昌を羑里に幽囚したという。

このときの文王の心境を「拘幽操」は「臣である自分は誅罰に値する、紂王は聖明である」と表現したのである。闇斎は、その文王の態度を貴いと讃えている。

闇斎は、「拘幽操」を刊行したが、その跋で、この文王の態度を指して「天下の君臣爲るもの定まる」（『拘幽操合纂』二丁表）と述べている。彼は、文王を臣の模範と考えた。君臣関係において、臣は、君が君であるというそれだけの理由で、「聖明」なものと尊崇すべきであるとしたのである。

闇斎は、「大和小學」で、「君臣の義は天性」（「大和小學」明倫第二、君臣）と述べるが、これは、君臣天合とでもいうべき考え方である。彼は、次のように述べている。

人臣三諫してきかざれば、さるべしといへる本文あり、三諫とは、三度いさむるとにはあらず、心をつくしてかたくいさむるをいふ。史魚が屍諫のごときは、まれなる忠といふべし、同上

ここでいう「本文」は、「三たび諫めて聴かれざれば逃るべし」（「禮記」曲禮下）を指しており、儒家思想に通有の君臣義合の根拠をなすものである。闇斎は、三諫を「心をつくしてかたくいさむるをいふ」と解すべきであるとする。それは、一面で諫めつづけるべきであるとするのではあるが、諫めて聴かれないときに去ることを否定しているのである。君臣天合とでもいうべき考え方をとったことになる。

闇斎の示したあるべき君臣関係は、君が君としてある根拠は所与のことであり、臣は、既に君であるものに対して、片務的な忠を尽くすべきだとするものである。

闇斎の君臣関係論は、朱熹に忠実に学ぼうとする儒家的思索にもとづいて提示されたものであるが、日本の武士の主従関係にも当てはまると考えられている。実際、彼は、「大和小學」で君臣の義を語るなかで、柴田勝家に対する毛受勝助の「忠死」の事例をあげている。彼の君臣関係論は、君を既定のこととして、臣の片務的な君への信従を求める点で、「葉隠」におけるような武士の片務的な主従道徳に通ずるものがある。というより、彼の君臣道徳は伝統的な主従道徳を、儒家的な君臣道徳として語ったものとみることができる。

二　山鹿素行の君臣関係論

山鹿素行（一六二二－一六八五）は、儒家的立場において、武教と名の付く書物を多く著した。それは、治国平天下のため、つまり為政のために、武備や戦闘を不可欠なものと考えたことによる。彼は、為政者である武士に、単なる戦闘者ではなく、君子であることを求めた。素行は、儒家思想にもとづいて、武士社会を君子としての君臣関係であるべきだと考えたのである。

素行は、君臣関係を、恩を媒介とする関係であるという。彼における恩の概念は、「人のいとほしみをうけ其の養を成し、其の教風俗によつて人倫の大道を知る、皆是れ恩の所レ寓」（『山鹿語類』巻十三、臣道一、『山鹿素行全集　思想篇』第六巻、二三頁）というものである。恩とは、身の生養を遂げさせること、さらに人の道を知らしめることである。

このような恩の概念によれば、養育や教化をおこなう親は、子に恩を与える重要な存在である。子が一人前になると、君臣関係に入って君の恩を受けるが、素行は、成人する前に子としても既に君の恩を受けていることを、次のように述べている。

> 凡そ君臣の恩、其の初を云ふときは、我れ父母の養育に逢ひて養を豊にいたされし事、父の君につかへて禄を得るによるなれば、出生する處より已に君恩に浴す。同書、二四頁

親は、君に仕えて禄を得ることによって、子を養育・教化し得るのだから、子に対する親の恩を可能にするものとして、既に君の恩があるとするのである。
また、君は、臣が生きていく上で必要な万般の支えを与えるだけでなく、臣に人の道を知らしめる「無上の大恩」があるという。（同書、二五頁）
ところで、親が君恩を受けているから、子は既に君恩を受けているというのは、君臣関係がそもそも世襲的性格をもつものとするようにみえる。だが、必ずしもそうではないことは、君臣関係の成り立ちを語る素行の議論をみるとわかる。彼は、次のように述べている。

君臣の間は他人と他人の出合にして、其の本に愛恵すべきゆゑんあらざれども、一時の約束一旦の思入を以て、其の祿をあたへ其の養を全からしむ。同書、二四頁

素行は、君臣関係を、他人同士が一定の時点でなんらかの理由によって始まるものという。君臣関係が、なんらかの理由によって始まるのであれば、その理由がなくなれば解消されるであろう。君臣関係は離合のあるものと考えられている。

素行は、「臣道」の「出處去就」の項目で、臣が君に仕えたり、辞去したりする場合のあるべきあり方、つまり出処去就のさまざまな場合を論じている。(「山鹿語類」巻第十四、臣道二、同書、八三頁以下)その中で、彼は、三たび諫めてきかれざればさるという君臣義合の考え方をしている。

ところで、素行は、「出處去就」の項目で、次のように、辞去できないものについて述べている。

其の主人の家人にして、累代奉公の筋目を以て家に仕官たるあり、是れは生れついて其の家にそなはるなれば、君子の仕ふる道を以て云ふべからず。同書、八七頁

ここにいわれる「家人」は世襲的な武士の従者である。素行は、それを、君子の道をもつて語るべきものではないとする。彼は、従者が辞去することのあり得ない世襲的な武士の主従関係を明確に意識しつつ、それとは異なる君子としての君臣関係を武士一般に求めているのである。

さて、素行は、「凡そ物あれば事あり、事あれば則あり」(「山鹿語類」巻第三十二、聖學一、『山鹿素行全集　思想

篇』第九巻、一九頁）と述べている。これは、あらゆる物事にはすべてそれぞれにあるべきありようとしての則があるとする、彼の基本的な考え方を述べたものである。

こうした素行の基本的な考え方からは、君臣関係において、君には君の則があり、臣には臣の則があるから、君臣それぞれがその本分を尽くすべきことになる。だから、彼は、君道、臣道を論ずるのである。

ところで、素行は、臣が君臣関係を離れることを認めるが、君道を全うしない君を交代させることや、まして、臣が君にとって代わることを、決して認めない。彼は、次のように述べている。

師曰はく、君臣は天地自然の差別する處にして、上下の所レ位卿か私を以て議すべからず。ここを以て云ふときは、事物の間、臣として君を議して、是非の内におとしいるべからざる也。事物に是非を差別し論ずるは、朋友他人の交はりにして君臣父子の間にあらず。されば君を以て父に比し、臣を以て子に比するときは、天下不是底の父母あらんやといへることわりなれば、君を非におとし入れて議論せんこと、甚だ臣の職にあらず。凡そ世に下剋上のもの多く、ややもすれば君をなみし世を變ずるの臣あるは、大概君を論ずるに是非を以てすれば也。「山鹿語類」巻十三、臣道一、『山鹿素行全集　思想篇』第六巻、六三頁

ここの要点は、君臣は「天地自然の差別する處」であること、そして、臣として君を是非してはならないことである。君臣を「天地自然の差別する處」というのは、単に君臣の秩序は永遠不変であるということではない。君と臣の入れ替わりとしての「下剋上」を否定しているのである。「下剋上」を否定することが、臣として君の是非を議してはならないということである。

素行は、君の是非を議することを、「朋友他人の交はりにして君臣父子の間にあらず。」としている。先には、「君臣の間は他人との出合」としていたのであるが、ここでは、君臣は父子に比せられるもので「朋友他人の交はり」とは異なるものとされている。彼の主張は、一見矛盾にみえるがそうではない。というのも、「他人の出合」にしても、君臣となることにおいて臣の受ける君恩は、親の恩と同等であり、恩を受けている限り、君は親と等しい存在である。そして、彼は、君を親に比することで、臣のとるべき態度を、次のように述べる。

是非を論ぜず、皆君を是とし貴び恭んで臣の職分をたがふべからざれと云へる也。同書、六五頁

君の是非を論ぜず、ただ君を是として尊重するべきであるという主張は、山崎闇斎の考え方そのままであるようにみえる。だが、そうではない。臣として君の是非を論じてはならないのは、臣として君臣関係にあることによる。素行は、臣たるべき理由がなくなれば辞去するとしており、臣が辞去する余地のない闇斎の君臣関係論とは異なるのである。

闇斎と素行は、儒家的言説で君臣関係を語るなかで、臣の君への片務的な奉仕を要請する点で共通している。しかし、闇斎は、君をいかなる状況においても有徳とする心情を臣に要請しているのに対して、素行は、臣の君への片務的随順を説きつつも、なお君臣がそれぞれに道を実現し、本分を尽くすべきものであるとするのである。

両者の差異の存在は、片務性の強い武士の主従道徳を君臣道徳として語るなかであらわれているのであり、主従道徳自体がそうした幅をもつことのあらわれでもあろう。

3　商家の主従道徳

次に、商家の教訓における主人と奉公人の道徳をみる。

そこでは、主人に奉公人への慈愛を求め、奉公人に主人への勤勉な奉仕を求めるのが通例である。だが、注意を引くことは、奉公人に対しては、主人の態度にかかわらず、あくまで主人への崇敬をおろそかにしてはならないとする訓誡がみられることである。左に掲げるのが、それである。

一　第一主人大事と思ふは勿論、輕親方なりとも、必ずあなどるべからざる事

大隠壮健翁（生没年不詳）「町家式目　分限玉の礎」「奉公人のいしずへ」安永二（一七七三）年跋、『日本教育文庫　訓誡篇　下』四四五頁

手代の式目

一　第一主人を大切にし、譬《たとえ》輕き親方にても、慢《あなど》るべからざる事、

池田義信（一七九〇－一八四八）「主従日用條目」同書、四六八頁

小僕の式目

一　丁稚奉公は、親方を大切にし、朝早く起、掃除し、水打灰吹煙草盆の掃除等を、丁嚀にすべき事、「主従日用條目」同書、四六九頁

ここに引いた商家の奉公人の心得は、わざわざ主人がそれにふさわしくない場合をあげつつ、奉公人が主人へ

片務的に奉仕することを求めるものである。また、「親方」の表現は、主人と奉公人を親子関係に擬制している。このことは、商家の主人と奉公人が、先祖代々継続して世襲化し、奉公人の家が主家に包摂されるような形で、主家が奉公人を含む大きな家とみなされることの多かったことと相関する。

商家の主人と奉公人の道徳は、素行が君子の出処進退の除外例とした武士や常朝の主従道徳に極めて近いものである。だが、武士と商人の決定的な違いは、商人には戦闘者としての性格はなく、武勇の要素が欠落していることである。商人が死を恐れることを恥とすることはない。

ここでは商人だけについてみたが、徳川期の庶民一般に、商人にみられるような、奉公人に主人への片務的随順を求める道徳が広く存在したのである。それは、戦闘者性を欠いた主従道徳と称すべきものである。

4 主従道徳の定式化

主従道徳は、従者に血縁関係のない主への片務的な奉仕を求めるものである。それは、主への忠と親への孝を同等とする傾向をもった。

こうした従者の奉仕つまり主への忠と親への孝を同等とする傾向を、近代日本にも継承されるような形で定式化したのが、水戸学である。それが「忠孝一致」（徳川斉昭「告志篇」日本思想大系『水戸學』二一二頁）、「忠孝一本」（「弘道館記述義」同書、三二六頁）である。

忠孝一本という言葉は、「弘道館記」の「忠孝無二」についての、次の解説のなかであらわれる。

人道は五倫より急なるはなく、五倫は君父より重きはなし、然らば則ち忠孝は名教の根本臣子の大節にして、忠と孝とは途を異にするも帰を同じくせり、父においては孝といひ、君においては忠といふも、吾が誠を尽す所以に至つては則ち一也。日本思想大系『水戸學』三二四頁

これは、君への忠と親への孝とが「誠を尽くす」ことにおいて同一であるとするものである。ここでは、忠と孝の同一性は、「誠を尽くす」という道徳的態度としての同一性にあるとしている。そして、「誠を尽くす」道徳的態度は、ここでその理路をたどることはできないが、つまるところ、「大義を全くする」（同書、三二五頁）行為へと向かう態度であり、その「大義」とは「尊王攘夷」（同書、二九六頁）である。

「弘道館記述義」が忠孝一本を提示したとき、忠と孝は、単に君と父に奉仕することに尽きるのではなく、最も重大な道徳的態度を表徴する名辞という性格を帯びている。そして、最も重大な道徳は、「国体の尊厳」を守ることである。具体的には、神話を背景とする天皇統治の日本国家の興隆に尽くすことである。水戸学における忠孝一本、忠孝一致の定式化において、忠の対象を、単に直接的な関係にある主君にとどまらず、天皇と日本国家とする傾向が生じている。

このような忠の対象の変容と並行して、忠の主体の変容が連動する。天皇と日本国家への忠の主体は、武士だけでなく、庶民でもあるとする傾向が生ずるのである。水戸学に学ぶことの多かった吉田松陰（一八三〇―一八五九）は、次のように述べている。

人君養レ民　以續二祖業一　臣民忠レ君、以繼二父志一、君臣一体、忠孝一致、唯吾國爲レ然、「士規七則」第二

条　原典版『吉田松陰全集』第二巻、一三頁

ここでは、臣民の忠が語られている。武士である臣にとどまらず、民衆に君への忠を求めているのである。この「士規七則」を記した時点の松陰にとって、忠を尽くす対象は、直接的には、直属の主君であった。だが、他面、「皇國」の観念とともに、天皇と日本国家への忠も意識されており、皇国への忠の主体は臣民と意識されつつあった。

幕末期には、天皇と日本国家への忠の主体は、武士である臣だけでなく、庶民でもあると観念されつつあったのである。

四　近代における主従道徳の転成

徳川幕府の倒壊と明治新政府の成立の後に、封建割拠体制を転換して統一的な国民国家を形成するには、現実の面でも人びとの意識の面でも、多くの困難があった。こうした困難を克服する上で、極めて大きな意義をもったのは、結局、天皇であり、天皇に忠を尽くす臣民という理念的意味づけである。近代日本国家は、前近代の思想的精神的資源をもとにして、主従道徳を転成することで、統一的な国民国家を形成していったのである。ここでは、近代日本国家が人びとに求めた道徳を、修身教育を参照しながら、考察していく。

1　天皇の武士化

天皇と国民との関係の理念的意味づけにおいて注目すべきものは、明治十五（一八八二）年一月四日に下賜された「陸海軍人に賜りたる勅諭」、いわゆる「軍人勅諭」である。これが注目に値するのは、徴兵制による国民皆兵という理念にもとづく軍隊を天皇直属のものとしたことである。このことはまた、職業軍人でない一般国民に、軍隊で涵養された精神的態度、特に天皇への奉仕の態度を、軍隊を離れて帰郷した後にも保持することに寄与した。「軍人勅諭」は、第二次大戦の敗北に至るまでの日本軍隊における決定的に重要な規範であったから、国民意識の形成に重大な意味を持ちつづけたのである。

さて、「軍人勅諭」は、前文で、次のように述べている。

朕は汝等軍人の大元帥なるぞ。されば朕は汝等を股肱と頼み、汝等は朕を頭首と仰ぎてぞ、其親は特に深かるべき。朕が国家を保護して、上天の恵に応じ祖宗の恩に報いまゐらする事を得るも得ざるも、汝等軍人が其職を尽すと尽さゞるとに由るぞかし。日本近代思想大系『軍隊　兵士』一七四頁

ここでは、天皇が、自らを大元帥として軍人の頭領であると宣言としつつ、軍人たちに職務を尽くすことを命令している。天皇が命令を発しているのは、「国家を保護して、上天の恵に応じ祖宗の恩に報い」るという、天皇に課せられた責務を果たすためである。天皇は、臣民に一方的で違背を許さない命令を与えて片務的奉仕を求めるが、その天皇も、「上天」「祖宗」対する責務を果たすべき存在なのである。

さらに注目すべきことは、天皇が軍人としてあらわれていることである。これは、前近代には武勇と隔絶していた天皇が武士化したことであり、天皇像の重大な変容である。

とはいえ、天皇と軍人との関係は直接的なものではあり得ない。軍人の個々の任務は、軍隊内の上位者から下位者へ命令される。「軍人勅諭」は、次のように述べている。

一　軍人は礼儀を正くすべし。凡軍人には、上元帥より下一卒に至るまで、其間に官職の階級ありて統属するのみならず、同列同級とても停年に新旧あれば、新任の者は旧任のものに服従すべきものぞ。下級のものは上官の命を承ること、実は直に朕が命を承る義なりと心得よ。同書、一七四頁

ここでは、元帥から兵卒に至るまでの軍隊組織のあらゆる局面が、すべて統率服属関係にあり、上位者と下位者の命令服従関係にあるとしている。この統率服属関係のなかで、上官の命令は天皇の命令であるとして違背を許さず服従すべきものである。「軍人勅諭」は、天皇の権威を、軍隊組織の頂点に置くだけでなく、組織のあらゆる局面に浸透させている。

また、「軍人勅諭」は「軍人は武勇を尚ぶべし」という項目を立てて、戦闘者としての精神の涵養を求めている。国民皆兵のもとで、こうした精神は軍隊内部にとどまらず、日本社会全体に波及していく。天皇の武士化に伴って、社会全体が武士化し、日本国家が軍事的色彩を濃くしていくのである。

このようにみると、「軍人勅諭」は、前近代における武士の主従道徳を、天皇と国民を主従関係に置換して転成し、日本を軍事国家化するうえで、精神的次元における重要な意義をもつことがわかる。また、明治二十三（一

八九〇）年に頒布された「教育に関する勅語」は、諸徳目を結ぶ部分で「一旦緩急あれば義勇公に奉じ天壌無窮の皇運を扶翼すべし」としている。これは、「軍人勅諭」の精神を継承するものである。「軍人勅諭」と「教育勅語」は、国家有事に際して、国民が、国防に携わることで皇室と日本国家の隆盛に尽くすべきであるとする道徳を、枢要なものとして提示したのである。

こうして、天皇と日本国家への国民の軍事的な奉仕が、国民に対して、道徳の中核に据えられ、「忠義」は国民の国防における任務の遂行の意味となる。

このような忠義の概念は、国定修身教科書に確認できる。国定修身教科書は明治三十七（一九〇四）年以後、四度の改訂を経て五期にわたり、昭和二十（一九四五）年の修身科廃止に至るまで五期にわたって使用されたが、やや特別な編集の方針をとった第五期を除いて、すべての期間で、「忠義」の項目が立てられた。その内容は、陸軍兵士木口小平や海軍中佐廣瀬武夫などの例話により、死を賭して任務を遂行する軍人の行動である。近代日本国家の求める忠は、天皇と日本国家のために、死を賭して奉仕することであった。近代日本国家が、国民に求めた道徳が、転成した武士の主従道徳であるとみられるゆえんである。

2　家族国家論としての国民道徳論

国民の天皇への忠には、天皇と国民の直接的関係の欠落という問題があった。この欠落を補充する意義をもつものが家族国家論としての国民道徳論である。

家族国家論としての国民道徳論の代表的な提唱者は井上哲次郎（一八五五－一九四四）である。井上は、日本における家族制度について、次のように述べている。

日本には家族制度が現在ありますが、その家族制度は二種類に區別して考へるのが宜い。さうしないと混亂を來します。その二種類と云ふのは、一つは個別家族制度で、一つは總合家族制度であります。家族制度といふのは何う云ふものかといふと、卽ち家長制度であります。一家の中に必ず家長といふ者が立て、ある。それでありますから、家族制度は卽ち家長制度で、家長が一家を統率して行くやうに組織が出來て居る。井上哲次郎『國民道德概論』、二〇〇頁

井上の主張は、次のようにまとめることができる。日本社会では、個々の家族が家族制度をなしている。家族制度とは、家長がいて家族を統率することである。これらの個々の家族の全体が一大家族として総合家族制度をなしている。総合家族制度の家長が天皇であり、天皇が、日本全体を統率している、と。

井上は、天皇と臣民が先祖代々にわたり家族的関係をなして親子関係にあることを、次のように述べている。

日本では君臣の關係といふものが非常に親密である。その間に自ら家族的關係が出來て居る。（中略）君主は臣民の父母といふ考である。同書、二一四頁

日本民族は大抵皆天祖の末族、支裔に外ならぬ。さうして皇室は天祖の直系で國民の宗家である。同書、二七二頁

こうして、個別家族制度と総合家族制度とが存在する独特な社会組織であることにもとづくとして、忠孝一致、忠孝一本という幕末期に定式化された道徳が、改めて提示される。

日本では、個々の家族が家長に對して忠を盡すと同じやうな具合に天皇に對して忠を盡すやうに社會組織がなって居る。それで忠孝一致が成立する。同書、二六九頁

支那では忠孝一本といふことは行はれて居らぬ。曾て行はるべき社會組織が無かつた。これは個別家族制度と、總合家族制度とが相合して居らんければ行はれぬのであります。同書、二六八頁

ここに語られた忠孝一致、忠孝一本の道徳は、水戸学とは内容的に異なっている。水戸学では、忠と孝が道徳的態度として同一であるとしていたのであり、天皇と臣民が家族的関係であるとしていたのではない。注意したいことは、中国にも、君主を「民の父母」（梁恵王上篇第四章）とする表現は、「孟子」をはじめとして儒家的伝統にあり、親への孝を君への忠との同一性をみることは、通例であった。だが、その孝と忠の同一性は、道徳的態度としての同一性であったのである。

井上は、忠と孝の同一性を、単に道徳的態度としてだけではなく、社会組織に関係させて主張している。彼は、個別家族における家長に対する家族の孝と、一大家族としての日本国民の家長である天皇に対する臣民の忠とが、同じく家族としての関係であるが故に、忠孝一致、忠孝一本の道徳が成り立っているとするのである。

こうして、家族国家論は、天皇と臣民が家族的情誼的関係にあるとする。

『情兼㆓父子㆒』といふのが日本の君臣上下の關係であります。成程君臣の義はあるけれ共、それ丈けでは無い。實に父子の如き關係がある。同書、二一五頁

天皇と臣民は、君臣関係だけではなく、親子関係であるから、家族的情誼性があるとするのである。

この家族国家論としての国民道徳論は、忠と孝の同一性を語るにしても、忠を孝に収斂させるのではなく、孝を忠に収斂させる主張である。井上は、忠と孝の両立しない局面における忠の優位を、次のように述べる。

忠孝兩立しない時には、一家のことは微々たることで、國家繁榮とは比較にならぬ。それで孝より忠を重しとする。同書、二七四頁

忠を孝に優先すべきである理由は、「微々たる」個別家族は一大家族たる「國家」とは「比較にならぬ」という、部分に対する全体の優位という論理によっている。だが、井上は、忠を孝に優先する、より根本的な理由を語っている。それは、「歴史」において「皇室が國民に先つて存して居る」（同書、四八頁）ということである。

人民が國を成して而して後に之に君臨したといふやうな者では無くして、君臨の方が先きだ。同上

皇室が先にあって日本国家を立てたのであるから、君臨が先であるとする。天皇の統率と国民の忠が根本であり、後に成立した国民の家族は派生的であることになる。

これは、〈神話にもとづく〉「歴史」における成立順序を、存在構造の根本派生ないしは価値的優先順序に置換するものである。いずれにしても、井上は、さまざまな仕方で、天皇への臣民の忠が個別家族における孝に優先することを語るのである。

これは、前近代の思想にみた、君臣道徳、主従道徳における君や主への片務的奉仕と同様であり、転成した主従道徳といい得るものである。

家族国家論としての国民道徳論は、修身教育において採用されていく。小学校の国定修身教科書において、天皇と臣民に親子の情誼性を認める考え方は、明治四十三（一九一〇）年から使用された所謂第二期国定修身教科書からあらわれる。そこでは、日本の国民は、おおむね祖先を同じくする一大家族を成しており、国民は皇室を宗家として家長のように敬愛して忠孝一致であるとしている（『高等小學修身書　新制第三學年用』「第一課　皇位」「第十一課　忠孝」）。これは、井上哲次郎の説くところと重なっている。この傾向は、所謂第五期国定修身教科書まで引き継がれて、修身教育が廃止されるまで継続するのである。

修身教科書から、家族国家論にもとづく天皇と臣民の関係を語る記述を例示しよう。

〈神武天皇が即位して後…高橋注〉この間、我が國は、皇室を中心として、全國が一つの大きな家族のやうになつて榮えて來ました。御代々の天皇は、臣民を子のやうにおいつくしみになり、臣民は祖先以來天皇を親のやうにしたひ奉り、心をあはせて忠君愛國の道をつくしました。第四期国定修身教科書『尋常小學修身書巻五　兒童用』「第一　我が國」、昭和十三（一九三八）年この家族国家論における天皇と臣民は、慈愛と奉仕の情誼性による双務的互恵関係であるようにみえる。だが、そうではない。天皇は、「神勅」にもとづいて「我が國」を治める地位にあるのであって、統治は天皇に課せられていることである。天皇の慈愛は臣民を治めることの一環ではあるが、臣民の奉仕への応答であるわけではない。

また、臣民は、天皇をいただく国に生まれて先祖代々奉仕してきたのであるから、現在も天皇への奉仕をすべきであるとされている。臣民であるという地位にもとづいて奉仕するのであって、天皇の慈愛に応じて奉仕するわけではない。臣民の天皇への奉仕は片務的なのである。

家族国家論は、天皇と臣民の間に家族的情誼性を認めているが、前近代の思想においてみたように、日本社会では、血縁関係のない主従関係や君臣関係に情誼性を認める傾向があった。この血縁関係のないところに情誼性を認める傾向が、近代日本にも存在しており、そのことが家族の概念の拡張を可能にしているといってよい。家族国家論が成立し、転成した主従道徳の存立する理由もそこにあるであろう。

血縁関係のないものを家族に含むような家族の概念は、具体的には、家庭における主人と僕婢の関係にみられる。次に、主人と僕婢の道徳をみることとする。

3　家族における主人と僕婢

明治から昭和前期にかけて、多くの家庭に僕婢がいた。そして、血縁関係のない僕婢を家族の一部とみなす考え方があった。家族国家論としての国民道徳論の提唱者井上哲次郎を共著者とする修身書は、次のように述べている。

僕婢は法律上には家族にあらざれども、我が家に住み、朝夕家事を助け、主人の爲に利害を顧み、主人と共に喜憂を分つ所のものなれば、實際上には之を家族と稱するも亦敢て不可なし。僕婢に對してはひたすら愛憐を加へ、親切に誘掖し、以て其の智を進むるを以て其要旨とすべし。

（中略）

西洋に於ける僕婢と主家との關係は、唯雇者と被雇者との契約關係にして、主家は一定の勞銀を給すれば足り、僕婢は契約せる職務を果せば足れりとして、其の間頗る冷淡にして、我が國の主從に於て見るが如き、敦厚の情義を認むること能はず。井上哲次郎・藤井健治郎合著『師範學校修身書　道德の要領　巻一』、六五頁

家庭に同居する僕婢を家族とみなしてよいとし、主人と僕婢の間に、家族と等しい情誼性を認めている。この主人と僕婢の家族的情誼性は、契約関係との対比でいわれている。契約関係とは、この場合、使用者が使用人に支払う労賃と使用人が使用者のためにする奉仕との双務的な互恵関係のことである。国民道徳論は、主人と僕婢の間に、契約関係とは異なる「主従に於て見るが如き、敦厚なる情義」を認めている。

このことは、主人の愛憐教導によって僕婢が主人と喜憂を共にし、僕婢の奉仕によって主人が僕婢を教導するというのではないだろう。それでは、契約関係と変わりはない。主人と僕婢の道徳は、主人と僕婢がそれぞれの立場で、相手を心情的に配慮することであるが、その配慮は相互に条件となっているわけではない。

ここに想定されている主人と僕婢の道徳は、国定修身教科書では、主人と召使いの道徳として存在しつづけた。初等教育六か年の国定修身教科書に、項目名として「主人と召使」「召使」を掲げるものは、次の通りである。

国定修身教科書第一期『尋常小学修身書　第三學年　兒童用』「だい十九　めしつかひをあはれめ」、『高等小學修身書　第二學年　兒童用』「第二課　主人と召使」

国定修身教科書第二期「尋常小学修身書　巻二　兒童用」九　メシツカヒ　ヲ　イタハレ」、『尋常小學修身書　巻四　兒童用』「第十　召使」、『尋常小學修身書　巻五　兒童用』「第二十課　主人と召使」

国定修身教科書第三期『尋常小學修身書　巻二　兒童用』「二十一　メシツカヒ　ヲ　イタハレ」

ここにあげた以外に、項目名としては存在しないが、主人と召使いの道徳を語るものがある。また、「恩を忘れるな」という項目名のもとに、主人と召使いの関係を扱っているものもある。

4　職分を通じて公に奉ずる道徳

こうした主人と召使いの道徳について、国定修身教科書の改訂のなかで、注目すべき変化が生じた。昭和八（一九三三）年から使用された小学校用の第四期国定修身教科書から、主人と召使いの項目名が消えるのである。その理由について、修身教科書の編纂担当者は、次のように述べている。

「召使をいたはれ」ハ、例話不適切ナリトノ評アルヲ以テ、コレ亦除キタルモ、使用人・召使等ニ對スル心得ハ、家庭ノ情況ニ依リテ特ニ其ノ指導ヲ必要トスルモノナレバ、第二「自分の事は自分で」ノ課ニ於テ、之ヲ指導スルコトトセリ。『尋常小學修身書巻二編纂趣意書』『復刻版　国定教科書編纂趣意書』第六巻、二二頁。

ここでは、家庭に召使いの存在することは認めるが、例話が不適切であるという理由で「召使をいたはれ」の項目を削除したとする。だが、召使いへの対応を指導するとした「自分の事は自分で」の項目に召使いにかんする内容はみえない。修身教科書から、主人と召使いの項目名を削除する理由は、別のところにありそうである。その点で示唆的なのは、教科書編纂担当者の次の言葉である。

「忠實」ハ、お綱ノ事蹟不適切ナリトノ批評アルヲ以テ例話ト共ニ之ヲ除キ、「仕事に勵め」ヲ「仕事ニ忠實ニ」ト改メ其趣旨ヲ存セリ。同書、五七頁

ここでいうお綱の事蹟とは、第二期国定修身教科書『尋常小學修身書　巻四　兒童用』「第十　召使」の例話であったが、第三期国定修身教科書『尋常小學修身書　巻四　兒童用』「第十一　忠實」に移行していたものである。第四期国定修身教科書の「仕事に忠實に」の項目では、円山応挙が画業に精励した例話をあげている。第四期国定教科書に至って、主人と召使いの項目名を外し、お綱の例話を除き、忠実の道徳を召使いにかんすることから切り離して仕事一般のこととしたのである。この一連の変更は、近代日本国家の求める道徳について

の、ある転換を示唆している。

近代日本国家は、およそ昭和初年の段階、つまり一九三〇年代頃には、使用者と使用人の関係について主従道徳を求めることはなくなり、それに代わって、国民が、いかなる立場にあっても、それぞれの職務を果たす「忠実」の道徳を求めるに至ったのである。そして、主従道徳は、もっぱら天皇に対する臣民の奉仕に限定したのである。

このような転換を受けた後の第五期国定修身教科書である国民学校初等科の教師用書（昭和十七〔一九四二〕年発行）は、次のように述べている。

國民學校施行規則に於いて國民道徳といふのは、いはゆる社會道徳、個人道徳といふやうなものをすべて含めた廣義のものを指すのであつて國民の隨ふべき道、皇國臣民としての道徳を意味する。しかし、國民の隨ふべき道といつても、この國民道徳といふことばが他方で解されてゐるやうな、國民特有の道徳といふ意味に考ふべきではない。国民的自覺の希薄であつた時代の道徳、或はその自覺が希薄でなかつたにしても、それと直接に觸れあふことの稀であつた事情のもとでつくり出された道徳は、たとへそれがわが國特有の道徳であつたとはいひ得るにしても、なほ皇國臣民としての道徳とはなし難いものがある。例へば、藩主の私怨を晴すためにその家臣が非合法的な直接行動を敢てするとか、或は子どもが親の敵討ちのために一生を犠牲にするとかいふやうな事柄は、未だ國民全體をかへりみての行爲とはいひ難い。その意味でそれらを國民的自覺に立つた皇國臣民としての忠孝として考へることはできない。かやうなものは國民特有の歴史的になつた道徳であつて、國民学校の兒童に實踐せしめる必要は毛頭ない。國民學校では、國民全體として隨ふべき道、皇國臣民としての道徳について指導し、教示すべきである。

（中略）

孝も友も和も信も恭儉も博愛も、その朝宗するところは忠であり、天皇を中心とし奉ることによつて天壌無窮の皇運を扶翼すべきものである。「總説　二　國民科修身指導の精神」『初等科修身　一　教師用』、一六頁

ここでは、国民道徳を、日本国民特有の道徳ではなく、日本国民としての自覚にもとづく道徳であるとする。この立場からは、君父のための復讐などは、日本特有の道徳といわれるにしても、国民的自覚のない時代の道徳であり、当代に求められる国民道徳ではない。要するに、国民全体、皇国臣民の観点を欠いた孝行や主従道徳は、国民道徳ではないのである。

ここで語られている国民道徳は、個人道徳、社会道徳など、国民がさまざまな局面で実行すべきものである。それは、日本だけに通用するのではなく、国家に属する国民すべてが守るべき道徳であるという意味において、普遍的性格をもっている。例示された孝、友、和、信、恭倹、博愛（これらが教育勅語の掲げるものであることはいうまでもない）の徳目は、その意味で、普遍的性格をもつものと考えられている。

だが、他方で、そうした普遍的な道徳は、「皇國臣民としての道徳」であるという意味において、「皇國」日本の臣民の道徳でなくてはならない。つまり、国民道徳は、天皇を戴く日本国家への「忠」に帰着するものでなくてはならないのである。

このような国民道徳のあり方を、国民学校初等科から高等科に進む時期を想定して、修身教科書の編纂担当者

は、次のように述べている。

高等科に進む時期は一面いはゆる青年前期として考へられるものである。この時期に於いては、前項の趣旨（国民学校初等科の各時期で指摘した…高橋注）を推し進めて更に自律的な道徳判断をなし得る能を啓培するとともに、また一方で實業科の教育が始まるのであるから、それと結んで、職分を通じて皇運扶翼の大義に參ずるの覺悟を固めしめなければならない。ここでは職分を通じて公に奉ずるといふことが特に強調せられる。同書、二八頁

社会生活を営む段階に向けての国民道徳の中心は、国民それぞれが自らの職分を尽くすことである。このことは、主人と召使いの道徳を使用者と使用人の道徳へと転換して、それぞれが仕事に励む忠実の道徳を提示したことと照応する。そして、国民それぞれが自らの職分に忠実であることは、日本国民に特有であるわけではなく、あらゆる国家の国民に共通することである。

だが、ここで語られる職分を尽くす道徳は、それだけで完結しているのではない。それは、「職分を通じて公に奉ずる」こと、つまり「職分を通じて皇運扶翼の大義に參ずる覺悟を固め」ることでなくてはならない。国民が、さまざまな立場で、それぞれの職務を果たすにしても、それは、天皇と日本国家の存立と発展に寄与するものでなくてはならないというのである。それが、国民の忠である。

こうして、転成した主従道徳は、国民がそれぞれの職分を尽くすことで、天皇と日本国家の存立と発展に寄与する国民の忠という意味になったのである。

五　おわりに

本稿で考察した最後の時期に、近代日本国家が求めた国民道徳は、あらゆる国民が、それぞれの職分を通じて、天皇と日本国家の存立と発展に寄与するという職分道徳であった。それは、国民がそれぞれの職務をまっとうすることが、同時に、国民としての忠であるような主従道徳であった。この国民道徳は、国家を構成する国民一般に共通する性格を具えている面はあったが、近代日本の国家としての存立と発展に寄与するという価値実現に制約されていた。国民の道徳は、日本国家の進展と運命をともにするものであった。

当該の時期は、「大東亞戰爭」の最中である。このとき、修身教科書の編纂担当者は「職分を通じて皇運扶翼の大義に參ずるの覺悟を固めしめなければならない」と述べていた。この「覺悟」が、日本国家の遂行しつつあった戦争に奉仕するという意味であることは明らかである。第五期国定修身教科書である国民学校初等科第六学年の修身教科書の最終項目には、次の言葉がみられる。

（大東亞建設という…高橋注）大事業のためには身をささげ、力をつくすことがだいじであります。私たちは、希望にみちあふれ、必勝の信念を以て立ちあがらなければなりません。

身命をなげうつて、皇國のために奮闘努力しようとするこのをしさこそ、いちばん大切なものであります。『初等科修身　四』「二十　新しい世界」

国民がそれぞれの持ち場で自らの職務をまっとうすることが、日本国民としての忠であるとする国民道徳は、畢竟、日本国家に身命を捧げて戦う武勇を誉れとするものである。それが、近代日本国家が求めた道徳であり、武士の主従道徳が近代日本において転成した様相である。

「大東亞戰爭」の敗北を契機として、日本国家は、平和と生命尊重と経済発展を至上の価値とする道徳を人びとに求めた。それが、主従道徳のさらなる転成であるのかどうかは、現代のわれわれの決することである。

引用文献

「葉隠」…日本思想大系、齋木一馬ほか校注『三河物語　葉隠』岩波書店、一九七四年
「拘幽操」…内田周平校『拘幽操合纂』谷門精舎、一九三七年、原漢文
「大和小學」…日本教育思想大系『山崎闇齋　上巻』日本図書センター、一九七九年
「山鹿語類」巻第十三、巻第十四…『山鹿素行全集　思想篇』第六巻、岩波書店、一九四一年
「山鹿語類」巻第三十三…『山鹿素行全集　思想篇』第九巻、岩波書店、一九四一年
「町家式目　分限玉の礎」「主従日用條目」…『日本教育文庫　訓誡篇下』同文館、一九一〇年
「告志篇」「弘道館記述義」…日本思想大系、今井宇三郎ほか校注『水戸學』岩波書店、一九七三年
「士規七則」…原典版『吉田松陰全集』第二巻、岩波書店、一九三八年
「軍人勅諭」…近代日本思想大系、由井正臣ほか校注『軍隊　兵士』岩波書店、一九八九年
井上哲次郎『國民道德概論』三省堂書店、一九一二年
文部省編『高等小學修身書　新制第三學年用』文部省、一九一〇年
『尋常小學修身書』『高等小學修身書』『初等科修身』…『複刻　国定修身教科書』第一期——第五期、大空社、一九九〇年
井上哲次郎・藤井健治郎合著『師範學校修身書　道德の要領　巻二』目黒書店、一九一一年

文部省編纂『尋常小學修身書巻二編纂趣意書』…『復刻版　国定教科書編纂趣意書』巻六、国書刊行会、二〇〇八年
文部省編『初等科修身　一　教師用』文部省、一九四二年

近代日本と近代中国におけるイプセン受容

王　青
（中国社会科学院哲学研究所研究員）

近代演劇の創始者であるノルウェーの劇作家ヘンリック・イプセン（Henrik Johan Ibsen、一八二八－一九〇六）は、シェイクスピア以後、世界でもっとも盛んに上演されている劇作家とも言われる。日本の新劇運動はイプセン劇の上演から始まって以来、その作品は今日でも日本の演劇界に影響を与え続けていると高く評価されている。イプセンの作品は西洋近代における様々な人生問題や社会問題をテーマとするのだが、日本における婦人解放運動や社会悪批判乃至個人主義的ヒロイズムへの影響も大きくて、「思想家」や「革命家」として見なされてきたと言えよう。

明治期日本のイプセンをめぐる論説は、当時日本に留学中の中国近代の文学者魯迅に深い影響を与えた。魯迅はイプセンの作品を初めて中国に紹介したが、イプセンの思想を近代中国社会における「国民」の創出＝社会の革命と個人の解放として捉えるようなイプセン受容には、明治時代の刻印が深く押されていると指摘されている。

魯迅がイプセンを中国に紹介して、その一〇年後に、中国近代における「民主」と「科学」を旗印とする新文化運動のオピニオンリーダーである胡適（一八九一－一九六二）は、一九一八年六月啓蒙雑誌『新青年』第四巻六号において「イプセン特集号」を企画、編集したのだが、この特集号を通じてイプセンの作品が中国に本格的に受容され、五四文学革命期[1]に一大旋風を巻き起こしたのである。

イプセンの作品に見られる個人の尊厳を主張する意識と国家、社会及び宗教の偽善さを暴露する批判精神が、近代中国における個人主義や自由主義の育成、また女性解放運動に刺激を与え、思想的な面から大きく寄与していた。魯迅はイプセンにおける強烈な個性主義的特質をニーチェのような「超人」と見なして、胡適のいわゆる「健全なる個人主義」人生観も実はイプセンからの影響が大きかった。五四新文化運動時期の啓蒙主義者たちはほとんどイプセンのことを「文学者」としてより、むしろ「社会改革家」としてその思想を積極的に受け入れた。

西欧的近代化の過程において生じた様々な社会問題や人生問題を取り扱うイプセンの作品は、日本や中国の近代社会に計り知れない影響を及ぼした。近代日本と近代中国におけるそれぞれのイプセン受容をめぐり、その実態を解明するに従って、日本と中国の「近代」の相貌も浮かび上がってくるのではないかと思われる。

一

イプセンの日本における伝播や受容については、これまで日本の学者によって数多くの研究成果が積み重ねられており、筆者もそこから多くの貴重な示唆を得た。一般的にはイプセン発見の先駆者は森鴎外（一八六二―一九二二）とされている。鴎外は、一八八九（明治二二）年一一月二五日、『しがらみ草子』第二号に掲載した「現在諸家の小説論を讀む」の中で、初めてトルストイとイプセンのことを紹介していた。だが、ドイツに留学していた鴎外初期のイプセン認識は、「写実の極致」に達した自然主義作家、最も熱心なる個人的自由論者なり、というイプセン像を受け入れたと言われる。明治三〇年代以降、彼はイプセンを本格的に摂取して、一九〇九（明治四二）年には自由劇場の新劇『ポルクマン』上演をきっかけにその翻訳を援助していた。

やがて、一八九二（明治二五）年、イプセン熱を力強く推進したのは坪内逍遥（一八五九－一九三五）であろう。彼は文芸雑誌『早稲田文学』二五号と二七号の二度にわたり、イプセンを「十九世紀の革新作家の中の第一人者」として詳しく紹介したが、これは日本最初の本格的なイプセン紹介であり、その中にイプセン劇の「社会問題」への注目についても触れていた。

このように明治二〇年代には、イプセンの記事がすでに書かれてはいたが、まだ紹介だけに留まっており、その作品の内容については十分理解されていたとは言いがたい。イプセンが「問題」になる兆しを鮮明に示すのは、一九〇一（明治三四）年一月、いくつかの思想的変遷が激しい文芸評論家の高山樗牛が『太陽』に発表した「文明批評家としての文学者」である。日清戦争後、「国民意識」の発達に伴い、「国民文学の旗幟を明らかにする、是れ豈今日文芸批評家が最大本務に非ずや」と呼号していた樗牛は当時急速にニーチェ主義に傾倒して、本篇ではニーチェを「十九世紀の文明に反抗」する天才＝超人と賛美して、イプセンのことをも「一代の文明を抱擁して自家の理想中に化育せむとしたる文明批評家」と断じ、「イプセンとニーチェと等しく個人主義の宣伝者なり」と高く評価した。だが注目すべきは、そうした読みが同時に国民意識の基体としての国民国家における文学、つまり「国民文学」創出の希求を背景とするものでもあったのだ。(2)

ちょうどその時、一九〇一（明治三四）年一〇月には、最初の翻訳単行本として、高安月郊訳『イプセン作社会劇』が出版されて、多くの人々にイプセンの作品世界に接する機会を提供した。実はその前の一八九三（明治二六）年春、高安月郊（一八六九－一九四四）がすでに日本最初のイプセン劇の『社会の敵』や『人形の家』の翻訳を試みたが、いずれもほとんど反響を見ないまま中途で挫折していた。ところで初めて日本で上演されて、社会的反響を引き起こしたのは、『社会之敵』であった。しかし、日本での最初のイプセン戯曲の上演はあくまで明治政府による社会悪への抗議であり、イプセン劇紹介のためではなかった。

明治初期大いに世間を騒がせていた足尾銅山での公害事件が起こった。足尾銅山は既に江戸時代に開発されていたが、富国強兵と資本主義化を国策とする当時の日本は、足尾銅山開発にも積極的であった。銅の生産量は一時は東アジア一を誇るほどで、銅は明治初期の代表的な輸出品だったが、精製時に発生する鉱毒の影響で、付近の環境が大きな被害を受けた。議員田中正造（一八四一－一九一三）が帝国議会でこの問題を取り上げて、あげく明治天皇に直訴するまでに及んだ。この直訴の翌年の一九〇二（明治三五）年四月、日本演劇の革新家だった花房柳外（一八七二－一九〇六）は、イプセンの『社会の敵』を翻案し、明治政府への抗議と批判の意を表した。この事件は現在でこそ公害運動の原点と言われるが、この日本最初のイプセン劇上演自体は、厳しい言論統制に反抗する政治的な意図が含まれていたとよく指摘されている。

やがて、イプセンは亡くなったが、日本ではイプセンに関する議論がかえって隆盛を極めるようになった。日露戦争から大正初期にかけて、日本はまさに「イプセンの季節」ともいうべきイプセン熱の時代を迎えたのである。

自然主義の拠点として知られる『早稲田文学』は、イプセン逝去から、いち早く一九〇六（明治三九）年七月に「ヘンリック　イプセン」号として刊行された。この特集号には、島村抱月の「イプセンの伝」をはじめ、河野桐谷「イプセン著作梗概」のほか、柳田国男、桑木厳翼、田山花袋らの評論も掲載されて、イプセンが大いに論じられるようになった。さらに一九〇七（明治四〇）年には柳田国男を中心に、島崎藤村、田山花袋、岩野泡鳴、小山内薫らの自然主義文学者の集まり「龍土会」は「イプセン会」に変わり、月に一度イプセン作品をめぐって評論や研究を行うようになった。この頃はちょうど、論壇の関心は急速にニーチェから自然主義へと移行し展開していった時期で、彼らの評論は凡そ次の点で意見がほぼ一致していた。つまり、時代や社会が急速に変化し、そうした状況下に置かれた個人の危機的な精神的状況を、イプセンは「無技巧・無解決」の自然主義者の立場から写実的に描写した、ということであった。

本格的意味で日本における最初のイプセン劇の上演は一九〇九（明治四二）年一一月に小山内薫と市川左団次らが創立した自由劇場による『ジョン・ガブリエル・ボルクマン』（森鷗外翻訳）であり、その後に一九一一（明治四四）年九月、坪内逍遥、島村抱月（一八七一－一九一八）らの後期文芸協会による『人形の家』（抱月訳）も上演されて、この二つの公演は日本の近代劇史上においてたいへん注目されて、イプセン受容の進行を物語っている。

一方、日本近代劇史上に最も影響を与えた泰西作家と言われるほどのイプセンが、急速に資本主義的経済発展を遂げた明治日本のような時代状況において、これだけの注目を集めたのは、劇作家としてよりも「新しい思想家」というイメージで認識されたためであった。当時の日本は家族主義や国家主義をイデオロギーとする社会として、この二つの枠組みが個人の自由に対して様々な規制となって締め付けていたが、近代西欧の自由観が日本社会に衝撃と啓示をもたらした際に、イプセン劇を「社会問題劇」として捉える視角が確立されるようになった。

イプセン季節を鮮やかに彩るのは、一九一一（明治四四）年九月に同時に発生した二つの「事件」であろう。

一つは女優松井須磨子主演による『人形の家』上演の成功であり、もう一つは平塚らいてう(一八八六－一九七一)の女性雑誌『青鞜』(一九一一〈明治四四〉年九月から一九一六〈大正五〉年二月まで五二冊発行された)の創刊である。こうした動向の中で女性問題が大いに論じられるようになり、主人公のノラが「目覚めた新しい女」の代名詞となり一大センセーションを巻きおこしていったことは周知の通りである(3)。

イプセンが『人形の家』を発表したのは一八七九年であった。当時のヨーロッパにおいて、「妻が夫と子供を置いて家出をする」という結末は、社会に大きな衝撃を与えて、人々の価値観を根底から揺さぶる論議を巻き起こした大事件になった。この衝撃と論争の広がりは、二〇世紀初頭の明治日本にも波及して、その後の日本社会に大きな影響を及ぼした。『人形の家』が紹介された各国では、それぞれの文化や国情を背景にした「ノラ論議」が盛んに行われ、すでに発表から一三〇年近くも経過した現在に至るまで、社会や家族制度における男性優位主義へのイプセンの鋭い視点が、ヒロインの「ノラ」と『人形の家』に、フェミニズム運動の象徴のような印象を与え続けてきたと言ってよいだろう。

良妻賢母主義は依然として女性の生き方の唯一最高の拠り所とされていた明治末の日本では、高まりつつあった婦人問題への関心とも呼応した広がりを見せて、イプセンへの関心と婦人問題への関心が一種の相乗作用を生み出すこととなった。『人形の家』のヒットは、大正期の女性解放運動の起爆剤になるのだが、このことは婦人覚醒に近代劇の果たした役割もよく物語っている。

婦人問題の核心は、婦人が男子の奴隷であるか、伴侶であるかにあると言えよう。平塚らいてうが創刊した、日本の女性解放運動に多大な影響を与えた女性誌『青鞜』をきっかけに、婦人問題についての論議が次つぎと展開され大きく広がってゆくこととなった。平塚らいてうは『青鞜』で「ノラ」特集号(一九一二)を組んだ他、多くのイプセン関連の記事を掲載し、『人形の家』は劇として社会的にも大きな影響を及ぼしたことを記していた。但し、らいてうは、この特集号に収録される「ノラさんに」という文章では、ノラの自覚というのは甚だ危いものであって、人間にならねばならぬと気付いただけのことであり、真の人間になるためには、これから先にこそ大きな試練が横たわっている、そこを自覚し、それを経てゆく自覚が問題なのだ、と冷静に鋭く指摘していた。

文学者與謝野晶子（一八七八－一九四二）も、『一隅より』（一九一一）の中にある「新婦人の自覚」という評論において、題材として『人形の家』を取り上げて次のようなことを述べている。ノラの行動はまだ旧式のものであって、自分がノラであれば、家に居りながら夫や子供を教育してみせる、またそれを通じて自分自らも教育してみせると。つまり女性に独立な人間になるよう自己教育も重要だと独特な意見を発表した。らいてうも晶子もノラの自覚後の行動を各々の視点から厳しく批判しているように見えるが、男女の性別を超えて、個人としての自覚を人間的価値の出発点とするというところにおいては、実はノラの意識を共有しているのではなかろうか。

新旧の思想が激しくぶつかる明治社会において、女学校では『人形の家』を観ないように警告したことなども伝えられており、イプセン劇に表れる新しい思想に対する反発や否定論も高まりを見せた。『青鞜』の主張する思想は、教育関係者からは悪魔の教えであると見なされていた。イプセンのノラのように明瞭かつ強固な意志を持ち、自由に振る舞う「新しい女」は芸者や娼妓と同一視された論調も少なくはなかった。

それにも関わらず、『人形の家』が生み出した衝撃は、文学や演劇の領域を超えて思想教育問題、経済問題、政治問題と関わる婦人のあり方を根底から問い直す方向にまで連なっているといえよう。賛否両論の渦巻く中で、危機感を強めた文部省が『青鞜』などの婦人雑誌の自由主義的な婦人論の取り締まりに乗り出し、それまで文学的思想啓蒙運動団体・婦人解放運動団体として活動してきた「青鞜社」の機関誌『青鞜』は、とうとう一九一六（大正五）年に無期休刊という窮地に追い込まれてしまった[4]。

このように、明治期におけるイプセンの影響力は、演劇を超えて、政治的、社会的にも計り知れないものがあったことは明らかであろう。そんな折、中国人留学生魯迅は、明治日本における様々なイプセン言説に沸き返っていた東京に在学しながら、明治日本のイプセン論に対して、独自の文脈から選択的に把捉してその影響と啓示を受け入れた。

二

魯迅は一九〇二（明治三五）年から一九〇九（明治四二）年まで日本に留学していた。日清戦争の後、日本人の中国人に対する蔑視は強くなっていて、その時期に、仙台医学専門学校に在学していた魯迅が、ある日教室で日露戦争において、ロシア軍のスパイ行為をしていた中国人が同胞の観衆が見守る中、日本兵に首を切られる幻燈画を見せられてしまった。この衝撃的な「幻燈事件」に刺激され、魯迅における民族ナショナリズムが芽生え、愚弱な中国人には医学の勉強より「精神的革命」こそが先決であるという認識に達し、文学への転向を決意するにいたった。一九〇六（明治三九）年春に、魯迅は仙台医専を中退してイプセン・ブームが沸き起った東京に戻ったが、彼がイプセンを読んだのは恐らくこの時期であったと推察されている。日本の研究者たち、とりわけ清水賢一郎氏が魯迅のイプセン受容について、明治期日本におけるイプセン熱との関係を注目しながら詳しく考証を行ってきた[5]。

魯迅は、一九〇八（明治四一）年に「文化偏至論」と「摩羅詩力説」という二篇の論文を、清末留日学生が発行する雑誌『河南』（第二号、第三号）で発表した。魯迅はその中で伊孛生（イプセンのこと）を紹介したが、これは中国語によるイプセンについて最初に触れた文章だと言われている。

魯迅は「摩羅詩力説」の中でイプセンについて次のように述べている。

> イプセンは近世に生まれ、世俗の昏迷を憤り、真理の耀きが匿されていることを悲しんで、『社会の敵』[6]を借りてその言を立つ。医師ストックマンはこの戯曲全篇の主人公であるが、彼はどこまでも真理を守りぬき、以て庸愚なる者を拒んで、終に群衆の敵という悪名がつけられた。彼自身既に当地の人々に放逐された上、其の子も学校から排斥される。だが彼は最後まで奮闘して、それに動揺されることがなかった。そして末に曰く「吾、また真理を発見せり。地球上最強の者にして、最も独立せる者なり！」と[7]。

上位者に対する一方的な服従が強いられ、自己主張などが抑圧される中国社会においては、人々は国家の一員としての自覚を持っておらず、自己の自由や権利にも無関心ないわゆる「奴隷根性」という弊害を痛恨した魯迅は、イプセンの『社会の敵』に描かれる医師ストックマンのような、真理を固守すべく奮闘し、いささかも動揺しない強い自己肯定精神に深く感服して、まさにストックマンを自己の感慨を託した理想的英雄と見なしていた。

こうした反抗の詩人としてのイプセン像は、当時魯迅がイプセンに触れたもう一つの論説「文化偏至論」（『河南』七号、一九〇八年八月）にも見られる。魯迅は、本篇においてニーチェ、シュティルナー、ショーペンハウアー、キルケゴール等、十九世紀末に「個人の尊重」と「非物質主義」を唱えた思想家を論じていた際に、イプセンのことを、自己や主体性を重視する十九世紀前半デンマークの現代実存哲学の創始者キルケゴールの「注釈者」として紹介していった。

確かに現実のキリスト教や教会を批判して、ひたすら自己の純粋な生き方を追求したキルケゴールの実存主義哲学には、どこかイプセンと相通じるところがあると思われる。なぜなら、イプセンは「個性の尊厳」と「人類の価値」を求め、『社会の敵』の主人公にみられるような、あくまで真理を固守して世俗に迎合しなかったために民衆にも容れられない「卓絶不群の士」を謳歌したからである。

留学期に魯迅は、中国民族に最も欠けているのは何か、その病根はどこにあるのかについて繰り返し議論したが、その彼が祖国民族を救済せんとする情熱を抱きながらも冷静な目差しをもって、「悪声」におかれた「沙聚之邦」（「文化偏至論」）として祖国を見つめたとき、その視野に据えられたのが、ほかならぬイプセン文学であった。

愛国者魯迅は、イプセンのような「精神界の戦士」こそが「人の国」樹立に必要不可欠の要件と考えていたのである。魯迅は、「文化偏至論」の末尾にこう書いていた。「故に両（天と地）間に生存し、列国と角逐することが急務であろう。まず人を確立させることを第一として、人が確立されて後凡そ事が行われる。そしてその方法はといえば、必ずや個性を尊重し精神を発揚することにある」のだ、と。(8)

内憂外患の状況に追い詰められていた積弱な中国には、まず人民一人一人に対し、自身を「主体的国民」として自覚させ、奮闘する民族精神を人心に植え付けなければ近代化国家にはなれないと、そう魯迅は洞察していた。したがって魯迅は国民創出のアジア的変奏という視座から、「国民文学」としてのイプセン文学の本質的側面を逆に照らしだしている。(9)

もちろん魯迅にとってのイプセンは、劇作家としてよりむしろ社会批評家であって、イプセンをニーチェと同じように、強い意志の力をもって社会の醜悪に反抗する代表とされていた。「ニーチェが希望している所は、世に絶するほど意志の力を有して、ほとんど神明に近い超人であろう。イプセンが描写する所は、改革をもって生命とし、力強くて闘争に長じて、幾万の民衆を敵に廻しても怖れない強者なり(10)」と。

魯迅がニーチェとキルケゴールとともにイプセンを紹介している点について、これは明治三〇年代の日本文学との同時代性が背景にあると指摘されている。日清戦争後、日本においてニーチェ主義が流行して、高山樗牛をはじめとする知識人たちがニーチェの個人主義と批判精神を唱導して、「物質の魔力に溺れむとする」ような日本の精神文明の危機を克服しようと呼びかけたが、その中でしばしばニーチェとイプセンがともに文明批評家として挙げられていた。

魯迅は十九世紀文明の悪しき平等主義的、社会民主的傾向に反抗し、イプセンを物質偏重の没主体的あり方に異議を唱えた個人主義者と見做して、彼を「健闘する先覚者」の系譜に連なるものとした。明治日本におけるイプセン受容を辿りなおしてみると、魯迅が「文化偏至論」の中で明示した上記のようなイプセン像が、斎藤野の人から高山樗牛、さらにその先駆者たる内村鑑三にみられる国民国家における文学としてのイプセン認識のうちに、いわば地下水脈として流れていたことがわかるのであって、そのことを清水賢一郎氏は実証的な分析によって明らかにした。(11)

一方、魯迅とほぼ同時代に活躍した啓蒙主義者、胡適の人生観としてのイプセン受容は、また魯迅のそれとは異なる様相を呈していた。『胡適留学日記』によれば、彼が文学革命と口語を基礎とする白話文学の文化戦略を構想したのは一九一四年のアメリカ留学中のことであった。同年、胡適はコーネル大学で近代文学を中心とする読書会を結成し、その時期にイプセンの作品と接触して、英語で「イプセン主義」という講演を行ったが、雑誌『新青年』の「イプセン号」（一九一八年六月）巻頭に掲載された「イプセン主義」という論稿は、まさにその講演に基づくものであって、つまり彼のイプセン像はアメリカ留学期間に形成されたのである。この特集号において、胡適はこの「イプセン主義」という文章をもって、イプセンを大々的に紹介し宣伝をしていたが、ほかにも胡適、羅家倫共訳によるイプセンの『人形の家』（第三幕まで）、陶履恭の『国民の敵』、袁振英『易卜生（イプセン）伝記』などが掲載された。文学を武器に古い思想様式や社会風習を猛烈に批判する新文化運動の真只中にあって、このイプセン特集号はまさに「文学革命軍の旧劇への攻撃の鳴鏑[12]」や「文学革命の宣言書」と高く評価されていた[13]。

胡適がイプセン劇の『人形の家』から刺激を受けて、家庭においては私利私欲、依頼性ないし奴隷性、偽善的な道徳、怯懦など四つの悪徳があると訴えたのだが、これも彼自身の婚姻における苦痛に満ちた体験からの認識だと言えよう。さらに胡適は『人形の家』に倣って、『終身大事』という劇を創作して、一九一九年刊行の『新青年』三月号に発表した。ヒロインの田亜梅は封建家庭の束縛から、自由恋愛を追及した結果、愛する男性とともに家出をしたことで、中国におけるノラと見なされていた。

胡適の紹介をきっかけに、中国においてもいよいよ『人形の家』熱を迎え、ヒロインのノラはやはり「新しい女性」の代名詞になった。『人形の家』における女性にも独立した人格を認めようとする思想は、当時の中国社会に大きな衝撃をもたらして、女性たちに恋愛と婚姻の自由を追求する勇気を与え、まさに女性解放の聖書と見なされた。胡適の『終身大事』に描かれた主人公の田亜梅ばかりではなく、魯迅の小説『傷逝』(一九二五年)のヒロインの子君、文学者茅盾の小説『虹』(一九二九年)に登場するヒロインの梅女士や、郭沫若の話劇『卓文君』(一九二六年)の中のヒロインである卓文君なども、それぞれ封建的家庭から逃げ出すという、いわゆるノラ式の行動を取ってしまったのである。

五四新文化運動時期の知識人たちは、ノラを自己覚醒した勇敢な女性と謳歌していたが、そんな中にあって、すでに帰国していた魯迅は、中国の社会現状に対する理解を深めるに従って、イプセンに対しても冷静的に見直すようになってきた。一九二三年一二月二六日、魯迅は北京女子高等師範学校の文芸会において、「ノラは家出してからどうなったか」という講演を行ったのだが、その中で魯迅は、中国の「ノラ＝新しい女性」たちが自由を求めて家出はしたものの、自ら教育を受けて職業につき、独立した経済権と社会地位を獲得しないかぎり、真の自由と解放を手に入れることができず、結局のところ、堕落してしまうか、それとも家に戻ってくるかの結末しかないのだ、と鋭く指摘していた。

一九三四年に蒋介石は、当時、日に日に増大してゆく西洋一辺倒の社会風潮を正そうとして、「中国に固有した徳性――礼義廉恥」を掲げる「国民教育」を目的とする新生活運動を推進したのだが、「芸術化」、「生産化」のほかに、特に「個人」の権利よりも「国家利益」を至上とする「軍事化」を生活観の核心理念とする傾向が強かった。一九三四年は「ノラの年」と言われるほど、この時期、知識界においては家出した「ノラ」のその後の行く末をめぐる論争が再び繰り広げられるようになった。伝統的礼教にもとづく家庭様式を固守する立場に立つ人々は、女性に賢妻良母になる義務を要求していたが、『国聞週報』四月九日に掲載されている「文宛」という署名入りの文章によると、婦人問題は知識人階級に限られず、むしろ階級問題と結びつけて考えるべきだと主張していた。さらに四月二三日に名女優、于立忱の署名入りの文章でも、まず社会改革を行ってこそ、はじめて婦人解放が実現せられると呼びかけていた[14]。佚名が『ノラ前奏曲』の中で、「新しい女性は社会の労働者だ！新しい女性は社会建設の先鋒だ！新しい女性は男子たちと一緒に時代の暴風を吹き飛ばそう！……奴隷になんかなるまい！天下は公とする！男女を分かたず、世界は大同なり[15]」と、いみじくも歌ったように、半植民地的・半封建的中国社会における中国の婦人解放運動は、帝国主義侵略と封建階級の圧迫に反抗する政治闘争に合流する方向に進めるべきだと提起されたわけである。しかし、五四新文化時期の男性文学者たちにより創作された新しい女性としての「中国のノラ」たちは、あくまでも民族救亡や社会改革などの大衆運動に付随したものに過ぎず、女性としての自己意識を自覚しているとは言い難いと指摘される声も聞こえている[16]。

ところが、啓蒙主義者としての胡適がイプセンから汲み取った最も重要な思想は、社会の抑圧に対抗する個人主義や自由主義だと思われる。胡適のいわゆる「イプセン主義」とはまさしく「人生観」としての「健全なる個人主義」にほかならなかった。そして、それを実践する「根本的方法」は、まず真実を語る「写実主義」だとして、胡適は次のように説明している。「イプセンの人生観はただ写実主義なのである。彼が家庭や社会の実情をありのままに描写して人の心を突き動かし、読者をして自分たちの家庭や社会がこれほど腐敗して暗黒なるものなのだと認識させ、家庭や社会にたいして維新革命を行わなければならないと自覚させるようにする。これこそイプセン主義なのだが、こうした考えは一見すると破壊的と見えるかもしれないが、実に全く建設的だと言えよう[17]。」と。

胡適は社会と個人との関係について、「社会は最も専制を愛して、往々強力で人の個性を踏みにじり、個人の自由独立の精神を抑制してしまう[18]」と認識し、さらに国家が社会の機能的部分としての役割を担うが、さまざまな名目にかこつけて、個人の利益を損なう専制的一面をもっていることを鋭く批判していた。個人がいつも社会に抑圧され、古い伝統を固守したままに留まり、懐疑的意識や批判的精神を失うと、人々は個性を喪失した人間になりさがり、ついには個々人が生きる社会そのものも活気を失ってしまうことになろう。イプセンはまさにそうした危惧をもっていたが、つねに個人の立場から社会問題の真相を暴いて批判したその代表は、戯曲『社会の敵』の主人公ストックマンの生き方ほかならなかった。

つまり胡適の考える「健全なる個人主義」の「人生観」とは、「人は自由かつ独立的人格を持つように成長すれば、自ずと現状に満足できなくなって、真実を語り、社会の腐敗を攻撃できる勇気が湧いてくる」というものであった。たしかに従来の中国ではつねに社会秩序や国家利益を優先させてきたが、これに対して胡適は「個人の自由を犠牲にして国家の自由を求めると言うならば、それは間違いだ！個人の自由を争うことはすなわち国家の自由を争うことだ！自分の人格を争うことはすなわち国家の人格を争うことだ！自由平等の国家は決して、ひと群れの奴隷根性の人々によって建設できるわけがない」と喝破した。[19]そのために個性は社会や国家により抑圧されるのではなくて、むしろ個性を自由に成長させることこそ重要であり、そして個性を伸ばすには二つの条件がある、すなわち「第一に、個人をして自由意志を有らしめることと、第二に、個人をして自己の行為に責任を負わせること[20]」と胡適は示唆している。

このように胡適はイプセン主義を「十九世紀における個人主義の精華、健全なる個人主義の人生観」として高く評価しており、このことは通説となっているのだが、以下のような指摘も傾聴に値すると思われる。つまり、胡適の「イプセン主義」の最も重要なポイントは、個人主義の追及であると同時に、それがそのまま社会建設＝

革命の希求へと連接されたものでもあったということであり、要するに「為我」と「利他」、すなわち――個人と社会との両者は不可分の二重性として存在していたのである。胡適の主張は、個人の自我の発展がそのまま社会全体の発展につながるというかなり楽天的なものであった。とはいえ、帝国主義の侵略のもとに、国家、民族が存亡の危機にあった近代中国において、個人の自由よりも社会＝共同体に価値を置こうとする見解は、むしろきわめて普遍的に見られるものであった。[21]

とはいえ、あくまでも自由主義の理想を掲げる立場を貫いて発言してきた胡適は、つねに時の政治権力から嫌われただけではなく、急進的知識人たちからも批判され続けたのである。フランス留学から帰国した劇作家の焦菊隠は、当時の民衆は「亡国」の危機に迫られているにもかかわらず、戦う精神も気力も全くないので、個性の尊重なんかより「国民」としての養成こそが緊迫の課題であり、「現在の中国には個人主義は不要だろう」と断言した。[22] 個人の自由独立がそのまま国家や社会の自由独立に繋がるといった胡適の掲げる個人主義は、そのあまりに楽観的な理想主義のゆえに、半植民地・半封建制社会という窮地に追い込まれてしまった近代中国にとっては、激動する中国革命の政治的主体にはなれない限界を露呈したと認識されていたようである。

三

以上述べてきたように、劇作家イプセンは明治日本と近代中国において共に「思想家」や「社会改革者」として受け入れられた。早期魯迅のイプセン受容における「国民創出」の側面にはとりわけ明治日本からの影響がよく指摘されたが、胡適における「健全なる個人主義」は魯迅のイプセン理解と異なる方向を示していた。

中国の五四新文化運動時期において、魯迅や胡適以外にも、陳独秀や李大釗など啓蒙雑誌『新青年』の執筆者たちが「新声を異邦に求め」て、ニーチェとイプセンなどの近代西洋思想を反封建的啓蒙理論として中国に導入したが、彼らがそうしたのは、伝統的価値観や思惟様式の束縛からの解放をめざす自己覚醒を人民に呼びかけようとしたためであり、同じことは近代日本においても見られるのである。これこそ近代日本と近代中国の同時代性であるかもしれない。

しかし、「救亡図存」が至上命題であった近代中国においては、『人形の家』に反映される婦人解放問題はついに政治闘争にまで発展してきたが、胡適により提唱された個人主義や自由主義も、やがて中国革命の過程において、ブルジョア階級の思想として見なされ、それも克服されるべきことが求められた。こうした経緯によって、イプセンは中国において消え去ったのかといえば、必ずしもそうではなく、文革後の一九七八年から、作家蕭乾が翻訳したイプセンの『ペール・ギュント』公演を契機に、イプセンは中国に復帰を遂げることになった。

『ペール・ギュント』は、つねに「自分自身であるとは何か?」を問い、人間はいかに生き、いかに死んでいくべきなのかということをテーマにしているのだが、蕭乾の翻訳は必ずしもイプセンの本来の真意に沿っているとは見なし難い。むしろ、もっぱら政治的利益のために正義や真理に対する信念を放棄して個人の人間性を歪めてしまった文化大革命に対する批判的意味が含まれていたと言えよう。しかし、このような政治的反省を通してこそ、リベラリストとしての胡適も再評価され、彼の新文化運動で発揮した役割を高く評価される時代になってきたのではないだろうか。この意味でイプセンは近代から現代に至るまで、中国に影響力を発揮しつつあると言ってよいであろう。

参考文献：

中村都史子『日本のイプセン現象　一九〇六－一九一六』、九州大学出版会、一九九七年。

清水賢一郎「国家と詩人――魯迅と明治のイプセン」、『東洋文化』七四号特集〝中国現代文学研究〟、東京大学出版会、一九九四年。

清水賢一郎「近代中国の思索者たち（八）胡適――『健全なる個人主義』を貫いたリベラリスト」、『月刊しにか』第七巻第一一号、一九九六年一一月。

陳玲玲「留学期の魯迅におけるイプセンの受容」、『多元文化』第五号、名古屋大学国際言語文化研究科、二〇〇五年三月。

陳玲玲「胡適の人生観について――イプセン主義を中心として」、『多元文化』第六号、名古屋大学国際言語文化研究科、二〇〇六年三月。

陳玲玲「中国イプセン伝播史上における魯迅と胡適」、『中国現代文学研究叢刊』二〇一二年第九期。

蕭乾著、李輝編、傅光明訳『現代中国と西方』、河南教育出版社、二〇〇九年一〇月。

陳思和主編　陳惇、劉洪涛編『現実主義批判：中国におけるイプセン』、江西高校出版社、二〇〇九年五月。

王寧、孫建主編『イプセンと中国：美学の構築をめざして』、天津人民出版社、二〇〇四年三月。

瀬戸宏「日本人の目から中国におけるイプセン作品の受容の過程を見る――五四時期を中心に」、『戯劇（中央戯劇学院学報）』二〇〇八年増刊。

孫柏「百年（一九〇七－二〇〇六）以来の中国文化を背景とする中国文化語境の中でのイプセン」、『博覧群書』、二〇〇七年第二期。

陳継会「魯迅の国民性改造思想におけるイプセンからの影響を論ず」、『魯迅研究月刊』、一九九〇年七月。

注

（1）一九一一年に辛亥革命によって中華民国が誕生したが、各地に軍閥が割拠していった上に、さらに列強による「瓜分」の危機がますます深刻化していた。革命の挫折と存亡の危機を前にして、一九一〇年代から中国において啓蒙運動としての新文化運動が起こった。陳独秀が創刊した雑誌『新青年』を舞台に、思想面において全面的な西洋化や儒教を旧道徳として批判すること、デモクラシー（民主）とサイエンス（科学）の追求、新たなイデオロギーと口語を基礎とする標準語による文字及び文学の改革などの主張が鼓吹されて、学生などの青年層から圧倒的な支持を受けていた。当時の中国をとりまく国際情勢の中では、新文化運動が遂に政治的な主張や要求へと直結していった。第一次世界大戦が終わり、パリ講和会議において山東省におけるドイツの権益が中国に返還されずに日本に移譲されたことに対して、北京の学生数千人が一九一九年五月四日に天安門広場でヴェルサイユ条約反対や親日派要人の罷免などを要求した抗議活動を起こしたが、それはやがて北京から全国に広がって、抗日と反帝国主義をスローガンに掲げる大衆運動にまで発展してしまって、これがいわゆる五四運動である。新文化運動は、五四運動と密接な関係があり、あるいは一連の新文化運動の中で最も重要な事件が五四運動であるとも言えよう。

（2）清水賢一郎「国家と詩人――魯迅と明治のイプセン」、『東洋文化』七四号特集〝中国現代文学研究〟、東京大学出版会、一九九四年。五‐六頁。

（3）清水賢一郎「国家と詩人――魯迅と明治のイプセン」、『東洋文化』七四号特集〝中国現代文学研究〟、東京大学出版会、一九九四年。一〇‐一三頁。

（4）中村都史子、『日本のイプセン現象　一九〇六‐一九一六』、九州大学出版会、一九九七年、三三七頁、三四五頁、二八六頁

（5）清水賢一郎「国家と詩人――魯迅と明治のイプセン」、『東洋文化』七四号特集〝中国現代文学研究〟、東京大学出版会、一九九四年。

（6）胡適は『国民の敵』と訳したが、現在中国では『人民公敵』と訳されている。

（7）「摩羅詩力説　五」『魯迅全集・墳』、一九七三年一二月、人民文学出版社。（原文：伊氏生于近世、憤世俗之昏迷、悲真理之匿耀、假『社会之敵』以立言、使医士斯托克曼为全書主者、死守真理、以拒庸愚、终获群敵之谥。自既見放

于地主、其子复受斥于学校、而终奮斗、不为之摇。末乃曰、吾又見真理矣。地球上至强之人、至独立者也！）

（8）「文化偏至論」『魯迅全集・墳』、一九七三年一二月、人民文学出版社。：（原文：是故将生存両間、角逐列国是務、其首在立人、人立而后凡事举：若其道術、乃必尊个性而張精神。）

（9）清水賢一郎「国家と詩人――魯迅と明治のイプセン」、『東洋文化』七四号特集〝中国現代文学研究〟、東京大学出版会、一九九四年。二三－二四頁。

（10）「文化偏至論」『魯迅全集・坟』、一九七三年一二月、人民文学出版社。（原文：尼耙之所希冀、则意力绝世、几近神明之超人也：伊勃生之所描写、則以更革为生命、多力善斗、即万众不慑之强者也。）

（11）清水賢一郎「国家と詩人――魯迅と明治のイプセン」、『東洋文化』七四号特集〝中国現代文学研究〟、東京大学出版会、一九九四年。

（12）鲁迅「上海文芸之一瞥」、『魯迅全集』第四卷、人民出版社、一九八一年版。

（13）傅斯年「白话文与心理学的改革」、雑誌『新潮』北京大学新潮社、第一巻第五号。一九一九年。

（14）孫柏「百年（一九〇七－二〇〇六）以来の中国文化を背景とする中国文化语境の中におけるイプセン」、『博覧群書』二〇〇七年二月。

（15）佚名著『ノラ前奏曲』、上海一心書店、一九三六年一〇月初版。陳思和主編 陳惇 劉洪涛編『现实主义批判：中国におけるイプセン』江西高校出版社、二〇〇九年五月、八六頁。（原文：新的女性、是社会的劳工！新的女性、是建设社会的前锋！新的女性、要和男子们一同翻起时代的暴风！……不做奴隶、天下为公！无分男女、世界大同！）

（16）趙冬梅「翻訳され、模倣され、語り出されたノラ――中国文学と外来影響のある典型」、王寧主編『イプセンと中国――美学の構築を目指して』天津人民出版社、二〇〇四年三月。

（17）胡適「イプセン主義」、『胡適文存一集』四八七頁、上海科技文献出版社、二〇一五年。（原文「易卜生的人生観只是一个写実主义。易卜生把家庭、社会的实在情形都写了出来、叫人看了動心、叫人看了觉得我们的家庭、社会原来是如此黑暗腐败、叫人看了晓得家庭、社会真正不得不维新革命：――这就是易卜生主义。表面上看去、像是破壊的、其实完全是建设的。）

（18）胡適「イプセン主義」、『胡適文存一集』四八三頁、上海科技文献出版社、二〇一五年。（原文：社会最爱专制、往往用强力摧折人的个性、压制个人自由独立的精神。）

（19）胡適「介紹我自己的思想」、『胡適文存四集』四九六頁、上海科技文献出版社、二〇一五年。（原文：把自己铸造成了自由独立的人格、自然会不知足、不满意于现状、敢说老实话、敢攻击社会上的腐败情形。……现在有人对你们说：牺牲你们个人的自由、去求国家的自由！我对你们说：争你们个人的自由、便是为国家争自由！争你们自己的人格、便是为国家争人格！自由平等的国家不是一群奴才建造得起来的！）

（20）胡適「イプセン主義」、『胡適文存一集』四八八頁、上海科技文献出版社、二〇一五年。（原文：第一、须使个人有自由意志。第二、须使个人担干系、负责任。）

（21）清水賢一郎「近代中国の思索者たち（八）胡適――『健全なる個人主義』を貫いたリベラリスト」、『月刊しにか』第七巻、第一一号、一〇九頁、一一〇頁、一九九六年一一月。

（22）焦菊隐『イプセンを論ず』、一九二八年三月二〇日－二八日北京『晨报』副刊掲載、『焦菊隐文集』、文化艺术出版社、一九八六年三月版。

林泰輔の中国上代研究
——伝統漢学から近代中国学への展開の一様相

藤田高夫
（研究員・文学部教授）

一　はじめに——なぜ今、林泰輔か

一九世紀後半、西洋化と並行して進行した明治日本の近代国民国家の建設は、学問の在り方にも大きな変化をもたらした。[1]江戸時代後半、幕府の昌平坂学問所や各藩の藩校といった官学や民間の学問塾（私塾）が担ってきた学問すなわち「漢学」は、近代的教育制度の創設すなわち大学の出現によって、大きな転機を迎えた。「漢学」は近代の高等教育組織である文科大学のなかにその足場を失おうとしていたのである。この危機は、二〇世紀に入って従来の漢学が哲・史・文の学科に吸収されることで一応の安定を見たのであるが、こうした変化は、従来の漢学に大きな変容をもたらした。伝統的漢学の枠組がそのままでは存続し得ず、新たな学問的枠組の中に自己を再構成することが漢学者たちに求められたのである。

本稿が取り上げる林泰輔（一八五四－一九二二）は、日本の東洋学がその創生期にあった明治後半から大正にかけての代表的学者の一人である。その事績は「漢学者」として紹介されることが通例であるが[2]、その著作は必ずしも一般的漢学者の守備範囲に収まるものではない。しかしながら、その業績は、日本における甲骨研究の創始者として取り上げられることを除けば、今日論究されることはほとんどない。今回、林泰輔を取り上げるのは、その研究とくに中国上代(今日でいう先秦)の研究を振りかえることによって、伝統的漢学と近代中国学とくに歴史学との間に存在する、懸隔・断絶と連続・継承の一面を見ることができるのではないかと予想するからである。

林泰輔の研究領域は、朝鮮史の著述[3]、日本漢学の著述、中国上代文献の研究、さらに甲骨文の研究に大別される。その学問的足跡にはいくつかの評伝があるが[4]、その生涯をつうじての友人であった岡田正之(一八六四－一九二七、東京帝国大学教授、漢文学)は、林の研究歴に四つの転機があったと記す[5]。

初め郷里に在るや、程朱の学を宗として、性理の義に通ぜしが、古典科に入るに及び、専ら攷証の風に嚮う。之を第一変となす。古典畢業の後、育英の餘間を以て、韓史を綜覧し、広く資料を輯め、遠く遺跡を探り、遂に朝鮮史を著はせり。之を第二変となす。その後詩書を究め、小学に及ぼし、三代の制度文物を覃思し、遂に「古代文字の研究」及び「周公と其時代等」の著作あり。之を第三変となす。晩年吉金貞石の文を商榷し、亀甲獣骨の字を攻究し、遂に金石甲骨に関する諸著あり。之を第四変となす。

本稿は、この四変のうち、朝鮮史の著述を除く三つの段階を取り上げて考察してみたい。問題の所在は、典籍の考究をもっぱらとする漢学者が甲骨文という出土資料に関心を持ちそれに深く関わっていくのはなぜか、そしてそれは近代的な中国学・歴史学の形成という観点からするとどのような意味があるのかという点にある。

なお、一つ附言しておくと、林泰輔は一八五四（安政元）年の生まれで、一八五一（嘉永四）年生まれの那珂通世とはほぼ同世代であるが、東京大学古典講習科の同期生であった市村瓚次郎は一八六四（元治元）年、また白鳥庫吉は一八六五（慶應元）年、内藤湖南は一八六六（慶應二）年の生まれで、一〇歳以上の年齢の開きがあり、この世代差はその教育環境に少なからぬ影響を及ぼしたことは了解しておかねばならない。

二　明治の学術編成の変遷と東京大学古典講習科

林泰輔は明治初年に千葉県香取郡の並木栗水（一八二九－一九一四）の螟蛉塾に入門し、漢学の基本的素養を身につけたと思われる。前掲の岡田正之の評によれば、その中心は朱子学であったと考えられる。そこで青年期を過ごした林は、一八八三（明治十六）年九月に、設立されたばかりの東京大学古典講習科漢書課[6]に入学する。二九歳のときである。

ここで、明治日本における学術編成の変遷を「漢学」「中国学」の面から跡づけておこう。なお本稿で「漢学」という場合に意味しているのは、近世（江戸時代）の日本における「漢学」「国学」「洋学（蘭学）」三分野のうちの一つとしての「漢学」である。その中心は儒学経典の考究に重きを置きながら、史書を含めて広く漢籍を読解し、詩文を作成することを含んでいた。

近世日本における「漢学」の教育・研究機関としては、江戸幕府が設置した昌平坂学問所や各藩がそれぞれ開設した藩校などの「官学」のほか、各地の儒学者が開いた「私塾」が広範に存在した。私塾の学問的レベルはさまざまであったが、これらが近世日本の学術の広い裾野を形成していた。しかし、一八六八年の明治維新後、それまでの学術風景は大きな変化を強いられ、とりわけ学問研究の場としての各地の藩校や私塾は閉鎖に追い込まれた。[7] 江戸時代に大坂の商人たちが出資して開設し、幕府の官許まで得た漢学塾「懐徳堂」の閉鎖は、それを象徴する出来事であった。それを助長したのが、明治政府による学術の再編成である。

西洋化という手段によって近代国家の建設を進める明治政府は、それを支える人材の養成を高等教育に要請した。江戸幕府が設置していた機関は、この目的に沿って再編成された。蕃書調所に起源する洋学調所は開成学校と名を改め、さらに一八六九（明治二）年大学南校と改称され、西洋の理学、人文学、法学を教授した。また種痘所は医学校と名を改め、これも一八六九年大学東校と改称されて西洋医学を教授した。一方、昌平学校（昌平坂学問所）も同年大学本校として編成される。名称だけをみると、これは東校・南校と並立する機関のように見えるが実質はそうではなく、朝廷の学問所「大学寮」に由来する「皇学所」が東京遷都にともなって移され、昌平学校を含めて大学校と称されたものであった。

昌平学校と皇学所の合体による大学本校の設立は、内部に深刻な対立をもたらした。すなわち「漢学」を柱とする昌平学校系統の儒学者に対して、「国学」と「神道」をそれに代わる柱にしようともくろんだ国学者が巻き返しと漢学の一掃を主張したのである。両者の対立は収拾困難なほどに深刻化し、この結果、大学本校は一八七一（明治四）年に閉鎖される。すなわち高等教育機関から「漢学」を担う部局が消滅したのである。

一八七七（明治十）年、明治政府によって新たに東京大学が創設される。旧大学南校の流れを汲む医学部に、法学部・文学部・理学部を加えた四学部（分科大学）を擁し、旧東京英語学校を予備門とするものであった。東京大学の創立に際して、法・文・理三学部の組織には議論が百出した。それをまとめれば、ヨーロッパの大学を範として広く教養を教授すべしとする立場と、喫緊の問題に対処すべく実用に役立つ人材を育成すべしという立場の対立であった。結局は妥協案がとられ、「理論高尚ノ一片ニ泥《なづ》マス、実用浅近ノ一片ニ失セサル」を目的とすることになった。その結果、文学部は以下のような学科編成をとることになる。

第一科　史学科　哲学科　政治学科
第二科　和漢文学科

本稿に関係するのは、史学科と和漢文学科であるが、このうち史学科は教授に適材が見当たらないこと、入学する学生もほとんどいなかったことから、一八七九（明治十二）年には廃止されている。(8) 一方、和漢文学科の設置については、

今文学部中特ニ和漢文ノ一科ヲ加フル所以ハ、目今ノ勢斯文幾ンド寥々晨星ノ如ク、今之ヲ大学ノ科目中ニ置カサレハ到底永久維持スヘカラサルノミナラス、自ラ日本学士ト称スル者ノ唯リ英文ノミヲ通シテ、国文ニ茫手足ルアラハ真ニ文運ノ精英ヲ収ム可カラサレハナリ(9)

とあるように、欧化一辺倒への警戒心が働いたからである。しかしながら、その教授内容は「和漢文ノミニテハ

固陋ニ失スルヲ免レザルノ憂アレバ、英文哲学西洋歴史ヲ兼学セシメ、以テ有用ノ人材ヲ育成セン」との目的から、和漢文以外に西洋学術の修得が義務化され、後者の比重が大きかったために和漢学の専門教育機関とは言えないもので、史学科と同様に学生数も寥々たるものであったという[10]。つまり、一八七七（明治十）年に創立された東京大学において、中国史および漢学を担いうる部局は存在しなかったのである。

この状況を憂慮した東京大学総理・加藤弘之は、文科大学（文学部）付属として古典講習科を設置する。一八八二（明治十五）年に古典講習科（甲部・乙部）が設立され、翌（明治十六）年には甲部を古典講習科国書課、乙部を古典講習科漢書課と改称した。初年度の募集では四〇名の定員に四倍の応募があり大変な人気となったが、これは古典講習科がその入学試験に外国語を課しておらず、英語をはじめとする外国語教育を受ける機会のなかった地方の俊英たちにとっては、外国語を受験せずに大学に入学する唯一の方途であったからである。当然のことながら、古典講習科に入学してきた学生は、民間の漢学塾出身者が多数を占めていた。

古典講習科は主に財政問題から、二度の学生募集を行ったのみで廃止に至る[11]。第一回の卒業生は二八名、第二回の卒業生は一六名であったが、第一回卒業生には、林泰輔のほか、市村瓚次郎、岡田正之、瀧川亀太郎が、第二回卒業生には、島田鈞一、児島献吉郎、長尾慎太郎などがおり、中退者に西村天囚らがいて、漢学の人材養成という点では本科の和漢文学科を圧倒する成果を挙げたことが知られる[12]。

教授陣は、中村正直（敬宇）、三島毅（中洲）、島田重礼（篁村）、井上哲次郎など錚々たるメンバーであったが、その具体的教授内容はあまり分からない。古典講習科の卒業生ではないが、島田重礼の晩年の授業を受けた宇野哲人の回想では、いまでもおぼえておりますが、「死生契濶、子と説を成さむ」という契濶は「毛伝」に勧苦なりとある。勧苦というけれども、これは何という本にはこうある、あれにはこうあると、いろいろな本を引いてお話になる。先生何の本をもっておられるかわからない。仕方がないから、あとで図書館に入って『皇清経解』を出して探してみる。ははあ、ここにあったというわけで……先生は、これを読めばいいということはおっしゃらないいんです。島田先生は、そういうお方でした[13]。

と述べている。具体的には『皇清経解続編』のなかの『毛詩後箋』三十巻（胡承珙撰、陳奐補）がタネ本であったということである。ここから古典講習科の教育スタイルをうかがうとすれば、最新の清朝考証学の成果を踏まえた訓詁中心のテキスト読解だったのであろう。今日では当たり前の文献講読の形ではあるが、道徳修養論や詩文作成を旨とする古い漢学の修練を積んできた青年たちに少なからぬインパクトを与えたことは想像に難くない。林泰輔にとっても、岡田正之が「専ら攷証の風に嚮う」と述べるように、上代文献に対するその後の態度に大きな影響を及ぼしたと考えられる。古典講習科から輩出した人材について、町田三郎氏は以下のように述べている。

それではこの「古典講習科」諸子の総体としての功績とはどのようなものであったのであろうか。…（中略）第一に、かれらが「古典講習科」に学んだものは、従来の「左国史漢」と漢詩の習作といった漢学から離れた、新来の『皇清経解』を中心とした純粋に学究的な実証的学問であった。…（中略）学問はここで政治や道徳とひとまず別離して、学問そのものの道を歩み出していた。いわば近代的な「漢学」研究がここから開始されたということである。第二に、かれらは漢学の研究領域を拡大しつつ、新しい学問をも見いだしていったことが挙げられる。たとえば東洋史の全般的展望に業績を残した市村瓚次郎、古代史・甲骨文研究の林泰輔、中国芸術論の長尾雨山等いずれも新分野を開拓するものであった。[14]

古典講習科が閉じられてまもなくの一八八六年、「帝国大学令」の発布によって近代日本の大学システムはさらに大きく変化する。その第一条に「帝国大学ハ国家ノ須要ニ応スル学術技芸ヲ教授シ、其蘊奥ヲ攷究スルヲ以テ目的トス（傍点筆者）」とあるように、学術よりも国家を優先する方針の下、大学は国家との一体化を推し進めていく。[15]その中で東京大学から帝国大学と改称された文科大学にも改編が加えられる。すなわち一八八七年に史学科・英文学科・独逸文学科が開設され、一度廃止されていた史学科が復活するのである。しかしその学術内容は西洋史一辺倒であり、教師もドイツから招かれたルートヴィヒ・リース（Ludwig Riess 一八六一－一九二八）ただ一人であった。史学科の第一期生であった白鳥庫吉は「講義は三年間で近代に及ばず、漸っとフランス革命までやって、僅かに西洋史の近代を除いた概説を修学して、堂々たる史学専修の学士さまとして社会におし出された」と回想している。[16]史学科には当初日本歴史・東洋歴史の講義はなく、和文学科・漢文学科で島田重礼、内藤耻叟らの漢学者が国史を講じていた。一八八九年史学科とは別に国史学科が開設され、日本歴史の教育が学科として立つことになったが[17]、中国史を含めた東洋の歴史はこの段階でも歴史学の一分野として学科編成上独立することはなかった。

一八九七年京都に帝国大学を開設することが決定すると、帝国大学は東京帝国大学と改称するが、この時に漢文学科が経・史の二部に分かれる。歴史が経学からようやく分離されたのであるが、当時すでに中等教育においては「東洋史」が国史・西洋史と並ぶ科目として独立していたことは注意すべきであろう。日清戦争後、明治日本の国策としてのアジア政策が進められる中で、中等教育の方が国家の要請にいち早く対応したのである。そして翌一八九八年には文学が漢文学科に加えられ、漢文学科すなわち近代日本の漢学はその内部が経（＝哲）・史・文の三部に分割されることとなった。そして一九〇四年になって文科大学九学科が哲学科・史学科・文学科の三学科体制に再編されるのにともない、史学科に支那史学科が設けられ、史学科は、国史学・支那史学・西洋史学の三専修に組み換えられた。さらに一九一一年支那史学科が東洋史学科と改称し、[18] ほぼ現在に至るような大学における歴史学の枠組が完成する。

以上、明治初年から二〇世紀初めまでの学術編成の変遷をやや詳細に通観してきた。それをまとめると以下のようになろう。すなわち、諸経・諸子・史書・詩文を包括していた前近代の漢学は、西洋化による近代化に邁進する明治国家の学術編成方針のもと、漢学としてのまとまりを大学の中に維持することができず、中国古典を基礎とする従来の学問は哲・史・文の三分野に解体されていった。むろん、そこに否定的側面だけを見るべきでなく、例えば史学が経学や文学から分離することで近代的方法論を導入する地平が開けたという評価も可能であろう。問題は、近代的歴史研究として立とうとする中国史研究がどこまでそれに自覚的であり、それがどのように展開したかという点にある。話を林泰輔に戻そう。

三　上代研究と『周官』

一九〇一（明治三十四）年に『朝鮮近世史』を上梓した林泰輔は、翌一九〇二（明治三十五）年の「周官考」を皮切りに毎年のように中国上代の研究成果を発表しはじめる。それらの業績は、最終的には一九一五（大正四）年出版の『周公と其時代』に結実していく。この著作は『周官』（『周礼』）を中心に西周初の政治と社会を詳細に検討したものであるが、この時期の林泰輔の関心は、周公旦に象徴される孔子が理想とした周代の制度を考究することであった。その際に中心的素材となるのは、『尚書』（『書経』）と『周官』という経書である。林は『周官』の成立について、当初は「周公の親筆に非ざるも、率ねその立案に出でて周初に編成せられ、後に至りて幾分か修補改正を加へしこともあるもの」と考えていたが[19]、一〇年ほど後に考えをあらため、西周末の厲・宣・幽王の時代であろうと推測している[20]。この変化の根拠としては、『周官』に現れる語句・官名が、『詩経』・『尚書』の周初のものと必ずしも合致せず、むしろ西周末のそれとの一致が見られることがある。

今日、『周礼』の成立を西周末と考える研究者はいないであろう。林の発想法は、周代のことを述べた経書は、（成書が遅れることはあっても）周代に書かれたものであるとして議論を組み立てるものであった。『尚書』については、偽古文の存在は当然知っているから、それを議論に用いることはしないが、他の篇についてはそれが当該の時代に書かれたものであることが前提となっている。また、周代の典籍を記した文字は後世の典籍では別の字体に置き換えられるわけだが、時に古い形が残る場合もあって、それを戦国諸子文献から探し出す作業もしている。林の代表的業績で帝国学士院恩賜賞を受賞した『周公と其時代』（一九一五年・大正四年刊行）も、『周官』の記述を周代の現実として受け入れる態度が貫徹されている。[21] 上古を記述した文献への信頼は、林の上代研究を通底する基本姿勢であった。

ここで注意しておくべきは、この時期の林泰輔はすでに甲骨文の存在を知っており、それが殷代史研究の第一級史料であることを確信していたことである。当時の日本の学術界では、甲骨文そのものの真贋をめぐって懐疑的立場に立つ者が圧倒的であったことを考えると、甲骨文の価値を見抜きいちはやく研究に着手した林の慧眼は賞賛に値するだろう。林が甲骨文に関する最初の論考「清国河南省湯陰県発見の亀甲牛骨に就きて（一）・（二）」[22]を発表したのは一九〇九（明治四十二）年である。そしてまさしくこの年に、白鳥庫吉のいわゆる「堯舜禹抹殺論」が発表され、これに林泰輔が厳しく反駁することになる。

四　「堯舜禹抹殺論」をめぐって

白鳥庫吉は、明治維新直前の一八六五年千葉県に生まれた。[23] 前述のように林泰輔とは一〇年あまりの年齢差があるが、この一〇年の違いが両者の教育歴に大きな差を生むことになった。林が千葉の漢学塾出身で、古典講習科という一時的教育機関で修学したのに対し、白鳥は千葉県長谷村小学校、県立千葉中学校、大学予備門（第一高等中学校）、帝国大学文科大学史学科と、明治国家が創設した教育制度のモデルケースのような学歴を有することになる。史学科第一期生として入学した白鳥は、ドイツから招聘されたリースに師事し、ランケ流の実証史学に触れた。リースへの尊敬は終生変わらなかったようである。[24] 一八九〇（明治二十三）年に帝国大学を卒業した白鳥は、ただちに学習院教授となり、東洋史を講ずるようになる。白鳥が朝鮮史をはじめ、満蒙・中央アジアなど東洋諸民族の歴史研究を開始したのはこの時からである。学習院では市村瓚次郎がすでに中国史を講義していたため、白鳥はそれ以外の東洋諸外国の歴史を講ずる必要があり、そこで「近きより遠きに及ぼす」ということでまず朝鮮史を起点としたと伝えられる。[25]

一九〇一（明治三十四）年、白鳥は学習院よりヨーロッパ留学を命じられ、二年半の間、ドイツ・ハンガリーでウラル・アルタイ語の研究に没頭し、帰国後の一九〇四（明治三十七）年東京帝国大学史学科教授を兼任する。三九歳の時である。一九一一（明治四十四）年からは東京帝国大学教授を本官とし、一九二五（大正十四）年に六〇歳で停年退官するまで史学科東洋史学を一貫して主導するとともに、満鉄歴史地理調査部の設置、東洋文庫の創設など、日本の東洋学を牽引する存在であり続けた。[26] いくつかの評伝は、日本の東洋学の水準をヨーロッパの水準にまで引き上げること、さらにはそれを凌駕することが白鳥の念願であったと伝えている。白鳥自らの言葉として、

西欧の学者が東洋の研鑽に努力せること多年、…亜細亜の各地を通じて彼らが試みたる学術的研究の功績、真に驚歎すべきものあり。我が国の学者、また実に之に依頼し、東洋のこと西人の教を俟って始めて知るを得べしとす。吾人は西欧の学者に対して甚深なる尊敬と感謝との念を抱くと共に、吾人、東洋の国民が世界の学術に為すところ尠きを思ふて慚愧に堪えざるものあり。ただ満洲及び朝鮮に至りては、その地の僻遠なるため、西人の研究尚ほ未だ及ばざるところ多きが如し。然るに今や其の地、幸にして我が学界の前に開放

せられ、而して之に対する我が国民の地理上及び文化上の関係は、其の研究に特殊の便宜を与ふ。我が国の学者は、此の機を逸することなく、此の地方に於けるあらゆる事物の研究に力を尽し、其の成績を捧げて世界の学術に貢献せざるべからずや。[27]

という発言がある。ここから西洋に対する強い対抗意識を読み取ることは容易であろう。

白鳥の研究領域は「東洋史」の名称のとおり、中国自体よりも、朝鮮史・塞外史・中央アジア史など周辺史の比重が高い。その理由は引用した白鳥の言葉からもうかがえるが、同時に白鳥の学歴、すなわち高等教育において伝統的漢学の訓練を経ていないことが、中国への距離感を生んだのかもしれない。白鳥にとっての「東洋」は必ずしも中国中心であることを意味しなかったのであろう。もちろん、白鳥の研究方法の大きな柱は、西洋人が誤読した漢文史料を正しく解釈しなおし、非漢字史料と付き合わせながら整合的な解釈を探るものであったから、漢籍は必須の研究史料であったのだが、その史料に対するスタンスは、漢学者のそれとは大きく異なっていたことはありうることであろう。

その白鳥庫吉のいわゆる「堯舜禹抹殺論」が一九〇九（明治四十二）年に出現する。白鳥の所論は東洋協会における「支那古伝説の研究」と題する講演として初めて表明され、その内容は同年八月『東洋時報』第一三一号に掲載された。その大意は、

（1）堯舜禹の三王は漢民族の理想を人格化したもので史的実在の人物ではない。

（2）堯は天文（暦）を説き、舜は孝道すなわち人事を説き、禹は治水すなわち地を説いており、それぞれ

が天・人・地を象徴している。

（3） この三王伝説の作者は、天地人三才説の思想を踏まえて伝説を構成した。

というものである。白鳥の発想には、古伝説の中にその民族の精神が含まれており、それを考究することは畢竟民族の本質を考究することに繋がる、という意識がある。「支那古伝説の研究」の末尾に白鳥は、

堯舜禹は儒教の伝説にして、三皇五帝は易及び老荘派の伝説たり。而して後者は陰陽五行説に其の根拠を有す。されば堯舜禹は支那上流の思想を支配せる儒教の理想の実現にして、三皇五帝は主として民間の思想を支配せる道教の崇拝の表現なり。

と述べ、儒教と道教の比較にまで議論を拡げている。白鳥の東洋学研究は、前述のように朝鮮史からスタートしたが、この講演以前に白鳥は朝鮮古伝説に関する研究を進めており、堯舜禹を取り上げたのは、古伝説研究の範囲を中国に拡大したものでもあった。

今日、堯舜禹を実在の人物と考える者はいないであろうし、したがって、この三者に関する叙述を「伝説」として扱うことに違和感もないであろう。聖君主として讃仰される三者に上古の理想が込められていると考える白鳥の立場も、その論拠は別にして首肯できるものである。白鳥の所説に対しては当然のことながら漢学者の間に猛烈な反発が惹起された。それに白鳥は応答しようとはしなかったが、ただ林泰輔の反駁には対応している。次にその論争を検討しよう。

林泰輔は一九一一（明治四十四）年から翌年にかけて四回におよぶ「堯舜禹の抹殺論に就て[28]」を発表し、白鳥に執拗に反駁した。反論の根拠は多岐に及ぶが、以下のように整理できるだろう。

（1）「堯舜禹」三者を一体と捉える三王の思想は上代には存在しない。
（2）天地人三才の思想は『周易』『周官』に見いだしうるが、周代以前にこの思想の存在を確認することはできない。
（3）したがって、白鳥氏の提唱するような堯（天）・舜（人）・禹（地）の伝説が上代に（セットとして）形成されていたとは考えられない。
（4）甲骨文の内容は、殷の実在を示している。
（5）堯典・舜典の風俗制度は周のものではない（周以前のものである）。
（6）堯典の中星の記事は、天文学上の計算では今から約四千年前の事象であり、この面からみても堯典の記す内容はきわめて古い。

実は林泰輔の論駁には一読では分かりづらい部分がある。堯舜禹を三王として一括りにし、かつそれに天地人三才をパラレルに当てはめる思想が周以前には存在しないことを論じても、それは「伝説」の成立の遅さを示しているという論拠にこそなれ、堯舜禹の実在を示す証拠にはなり得ないからである。もっとも『尚書』の虞書・夏書に後世の付加部分があり、テキストの固定時期が下ることは林も認めているのだが、林の立場は、たとえそうであっても上古の事実としての堯舜禹の事跡がそこには必ず含まれているはずだというものであった。なによりも林が問題としたのは、白鳥の所説に従えば、殷末周初以前に、中国には「文明」が存在しなかったことが導かれてしまう点であった。甲骨文の存在は知られていたものの殷王朝の存在が考古学的にはまだ確定していない当時、(29)『史記』殷本紀すら五帝本紀と同様にその真実性が疑問視されていたなかで、『尚書』虞書・夏書の記述が全否定されることを林は許せなかったのであろう。

白鳥自身は、「堯舜禹の事績は『尚書』などの経典にあり、孔子もそれに言及している以上、三王が実在しないなら孔子は虚言を吐いたことになり、聖人にそのようなことがあろうか」といった儒者流の反論には、一顧だにするつもりはなかった。しかし林泰輔の反論を無視することはできず、一九一二(明治四十五)年に「『尚書』の高等批評」を発表して、自説を再論している。その冒頭で、白鳥は以下のように述べる。

この大胆なる憶説(堯舜禹抹殺論)は多くの儒家よりは一笑に付せられしが、林(泰輔)君の篤学真摯なる、前に『東洋哲学』に(余は近時林氏の注意によりて之を知れるなり)、近く『東亜研究』に、高説を披瀝して教示せらるる所ありき。ここに今林氏の好意に酬い、…儒家諸賢の批判を請はんと欲す。而して林氏の説に序を逐うて答ふるも、一法なるべけれど、堯舜禹の事績に関する大体論を叙し、支那古伝説を批判せば、林氏に答ふるにおいて敢へて敬意を失することなからん。(30)

ここで白鳥は林の反論に正面から答えることを避けている。この白鳥の再論に対して林は承服できず、

白鳥博士の談話によれば、周易尚書等を以て春秋時代の作なりとせり。勿論この二書に春秋時代の作を含み

たることは明らかなりと雖も、全部この時代のものなりとすることは、古書を精読せしものの容易に発し得べき言とも覚えざるなり。…尚書の堯舜禹より殷盤周誥もしくは費誓秦誓の類に至るまで、皆同時の作なりといふか、稍漢文を解するの知識あるもの、孰れか之を鑑別すること能はざるものあらん。子細にその異同を弁析せずして、十把一束の議論を爲すは、真摯なる研究といふべきか。大抵同君研究の方法は、自己の議論に都合よき或一面のみを観察し、湊合補綴、巧に之が説明を附して遽に断案を下し、他の方面を軽忽するの嫌あり、所謂高等批評なるもの、果たして此の如きものならば、余はその方法の甚だ不十分なることを憾まざるを得ざるなり。[31]

ときわめて厳しい言葉で非難している。

この論争は白鳥がその後しばらく反論をくり返さなかったことによって消滅した。[32] この論争の優劣を議論することは無意味である。今日、堯舜禹を実在の人物と考える歴史家は存在しないし、堯＝天、禹＝地という見立てに賛同するものもいないだろうからである。両者の論拠にはそれぞれ一定の整合性があることは認めてよいが、注意すべきことは白鳥が古伝説に合理的説明を与えようとしているのに対し、林は古伝説の成立時代を引き下げることによって生じる不整合を指摘し、『尚書』の虞書夏書を堯舜禹の時代の事実を記したものと考えて差し支えないことを証明せんとしていることである。要するに林は中国上代文献の事実性を疑っておらず、それが事実でないと考えることがもたらす不合理に反駁しているわけである。

五　林泰輔にとっての非典籍資料

先述したようにこうした白鳥庫吉との論争で見逃してならないのは、この時期、林泰輔は甲骨文の存在を知り、それが殷代の遺物であることをすでに認識していたことである。一九〇九（明治四十二）年に『史学雑誌』第二〇編に連載発表された「清国河南省湯陰県発見の亀甲獣骨に就て」（一）（二）（三）は、『鐵雲蔵亀』の刊行を受けて、甲骨を贋物として疑問視するものも多く見られた中で、ただちにその真価を正しく見いだしたものとして高く評価してよい。

また、白鳥との論争の時期に、甲骨文の先駆的な研究を開始していた羅振玉・王国維が辛亥革命の勃発によって京都に滞在しており、羅・王両氏とも甲骨文や『尚書』洛誥のタームに関する議論を行い、王国維とは面談もしている。この時の両者の学術交流については、かつて別稿で論じたことがある。[33]その時点では、出土史料の出現という新たな事態に対して、日中で同じ方向性を持つ学者どうしが接点を持ったことの意味を強調したが、林泰輔に焦点を当てて考えると、また別の解釈も可能であると考えられる。

林泰輔にとって甲骨文は、それが紛れもなく殷の遺物であるという点で、殷王朝の事実性を証する価値を有していた。林は甲骨文の史料的性格を見極めた上で、その範囲の中で甲骨文を扱う、という態度は取らず、むしろ文献史料との対比・接合にこそ、出土史料の価値を求めていた。死の前年に発表された「支那上代の研究資料に就て」（一）（二）[34]は、典籍以外の上代研究資料として、甲骨文・金文・貨幣・石器・土器・石刻などを挙げ、それぞれに資料的価値について注目すべき発言をしている。このうち冒頭の二つについて次のように述べている。

(一)　亀甲獣骨文

今日にてはただその文字の数は甚だ多くして、余が分類彙集する所によれば大約二千三四百字に及ぶと雖も読むべからざるもの多きを遺憾とするのみ。されどもその読むべきものに就て之を見るも、その記載する所は祭祀田猟征伐巡狩婚姻等の事は明かに之を知るべくして、その発明することも尠からざれば、若し悉く之を読み得るに至らばその得る所測り知るべからざるものあり。

(二)　銅器文

是に於て余は別に一の分類法を案出し、時代を以て経とし、地方を以て緯とし、その文字言語文章事実及びその器物の発見地等、必ず動かすべからざる憑拠あるものに限りて之を類聚せり。(中略)余はこの分類せるものを以て、彼の亀甲文及び他の文籍と比較対照するに、その間自ら聯絡関係ありて当時の事情を闡明すべきもの決して尠からざるを信ずるなり。(中略)更に銅器その物に就て形式紋様及び使用法等を研究するは亦極めて必要なることにして、銅器の真贋と銅器文との関係は一日も忽諸に付する能はざるは既に前に述べたるが如し。

当時の研究水準から見て、甲骨文から得られる情報、金文の研究方法など、「予言」とも評しうるこれらの発言がことごとく正鵠を得たものであることには、驚きを禁じ得ない。しかし、こうした非典籍史料(出土史料)に対する慧眼は、典籍史料の相対化という方向に彼の上代研究を向かわせることはなかった。林泰輔はこの論文の末尾で次のように総括する。

右の如く支那上代の文籍と他の資料とを比較対照して之を討究せば、種々の事柄に於てその一致せしものを見出すことは決して難事に非ざるなり。元来何等の関係なく別々に各方面に伝りしものかくまで一致することは、即ち当時の真相を伝ふるものにて実に確乎たる憑拠を数千歳の後に遺したるものといふべし。古代の文籍豈悉く後世の偽託ならんや。（傍点筆者）

この言葉からうかがえるのは、出土史料などの非典籍資料を用いて、上代典籍の事実性、そこに記されたことの歴史的実在性を証明せんとする強い志向である。テキストに書かれたことがどこまで信頼できるのかを問いかけるのがテキストクリティークであるなら、林にとって経書はその対象ではなかった。むしろ事実を記したテキストの存在を信じ、齟齬があるならば正しいテキストを確定して、それをテキストの時代の文脈で読み解くこと、これこそが林泰輔の上代研究の根本的態度であった。そしてそれを「考証学」と呼ぶならば、林泰輔の本質は考証学的漢学者であり、古代史学者とは決定的に異なる面を有していたということになる。

六　結びにかえて――「疑古」と「信古」

堯舜禹抹殺論をめぐって、両者の所説の当否を今日的水準から問題にすることは無意味である。白鳥の所説は、殷王朝の存在を否定したという点で誤っているし、林の所説は『尚書』『周官』の記述の事実性・同時代性を疑わなかったという点でやはり誤っている。着目すべきは、日本で形成されようとしていた近代歴史学が研究対象としての中国古代史に向かい合うとき、どのような問題が浮上していたか、いや浮上する可能性を持っていたかという点である。「経書」として扱われてきた『尚書』『周官』の事実性が、この両者の論争を契機としてさらに深められていけば、中国上代の史料の全面的見直しへと展開したことも可能性としてあり得た。すなわち「疑古」の潮流が日本においても出現したかもしれなかったのである。

中国における疑古派の出現については、もはやここで取り上げて論ずる余裕はないが、顧頡剛の上古史批判がほぼ同時期に始まっていたことを考えると、日中学術界において、それぞれが別個に、疑古という同様の議論に逢着した、いや逢着する可能性があったことはまことに興味深い。伝統的漢学（中国では「国学」）が近代学術に生まれ変わろうとしていたとき、同様の現象が両国で見られたという「共時性」は、伝統的学術から近代的学術への転換に際して、直面した課題は同質であったということになるのだろう。

しかし、日本においては「疑古」の展開はこの時点では見られなかった。堯舜禹抹殺論に見られる林と白鳥の対立は、中国古典に深い造詣を持った林と、ヨーロッパから直輸入された近代歴史学の方法を身につけた白鳥との対立だったのであり、ある意味で伝統的漢学のエートスと近代的歴史学の志向とのすれ違いと見ることができる。

最後に、やや長文になるが、当時の中国上代研究に関わる内藤湖南の発言を引用しよう。そこには、中国古典籍に対する今日的な意味でのテキストクリティークの基本がすでに示唆されていると思われるからである。

従来の研究の缺点、殊に日本の学者の缺点は、その研究法の組織が立たずに、単に或る書籍に就いて、専心に穿穴して、その点については非常に得る所があり、一経貫通の努力と成績とは賞するに餘りあれども、古典学の全体の組織には何等の加ふる所がなかったのである。若くは寡聞を以て博大なる学問の一部分のみを取って、その全体を判断した為めに、其の結論に於いて大いなる誤謬を生じたのである。で、此等の学者の多くは何等の理由もなく漫然と或種の古書に信を置き、それを根柢として其他の書籍の価値を低く見積り、それによりて方法を立てるので、斯る缺点は独り日本人のみならず、例の有名なる崔述の考信録なども、さう云ふ考によりて出来た者である。即ち尚書左伝など云ふ者を始めから確かな者と信じて、その成書の源委、事歴等に就いて何等の疑う所がなく、古史官の書いたものだから、是れ以上確かな者がないと断じ、それ以外の古書は皆尚書や左伝に引き当てて、それに合ふ所を事実とし、合はぬ処を否定すると云ふ様な訳で、斯る研究法はどちらかと云へば、漢代の王充が著した論衡などに比してさへも常識を缺いて居る。(35)

この発言は、林泰輔を名指ししたものではないが、『周公と其時代』が刊行された一年半後、恩賜賞受賞の七カ月後であることを考えると、林の研究も湖南の念頭にあったと見ることもできよう。湖南から見れば林泰輔の研究は、群書を博捜して経書の的確な解釈に邁進しながら、結局は経書の記述を相対化することの出来ない、致命的な限界を内包するものに見えたのではあるまいか。

林泰輔　年譜　『支那上代之研究』巻末「年譜」「著作目録」より作成。ゴチックは中国上代関係の著述。

年齢		事績	著述	その他
一八五四（安政元）年	九月	千葉県香取郡常盤村に生まれる		

	明治初年		同郡の並木栗水に師事		
二九歳	一八八三（明治一六）年	九月	東京大学古典講習科漢書課に入学		
三二歳	一八八六（明治一九）年	一一月	中学校用漢文科教科書編纂を命じられる（〜八七年一二月）		
三三歳	一八八七（明治二〇）年	七月	東京大学古典講習科漢書課を卒業	五月	「朝鮮文芸一斑」（一）
				一二月	「朝鮮文芸一斑」（二）
三四歳	一八八八（明治二一）年	一月	第一高等中学校に嘱託（国語漢文授業）		
三五歳	一八八九（明治二二）年	九月	山口高等中学校に嘱託	一月	「真理と実際との関係」
三六歳	一八九〇（明治二三）年			三月	「任那考」
三七歳	一八九一（明治二四）年			一〇月	「峨眉山下橋の木標に就きて」
				一二月	「加羅の起源」
三八歳	一八九二（明治二五）年	五月	山口高等中学校助教授	一二月	『朝鮮史』五巻
三九歳	一八九三（明治二六）年			五月	「古朝鮮三国鼎立形成考を読む」

				六月	「朝鮮古代諸王卵生の伝説」	
				一〇月	「満洲の刻面標柱」	
四〇歳	一八九四（明治二七）年	七月	学術研究史料調査のため朝鮮に赴く	三月	「加羅の起源続考」	
四一歳	一八九五（明治二八）年	七月	病気のため山口高等中学校を退職			
四二歳	一八九六（明治二九）年	六月	東京帝国大学文科大学助教授	一月	「朝鮮史籍考」（一）	
				三月	「朝鮮史籍考」（二）	
四三歳	一八九七（明治三〇）年	一一月	病気のため東京帝国大学を退職	四月	「応永廿六年の外寇に就きて」	
四五歳	一八九九（明治三二）年	四月	東京高等師範学校講師に嘱託			
四七歳	一九〇一（明治三四）年			六月	『朝鮮近世史』二巻	
四八歳	一九〇二（明治三五）年	一月	「周官考」	九月	「懲毖録」（付解題）	
四九歳	一九〇三（明治三六）年			一〇月	「老子の学統に就て」	
五〇歳	一九〇四（明治三七）年			五月	「逸周書考」	
				七月	「周代大学の学科及其変遷」	
				九月	「国語考」	
				一〇月	「戦国策考」	
五二歳	一九〇六（明治三九）年			三月	「朝鮮の活版術」	

五三歳	一九〇七（明治四〇）年			五月	**「周代書籍の文字及其伝来に就て」（一）**	
				八月	**「周代書籍の文字及其伝来に就て」（二）**	
五四歳	一九〇八（明治四一）年	九月	東京高等師範学校教授	五月	『漢字要覧』一巻	
五五歳	一九〇九（明治四二）年			二月	「老聃と李耳」	
				四月	**「周代の金石文と経史子伝の文字」**	
				八月	**「清国河南省湯陰県発見の亀甲牛骨に就きて」（一）**	八月：白鳥庫吉「支那古伝説の研究」
				九月	**「清国河南省湯陰県発見の亀甲牛骨に就きて」（二）**	
				一〇月	**「清国河南省湯陰県発見の亀甲牛骨に就きて」（三）**	
五六歳	一九一〇（明治四三）年			一月	「東洋学に於ける近時の新説に就きて」	
				六月	「説文考」	
				一二月	**「説文と金石文」**	
五七歳	一九一一（明治四四）年			二月	「鬼神の文字に就て」	

				二月	**「堯舜禹の抹殺論に就て」（一）**	
				二月	「朝鮮文字の製作に就て」	
				七月	**「堯舜禹の抹殺論に就て」（二）**	一一月：羅振玉・王国維来日
五八歳	一九一二（明治四五＝大正元）年			一月	**「堯舜禹の抹殺論に就て」（三）**	
				八月	『朝鮮通史』一巻	四月：白鳥庫吉「『尚書』の高等批評」
				九月	**「再び堯舜禹の抹殺論に就て」**	
				八月	「漢字の調査及び整理」	
				一〇月	**「周官に見えたる人倫の関係」**	
五九歳	一九一三（大正二）年			二月	**「儒教の源流を読む」**	
				二月	**「周公東征考」（一）**	
				三月	**「周公東征考」（二）**	
				九月	『四書現存書目』一巻	
				九月	**「周官に見えたる衛生制度」**	

				一一月	「孔子の祖述に就て」	
				一二月	「周官制作時代考」（一）	
六〇歳	一九一四（大正三）年	七月	「上代文字の研究」により文学博士の学位	一月	「周官制作時代考」（二）	
				二月	「周官制作時代考」（三）	
				五月	「毛公鼎銘考」	
				一二月	「支那古代における上帝と五帝」	
六一歳	一九一五（大正四）年			四月	「大誥康誥を論じて内藤博士に答ふ」（一）	『国学叢刊』に王国維の論考三篇
				五月	「大誥康誥を論じて内藤博士に答ふ」（二）	
		？	京都で王国維と面会	九月	「国学叢刊を読む」	
				九月	『周公と其時代』一巻	
				一二月	「羅王二氏の王賓に関する答書」	
六二歳	一九一六（大正五）年	七月	帝国学士院恩賜賞（『周公と其時代』）	一一月	『論語年譜』二巻	

六三歳	一九一七（大正六）年	一〇月	南満洲へ出張	四月	「我邦に於ける論語の実行と研究」	二月：内藤湖南「支那古典学の研究法に就きて」
				九月	「論語に就て」	
六四歳	一九一八（大正七）年	四月	中国へ出張			
六五歳	一九一九（大正八）年			五月	**「殷墟の遺物研究に就て」（一）**	
				六月	**「殷墟の遺物研究に就て」（二）**	
				六月	**「亀甲獣骨に見えたる地名」（一）**	
				七月	**「殷墟の遺物研究に就て」（三）**	
				七月	**「支那上代の石器玉器より見たる漢民族」（一）**	
				八月	**「支那上代の石器玉器より見たる漢民族」（二）**	
				八月	**「殷墟の遺物研究に就て」（四）**	
				八月	**「亀甲獣骨に見えたる地名」（二）**	
六六歳	一九二〇（大正九）年			二月	「楷樹と蓍草」	

六七歳	一九二一（大正一〇）年			二月	「元亀鈔本論語集注に就て」
				四月	**「支那上代の研究資料に就て」（一）**
				六月	**「支那上代の研究資料に就て」（二）**
				七月	**『亀甲獣骨文字』二巻**
六八歳	一九二二（大正一一）年	四月	卒去		
	一九二七（昭和二）年			五月	**『支那上代之研究』一巻**
				未刊	『上代文字の研究』八巻
				未刊	『論語源流』二巻
				未定稿	『論語彙考』
				未定稿	『周秦諸子考』
				未定稿	『日本経解総目録』
				未定稿	『日本諸子解目録』
				未定稿	**『亀甲獣骨文字』三巻**
				未定稿	**『亀甲獣骨文字表』六巻**
				未定稿	『省別金石図志』

注

（1）この問題について最も体系的な見解が提示されているのは、銭婉約『从漢学到中国学　近代日本的中国研究』（中華書局、二〇〇七年）であろう。明治期日本における中国研究を総覧した研究としては現在この書の右に出るものはない。本稿も同書から多くの啓発を受けている。

（2）漢学者としての林泰輔の事跡を論じたものに、町田三郎「林泰輔と日本漢学」（同氏著『明治の漢学者』、研文出版、一九九八年、二四九－二七〇頁）がある。

（3）近年の日本における林泰輔の朝鮮史研究については、権純哲の一連の研究がある。権純哲「林泰輔の「朝鮮史」研究（『埼玉大学紀要　教養学部』第四四巻第二号、二〇〇八年）、同「林泰輔の「朝鮮史」研究の内容と意義」（『埼玉大学紀要　教養学部』第四五巻第二号、二〇〇九年）、同「林泰輔『朝鮮史』の玄采訳著『東国史略』研究」（『埼玉大学紀要　教養学部』第四六巻第一号、二〇一〇年）。また、近代の朝鮮史学史の立場から林の影響を論じたものに、金仙熙「韓国における「歴史叙述」の問題――林泰輔『朝鮮史』の受容を中心に――」（『東アジア文化交渉研究』第五号、関西大学文化交渉学教育研究拠点、二〇一〇年）がある。

（4）近年の評伝では、江上波夫編『東洋学の系譜』（大修館書店、一九九二年）所収の鎌田正（東京教育大学名誉教授）によるものがもっとも有用である。

（5）林泰輔『支那上代之研究』（進光社、一九二七年）の序。この書は林泰輔の没後五年を記念して林の上代研究に関する著作を集めて刊行され、岡田正之のほか、井上哲次郎、市村瓚次郎、瀧川亀太郎らが序を寄せている。

（6）東京大学古典講習科については、町田三郎「東京大学『古典講習科』の人々」（同氏著『明治の漢学者』、研文出版、一九九八年、一二八－一五〇頁）が最も参考になる。

（7）ただし、明治維新から一〇年を経過した一八八〇年代になるといくつかの漢学塾が開設あるいは復興する。三島毅の二松学舎、島村篁村の双桂精舎、藤澤南岳の泊園書院（関西大学の前身の一つ）などである。この現象には極端な欧化に対する反発や自由民権運動の高まりへの政府・保守派の警戒心などいくつかの要因を別に考える必要があろう。

（8）法・文・理三学部の総理であった加藤弘之の史学科廃止理由書に「独り欧米の歴史のみならず、固より本邦、支那、印度、東洋各国の歴史をも講究致さず候事は相成らざる候事故、其教授たる者は、和洋東西古今の変遷沿革興亡盛衰を詳悉するは勿論、兼て哲学に熟達せる者にこれなき事は、其任に適し申さざる儀に候処、之を内外に索るも、殆ど其人に乏しき儀にこれあり、随て生徒に於いても、史学を専修せんと致すの輩は太だ寥々」とある。(『東京帝国大学学術大観・総説・文学部』一九四二年、二三二頁)。

(9) 同じく加藤弘之総理が学部設置に際して文部省に提出した伺書。(同右、二七〇頁)

(10) 和漢学科の卒業生は、開設から一〇年を経てもわずか二名しかいなかった。

(11) 古典講習科の設立にあたって、その運営費を大学の通常経費の外に要求したが、それが認められず、学内経費から支弁せざるを得ない状況にあった。

(12) 和漢文学科の卒業生は、開設から一〇年を経てもわずか二名しかいなかった。

(13) 吉川幸次郎編『東洋学の創始者たち』(講談社、一九七六年)一七六頁。

(14) 前注(6)一四七－一四八頁。

(15) この時期に、それまでは他の省庁の管轄下にあった工部大学校や東京農林学校などが次々と帝国大学に統合吸収されており、帝国大学があらゆる分野のエリート養成機関としての性格を強めていくことが分かる。吉見俊哉『大学とは何か』(岩波新書、二〇一一年)。

(16) 白鳥庫吉「学習院における史学科の沿革」(『白鳥庫吉全集』第一〇巻、岩波書店、一九七一年所収)。

(17) 国史学科の設立は、着任まもないリースが当時の帝国大学総長渡邊洪基の諮問に答えて提言した結果である。前注(8)二三四頁。

(18) この年に開設した京都帝国大学文科大学では、設立当初から史学科は国史・東洋史・西洋史が鼎立していた。これは、考古学科の設立も含め、東京帝国大学とは異なった高等教育機関をめざそうとした京都帝国大学の企図の反映である。

(19) 林泰輔「周官考」(『史学雑誌』第一三編第五号、一九〇二年)。

(20) 林泰輔「周官制作時代考」(一)(二)(三)(『東亜研究』第三巻第一二号、第四巻第一号、第四巻第二号、一九一三年、一九一四年)。

(21) 宮崎市定は林泰輔の『周公と其時代』について次のように述べる。「私(=宮崎)は卒業後、…京都の第三高等学校に転任したが、その本務は東洋史概説の講義を担当するにある。ところで最も困ったことは、信頼すべき東洋古代史の著書がないことであった。当時白鳥庫吉博士の堯舜抹殺論などが取沙汰されていたが、古代伝説の史実性を抹殺したからと言って、すぐその後に古代社会状態が出現するものでもない。林泰輔博士の『周公とその時代』は名著の譽れ高かったが、読んでもさっぱり分らない。分った部分は少しも面白くない。それは『周礼』をそのまま文字通りに周公の作で、そのまま史実と認めて筆を進めているからである。それで周公の時代はよいかも知れぬが、遡ってより古代の状態を想像することは出来ないし、次の時代の歴史にも繋がらない。」(『宮崎市定全集』三古代の「自跋」、三八三頁、岩波書店、一九九一年)。

(22) 甲骨の出土地が「河南省湯陰県」となっているのは、当初その出土地に関する情報が不正確であったからである。その後一九一八年に林は自ら安陽すなわち殷墟を訪れ、甲骨や石器片を収集している。

(23) 白鳥庫吉の評伝はいくつかあるが、前掲の江上波夫編『東洋学の系譜』(大修館書店、一九九二年)所収の松村潤(日本大学教授)によるものが簡便である。

(24) 吉川幸次郎編『東洋学の創始者たち』三九頁(講談社、一九七六年)には、晩年病床にあった白鳥が枕元に英語で書かれたリースの講義ノートを置いていたエピソードが記されている。

(25) 前掲の江上波夫編『東洋学の系譜』(大修館書店、一九九二年)。

(26) 東洋学の創始者として讃仰された白鳥庫吉であるが、例えば内藤湖南とは対照的に、白鳥に関して語られることは今日決して多くない。そのなかにあって、近代日本のアジア認識の観点から白鳥を取り上げて論じた研究に、Stefan Tanaka, *JAPAN'S ORIENT: Rendering Pasts into History*. Berkeley, 1993. がある。

(27) 白鳥庫吉『滿洲歴史地理』刊行の序、一九一三年。

(28) 林泰輔「堯舜禹の抹殺論に就て」(一)(『漢学』第二篇第七号、一九一一年)、同(二)(『東亜研究』第一巻第一号、一九一一年)、同(三)(『東亜研究』第二巻第一号、一九一二年)、「再び堯舜禹の抹殺論に就て」(『東亜研究』第二巻第九号、一九一二年)。

(29) 甲骨文の発見地である殷墟に考古学的発掘の手が入るのは一九二八年以降である。

(30) 白鳥庫吉「『尚書』の高等批評(特に堯舜禹に就いて)」(『東亜研究』第二巻第四号、一九一二年)。

(31) 林泰輔「再び堯舜禹の抹殺論に就て」(『東亜研究』第二巻第九号、一九一二年)。

（32）林泰輔が没して三年後の一九二五年、停年退官を間近にひかえた白鳥庫吉は、最終講義で次のように述べている。「自分は、一つの考えがまとまれば、すぐにそれを発表し、それとちがった考えが浮かべば、またすぐにそれを発表してきた、だから自分の説を知ろうとする人は、その問題についての自分の最近の論文を読んでくれればそれでよい」（末松保和「白鳥先生の最終講義のことなど」『白鳥庫吉全集』第三巻月報、一九七〇年、岩波書店）。末松によれば、その後白鳥は言葉を継いで、「自分が教師としてこの大学の教壇に立ってから二〇年ばかりを過ぎた。…そのはじめのころ自分は、中国の古伝説における堯舜についての考えを述べたが、二〇年後の今日、大学を去るときの自分が、同じ問題について、いかに考えているかを諸君に話しておくことは意味があろう」、といって堯舜論を述べたという。この最終講義の内容は定かでないが、おそらく白鳥の没後に発見され、全集第八巻に掲載された「支那古代史の批判」の内容と近いものであろう。晩年に至っても白鳥は堯舜の実在性を否定し、夏どころか殷の歴史的真実性も疑問視していた。

（33）藤田高夫「林泰輔と王国維——出土史料研究黎明期の日中学術交流」（『アジア文化交流研究』（関西大学アジア文化交流研究センター）、二〇〇九年）。

（34）『斯文』第三編第二号、第三号、一九二一年。

（35）内藤湖南「支那古典学の研究法に就いて」（『東方時評』第二巻第二号、一九一七年。『内藤湖南全集』第七巻、「研幾小録」所収）。

文化交渉学へ越境する日本美術史学

中谷伸生
（研究員・文学部教授）

一　はじめに

美術史学研究において、国家を単位として、その内部で充足する美術史研究、すなわち〈一国主義〉の美術史研究が、今、大きな転換期を迎えつつある。グローバリゼイションの流れの中、国家や特定の地域を越えて縦横に展開する美術作品に対応するため、美術史研究は、いわゆる日本美術史やフランス美術史という一国主義的な研究の枠組を打ち破っていかなければならない時代を迎えたようである。その方が、美術作品を考える場合に、より複雑で豊かな文化現象を理解することにつながるであろう。日本美術史という狭く固定された歴史も、日本というナショナルな枠を外して、少なくとも東アジアの美術史として、広い視野から捉えなおす研究が求められているわけである。

いずれにせよ、人文学研究をはじめとするあらゆる学問領域の国際化が叫ばれて長年月が経つが、一国の枠組を越えて研究する越境の流れは、研究の内側のみならず、その外側、すなわち政治、経済、文化など、社会の変化によって否応なく進展しつつある。主として一国の枠内で続けられてきたナショナルな日本美術史研究は、現在、国境を越えて世界共通の課題をもつ学問へと向かいつつある。いわゆるグローバリズムに即した方法論の確立である。少なくとも閉ざされた日本美術史ではなく、東アジア美術史という開かれた研究の枠組が構想されつつあるといってよい。

こうした美術史研究の方法については、歴史学の分野を背景にして藤田高夫氏が提唱する文化交渉学という学問領域を挙げることができるが、ここで主張する内容は、美術史研究の経験を踏まえたもので、近年、提唱されつつある東アジア美術史の構想と軌を一にする。(1) 一般歴史学とは異なって、表象の問題を中心課題とする美術史研究は、たとえ分野を越えて学際的という立場を選択したにせよ、最終的に還るところは「言語」ではなく、美術史研究に見合った「表象」以外の何ものでもない。

また、狩野派、四条派、文人画派など、日本の中世、近世、近代の絵画史研究においても、一国主義の日本美術史研究は、もはやその限界が見えつつある。たとえば、一部の仏教美術を除いて、日中の比較研究としての絵画史研究も、依然として研究の価値があるとはいえ、方法的には賞味期限が過ぎたように思われる。つまり、国境を越えた東アジア美術史として、中心と周縁の衝突と融合という複雑な関係を扱いながら、新たな観点と方法論による東アジア絵画史の構築が望まれる。そこでは、直接的な影響関係は指摘できないにせよ、複雑に影響、伝播、衝突、変容、融合、個別化する流れから浮上する「共時的」な美術作品の誕生をも視野に入れる必要があろう。すなわち、甲と乙の関係が、類似してはいるものの、直接関係があるとは断定できない場合に、甲と乙を見えない所で支えていた丙や丁の存在を想定する研究である。換言すれば、甲と乙という目に見える現象を根底で支えている見えない源泉の住処を視野に入れた研究を指す。それは芸術作品が誕生した源泉であり、人類の生命の根源だといえるかもしれない。

美術史学は、これまで、甲と乙の比較研究にあまりにも力を入れすぎて、意外にも美術史的事実から遊離する危険を冒してきたのではなかろうか。すなわち、二国間、あるいは二つの作品に限定した比較研究は、厳密さを追求しつつも、さまざまな夾雑物を捨象することになりがちで、比較の対象（美術作品）そのものを抽象化、観念化、単純化させて、実際の美術史をしばしば歪めてしまうからである。作品同士の緻密な実証的比較研究といっても、他の作品群を同様の精度によって追及できなければ、美術史の流れを誤って理解することになりやすい。たとえば、近世絵画史研究においては、江戸後期の洋風画については、きわめて緻密な比較研究がなされてきたが、同時代の狩野派や文人画については、いささか大雑把な比較研究しかなされてこなかったといえるのではなかろうか。少なくとも、ここで採り上げる京狩野派と袁派の関係などは、これまで研究者の関心を呼ばなかった。そして、日本美術史を中心とした日中の比較研究も、その例に洩れず、近世近代絵画に注目するなら、やはりその限界が露呈しつつある。それに対して、「共時性」をも俎上に載せて提唱する研究を、暫定的に「東アジア美術交渉論」とする。

以下に妙心寺春光院の障壁画、台湾の膠彩画家の陳進、日本の扇面画からドガまでの作品を採り上げ、それらを東アジア美術史の枠組みによって論じることで、東アジア美術交渉論の構想と日本美術史研究について具体的な試論を展開してみたい。

二　妙心寺春光院障壁画と袁派

十九世紀に狩野永岳とともに活動した絵師の筆によると思われる妙心寺春光院の金碧障壁画〔図1〕を検討してみたい。この障壁画の作者は不明であるが、一応、伝狩野永岳としておく。要するに、狩野永岳あるいはその周辺の京狩野の画家による作品の可能性が高いということである。なお、この障壁画の作者特定についての問題は、かつて別稿で論じたことがあるが(2)、その内容を簡潔に述べておくと、一八八八年（明治二十一）に京都府が行った調査報告書『改建年度並建築費に関する調査の下調べ書』によれば、一八四九年（嘉永二）に制作された可能性が高く、狩野永岳と共通する作風ではあるが、形態描写に若干の相違がある。永岳と同じ京狩野の絵師、あるいはその周辺の絵師による作品だと推測される(3)。

さて、春光院客殿に嵌められた障壁画の構成は、上間後室に《太公望》、上間前室に《山水花鳥図》、室中にも《山水花鳥図》、下間前室に《琴棋書画》、下間後室に現在は作者不明の水墨のみによる《山水図》が嵌められているが、下間後室の襖絵を何らかの理由で取り外し、四隻の屏風装に改変した絵画が遺存しており、それらは他の四室を描いた伝狩野永岳の手になる《花鳥画》である。このことは、屏風の画面に襖の取手部分を金箔で塗り隠した跡が確認できることから明白である。客殿全体の構成は、山水、花鳥、人物となっており、狩野派の十八番というべきものである。この障壁画の中、下間前室には、古来、中国の士大夫の教養として尊ばれ、日本でも室町時代から頻繁に描かれた《琴棋書画図》が見られる(4)。

まず、西側の襖四面の「琴」の場面では、室内で琴を奏でる人物と、そのそばに座る二人の男と童子の姿が見

図1　妙心寺春光院障壁画（部分）

られる。また、室外にも談笑する二人の人物が立つ。建物の周辺には、松樹と岩石が配置された。右手背後には樹木と太湖石を見せる庭園が描かれた。衝立の斜線は、建物の周りを囲む土台部分の斜線とぴったり並行になっており、まるで幾何学的な図形を当てはめた格好である。自然の中の建物、という形態モティーフの配置は、中国清代の画家、たとえば十七世紀後半から十八世紀前半に活躍した画院画家の袁江や、十八世紀後半に活動した息子の袁耀らの清代の絵画によく似ている。

続く南側の襖四面の「棋」の場面では、小舟が水面に浮かび、籐で編んだ日除けの弧を描く形態の屋根を戴く小舟には、中央に大きな碁盤が置かれ、二人の男が対局中である。

続いて北側の襖四面は「書」の場面で、室内で机に向かう三人の人物が描かれている。床の碁盤状の幾何学模様が目を引くが、見逃せないのは、建物の室内描写である。そこでは、柱や敷居、そして床の敷瓦（タイル）に至るまで、すべてが直線を用いて平行に走る線描によって几帳面に描かれていることであろう。

続いて東側の襖六面には「画」の場面が描かれる。中央の襖二面には、牧谿風の猿猴を描いた掛幅を前にして、椅子に座す人物が、左手に巻かれた掛幅を持って、右手にいる三本の掛幅を抱く童子の方を振り向いている。背後には二本の大樹が立ち、その上部の枝や葉は、金雲の中に隠れている。

以上、こうした徹底した幾何学的構成による建築物の描写というと、やはり袁江と袁耀らの清代の絵画が想起され、これらは元代以降、中国の宮廷絵画が本領としたものだといってよい。風景の後方にも袁派好みの岩山が姿を現わし、前景と後景とを雲や霞で分断するやり方もまた袁派のやり方である。

狩野永岳とその周辺の京狩野派の画家たちの作風には、作品全体の雰囲気、特徴のある画面構成、細部の形態モティーフなど、中国清代の袁派の画家、つまり袁江と袁耀父子らの作風と似た部分が多い。京狩野と袁派の関係は、直接的ではなく、間接的、つまり、両者の間に他の画家たち、もしかすると、中国の絵師のみならず、朝鮮の絵師たちが介在し、複雑な経路を通じて永岳らの京狩野の画家たちに袁派の作風が反映したかもしれない。加えて、こうした幾何学的な建物のモティーフを風景の中に配置するという構成は、古くは元代に活動した郭忠恕の界画と呼ばれる絵画に遡る。界画とは定規を使って直線を組み合わせる精巧な技法を指す。つまり、壮大な自然の景観と人工的な楼閣との対比的な構成である。

図2　袁江《郭汾陽富貴寿考図》(部分)

清代の画家の袁江は、日本の絵画には見られない雄大な景観を描いたことでも知られる。図様の特徴は、《郭汾陽富貴寿考図》(中国美術館蔵)〔図2〕などに見られるように、自然の中に幾何学的な楼閣を配置することである。[5] 袁江が描いた岩山の雰囲気は狩野永岳のそれに呼応する。また、伝永岳による春光院障壁画《琴棋書画図》は、画面全体の構図、建築物の幾何学的構成、個々の形態描写、種々の中国モティーフなど、中国絵画を手本にして画面を組み立てたに違いない。

袁江の子の袁耀は、やはり父の袁江と同じく、幾何学的な建物の描写を際立たせながら、その周囲には雄大な自然の情景を配置した。袁耀による作風は、永岳およびその周辺の画家が好んだ中国風のモティーフであり、こうした作風は、十八世紀から十九世紀にかけて、東アジアに共通する独特の趣味の世界が存在したという理解になろう。袁耀による画面の隅々まで覆い尽くすような起伏のある自然の描写は、永岳による杉下家伝来の《四季山水図》を想起させるに違いない。永岳の作風については、これまで桃山絵画を理想としながら、狩野派の様式に四条派の写生を加味したものと解説されてきたが、新たに明清時代の中国絵画による影響についても論じる必要があろう。春光院の障壁画は、これまでほとんど研究対象とならなかったが、この障壁画を東アジア美術史の中に据えて考えると、俄然、新たな価値を付与されて甦ることになろう。

三　台湾の陳進と一九三〇年前後の日本画（膠彩画）

台湾を代表する膠彩画家の陳進（Chen Chin 一九〇七－九八）は、一九二五年に日本の東京女子美術学校に留学して日本画、すなわち膠彩画の研鑽を積んだ。陳進は日本統治下の一九〇七年十一月二日に台湾省新竹県香山荘牛埔に生まれる。文化的環境に恵まれ、経済的にも裕福な家で育つ。そのことは、《悠閒》（一九三五年）（図四）の材料であるモデルのいる部屋の写真からも窺い知ることができよう。一九二二年に台北の第三高等女学校に入学し、美術教師の日本人画家郷原古統（一八八七－一九六五）の指導を受けて絵画を学び始める。一九二五年、日本画家の結城素明（一八七五－一九五七）が勤めていた東京の女子美術学校日本画師範科に入学した。一九二九年に同学校を卒業し、郷原古統の紹介で一時期、松林桂月（一八七六－一九六三）に学び、松林桂月の紹介で日本画界の代表者であった鏑木清方（一八七八－一九七二）に師事することになる。鏑木清方は日本画の領域で日本を代表する屈指の画家であるとともに、美しい文章による随筆『こしかたの記』でも知られる知性あふれる人物であった。また、松林桂月は東洋的隠逸の世界を絵画化し、北宋文人画の雄渾な線描を駆使しながら、墨による美しい作品を次々に制作した。斜めに傾いだ樹木の形態モティーフを特徴とする水墨画を多数描いている。また、顫えるような落款の墨書も情緒あふれるもので、独自の世界を開拓した画家である。辛辣な毒舌を得意とし、深い教養は野人味を失うことなく、清濁併せのむスケールの大きな画家であった。その意味では陳進は、多くの素晴らしい師に恵まれたといってよい。

師弟関係の確立ということについては、陳進自身の談話が記録されており、それによると、鏑木清方はすでに高齢であったため、実質的には清方の弟子で美人画家の山川秀峰（一八九八－一九四四）から実質的な指導を受けることになったという。山川秀峰は、現在では半ば忘れられた画家ではあるが、鏑木清方風の鋭い形態描写をもつ才気ある画家である。この時期の陳進の絵画は、たとえば《合奏》などを見ても非常に素晴らしく、見事な画面構成、厳しく鋭い線描、緻密な細部描写、重厚感を醸し出す調和のとれた色彩など、いずれを見ても抜群の力量を示している。しかし、陳進の絵画は、台湾に帰国後の一九五〇年頃から大きく変化し、しかもその質が徐々に悪くなっていったと考えられる。では、この時期を境として、一体、如何なる理由によって陳進の作風に変化が起こったのであろうか。

陳進の代表作《合奏》（個人蔵）〔図3〕は、一九三四年に制作された絵画であるが、その画面では、二人の若い女性が楽器を演奏しているところである。二人の姿と彼女らが腰をかけるテーブルは、洗練された厳しい線描

図3　陳進《合奏》

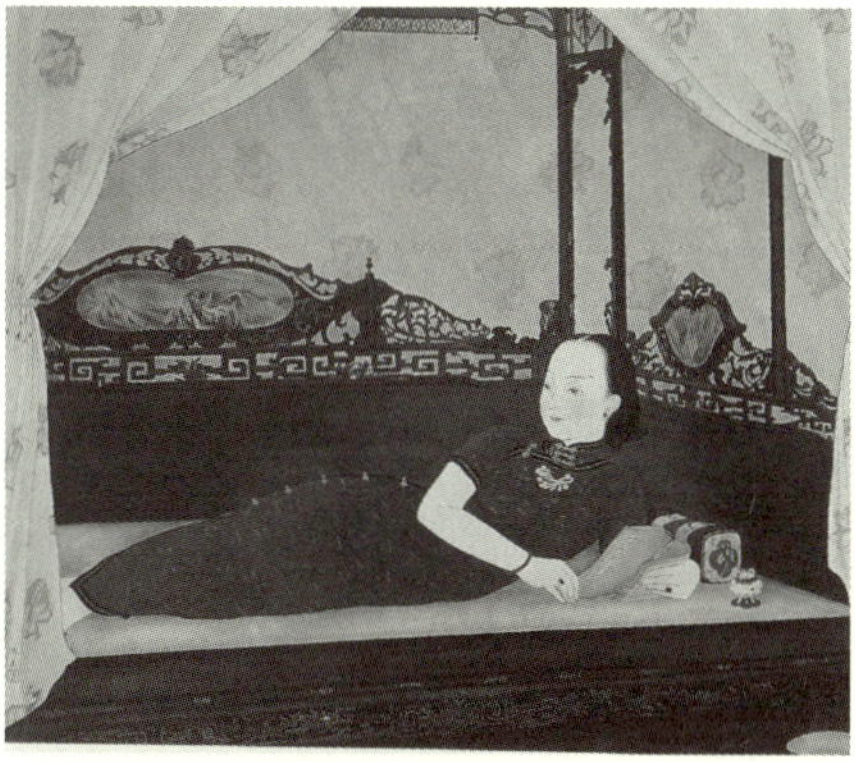

図4　陳進《悠閒》

で描かれている。背後の空間は、まるで余白のように何も描かれておらず、画面全体としてシンプルな清澄さを示している。この年の七月に陳進は、一時日本から台湾に帰国し、姉の陳新と友人をモデルにして合奏を制作した。この作品は、師の鏑木清方や山川秀峰らの指導から離れて描かれた大作で、日本に留学した陳進が、かなりの画技を自家薬籠中のものにしていたことを証明している。すでに陳進は、日本の師から自立して、質的に高い水準の膠彩画（日本画）を制作することができるようになっていたことを見逃してはならない。《合奏》については、台北市立美術館副研究員の林育淳氏が簡潔な論文を執筆しており、その中で、当時の新聞紙上に「南海の天才乙女[6]」という称賛の記事が掲載されたことを紹介されている。このこともまた、陳進の実力を世間に知らしめる象徴的な出来事だったといってよい。

　帰国後に制作された《合奏》（一九三四年）の翌年の一九三五年には、姉の陳新を描いた《悠閒》（台北市立美術館蔵）〔図4〕が制作された。この作品にはベッドに横たわるモデルの姉を写した写真が遺されていて、写生的な作品であることが判明する。しかし、《合奏》と同じく、切れ味の鋭い線描、シンプルにまとめられた形態モティーフと画面構成など、まことに秀抜な作品である。さらにその翌年の一九三六年には《サンティモン社の女》（福岡アジア美術館蔵）が制作されたが、陳進の代表作といってもよい素晴らしい作品である。パイワン族の家族を描いた《サンティモン社の女》は、《合奏》や《悠閒》と同様に、シンプルな構成の中、鋭く洗練された形態描写を表すもので、陳進の代表作というよりも、台湾の美術界を代表する作品、いや、日本、中国、韓国、台湾などの東アジア世界の美術の中でも屈指の一点だといってもよい秀逸な絵画である。

要するに陳進は、台湾帰国後も日本で身に付けた画技の力量を落とすことなく、次々に秀作を描き続けたことになる。ところが、順風満帆と思われた生活が一変する事件が起こり、陳進の画家生活は大きく変化する。すなわち、一九四七年二月二八日に起こった「二二八事件」は、多くの台湾の人々に決定的な影響を与えたことは周知のことであるが、この事件は陳進の日々の生活と画家生活にも抜き差しならぬ変化を与えた。つまり、二二八事件以降台湾では、外国の絵画よりも国画を正統な絵画とすべきだという問題が顕著に現れ、国民党政府は「中原正統」を唱えて、台湾文化の中国化・大陸化を図り、膠彩画（日本画）をはじめとする日本文化の影響を極力排除しようとした。陳進は若き時代に日本で学んだ日本画（膠彩画）を生涯制作し続けたが、日本で身につけた膠彩画の画家であるために、政治的動向に左右されるという大きな苦悩を背負って活動しなければならなくなる。人生の上り坂に差しかかっていた前途洋々というべき「天才乙女」は、ここにきて、厳しい精神的な打撃を受けたに違いない。

最も注意を喚起すべきは、一九四七年以降、陳進の作風が大きく変化し、一九三〇年代の緻密さが徐々に失われていくことになったことである。一九五〇年の《みどりご（嬰兒）》（個人蔵）では、未だ全体的な力量は保持されているとはいえ、人物の顔貌の輪郭などがやや野太くなり、一九四〇年代までの鋭い線描や切れ味の良い形態描写は後退しているといわざるを得ない。つまり、陳進の作品が低迷期に入りつつあることが明らかになる。こうした制作活動の展開については、いうまでもなく、老齢による心身の衰えによるものであろう。とりわけ、一九八〇年代から九〇年代にかけての作品はその典型である。

ところで、陳進の師であった鏑木清方の代表作だといってよい。《三遊亭円朝像》（一九三〇年）〔図6〕は、重厚な肖像画で、《築地明石町》と並ぶ鏑木清方の代表作だといってよい。前方を凝視する威厳のある表情、高座に座って茶を呑む円朝の姿など、この肖像画は実に重みのある絵画となっている。白壁を背にした紋付羽織の黒い色面の配置、画面を引き締める朱あるいは臙脂系の鮮やかで渋い敷物もまた、形態と色彩の絶妙な配置を本領とする鏑木清方の独壇場だといってよい。そして興味深いことに、《三遊亭円朝像》〔図6〕は、陳進の《母親》（一九四七年）〔図5〕と共通する造形性をもつ。

日本に留学した陳進は、一九三〇年代前後の鏑木清方の日本画を繰り返し見たことであろう。陳進にとって鏑

図5　陳進《母親》

図6　鏑木清方《三遊亭円朝》

木清方の存在は大きく、この日本画界の重鎮との出会いは、いくら強調しても強調し過ぎるということはない。一九三六年制作の《サンティモン社の女》や一九三四年の《合奏》、一九三五年の《悠閒》(台北市立美術館蔵)においては、切れ味の鋭い形態描写、理想的な主題の追求など、日本の一九三〇年代の日本画と同様の作風が認められる。この時期に陳進が獲得した「色と形の造形」の素晴らしさは、植民地支配ということのみでは説明できない、ある程度自立した次元のものである。

先に問題提起した「帰国後の作風変化」について言及すると、結論的には、一九四七年以降の陳進の作風変化は、「台湾独自のものを描こうとする狙い」による変化ではなかろうか。日本でひたすら鏑木清方や山川秀峰らの教えに忠実に従って絵画を制作し、水準を越える作品を描くことができるようになった陳進が、日本を離れて帰国した後、やはり台湾人の画家として何を描くべきかについて深く悩んだものと推測される。日本人ではなく、台湾人画家にしか描けない膠彩画をどのように描けばよいのか、という迷いが生じたに違いない。つまり、明確な目標についての疑問が生じ、そのために種々の制作を試みる中、技法などに混乱が起こったものと推測される。そこにはまた、「日本と台湾との風土の相違による」制作の変化ということも関わっていたに違いない。独自の絵画を描かねばならないという芸術思考は、自己の作品を真剣に掘り下げて思索する芸術家にとっては、常に重大な悩みである。

陳進自身が述べた言葉を引用しておくと、「日本で展覧会に参加するときには、常に心を配って考えたのは、どんな題材でほかの人と差がつけられ、人の目をひきつけられるかであった。なぜなら、大家はみなそうした技巧と画法を備えていたからである。だから、自分は台湾の出身であるから台湾の形象を描くべきだ、と考えた。」[7]。

加えて、陳進の場合、二二八事件が起こり、精神的に大きな打撃を受け、制作に関わる悩みが一層増大したものと考えられる。もっとも、一九七〇年代以降の作風の変化、そしてその質の低下は、「高齢による心身の衰え」によるものであろう。いずれにせよ、「指導者から自立したことによる画技の低下」ということも想定しなければならないが、一九四〇年前後の陳進が、すでに自立して素晴らしい作品を完成させていることを考えると、師から離れたことは、大きく見て決定的な理由にはならないと考えられる。結局のところ、「日本と台湾との風土の相違による」制作目的の変化、および「台湾独自のものを描こうとする狙いによる」迷い、という幾つかの理由が複雑に絡み合って作品制作に反映されたと推測される。そして、きわめてデリケートな問題ではあるが、そこに一九四七年の二二八事件による精神的な打撃が加わったように思われてならない。陳進という画家を回顧してみると、植民地という枠組の中、台湾と日本の美術交流の跡が確認できるのみならず、作風や技法をも含めて、東アジアの近代絵画の典型を見ることができるだろう。その作風は、台湾風でもあり、日本風でもあるが、今一度、東アジア美術史の流れの中で再評価すべきだと思われる。

四　扇面画の美術交渉
——日本・中国からフランスへ——

折り畳むことのできる扇は、日本で誕生したといわれる。ここでは日本から中国・韓国、そしてフランスへと伝播した日本の扇の美術交渉および文化交渉の実態を明らかにしたい。

さて、団扇あるいは翳ではなく、檜の細い薄板を紐で繋いだ檜扇、そして、竹製の骨に紙を張り付け、その画面に絵を描く紙扇（扇子）、さらに、扇子ではなく、扇の形をした画面に絵を描く扇面画などは、日本で誕生したといわれる。日本でつくられた扇、つまり倭扇が朝鮮や中国に伝播し、それぞれの地域でさまざまな扇子がつくられ、その画面に絵画（扇面画）が描かれるようになったが、それは東アジアの文化のひとつの特徴を形成することになる。しかも、こうした扇子や扇面画は、日本の影響を受けながら中国で発達していくことになったが、再び中国から日本に伝来するという複雑な文化交流の展開となって、まさに、東アジアの文化交渉の一端を明らかにする重要な作品（生産品）になったといってよい。さらに、日本の扇面画は、西洋文化にも強い影響を与え、いわゆるジャポニスム（日本趣味）が花ひらく十九世紀ヨーロッパの各地において、扇面画が採り入れられることになる。中でも、本稿で詳しく論じるフランスの画家エドーガー・ドガは、興味深い扇面画を制作しており、そのことはまた、中心としての日本文化の周縁にフランスの扇面画が位置するという、比較的めずらしい日仏の文化交流、美術交流の型を示すことになる。

東アジアにおける扇面画の誕生は、九世紀末頃に日本で製作された檜扇に遡るといわれる。檜や杉の薄板を重ねた檜扇は、もともと記録用の木簡を変化させるやり方で扇の形になったと伝えられ、少し遅れて紙扇が製作されたといわれるが、このあたりの正確な事実は不明である。竹の骨に紙を張った紙扇は、蝙蝠扇といわれるが、蝙蝠は「かはほり」と読み、「紙張り」の音便だという。

さて、平安時代中頃の十世紀までには檜扇や紙扇が一定の形式を確立して、朝貢品として朝鮮半島や中国へ贈られることになる。『宋史』によれば、十世紀末に日本の僧奝然（不明－一〇一六）が、宋に檜扇二十枚を贈ったという記録が残されている。奝然は平安中期の画僧で東大寺において修業し、清凉寺を建立したことで知られる。『入宋日記』を記したと伝えられるが、現存していない。この時に奝然によって贈られた扇が、資料の裏付けのあるものとして、日本から中国に渡った最初の摺畳扇で、複数の骨の表面に紙を張った、いわゆる片張りの扇であり、裏面は骨を露出させたままで、折り畳むことができる扇である。摺畳扇は中国では見ることのできない珍品であったという。(8)絵が描かれた扇は、遺存する作例を見る限り、平安時代から作られたようである。日本の扇の基本的な特徴は、中国の団扇とは異なって、「折り畳める」形態であった。それらの扇は非常に人気が高かったため、一般の貿易品としても通用した。

続く鎌倉時代の扇は、今のところ確認されていないが、推測するところ、朝鮮半島や中国との貿易が盛んになったことから、扇、つまり倭扇が製作され、貿易品として数多くが大陸へと渡ったようである。『高麗図経』(十二世紀初頭)には、「金銀もて塗飾し、復た其の国の山林人物馬女子の形を絵く。麗人は之を能くせず、云う、是れ日本の作る所なりと。」と記されている。中国への倭扇の輸出は朝鮮半島を通して行われた場合と、日宋貿易などで直接中国に渡った場合などさまざまであるが、『戊子入明記』の応仁二年(一四六八)の記事には「(明国に)二千二百本、代四百四十貫文」と記されていることからも、室町幕府による日明貿易は大量の倭扇を中国に輸出することになったようである。

さて、朝鮮半島において製作された摺畳扇について、中村清兄氏の研究によれば、宋の徐競による『高麗図経』において、平安時代末期にはすでに日本の摺畳扇が朝鮮半島に伝わっていたことが判明している。(9)また、朝鮮との関係については、『蔭凉軒日録』の永享十二年(一四四〇)の記録に、朝鮮の官人に百本の扇が贈られたと記されている。加えて、朝鮮半島から中国に流入した扇に関しては、郭若虚によって唐末から北宋中期に書かれたという『図画見聞誌』に具体的な記事が掲載されているが、それによると、朝鮮の一行が持ってきた贈り物の扇について「極めて愛す可し、之を和扇と謂う。本と倭国より出づるなり。」と記されている。江戸時代には、逆に朝鮮から「桐油扇」というものが輸入され、名古屋において朝鮮風の骨の多い扇が作られることになる。[10]

さらに、中国においては、元の貢性之による詩「倭扇」に「外蕃ノ巧芸天工ヲ奪ウ」と歌われており、元末から日本の摺畳扇が用いられ始めたらしい。[11] 中国では輸入した和扇を模倣した中国製の扇（日本ではそれを唐扇と呼ぶ）が明の永楽年間（一四〇三―一四二四）頃から製作されるようになり、中国社会においても扇が一般に普及することになる。永楽帝は、折り畳むことのできない伝統的な団扇とは違って、折り畳みが可能な日本式の扇の便利さに感心したと伝えられる。[12] 明代に至って初めて、公の命令によって倭扇が大量に摸倣されることになった。[13] これらのいわゆる唐扇に対して、室町時代の禅僧たちは、中国文化への憧れから、中国風の扇に関心を抱き、いわば逆輸入というやり方で中国の扇がもてはやされるようになったこともよく知られている。室町時代に日本に輸出された中国の扇は、倭扇のような片張りではなく、中付けと呼ばれる両面張りの扇にされ、その手法を差骨と呼んだ。

さて、檜扇としては平安時代のものとして最も古いと考えられているのが十二世紀初頭頃に制作された佐太神社の檜扇である。江上綏氏は一一一二年と推定される西本願寺本三十六人家集に近い頃に製作されたと考えている。[14] この檜扇の裏表には絵画が描かれているが、地には白の絵具、そこに群青と緑青、そして裂箔を散らしている。表の主題は鶴で、周囲に松林が描かれている。鶴や松樹や菖蒲に似た植物の配置を見ると、弧を描く扇の形式に沿って、円弧を描くように並置されている。

続いて、《扇面散らし屏風》（十六世紀、出光美術館蔵）の中の「松尾大社図」〔図7〕では、松尾大社とその周辺の渡月橋の景観を描いた扇面画は、金地に映える画面を美しく強調しながら、大社の手前の林と川の描写を扇の弧に合わせて曲線を強調するように曲げて描いている。しかしながら、それに対して、松尾大社の建物は、扇

図7　「松尾大社図」

図8　狩野永岳《竹図》

形の円弧の線とは無関係に、水平方向に延びる直線で描かれている。やはり、絵師の立場としては、本来、直線の要素で出来上がっている建物の形態を歪めることは避けたかったに違いない。しかし逆に、画面全体の空間としては、やはり扇形の枠組を無視することはできず、社殿の正確な幾何学的形態モティーフとは矛盾するやり方で、手前の景観は扇形に合わせて大きく曲げられた。つまり、二つの異なる空間把握（描写）を一つの画面に組み合わせ、違和感なく融合させるという、画面構成上の奇抜な工夫が見られるのである。

また、花卉図を描いた扇面画の中、特徴のある作品を挙げると、画面の中央に樹木の幹の部分を大きく拡大して描く作品が興味を惹く。たとえば、京狩野第九代の狩野永岳筆《竹図》〔図8〕などであるが、画面の中央左に太い竹幹の部分が、空間を分断するように描かれ、しかも、幹の上下の部分が画面の枠で切り取られた描写となっているため、扇面画の中では特異な画面構成を示している。この構図は、狩野派、四条派、琳派など多くの画家たちが試みている。この半ば奇抜な構図と形態モティーフは、やがてフランス十九世紀のドガにまで影響を与えることになる。フランスでは一八七八年にパリ万国博覧会が開催され、日本の美術工芸作品が出品されたが、それらの中に扇面画が含まれていた。

問題は、これら日本の扇面画を受容したフランスやその他のヨーロッパの画家たちが、扇面画の特殊な画面形式に関心を抱き、それを日本趣味の文脈の中で採り入れた

図9　ゴーガン《マルチニック島の風景》

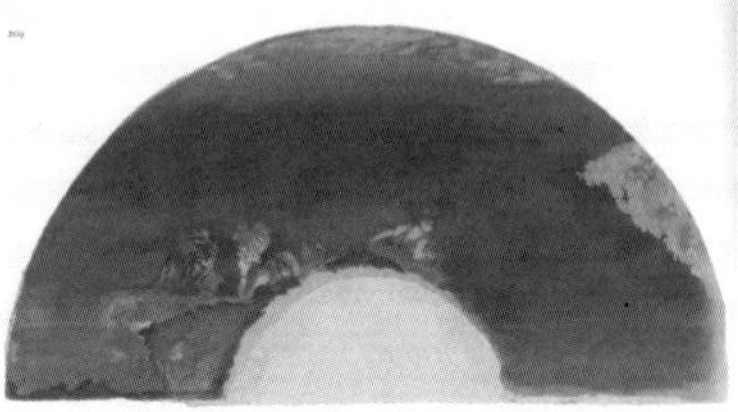

図10　ドガ《踊り子たち》

ものの、そこに描かれた絵画自体は、通常のキャンバスに描かれた絵画とまったく同じであって、方形の画面に描かれた描写を、扇面形式の枠によっていわば切り貫くやり方で描いたのである。後期印象派のポール・ゴーガン（Paul Gauguin 一八四八－一九〇三）は、扇面画《マルチニック島の風景》（Scène de la Martinique）（国立西洋美術館蔵、一八八七年）〔図9〕を制作したが、その画面では屈曲する扇面形式についてはほとんど考慮することなく、方形のキャンバスに描くのと同様の西洋風景画を扇形の画面内に描いた。要するに、西洋の画家たちの多くは、日本の扇面画を受容するときに、絵画的な描写法ではなく、扇面形式という枠組のみを受け入れたわけである。

さて、こうした西洋型の表現を見せる扇面画の中で、例外的に十九世紀フランスの画家エドガー・ドガ（Edgar Degas 一八三四－一九一七）は、西洋絵画の伝統的描写法を半ば放棄して、興味深い特殊な扇面画を制作した。ドガの扇面画は、東西の扇面画をめぐる文化交渉の重要な一事例であることはいうまでもない。一八七九年にフランス印象派の作風に近づいたドガが制作した扇面画《踊り子たち》（ルモワーヌ五六六番）〔図10〕は、数多くのドガの作品群の中にあっても、空間の扱いが斬新で、一九世紀後半のフランス美術史上において、とりわけ独創的な絵画という印象を強く与えるであろう⑮。ドガによる舞台の書割を暗示するモティーフの配置は、ドガの作品中にあっても、例外的といえる特異性を覗かせている。こうした空間は、日本や中国の水墨画などに指摘できる平面的な「地」と酷似する。要するに、同時代のピサロやゴーガンの扇面画が、浮世絵などの思い切った構図を採用しているにもかかわらず、やはり西洋の伝統的な遠近法的空間を基礎にして描かれていることを考えれば、ドガのこうした性格は、独自の領域を開拓していると断言できるのである。

一九八二年に興味深い論文「ドガの扇面画」を執筆したマルク・ゲルスタインが詳細に言及しているように、日本の扇（扇面画）が展示された一八六七年の万国博覧会などをきっかけにして、一八七〇年代および八〇年代には、日本の扇が大量にヨーロッパに輸入されることになり、パリの街でも数多くの工芸品としての扇が出回ったといわれる。(16)さらに、ゲルスタインによると、この時期にドガが扇面画を制作した理由のひとつに、生活費、正確には美術作品などを買うための小遣いを稼がねばならない経済的問題があったということである。(17)

ドガの扇面画《バレー》（一八七九年、メトロポリタン美術館蔵、ルモワーヌ四五七番）では、踊り子たちの姿は、逆光にされたかのように、暗い背景に埋没するほど黒く描かれている。彼女たちの姿は、金泥によって輪郭線が引かれることで、ようやく識別できるのみである。周囲の書割装飾も銀泥を使って描かれているため、画面全体の印象は、琳派の屏風絵、あるいは黒漆地に金銀泥で描いた漆器を想い起させる。この点に関する近年の研究によれば、ドガが尾形光琳あるいは琳派の作品を間違いなく知っていた、という指摘がなされている。(18)

以上、東西の扇面画の発生、伝播、影響、変貌という複雑な美術交渉の展開は、日本から朝鮮半島を介して中国へと伝わり、東アジアにおける扇面画の確立という美術交渉的な姿を明らかにした。しかし、それらの美術交渉は東アジアに止まることなく、やがて十六世紀後半頃には中国の唐扇がヨーロッパに流入することになった可能性が高い。そして、十九世紀のヨーロッパにおいて、東アジアの扇面画の第二の発信とでもいうべき美術交渉的な状況が、日本からフランスへ、そしてヨーロッパ各地へと伝播していくことになった。しかも、これらの伝播は、一方から他方へと一直線に伝わったのではなく、日本から中国に伝わった扇面画が、今度は中国から日本へと逆輸入されることになり、それによって確立した日本の扇面画が、今度はヨーロッパへと伝播していくことになる。また、朝鮮半島へ伝わった日本の扇が、朝鮮風に改変されて、日本に輸出されるという現象も生じた。すなわち、扇面画の美術交渉は、東アジアやヨーロッパの各地域において、相互に影響し合いながら広範囲の地域に拡大していったのである。少なくとも十九世紀に至るまでの美術作品の制作に関しては、海外から多くを受け入れることが多いものの、発信の少ない日本の美術作品のあり方という観点からいえば、扇面画による美術交渉は、日本の美術文化の海外への伝播という点で、非常に珍しい例であるのみならず、それらがまた逆に輸入されるという複雑な様相をも明らかにしている。扇面画の伝播は、東アジアやヨーロッパの美術交渉、そして文化交渉の一つの典型を示しているといってよい。

五　おわりに

いうまでもなく、美術史研究は現象を扱う学問であり、目に見える色や形を離れて、その背後のものに遡ることは邪道だと考えられるかも知れない。こうした主張は学問的には正当であるが、それでもなお、現象としての色や形を見えない根底で支えている何ものかを問うことにも価値があろう。美術作品という現象の奥底に、滔々と流れる水脈があることを簡単に否定することはできない。形態として直接見ることのできない陳進の心情が、彼女の作品を背後で支えているという精神に関わる思考は、美術史研究からの逸脱であろうか。陳進と二二八事件との関わりも、そうした「心」の問題として浮上してくるにちがいない。

大きな転換がなされつつある今日、日本美術史研究の動向と実態を、狭く閉ざされたナショナルな学問研究を越えるという意味での「一国主義を越える」美術史研究として展開させることは有効であろう。妙心寺春光院の障壁画と袁派の絵画をめぐる問題は、そのささやかな問題提起である。

くどい言い方ではあるが、ここで問題となるのは、ジャポニスム研究をはじめとする日本美術とフランス美術の影響関係をめぐる従来の二国間の古めかしい比較研究ではない。美術作品の影響関係というのは、現実には非常に複雑で、甲と乙が似ているといったところで、それ以外に、どこかに隠れている丙、あるいは丁の影響が微妙に反映しているということを否定することは難しい。こうした複雑に絡み合い重層化する影響関係を、厳密な学問と称して、甲と乙の二つに限定して研究することは、事実の抽象化、簡略化であり、そこに大きな誤謬が生じる可能性も浮上する。美術史的に厳密な比較研究であるとの素朴な思い込みが、意外にも単純化を生じさせ、事実から離れ、誇張された結論に導かれてはいないだろうか。つまり、研究者の個人的な関心に基づく緻密な比較研究が、ある特定の作品に偏って集中してなされたとき、研究対象から外された他の作品との整合性や均衡が崩れるわけで、美術史の流れそのものが誤った理解に陥ることになろう。その観点からいって、美術史の流れ全体を把握するために、共時的に誕生した作品を扱う美術史研究の意義をも考えるべき時代を迎えたのではなかろうか。そのことはまた、実証性を欠く昔の文化史的な美術史研究への回帰ではない。

さらに、日本近代絵画史におきまりの研究課題であったファン・ゴッホやセザンヌらのコンプレックスに満ちた受容研究は、一定の成果を上げたとはいえ、日本の風土の中から立ち上がる日本美術史研究を阻害し、歪んだ植民地主義的な雰囲気を醸し出したことも事実である。従来の受容研究は、一見すると、グローバリゼイションの一環だと思われがちだが、実のところ、これほど日本を歪めて特化した研究は他にはない。要するに、一国主義の裏返しの研究である。そうした日本近代洋画史研究が陥りやすい研究姿勢を脱却し、日本美術の越境・拡張に基づく東アジア美術史研究として、真のグローバリズムに即した方法論の構築が望まれる。

要するに、近代化百五十年の流れの中、日本の研究者を呪縛した西洋中心の植民地主義的な学問研究を突破することが求められているのである。換言すれば、西洋の学問とその方法の焼き直しになりがちな日本美術史研究の限界を見据えて、日本やアジアの風土の中から自立的に築き上げられるとともに、一方で、日本の外から眺め思考する日本美術史として、ナショナルな枠組を越えた方法論に立脚する新たな日本美術史研究の構築を目指さねばならない。ここで提唱するのは、妙心寺の障壁画を、国家を越えた如何なる範囲で理解するのか、という東アジア美術史の構想である。つまり、「日本」を取り去った「日本」美術史研究である。京狩野派と袁派について考察するだけでも、戦後に展開した一国主義による、いわば鎖国的な日本美術史研究は、今後のグローバリズムの潮流の中で徐々に崩壊していくであろう。そして、日本で誕生した扇とそこに絵画を描いた扇面画の東アジアにおける伝播は、フランスなどヨーロッパへの展開をも含めて、非常に複雑な伝播と受容を繰り返した。これこそが文化交渉学のあるべき姿であって、ここに美術交渉論を越境して、文化交渉学へと変容する日本美術史研究の新しい方法論の萌芽を見ることができるのではなかろうか。

注

（1）藤田髙夫「東アジア文化交渉学の対象と方法――グローバルCOEプログラムの開始にあたって――」、『或問』第

一三号、近代東西言語文化接触研究会、平成十九年（二〇〇七）、一－八頁。

（2）拙著「春光院客殿の障壁画――狩野永岳の壁貼付絵と襖絵――」、『関西大学博物館紀要』第三号、関西大学博物館、平成九年（一九九七）三月、一〇六－一一〇頁。

（3）同書、九九－一一〇頁。拙著『大坂画壇はなぜ忘れられたのか――岡倉天心から東アジア美術史の構想へ――』、醍醐書房、平成二十二年（二〇一〇）、一一二－一一三頁。

（4）拙著「近世近代の日本絵画における美術交渉」、『関西大学東西学術研究所紀要』第四五輯、関西大学東西学術研究所、平成二十四年（二〇一二）参照。

（5）袁江の生涯については、聶崇正『袁江 袁耀』（中国名画家全集）、河北教育出版社、二〇〇三年を参照。

（6）林育淳「一九三〇年代の陳進――一九三五年作《悠閒》から――」、『台湾の女性日本画家生誕百年記念・陳進展』、渋谷区立松濤美術館、兵庫県立美術館、福岡アジア美術館、二〇〇六年、一一－一五頁。

（7）陳進口述、鄭秀娟編「九分努力」、「雄獅美術」第二八二期、雄獅美術出版社、一九九四年八月、九頁。

（8）中村清兄『日本の扇』、大八洲出版株式会社、昭和十七年、二〇七頁。河田昌之「扇絵概説」、『特別展 扇絵――日本・中国・朝鮮半島――』、和泉市久保惣記念美術館、一九〇〇年、一五頁。

（9）前掲書、中村清兄『日本の扇』、二一二頁。

（10）同書、二三〇頁。

（11）同書、二三頁。

（12）前掲書、河田昌之、一〇頁。

（13）前掲書、中村清兄『日本の扇』、二〇九頁。

（14）江上綏『扇面画（古代編）』（日本の美術319）、至文堂、二一頁。

（15）Jean Sutherland Boggs, *Degas*, The Metropolitan Museum of Art, New York, National Gallery of Canada, Ottawa, Réunion des Musées Nationaux, Paris, 1988－89, p.324.

（16）Marc Gerstein, "Degas's Fans", *Art Bulletin*, LXIV; 1, mars 1982, pp.106－107.

（17）Ibid., pp.107, 109.

（18）Galeries nationals du Grand Palais,（Paris）et Musées National d'art occidental（Tokyo）, *Le Japonisme*, Réunion des musées nationaux, Paris, 1988, p.186.

明治洋画界における青木繁

髙橋沙希
（東西学術研究所
非常勤研究員）

一　はじめに

洋画研究は司馬江漢（一七四七～一八一八）や亜欧堂田善（一七四八～一八二二）などによって開始され、明治九（一八七六）年に工部美術学校が設立された後は、さらに本格的に研究がなされていく。その後、岡倉天心（一八六三～一九一三）とアーネスト・フランシスコ・フェノロサ（Ernest Francisco Fenollosa）（一八五三～一九〇八）による洋画排斥運動などもあったが、フランスから帰国した黒田清輝（一八六六～一九二四）が東京美術学校の教授になった頃には、洋画は日本画と勢力を二分するまでに成長し、多くの洋画家が日本の風景や歴史を題材にして西洋とは異なる日本独自の油彩画を描き上げるようになった。

しかし一般的に明治の洋画といえば、現代においても西洋の模倣だという印象が強い傾向にあり、それらの評価は西洋美術との比較ではなく、日本近代美術史の範囲に留まっている。そのような中で、青木繁（一八八二～

図1　青木繁《海の幸》1904年　石橋財団石橋美術館蔵

一九一一）は、高い技術と豊かな表現力などによって、日本近代美術史において重要な存在として捉えられている。本稿では、明治の洋画家である青木の作品を分析することで、明治洋画においても単なる西洋の模倣ではない作品が描かれていたことを指摘したい。

まず青木とインド文化の関係について考察する。青木作品における西洋美術との関わりが頻繁に指摘されている一方、彼の数枚のインド文化に関する作品については、図録や画集において紹介・解説などがされてきてはいるものの、これまで詳細に論究されてこなかった。そこで、青木作品とインド文化との関係を通じて、青木作品における、西洋だけではない幅広い興味について言及する。またその中で、インド文化と関わりが深かった日本美術院の作品についても触れたい。次に彼の代表作である《海の幸》（図一）に焦点をあて、青木と海外美術、とりわけインド及び西洋の世紀末美術との関係について再確認する。結論としては、油彩画の技術は確かに西洋から伝わったものではあったが、明治洋画の中には単なる西洋の模倣だとはいえない、明治時代の背景があったからこそ描かれた作品があるということを明らかにする。

二　インド文化に関する作品

青木繁は明治三六（一九〇三）年から明治三七（一九〇四）年頃までの一時期に、インド文化に関係する作品を数枚描いている。インド文化といっても、インド文化にはさまざまな要素があり、具体的に青木の作品には、インドの宗教に関する人物や儀式の様子、あるいは宗教とは関係のない何気ないインドの生活の様子が描かれた二種類がある。それらの共通する要素としては、どの作品にもインド人と考えられる人物が描かれているという点である。

まずインドの宗教に関する作品としては、《闍威弥尼》（一九〇三）（図2）、《優婆尼沙土》（一九〇三）（図3）が確認できる。青木は、明治三六年（一九〇三）の白馬会第八回展に数点の神話画稿を出品している。そのうち、現在では《黄泉比良坂》と《闍威弥尼》が遺存するのみで、出品された作品の正確な点数や、作品の題名などは不明であるが、そこには《闍威弥尼》や《優婆尼沙土》のようなインドの宗教に関する作品が含まれていた。

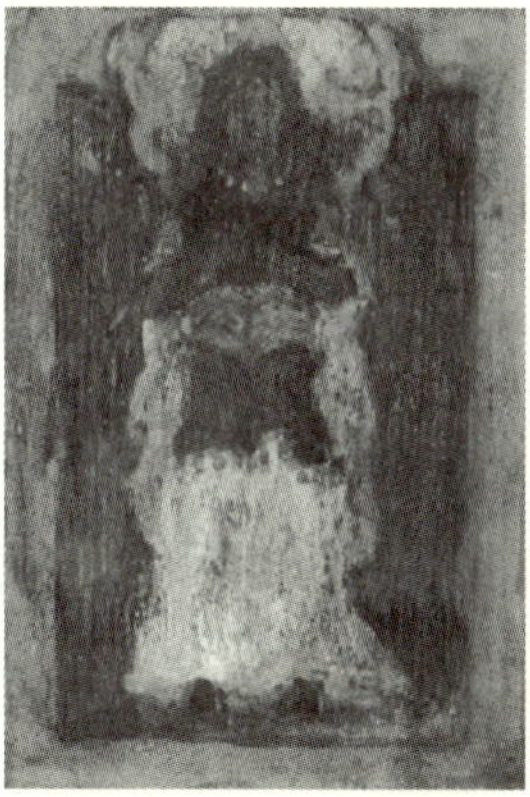

図2　青木繁《闍威弥尼》
1903年　石橋財団石橋美術館蔵

《闍威弥尼》は、縦一四・七cm、横一〇・三cmの小作品である。画面の中心にミーマーンサー学派の開祖であるジャイミニが椅子に座った姿で描かれている。椅子の背もたれには金色で植物文のようなデザインが施されており、画面の周囲にも金色が使用され

図 3　青木繁《優婆尼沙土》 1903 年

ている。ジャイミニは緑色・赤色・白色を基調とした色鮮やかな衣装を身にまとっている。現在の色彩は全体的に暗い色調となっているが、金色・赤色・緑色・白色などで表現された画面は、当時は美しい神秘的な画面であったことが推測される。

青木がジャイミニを正しく男性として描いているのかどうかは疑問である。ボリュームのある赤褐色の長い髪は、明治三九（一九〇六）年に青木が描いた《旧約聖書物語挿絵三 紅海のモーゼ》におけるモーゼなどを想起させる一方、しっかり閉じられた足や狭い肩幅は女性を連想させる。ジャイミニは正面を向いているものの、表情を明確に確認することはできない。しかしながら薄く描かれた表情に目を凝らすと、その顔は穏やかで可愛らしいようにもみえる。さらに胸の前で組まれた手からは、この人物が何かを祈っているようにも、考え事をしているようにも思われる。

《優婆尼沙土》は現在行方不明となっているが、『青木繁画集』（政教社、一九一三年）においてモノクロの図版が大きく掲載されている。向かって画面右上には、青木のサインと「一九〇三」の制作年が記されている。この場面はウパニシャッドに記されている何らかの儀式を描いていると考えられるが、一体何が描かれているのかは明確ではない。向かって画面の左から右に進む横向きの六名ほどの人物や、菱形模様の床の上に跪く同じく横向きの四名ほどの人物、さらにそれらの人物の左側には柱と、正面を向く人物が数名描かれている。また、ほぼ全ての人物の頭上に光輪を確認することができる。どの人物もボリュームのある豪華な衣装をまとい、胸の前で手を合わせていることで、《優婆尼沙土》と同じく神秘的な画面に仕上がっている。横並びの人物たちの衣装にみられる繊細な線から、画材が筆ではなく、鉛筆あるいは色鉛筆であることが推測される。

当時の色彩を把握することはできないが、蒲原隼雄が「色彩が豊富で神祕な『優婆尼沙土』があつた。(1)」と述べていることや、正宗得三郎が以下のように述べていることからは、この作品が、美しい色彩であったことが理解できる。

二十一歳にしてなした氏の「吠陀の祭」「ウパニシヤド」等の色彩の豊富、感情の神祕、その効果の魅力、實際氏を天才と云ふのは最も適切である。色は明るくして渋く澁く印度の佛畫の如く、無限の空想にも迷つてゐる。(2)

宗教とは関係のない何気ないインドの生活の様子を描いた作品としては《印度神話エスキース》(一九〇三頃)(図4)、《丘に立つ三人》(一九〇四)(図5)、《エスキース》(一九〇四)(図6)、《インド人》(一九〇四?)(図7)が確認できる。

《印度神話エスキース》には、二人の異国の雰囲気を漂わせた人物の全身が、全体的に細い柔らかい線で描かれている。青木がインド文化に関して民族的な感覚をもっていたことを示唆する作風である。彩色はされていないが、ワンピースの凝った模様から豊かな色彩が目に浮かぶようである。

二人の人物が、男性であるのか女性であるのかは明確には判断できない。ただ画面に向かって右側の人物につ

図 6　青木繁《エスキース》1904 年

図 4　青木繁
《印度神話エスキース》
1903 年頃

図 7　青木繁
《インド人》1904 年（？）

図 5　青木繁《丘に立つ三人》
1904 年　石橋財団石橋美術館蔵

いては裸体の上半身に胸の膨らみがないことや衣装の下から少し覗いている筋肉質な脹脛から男性であるように考えられる。体全体を片方の人物のほうに傾け、両手を自分の左側に伸ばして、まるで踊っているようである。手と足の部分には、鉛筆によって何度もなぞったような強い筆致があり、どのようなポーズにするか試行錯誤した様子を窺うことができる。

一方、左側の人物については、顎部分に髭が生えているようにもみえるが、それは口のようにも、首につけた装飾品のようにもみえる。背が低く、全身を覆うようなサイズの大きいワンピースを着用していることから、女性であるのかもしれない。目は笑っているようである。ワンピースから少しだけ見える足の先や、頭の上のふわりとした大きめの帽子が可愛らしい印象を与えている。

《丘に立つ三人》は、青木の代表作である《海の幸》と同年の明治三七（一九〇四）年に描かれた作品である。《印度神話エスキース》と同様に、民族的な雰囲気が漂う。褐色の肌や服装から、インド人の女性であると考えられる。当時発行されたインド文化に関する書物を確認すると、それらに掲載された挿絵などからインド人の服装などを把握できるので、青木はそれらの書物を参照して服装を描いたのかもしれない。この作品について、貝塚健氏は以下のように述べている。

描かれた人物はだれなのか分からない。3人のインド古代風人物の風俗画とも考えられる。水彩の滲み、たらし込みが効果的で、朱色、青、黄色の配色もたくみである。青木の鋭敏な色彩感覚が発揮された小品ということができる。(3)

貝塚氏が述べているように、女性たちの衣服には鮮やかな色彩がたくみに用いられており、日本ではない異国の雰囲気がうまく表現された作品である。縦一六・二㎝、横一三・七㎝の小さな作品で、紙に水彩で描かれている。画面の上部三分の二には、ふわりとした白い雲が浮かぶ青い空が、画面の下部三分の一には黄緑色の丘が広がっている。その風景の中に三人の女性が立っている。

三人は一体何をしているのであろうか。それぞれ身体を寄せ合っている。向かって画面の一番左側の女性は中央に立つ女性の右腕を両手で握っているようにもみえる。一番右側に立つ女性は右手に水瓶を持っているので、水を汲みに行く途中なのかもしれない。表情は明確に描きこまれておらず、どのような表情なのか、目線がどこを向いているのかは判然としない。ただ三人とも口元が赤くなっており、特に一番右側の女性の口元が開かれていることが確認できる。一番左側と中央の女性の二人が顔を画面の右側に向けていることから、二人は一番右側の女性の話に耳を傾けているのかもしれない。あるいは一番右側の女性を超えた、さらに向こう側にある何かを気にしているのかもしれないし、丘からの景色をみているようにもみえる。一番右側に立つ女性は、他の二人とは別の方向を向き、前方に上半身の重心をのせていることから、ちょうど歩き出そうとしているようでもある。三人の女性の顔の方向に変化がつけられていることで、画面がバランスよく整っている。

《エスキース》(一九〇四)は《丘に立つ三人》と同様に、褐色の肌や服装から、インド人が描かれていると考えられる。四人の男性が立っており、《丘に立つ三人》とよく似た雰囲気の作品だといえる。河北倫明氏は、《丘に立つ三人》と同じく三原色を土台にしたものであることを指摘している。またこの作品を「大作にするつもり」であったということを記している。(4)

四人の人物は画面の中央ではなく、やや画面に向かって右側に寄せられて描かれている。服装がそれぞれ異なったデザインであることで画面に面白味が出ている。また、一番右側に立つ男性と右から三番目に立つ男性の服装に寒色が用いられ、他の二人の男性には主に暖色が用いられていることで、画面に変化と統一感が出ている。手には剣、あるいは槍のようなものを持っており、戦いに行く前のようにもみえる。男性たちは身体を寄せ合い、画面に向かって右側の三人は画面の右側を、左側の一人は左側を向いている。まるで周囲の様子を窺っているようである。この作品についても表情は判然としないが、目元部分は濃い影になっており、彫りの深い異国の人物を想起させる。

《インド人》は、青木と同郷の詩人である高島宇朗の『せ、らぎ集』の挿絵の一枚として掲載されている。高島は、明治三五（一九〇二）年に『せせらぎ集』（文明堂）の初版を出版した後、昭和二（一九二七）年に福永書店から改訂増補版を出版しており、その改訂増補版に青木の挿絵を四点使用している。高島は青木の四歳年上で、青木と同様に中学明善校を中退し上京をしている。高島と青木の交流は明治三六（一九〇三）年の末頃からはじまっており、《海の幸》の舞台である房州布良の海を青木に紹介したのも高島である。

《インド人》には、画面に大きくインド人の男性の胸から上が描かれている。色鉛筆だと思われる力強い筆致からは、青木の瑞々しい若さが伝わってくるようである。青色と赤色が基調となっており、画面に向かって左上に「AoKi」のサインが記されている。このサインとインド人の被るマント、及びインド人の唇には濃い朱色が使用され、その他の部分は主に青色が用いられている。インド人の太い眉毛、正面をやや上目使いで見つめる大きな目、白い歯が見える開かれた口元からは、何かを訴えているようである。

以上の作品分析から把握できることは、青木が具体的なインド文化を表現しようとしているというよりも、むしろインド文化の神秘的な雰囲気を表現しようとしているということではないだろうか。青木に詳細なインドの知識があったのかどうかはわからないが、その知識を明確に絵画化しようとしていたわけではないことが画面から理解できる。青木は西洋の世紀末美術のはじまりであるラファエル前派の甘美的な雰囲気に惹かれ、彼らの構図を頻繁に用いていたが、それと同様に、青木はインドという異国の神秘的な雰囲気に惹かれ、作品の主題として選択したのではないだろうか。作品分析でみたように、《印度神話エスキース》における踊っているようにもみえる意味深な動きをしている男性や、《エスキース》などにおける美しい装飾の服装は、青木が描きたかったインド文化の雰囲気を表現するために必要な要素であったのだろう。そのような試みは、彼の構想力と、繊細さと勢いを兼ね揃えた筆触によって見事に成功し、画面にはインド文化の持つ神秘的な情調が表現されている。どの作品も比較的素早い筆致で、表情や状況などが丁寧に描かれていないにもかかわらず、青木の作品に描かれた人物には動きや生命感があり、その場の雰囲気が伝わってくるようである。

三　青木繁とインド文化

青木がインド文化に関心をもっていたことは、青木のインド文化に関する作品からだけではなく、青木自身の発言からも理解することができる。残されている青木に関する文章がほとんどすべて掲載されている『假象の創造［増補版］』（中央公論美術出版、二〇〇三年）においては、青木のインドに関する発言を一〇箇所以上確認することができる。また、その中に掲載されている明治三八（一九〇五）年二月発行の雑誌『白百合』二〇巻四号の記事には、青木が「印度建築」の本を持っていたことも記されている。[5]

さらに青木の友人である森田恒友は、青木が「印度神話」についての原稿を書いていたと述べているし、[6]同じく青木の友人である岩野泡鳴は、駒込追分町で下宿していた時期、つまり青木のインド文化に関する作品の制作時期とも重なる、明治三六（一九〇三）年から明治三七（一九〇四）年の時期に、その下宿先にインド人も下宿していたことを以下のように述べている。

「そこには印度人も下宿してゐた。その印度人の話を聴いて、印度へ行つて見たいと云い出した。(7)」

岩野泡鳴の発言から、《印度神話エスキース》や《丘に立つ三人》などのインド文化に関する作品に描かれた人物たちは、その時に下宿していたインド人をモデルしているとも考えられる。また、青木がそのインド人からさまざまな話を聞いて発想を膨らませた可能性もあるだろう。

このような青木のインドについての発言と追想に関しては、青木の宗教観について言及した拙稿(8)の中ですでに検討を加えたので、ここでは以下の四つの文章のみを挙げておくことにする。以下の文章からは、青木がインドを東洋諸国として認識し、日本と関係の深い国であると考えていたことや、青木がさまざまなインド哲学の知識を得ることによって、作品の構想を練っていたことを推測することができる。

支那でも印度でも昔は非常に盛んであつたけれ共今日では東邦諸國の繪畫は衰頽涸渇して居るのですから（以下略）。［明治三八（一九〇五）年(9)］

（前略）異なつた風潮つまり嘗ては支那なり印度なり其他東邦諸國との日本の接觸が奈良なり平安なり、下つて近く徳川の時代に到る迄の間を色々と美しい花を飾らして來たところの我藝術が…（後略）。［明治三八（一九〇五）年」[10]

アッシリアよりペルシャより、矢張猶太の舊約、印度の吠佗が一番立派でせう。（中略）吠佗ですか、まだ今種々な方面から研究して見て居るので何れ其中に申しませう。私の研究の順序は始は釈迦文教です、是れは勿論吠佗ではありません。それからアタルヴァに這入つて、リグに入つてヤジュルに入つてサーマに入つて、又アタルヴァに出たのです。其中色々な畫稿が出來たのです。イヤ愉快なのは御存じの通り四部に附いて居るブラフマーナのアーラヌヤカ（深林篇）中のウパニシャットで、印度の舊約聖書と云つていいです。幽玄といひますか、美妙といひますか、實に久遠なものです。［明治三八（一九〇五）年」[11]

サンスクリットを研究して居る、或本屋は今年中に印度に行つて呉れと云つて居る、まだ金が無いから其中にと曰つて居る［明治四〇（一九〇七）年」[12]

青木がこのようにインドに興味を持ったのは、当時の時代背景も関係していると考えられる。青木がインド文化に関する作品を描いた時期、仏教の源流であるインドと日本は文化的にも政治的にも交流関係にあった。また、青木が利用したと考えられる帝国図書館、すなわち国立国会図書館の書物を調査すると、青木が東京美術学校に入学した当時、地理・哲学・インド哲学など多くのインド文化に関する書物が日本で出版されていたことが把握できる。

さらに、この時期は日本画においてもインド文化との関わりが強い時期であった。岡倉天心は、明治三四（一九〇一）年頃からロビンドロナト・タゴール（Rabindranath Tagore）（一八六一〜一九四一）と深い関係になり、明治三五（一九〇二）年には岡倉天心はインドで『The Ideals of the East』（一九〇三、ジョン・マレー社）を完成させたとされる。

また明治三六（一九〇三）年の一月には横山大観（一八六八〜一九五八）と菱田春草（一八七四〜一九一一）がインドに出発している。岡倉天心がトリプラ藩王国の王から王宮の装飾依頼を受け、横山大観と菱田春草の二人にインドに行くことを提案したためである。青木のインド文化に関する作品を描いた時期が明治三六（一九〇三）年から明治三七（一九〇四）年頃であることを考えると、このような時代背景は興味深いものがある。また明治三七（一九〇四）年以降には、青木のインド文化に関する作品を確認することができなくなるが、明治三六（一九〇三）年に、初期の日本美術院の展覧会が停止していることと何か関係があるのかもしれない。

同時代の日本美術院の画家が描いたインド文化に関する作品としては、勝田蕉琴（一八七九〜一九六三）が明治三八（一九〇五）年から明治三九（一九〇六）年頃に、《乳糜供養（画稿）》（図8）、《降悪（小下絵）》（図9）、《インド画稿》（図10）、などの作品を描いている。《乳糜供養（画稿）》と《降悪（小下絵）》には、《優婆尼沙土》にみられるような、頭上の光輪も確認できる。

《乳糜供養（画稿）》には、苦行では悟りを得ることができないと気付いた釈迦に、スジャータという女性が、乳糜、つまり乳粥を捧げる場面が描かれている。乳粥によって回復した釈迦は、その後悟りを開く。このことからスジャータは、釈迦が悟りを開くきっかけを作った人物として知られている。《降悪（小下絵）》には、釈迦が悟りを開くのを邪魔するマーラという魔神を降伏させる場面が描かれている。釈迦の表情は硬く、動じまいとしているようにもみえる。《インド画稿》にはインドの風景のひとつである洞窟が丁寧に描かれている。画面全体

図 8　勝田蕉琴
《乳糜供養（画稿）》
1905-1907 年

図 10　勝田蕉琴
《インド画稿》
1906 年頃

図 9　勝田蕉琴
《降悪（小下絵）》
1906 年頃

に深い洞窟と霧が広がり、向かって画面の右下に二人の裸体の人物が描かれている。一人は手を後ろに付きながら腰掛けており、もう一人は手を前方に放り出し、うつ伏せの状態のようにみえる。両者の周囲にのみ赤色が使用され、画面の奥には空と白い月が見えている。

勝田蕉琴は明治三八（一九〇五）年に東京美術学校を卒業した後、インドに渡っている。《乳糜供養（画稿）》、《降悪（小下絵）》、《インド画稿》、すべて完成作品ではないが、青木の作品と比較して人物の表情や背景が丁寧に描かれていることがわかる。それは実際にインドで体験した出来事が、作品に生かされているからだともいえるが、勝田蕉琴が表現したかった主題が、青木のようにインド文化の雰囲気などという抽象的なものではなく、釈迦という人物について、あるいは異国であるインドの風景を明確に画面に表現したいという考えがあったからではないだろうか。

　青木のインド文化に関する作品よりも早い時期に描かれている作品としては、下村観山（一八七三〜一九三〇）の代表作である《闍維》（図11）などがある。

　この作品は明治三一（一八九八）年に開かれた第一回日本美術院展に出品された作品で、仏教の開祖である釈迦の火葬の場面が描かれている。明治三一（一八九八）年というと、青木が東京に上京する前年であり、青木はこの展覧会を鑑賞することはできなかったと考えられるが、《闍維》は銀賞を獲得しており、青木が後に目にした可能性はあるだろう。《闍維》にはインド人と思われる人物が数人描かれているのだが、向かって右端から二人目の褐色の肌をした一見インド人にもみえる僧は下村観山自身だといわれている。

　金の棺や色彩豊かな衣装によって厳かで神秘的な雰囲気に仕上げられている。神話好きの青木が、このような日本画における神秘的な画面をみて、自らもインド文化に関する作品を描きたいと考えたとしても不思議ではない。

図11　下村観山《闍維》1898年　横浜美術館蔵

　ただ日本美術院の画家たちの場合は、青木がインド文化に関する作品を描いた時期というよりも、それ以降の大正や昭和にかけてインド文化に関する主題が増えていく傾向がある。特に彼らは釈迦に関する作品を多数描いており、それらの作品の多くには《優婆尼沙土》にみられるような頭上の光輪を確認することができる。

　加えて、明治三五（一九〇二）年に描かれた横山大観の《迷児》（図12）には、童子とともに、聖人である孔子・

図12　横山大観《迷児》1902年　部分

釈迦・キリストが描かれている。

聖人に囲まれた童子が、どの教えに従うべきかを迷っている場面である。木炭で描かれ、やはり神秘的で厳かな雰囲気を出すために金色が使用されている。先ほど述べたように横山大観もインドに実際に行ったことのある画家である。その後も多くのインド文化に関する作品を描いている。

ところで、《闍威弥尼》の分析のなかでも少し触れたが、青木はキリスト教に興味をもっており、明治三九（一九〇六）年に中村吉蔵によって出版された『旧約物語』（金尾文淵堂、一九〇七年）の挿絵である《旧約聖書物語挿絵》を計八枚描いている。キリスト教に関する作品がそれほど多くなかった時代に、横山大観の《迷児》のような釈迦とともにキリストが描かれた作品は青木の興味を刺激したに違いない。

さらにインド文化に関する作品ではないが、横山大観と一緒にインドを訪れた画家である菱田春草（一八七四～一九一一）の《王昭君》についても触れておきたい。

これは《迷児》と同じく明治三五（一九〇二）年に制作された作品である。古代中国の物語が主題となっており、王昭君という美女が匈奴の王の嫁として送られる場面が幻想的に描かれている。王昭君だけではなく周囲の女性たちの落ち込んだ様子も窺える。淡く彩色された人物たちは物悲しい雰囲気を出している。横長の画面に女性たちがずらりと並んでおり、彼女たちは向かって画面の右から左に進んでいるようにもみえる。背景の上部には金色が使用されている。

描かれた時期や画面の構図からは、明治三六（一九〇三）年の《優婆尼沙土》や明治三七（一九〇四）年の《海の幸》が思い浮かぶ。勿論、青木作品とは異なり輪郭線はなく、人物たちも列にはなってはいないものの、金色が使用されていることや画面の一方からもう一方に進んでいるようにもみえる構図に類似点が見出される。朦朧体で描かれたこのような作品を、青木がどのように考えていたのかはわからないが、青木がこのような構図や主題に興味をもった可能性はあるだろう。

これまで青木と日本画に関しては、全くといってよいほど触れられてこなかったが、青木が日本独自の油彩画を描くうえで、日本画を全く見なかったということはないはずである。また、青木が通っていた東京美術学校の校長であった岡倉天心はすでに辞職していたものの、当然存在や活躍については青木も知っていたであろう。岡倉天心を中心に、日本とインドの関係が深まっていく時期であったからこそ、青木のインド文化に関する作品が誕生したのだともいえる。

以上のことから、青木が西洋だけではなく、インド文化や自国である日本の絵画にも興味をもち、思考錯誤しながら作品を描いていたということが理解できるだろう。

四　《海の幸》と海外美術

ここでは青木繁の代表作である《海の幸》における海外美術との関わり、特にインド文化と西洋の世紀末美術との関わりを確認することで、青木の幅広い興味と独自性を指摘したい。

《海の幸》は、明治三七（一九〇四）年、青木が二二歳の時に描いた作品である。青木は、その年の七月から八月、友人の坂本繁二郎・森田恒友・恋人の福田たねと千葉県の房州布良を訪れ、この《海の幸》を制作した。モチーフは、数人の漁師、鮫、海、砂浜であり、一見実際の光景を写生した作品であるようにみえるが、実際にはそうではないことが、友人の坂本繁二郎の証言から明らかになっている。坂本繁二郎が浜辺で遭遇した壮絶な水揚げの話を青木にしたところ、青木がその話を聞いて、すぐに画面の構想を練ったことや青木が大漁の水揚げの光景を全く見ていないこと、さらに人も浜も海も現実の情景とはまるで異なっていることなどを坂本繁二郎は述べている(13)。

また、《海の幸》の画面には、観者を見つめる白い顔の人物、黒色の力強く荒々しい素描、あたかも画稿のような塗り残しの部分などがあり、それらによって奇妙で不気味な雰囲気が醸し出されている。

まずこの作品におけるインド文化との関わりについては、すでに言及したように、《海の幸》における横向きの人物たちが並んで画面の端から端に進んでいくような構図は、《海の幸》の前年に描かれているインド文化を主題とした《優婆尼沙土》に確認することができる。並ぶ方向は逆で、また進むというよりは、止まって祈っているようにもみえるが、横向きの人物が並んでいるという点は同じである。

また、《海の幸》における交差する銛を持つ人物たちは、同年に描かれているインド人を描いた《エスキース》における交差する剣、あるいは槍のようなものに類似している。

また他のインド文化に関する作品、例えば同時期に描かれた《印度神話エスキース》、《丘に立つ三人》、《インド人》などにみられる民族的な雰囲気や褐色の肌も《海の幸》に通じているように思われる。さらに青木は、《海の幸》を白馬会展に出品した際、どのような作品であったのかは不明だが、《優婆尼沙土賛誦》というインド文化に関する作品も一緒に出品している。

以上の検討から、《海の幸》の画面を構想するにあたり、このインド文化への関心というものが必然的に関わっており、この時期にこのようなインド文化に向けた関心が、すでに青木の中にあったからこそ、現在の《海の幸》の画面が完成したともいえる。

これまで《海の幸》とインド文化との関わりについては言及されてきていないが、今後、青木のインド文化への関心と、彼の代表作である《海の幸》の完成との関わりをさらに検討していく必要があると考えられる。

次に、彼が西洋美術から影響を受けていたということは、周知の事実であるが、西洋美術の影響が、単なる模倣ではないことをここで再確認しておく。

《海の幸》にみられる西洋美術との関わりとしては、インド文化との関わりと同様に、横向きの人物たちが並んで画面の端から端に進んでいくような構図についてである。この横向きの人物たちが一列あるいは二列に並んで画面の端から端に進んでいくような構図は、ラファエル前派のエドワード・コーリー・バーン＝ジョーンズ（Edward Coley Burne-Jones）（一八三三〜一八九八）などにも多く見出すことができる。例えば明治二八（一八九五）年に描かれた《プシュケの結婚》（図13）がある。進む方向は反対であるが、横向きの人物たちが並んで画面の端に進んでいくような構図は同じである。同じく、バーン・ジョーンズの《くじをひく王女サブラ》（一八六五年頃）（図14）や《クピドとプシュケ・王と悲嘆にくれる人々・習作》（一八七二年）（図15）にも人々が並んでいる構図が確認できる。バーン・ジョーンズは、他にも、人々がずらりと並んだ構図を多く描いており、例えばそれは《黄金の階段》（一八七六‐八〇年）（図16）や《聖杯》（一八九〇‐九五年）（図17）などの作品にも見出すことができる。

加えて、スイスの画家であるフェルディナント・ホードラー（Ferdinand Hodler）（一八五三～一九一八）においても、例えば明治二八（一八九五）年の《オイリュトミー》（図18）や、《海の幸》の翌年の明治三八（一九〇五）年に描かれた《感情Ⅲ》（図19）にも同様に、並んで画面の端から端に進んでいくような構図がみられ、まさに同時期の西洋において、特に西洋の世紀末美術において、このような構図が頻繁に描かれているということが理解で

図13　バーン＝ジョーンズ《プシュケの結婚》
1895年　ベルギー王立美術館蔵

図14　バーン＝ジョーンズ
《くじをひく王女サブラ》
1865年頃　大英博物館蔵

図15　バーン・ジョーンズ《クピドとプシュケ・王と悲嘆にくれる人々・習作》
1872年　バーミンガム美術館蔵

図 16　バーン・ジョーンズ
《黄金の階段》1876-80 年
テイト・ギャラリー蔵

図 17　バーン・ジョーンズ《聖杯》
1890-95 年　バーミンガム美術館蔵

図 18　フェルディナント・ホードラー
《オイリュトミー》1895 年　ベルン美術館蔵

図 19　フェルディナント・ホードラー《感情Ⅲ》
1905 年　ベルン州美術コレクション蔵

きる。

しかしながら、同時期の日本には、このような構図を用いて作品を描いている洋画家は、留学していた画家を含めても、青木以外に見出すことができない。群像という点では、当時の美術界の中心人物であった黒田清輝が群像表現を目指したこともあり、和田英作の《渡頭の夕暮》などにおいて、複数の人物が描かれた画面を見出すことができるが、あくまでもそれは風俗画の範囲であり、青木作品のように並んで一方向に進む奇妙な雰囲気を醸し出す構図とは異なる。

そのような中、青木がこの時期にこのような西洋の先端的な構図をとり入れて、《海の幸》を描き上げることができたのは、単に青木が西洋の模倣をしたからではなく、彼が国際的な感覚によって世紀末美術に深く共感することができたからだと考えられる。

また、《海の幸》は、これまで海外美術と構図の類似点が指摘されてきているが、筆触や色彩、あるいは主題などは、青木独自のものであり、このことからも、青木が想像力を用いて自ら構想した画面を描き上げる際に、西洋の構図を巧みに用いたということが理解できる。つまり青木は海外作品を自分の作品に取り入れることによって、より観者の想像力をかきたてる作品創造の工夫をしていたのだと考えられる。

ところで、《海の幸》は、縦七〇・二cm、横一八二cmの比較的大きめの画面であり、黒で輪郭線が描かれていることや、現在ではほとんどはがれているものの、背景が金泥で塗られていたことによって、遠近を感じさせない壁画的な画面になっている。青木繁と同時代の東西の画家にみられる壁画的要素に関しては、拙稿[14]で述べたように、日本においては、黒田清輝と、彼の同僚であった藤島武二(一八六七〜一九四三)が壁画的な性格をもつ画面を描いている。海外においては、当時、西洋の美術界の重鎮であって、黒田や藤島にとって憧れの存在でもあったピュヴィス・ド・シャバンヌ（Pierre Puvis de Chavannes）（一八二四～一八九八）、や、フェルディナント・ホードラー（Ferdinand Hodler）（一八五三～一九一八）などの作品において、壁画的要素のある画面が多数描かれており、さらにそれらの作品には影響関係がみられる。青木の《海の幸》も、そのような時代背景を基にして描かれたのだと考えられる。

ここで再確認しておきたい点は、日本において、このような壁画的画面を描いた洋画家として挙げられるのが、美術界の重鎮であり、一八歳から二七才までフランスで過ごした黒田清輝と、同じく美術界の中心人物であり、東京美術学校の助教授でもあった藤島武二だけではなく、留学経験のない東京美術学校を卒業したばかりの僅か二二歳の若い青木繁が挙げられるということである。

そのように、黒田と藤島より一〇歳以上も年齢が若く、上京して裸体画などの本格的な西洋画を学びはじめて五年ほどしかたたない青木が、美術界の重鎮たちに劣らない、あるいはそれよりも優れた壁画的要素のある作品を見事に描き上げているという事実からは、青木が時代の流れを敏感に感じ取っていたということが理解できる。

五　おわりに

まず、ある時期に描かれた青木のインド文化に関する作品を分析したが、どの作品も人物の表情が曖昧であるし、どのような場面が描かれているのかを明確に理解することはできなかった。おそらくそのような抽象的な画面になっているのは、青木がインド文化の中で、例えば宗教や風景などの具体的なひとつのものに惹かれたのではなく、インドそのものの雰囲気に惹かれたからだと考えられる。一方、日本美術院の画家たちも頻繁にインド文化に関わる作品を描いていたことが把握できたが、実際にインドを訪れたことのある日本美術院の画家たち、例えば勝田蕉琴などは、青木と異なり主題が明確で人物の表情も背景も丁寧に描かれていた。

また、これまで青木と日本画の関係については論じられてきていないが、作品分析から青木の作品がインド文化との関わりの深い日本美術院の画家たちの作品と構図や主題において通じるものがあることも確認できた。さらに岡倉天心を中心に、日本美術院の画家たちによって日本とインドの関係が良好なものになっていた時期であったからこそ、青木のインド文化に関する作品が誕生したのだということもすでに述べた。

加えて青木の《海の幸》には、西洋の世紀末美術だけではなくインド文化のような幅広い文化との関連があるとともに、壁画という点で、当時の西洋美術史の流れをも見出すことができた。つまり《海の幸》は、日本が海外に目を向けていた明治の文化交渉の中で、青木が自国と他国の文化を取り入れたことで生まれた国際的な作品だといえる。そのことから、まさに明治洋画界における青木は、明治の洋画家たちが単なる西洋の模倣とはいえない日本独自の作品を描いていた、あるいは描こうとしていたことの証左にもなるだろう。これまで青木をはじめ、明治の洋画家たちの評価は、ほとんど日本近代美術史の域を出ていないが、今後は明治洋画をさらに理解するためにも、明治洋画を海外作品との比較によって評価するべきではないだろうか。

図版典拠

図1：辻惟雄『日本美術の歴史』、東京大学出版会、二〇〇五年。

図2、4、5：森山秀子、植野健造、貝塚健、山野英嗣編著『没後一〇〇年　青木繁展――よみがえる神話と芸術』、石橋財団石橋美術館・石橋財団ブリヂストン美術館・毎日新聞社、二〇一一年。

図3：小谷保太郎『青木繁画集』、政教社、一九一三年。

図6：河北倫明『近代の美術第一号青木繁と浪漫主義』、至文堂、一九七〇年。

図7：東京国立近代美術館・石橋財団石橋美術館・日本経済新聞社文化事業部『青木繁と近代日本のロマンティシズム図録』、日本経済新聞社、二〇〇三年。

図8、9、10：『インドに魅せられた日本画家たち』、茨城県天心記念五浦美術館、一九九八年。

図11、12：『現代日本の美術　第二巻　日本美術院』、小学館、一九七九年。

図13、15、17：三菱一号館・兵庫県立美術館・郡山市立美術館・東京新聞『バーン＝ジョーンズ展』、東京新聞、二〇一二年。

図14、18、19：新藤淳・NHK・NHKプロモーション編『日本・スイス国交樹立一五〇周年記念　フェルディナント・ホドラー展』、NHK・NHKプロモーション、二〇一四－二〇一五年。

図16：松下由里『ロセッティとラファエル前派』、六耀社、二〇〇六年。

注

（1）青木繁『假象の創造　［増補版］』、中央公論美術出版、二〇〇三年、二七九頁。
（2）同書、二四六頁。
（3）森山秀子、植野健造、貝塚健、山野英嗣編著『没後一〇〇年　青木繁展――よみがえる神話と芸術』、石橋財団石橋美術館・石橋財団ブリヂストン美術館・毎日新聞社、二〇一一年、二四八頁。
（4）河北倫明『近代の美術第一号青木繁と浪漫主義』、至文堂、一九七〇年、九頁。
（5）前掲書『假象の創造　［増補版］』、九頁。
（6）同書、二二九頁。「半年以上居たらう、美術学校を出る様になつて、『印度神話』の原稿などは夏に僕の留守中に描いたものだつた。」

（7）岩野泡鳴「故青木繁氏の一面」、『新小説』第一八年第三巻、春陽堂、一九一三年、五六頁。
（8）拙稿「青木繁作品における宗教との関連性」、『鹿島美術財団』、鹿島美術財団年報三一号別冊、二〇一五年　参照。
（9）前掲書『假象の創造　［増補版］』、一一頁。
（10）同書、一三頁。
（11）同書、一四－一五頁。
（12）同書、一三五頁。
（13）坂本繁二郎『私の絵私のこころ』、日本経済新聞社、一九七六年、三九－四〇頁。
（14）拙著『青木繁　世紀末美術との邂逅』、求龍堂、二〇一五年　参照。

近代中国における汽船時代の到来と文化交渉の変容

松浦　章
（研究員・文学部教授）

一　緒言

中国の沿海に蒸気汽船が出現した最初は、道光十五年（一八三五）イギリス商人怡和洋行の渣甸（Jarden）号であると言われる。その後、怡和洋行は道光二十四年（一八四四）に哥薩爾（Corsair）号を使って香港と廣州の間の定期運航を行い、ついで道光三十年（一八五〇）には大英火輪船公司が瑪麗烏徳（Lady Marrywood）号をもちいて香港・上海間の航路を運航するなど中国沿海における汽船の運航が日々に増加していった。[1]この当時の汽船についいて香港の華字新聞『遐邇貫珍』一八五三年第二号の「火船機制述畧」に次のような特徴を記している。

火船於天下、無處不到、造之者其數日增月盛、而中土無論官府士商、…中土海船、風水皆順、至速一時辰行不逾五十里、若風水倶逆、則咫尺難移、而急謀下碇矣。…惟西邦大火船、能附客數百人、由英國詣花旗國、

Lady Marrywood: P. & O. Steamship Navigation

經大洋計萬餘裡、無論風水順逆、波濤急緩、行十日即抵其境、其船堪装一萬五千至三萬担、當風恬浪靜、一時辰可行六十里至九十里、即逆風巨浪、亦行三十至六十里、似此行速而則準。…中土人皆名之曰火船、或曰火輪船、惟西邦人則名之曰水氣船、因以水氣能鼓之使行也(2)

新たに海洋、水上を航行する船舶として火船が登場し、中国の官民に係わらず求められた。中国の海洋航行の帆船では順風であれば一時間に五〇里が進めるが、逆風であればそれもままならない。しかし西方の火船は数百人を搭載し、イギリスからアメリカへ一〇日ほどで渡航できた。それらの船には一五、〇〇〇担から三〇、〇〇〇担の貨物を搭載でき、一時間に六〇里（約三五km）から九〇里（約五二km）、逆風でも三〇里（約一七km）から六〇里も進むことが可能であった。中国の人々はこの船舶を火船とも火輪船とも呼称したが、西方では水氣船と呼ばれていたと記している。

このように、中国にも新しい交通革命が進展しつつあったのである。とりわけ一八四二年の南京条約以降において促進され、欧米の汽船が中国大陸沿海、長江流域の漢口までの航路に進出し、時代は漸次汽船の時代に推移しつつあった。

そのような時代の変化の草創期のものとして『遐邇貫珍』一八五五年第一号（総第一八号）の佈告編に見られる「火船往來省城澳門香港告帖」に、汽船の定期航路の案内が掲載されている。

茲者、香港司東藩火船公局之管事或啓白、自今年十月十二日起、毎禮拜二、禮拜四、禮拜六、有火船來往港省、禮拜二、由港往省、船經澳門必拋泊一刻、然後直往、禮拜六、由省來港、經澳亦然、因毎欲船快行到埠、而湖水長無時、故不能毎日定實某時開行爲例、本局所以于開行之先一日、或聲明于新聞紙内、或別用方法、以白其開行時候于衆。○搭客水脚銀、一照舊例、船面遮帳甚便搭客○此船廣闊、能裝載粗重之貨、取銀亦極便宜、欲寄貨者、宜相面議。如有欲寄貨物、請火船暫泊金星門上貨亦可。

咸豊　甲寅　十一月十三日　謹白[3]

とあるように、香港と廣州の間であったが、毎週の火曜日、木曜日、土曜日と三回の定期運行が行われようとしていた。火曜日は香港からマカオを経由して廣州へ、土曜日は廣州からマカオを経由して香港へとする定期運行の草創期の広告と言えるであろう。

その後、一八七二年に上海において中国の汽船会社である総辦輪船招商公局が設立された[4]。古代から中国と海外諸国とを結ぶ海上シルクロードについてはさまざまな研究があるが、十九世紀後半から汽船が恒常的に登場して中国と欧米などの諸国とを結んだ汽船時代の海上航路について考えて見たい。

そこで本論文において十九世紀末のアジアにおける新たな交通手段として登場した汽船交通が、どのようにアジア世界と欧米とを結びつけたのかについて述べてみたい。換言すれば汽船による海上シルクロードの時代と言えるであろう。

二　清朝輪船招商局公司と日本郵船会社

一八七二年当時の汽船の運航の実情に関して、『申報』第六七號、清同治壬申六月十二日、一八七二年七月一七日付に「論輪船來往滬漢事宜」として次の記事が見られる。

火輪船之上海漢口兩處往來者、近數年來、皆爲旗昌與公正兩家所壟斷、別家之船、不敢向此途問津、倣此生理如有行此兩處者、彼兩家必暫減水脚・客位等價目、必使人大虧本而后已。故兩家歴數年之久、常獨擅其利。今其勢已小變矣、約半年前馬立師洋行有一火船名漢洋、伊初立意、將此船往來滬漢各埠、同業者無不訝馬立師之膽大、而嗤其無識見。亦有議之者、謂彼旗昌與公正行之已久數年來、厚利均沾、今別人尤而效之、雖與客商大爲有益、而其自爲謀必不能爲。(5)

輪船すなわち汽船の出現は中国においても交通革命の第一歩となった。注目されたのが上海と長江中流域の漢口との往来に汽船が使われ始めたことである。その汽船会社の多くは欧米の汽船であった。旗昌とは旗昌洋行でありアメリカの Russel & Co. であり、(6)公正とは公正輪船公司すなわちイギリスの Union Steam Navigation

Co. であった。[7] この二社が上海と漢口を結ぶ航路を運航し多くの運賃収入を得ていたが、さらに馬立師洋行が、中国名漢洋伊初立意と言う船名の汽船を用いて運航を開始したのであった。

『申報』第二三一八號、清同治癸酉正月十一日、一八七三年二月八日付の「平安輪船新駛寗波」によると、公正洋行は新船を用いて新たな航路を開削している。

公正洋行有平安輪船一隻、向駛福建等處、近因客貨稀少、改駛寗波、今已試駛二次來往、附客之價甚廉、並聞此不過暫時之計、將來仍要駛行福州、昨日聞九蘇輪船開往也。[8]

公正洋行は上海・漢口の長江航路のみならず沿海の航路を開拓し、上海から福建そして寧波へと汽船の航路を開きつつあった。

一九世紀末期において東アジア諸国の中で巨大な汽船会社を保有していたのは清朝中国と明治日本とであった。『東京横濱毎日新聞』第四五三〇号、明治十九年（一八八六）一月十三日付の「清國招商局及び日本郵船會社」において、「亞西亞東方諸國の中、航海を業とする二大會社あり。一は清國招商局にして、一は日本の郵船會社なり」と指摘するように、十九世紀後半の東アジアの中で巨大な汽船会社は、清朝中国の輪船招商局と「日本郵船會社の如きは近時東洋に有名なる會社にして、其資本金は一千一百万圓、此内政府の株に属す者二百六十万圓」[9]とされる日本の日本郵船会社であった。この両社すなわち輪船招商局は清国政府の、日本郵船会社は日本政府のそれぞれ支援、後援を受け巨大な海運会社として成長したのである。

このように十九世紀末において東アジアでも汽船による航運企業が出現し、これまで欧米の航運企業に寡占されていた状況が改変しつつあった。

輪船招商局の創設に至る基本方針は、李鴻章の『李文忠公奏稿』巻二十、「試辦招商輪船摺」同治十一年（一八七二）十一月二十三日付の奏摺[10]に見える。同奏摺において、同治十一年五月より輪船すなわち汽船の製造を試みるが、商船として相応しくなかったため、「招令華商領雇、必准其兼運漕糧[11]」と中国商人を招致して江南から北京への漕糧の輸送を行わせようとした。そこで招致した商人を「招商爲官商[12]」として政府の商人として、漕糧輸送を行わせたのである。従来は「江浙沙甯船隻[13]」とある江蘇や浙江の沙船や寧船などの帆船によって長江口から天津に向けて漕糧を輸送していたが、これらの帆船が激少していたため、汽船による輸送が急務となっていた。そこで「是南北合力、籌辦華商輪船、可期就緒、目前海運、固不致竭蹶、若從此中國輪船暢行、閩・滬各廠、造成商船[14]」と、中国の南北の力を合わせ政府の御用米輸送に尽力すれば、将来の中国の航運事情に大いに貢献するものとして重視したのであった。

こうして輪船招商局は一八七二年（同治十一、明治五）十月に上海洋涇濱永安街において開局の準備が開始され、十一月にはイギリス、ドイツなどから四隻の汽船を購入し、その一隻の伊敦（Aden）号が初めての廣東省の汕頭までの航海に就航した[15]。輪船招商公局が購入した外国船は、伊敦、永清、利運、福星との中国名を付けられた。とりわけ利運は上海と天津航路に、福星は厦門、汕東の華南航路で、永清は鎮江や廣東へ、伊敦は日本への航行実績のある船舶であった。これらの汽船を用いて鎮江、九江、漢口の長江の航路とそして沿海部の廣東東北の汕頭、香港、福建省の福州や厦門、浙江省の寧波、渤海に面する天津や同じく山東の烟台のどへの乗客輸送や貨物輸送に従事させる計画であった。そのためには各港に同局の分局を設ける予定を考えていた。一八七四年には輪船公司招商局と名称を改名し、一八八〇年には民営会社に移行された。輪船招商局はアメリカ企業の旗昌洋行との間に買収、売却、買収を繰り返し、その事業を拡大していった中国最大の航運企業であった。

他方、招商局は創設直後から中国大陸沿海航路として上海から廣東省の汕頭を結ぶ航路、さらに香港へと、そして上海から天津へとその航路を拡大し、内河航路として長江の沿江航路は上海から鎮江、九江などを経由して長江中流域の中心地である湖北省の漢口への航路を開設し、既設の英国系の怡和洋行、太古洋行の汽船航路と拮抗するようになるのである。輪船招商局はさらに日本への航路開設を企図していた。清末に設立された中国の巨大汽船会社の輪船招商局は、一八七三年（同治十二、明治六）には伊敦（Aden）号、一八七七年（光緒三、明治十）には大有（Tahyew）号、一八八二年（光緒八、明治十五）には懐遠（Hwaiyuen）号、そして一八八六年（光緒十二、明治十九）には二隻の海定（Hae-ting）号、致遠（Chi-yen）号を使用して日本への航行を試みたが、いずれも定期運航にはほど遠い不定期な航行であったことが知られる。さらに一八八六年の海定号、致遠号の来航に際して見られたように、日本側の抵抗に遭遇し、想定していた運航状況には到らなかった[16]。

この輪船招商局と日本郵船会社の二大海運会社は、それぞれ自国の海運業に大きな影響を与えている。両社は自国の水運、海運のみならず、海外への航路の拡張を企図した。逸早く海外航路を開設したのは、日本郵船会社の前身の一にあたる三菱郵便汽船会社で、一八七五年一月に横濱と上海を結ぶ航路を開設した[17]。その後の日本郵船会社の遠洋定期航路の嚆矢となったのが、神戸・ボンベイ（Bombay）線の開設である。一八九三年（明治二十六）一一月七日に第一船廣島丸がボンベイに向けて出港し、以後汽船四艘により三週間に一回の定期航路を運航する[18]。そして一八九六年（明治二十九）三月十五日より横濱から神戸・下関・香港・コロンボ（Colombo）・ボンベイ、ポートサイド（Port Said）等を経由したロンドン（London）、アントワープ（Antwerp）にいたる欧洲航路を開設する。六艘の汽船を使い四週間に一回の定期航路であった[19]。

日本郵船会社は創立三〇周年を記念して『創立滿三十年記念帖』[20]を出版している。同書によれば、日本郵船会社の船舶所有総噸数は、創業時第一期の明治十九年（一八八六）九月には六萬七千噸であったものが、大正四年（一九一五）九月第三〇期を迎え、四二萬八千噸と三〇年でほぼ七倍に拡大している。航路では、中国大陸には天津、青島、上海、香港への定期航路を運航していたのである。

三　汽船時代の海上航路による文化交渉

汽船の登場によって、人的移動、物的流動が極めて迅速になったことは確かである。中国の長江航路に加え沿海航路に外国汽船が進出していたが、さらに中国から外国への汽船の航路が開削される。

『申報』第八號、清同治壬申四月初四日、一八七二年五月一〇日付の広告に上海を出港する汽船として、

今將初五出口各船列左
康保得基輪船　往英美國等處　美公司　晚開
亞燈挪輪船　往香港新嘉坡英國等埠　上午十一點半鍾開[21]

と記されるように、旧暦の四月五日、新暦五月十一日に上海から英国や美国など香港、新加坡（シンガポール）

を経由し赴く汽船が登場してくるのである。

中国国内でも汽船に搭乗する人々が増加してきた。上海の新聞である『滬報』第四四号、光緒八年五月二十二日、一八八二年七月七日付の「華人附輪船記數」にその状況が見られる。

字林本報云、去年華人之搭坐輪船往來烟台・天津・牛庄・上海等處者、有一萬八千七百二十九人、比之前年更爲加多、其乘坐行風船往來以上所稱處者、不過四十八人。又有五百二十三人係坐行風船至俄人管轄之満洲通商諸海口。又有四百四十一人坐行風船回華。又有三十八人坐輪船回華、至其船由燕台至厦門・汕頭・香港等處者共一百三十八隻、由此數處而回燕台者不過一百二十六隻。(22)…

『字林本報』からの引用ではあるが、一八八一年、光緒七年の一年間に烟台、天津、牛莊、上海などの地へ汽船に搭乗して往来した中国の人々が一八、七二九人であった。一八八〇年の人数よりも増加していた。これに対して風船すなわち帆船に搭乗してこれらの地を往来した人は僅かに四八名であった。汽船搭乗者が九九・七%に対して帆船搭乗者は僅かに〇・三%という状況が、中国の交通革命を象徴していると言えるであろう。そして『滬報』第四六号、光緒八年五月二十五日、一八八二年七月一〇日付の「論輪船搭客」において、先の風船について、

…以故搭坐沙船來往天津・牛庄等處者、終歳恒不過數十人、而陸路則王家營以北、此往彼來絡繹不絶、其危坐於一車兩馬者、雖烈日當天、而不覺其労苦也。(23)…

とあるように、上海など長江口から北の海域を得意とした沙船があった。しかしその沙船に搭乗して上海から天津や牛荘などとの地を往来する人々は数十人に過ぎなくなっていたのである。ところがなお陸路を車馬などを利用して往来する人々も決して少なくは無かったのである。

沿海地域でも汽船の登場が見られる。『滬報』第二九号、光緒八年五月初四日、一八八二年六月一九日付の「輪船往來温福」の記事に地方の汽船航運事情が知られる。

福州西報云、近有華商多人欲備一小火輪船來往福州・温州兩處、以便搭客裝貨、并新茶、亦可從速轉運、其搭客之價、每人不過洋七角價廉而行速、想人皆樂於從事也。[24]

福建の福州の新聞を引用した記事であるが福州と温州の間に小型汽船の航行が見られ、廉価で速いことが人気を得ていた。人の移動と物資の輸送に利用されるようになった典型的な事例であろう。

このように時代は汽船の時代に推移しつつあったことは確かである。とりわけ遠洋を渡航するには汽船が利用された。その典型的な事例を検討してみたい。

1　汽船による人的移動——中国の人々がアメリカへ

中国の人々が恒常的に汽船を利用して太平洋を渡航するようになったことの証左として次の『申報』第一〇九六号、光緒乙亥（元年）十月二十三日、一八七五年一一月二〇日付の「火船接往舊金山」が参考になろう。

啓者本内司、毎方公有兩次火船、從上海開行至横濱、另有別船、即接轉往舊金山、係萬昌公司火船、與阿克西騰得亞里形得公司火船、輪流同行、如半人搭各者、是上海至舊金山、毎位十六十五元此布。　英十一月二十日　三菱公司李士啓[25]。

この広告は三菱郵便汽船会社が『申報』に掲載した広告であるが、横濱で乗り換えてアメリカのサンフランシスコに赴くことができたのである。従来の西回りより遙かに早くアメリカに到着することができた[26]。

三菱郵便汽船会社は、上海の黄浦路に借地して上海の拠点を設けている。『上海道契』巻三〇、「日冊道契」第二号、第三号に見られる。光緒三年（一八七七）七月付の契約文に、

大清欽命監督江南海關分巡蘇松太兵備道劉　爲給出租地契事照得接准　大日本國總領事品川忠道照會内開、今據三菱郵便瀛船會社稟請在上海按和約所定界内租業戸萬昌火輪公司地一段永遠租三畝四分七厘六毫、北黄浦路、南黄浦河、東青浦路、西南潯路、毎畝給價照約定、憑據數目、其年租毎畝一千五百文、毎年預付銀號等因。[27]…

とあり、同契約書の日本語文、第三号（一）には、次のようにある。

大清欽命監督江南海關分巡蘇松太兵備道劉　地所貸渡契約證ヲ給與スル事、然者　大日本國總領事品川忠道ノ掛合書ヲ以テ達シ來ルニ、今般三菱郵便瀛船會社ヨリ願ヒ出ルニ兩國ノ條約ニ随ヒ、上海ニ於テ境界ヲ定

メアルニ借地ノ内地主太平海郵便瀛船會社ノ持地一區　三畝四分七厘六毫、北ハ黄浦路、南ハ黄浦河、東ハ青浦路、西ハ南潯路、永遠借リ受ルニ付、今度一畝ニ付　約定書ノ價ヲ渡シ、其年税一畝ニ付、一千五百文ハ毎年其税銀ヲ差配スル所ニ先納可致段ヲ承ハレリ、依テ本道臺既ニ其貸地主太平洋郵便瀛船會社ニ申付ケ、其地所ヲ右借主ヘ貸シテ受用セシムルニ付テハ下ニ載セル所ノ箇條ニ守ル可キ事。(28)

この借地契約書に見られるように、すでに借地主であった太平洋郵便汽船会社すなわち Pacific Mail Steamship Co. が上海で借地していた土地の一部に三菱郵便汽船会社が借地することになったことがわかる。この土地は、後に日本郵船会社が三菱郵便汽船会社の事業を継承した時点で、光緒十一年（一八八五）十月時点で再び契約を交わしている。『上海道契』巻三〇、「日冊道契」第一〇号、第一一号に見られる光緒十一年十月付の契約文に、

大清欽命監督江南海關分巡蘇松太兵備道邵　爲給出租地契事照得接准　大日本國總領事河上謹一照會内開、今據日本郵船會社稟請在上海按和約所定界内租業戸三菱郵便瀛船會社地一段永遠租三畝四分七厘六毫、北黄浦路、南黄浦河、東青浦路、西南潯路、毎畝給價照約定、憑據數目、其年租毎畝一千五百文、毎年預付銀號等因。……(29)

とあり、同契約書の日本語文、第一一号（一）には、

大清欽命監督江南海關分巡蘇松太兵備道邵　地所貸渡契約證ヲ給與スル事、然者　大日本國總領事河上謹一

ノ掛合書ヲ以テ達シ來ルニ、今般日本郵船會社ヨリ願ヒ出ルニ兩國ノ條約ニ随ヒ、上海ニ於テ境界ヲ定メアルニ借地ノ内地主三菱郵便滊船會社ノ持地一區　三畝四分七厘六毫、北ハ黄浦路、南ハ黄浦河、東ハ青浦路、西ハ南潯路、永遠借リ受ルニ付、今度一畝ニ付　約定書ノ價ヲ渡シ、其年税一畝ニ付、一千五百文ハ毎年其税銀ヲ差配スル所ニ先納可致段ヲ承ハレリ、依テ本道臺既ニ其貸地主太平洋郵便滊船會社ニ申付ケ、其地所ヲ右借主へ貸シテ受用セシムルニ付テハ下ニ載セル所ノ箇條ニ守ル可キ事。(30)

と見えるように、三菱郵便汽船会社が上海で借地した土地を明治一八年（一八八五）に、同社を継承した日本郵船会社が引き続いて借地していたことが知られるのである。

一八七五年に三菱郵便汽船会社が横濱・上海航路を開設した当時の上海へ入港した汽船一覧を“*The North-China Herald*”の‘Shipping Intelligence’から表一に示した。

表一の英文船名であるが、Tokio Maru は東京丸、Niigata Maru は新潟丸、Kanagawa Maru は金川丸、Takasago Maru は高砂丸と定期的に運行されていたことがわかる。一一月以降になると Hiroshima Maru は廣島丸、Genkai Maru は玄海丸、Nagoya Maru は名護屋丸などが参入してきたことがわかる。(31)これらの船に乗船して横濱に到れば、アメリカの Pacific Mail Steamship Co. の汽船で太平洋を横断してサンフランシスコへの渡航が可能となったのである。

『滬報』第三六号。光緒八年五月十三日、一八八二年六月二八日付の「天花盛行」に次のようにある。

本西報云、近接電音、知美屬舊金山於中歴三月十九日、到一火輪船名安爾土那内、有中國搭客九百人之多、

表1　1875年2-12月上海入港の三菱郵便汽船会社の汽船名一覧

号数	月日	船　　名	トン数	船　長	来航地	来航月日	積　荷
406	214	Tokio Maru	1146	Duun	Japan	209	General
407	218	Niigata Maru	1090	Walker	Nagasaki	216	General
408	225	Kanagawa Maru	749	Roper	Nagaasaki	223	General
409	304	Takasago Maru	1019	Ekstrand	Japan	302	General
410	312	Tokio Maru	1146	Duun	Nagasaki	309	General
411	318	Niigata Maru	1090	Walker	Nagasaki	316	General
412	327	Kanagawa Maru	749	Roper	Nagasaki, & c.	322	General
413	401	Takasago Maru	1019	Ekstrand	Japan	324	General
414	408	Tokio Maru	1146	Duun	Nagasaki	405	General
415	415	Niigata Maru	1090	Walker	Yokohama	407	General
416	428	Kanagawa Maru	749	Roper	Nagasaki	427	General
417	502	Tokio Maru	1146	Duun	N'saki, Hiogo, & c.		General
418	509	Niigata Maru	1090	Walker	Nagasaki, & c.	507	General
419	515	Takasago Maru	1019	Ekstrand	N'saki, Hiogo, & c.	513	General
420	523	Kanagawa Maru	749	Roper	Nagasaki, & c.		General
421	529	Tokio Maru	1146	Duun	N'saki, Hiogo, & c.		General
422	604	Niigata Maru	1090	Walker	Japan		General
423	613	Takasago Maru	1019	Ekstrand	N'saki, Hiogo, & c.		General
424	620	Kanagawa Maru	749	Allen Moore	Japan	612	General
425	626	Tokio Maru	1146	Duun	Japan		General
426	704	Niigata Maru	1090	Walker	N'saki, Hiogo, & c.	702	General
427	710	Takasago Maru	1019	Ekstrand	N'saki, Hiogo, & c.		General
428	717	Kanagawa Maru	749	Young	N'saki, Hiogo, & c.	715	General
429	724	Tokio Maru	1146	Duun	N'saki, Hiogo, & c.	722	General
430	731	Niigata Maru	1090	Walker	N'saki, Hiogo, & c.	724	General
431	808	Takasago Maru	1019	Ekstrand	N'saki, Hiogo, & c.	731	General
432	815	Kanagawa Maru	749	Young	N'saki, Hiogo, & c.	807	General
433	821	Tokio Maru	1146	Duun	N'saki, Hiogo, & c.	814	General
434	829	Niigata Maru	1090	Walker	N'saki, Hiogo, & c.		General
435	905	Takasago Maru	1019	Ekstrand	N'saki, Hiogo, & c.	903	General
436	911	Kanagawa Maru	749	Young	N'saki, Hiogo, & c.		General
437	918	Tokio Maru	1146	Duun	N'saki, Hiogo, & c.	916	General
438	925	Niigata Maru	1090	Walker	N'saki, Hiogo, & c.		General
439	1003	Takasago Maru	1019	Ekstrand	N'saki, Hiogo, & c.	925	General
440	1009	Tokio Maru	1146	Duun			General
444	1104	Nagoya Maru	1914	Ekstrand	Nagasaki, & c.	1102	General
445	1110	Tokio Maru	1146	Duun	N'saki, Hiogo, & c.		General
446	1118	Hiroshima Maru	1158	Furber	N'saki, Hiogo, & c.	1116	General
447	1125	Genkai Maru	1084	Conner	N'saki, Hiogo, & c.	1122	General
448	1204	Nagoya Maru	1914	Ekstrand	N'saki, Hiogo, & c.	1126	General
449	1209	Tokio Maru	1146	Duun	N'saki, Hiogo, & c.	1201	General
450	1216	Hiroshima Maru	1158	Furber	N'saki, Hiogo, & c.	1214	General
451	1224	Genkai Maru	1084	Conner	N'saki, Hiogo, &c.	1222	General

詎知船上人患天花者、實繁有徒、即船夫水手等、亦有沾染、其間有華客三十六人、患痘最重、因另用一船、勒令載往左近地方醫院調治、以免傳染、不料該船中途遇風、忽遭傾覆淹斃一人、其餘幸皆得救云。(32)

中国からアメリカのサンフランシスコに渡航した際の汽船安爾土那号に中国人乗客が九〇〇人もいた。この汽船の中に天然痘の患者がおり、汽船の乗組員のみならず、中国人乗客の三六名も感染したのであったが、別の船で地方の病院に移され、大規模感染は免れたが、その際に船で移動中に大風に遭遇して遭難し、一名が溺死したとする記事である。一汽船で数百名の中国人船客が搭乗し、アメリカに渡航したのであった。

さらに『滬報』第四九号、光緒八年五月二十八日、一八八二年七月一三日付の「華人被拘」の記事に、数百名の中国人船客が香港からアメリカに渡航していることが知られる。

傳聞有一晏乍乞輪船由香港開往舊金山、船中載有華客八百餘名、既抵是處、盡爲美國官憲拘住其被拘緣故。……(33)

香港からサンフランシスコに汽船で渡航した八〇〇余名の中国人が、アメリカ合衆国の官憲によって拘束されたとする記事である。アメリカ移民を希望した中国人が一隻の汽船に八〇〇余名も搭乗していたことが知られる記事である。

その後ほぼ四〇年後のことであるが、太平洋をわたった中国人の旅行記が『申報』に掲載されている。『申報』第一四八〇九号、中華民國三年、一九一四年五月四日付に掲載された「渡太平洋記（遊記一）」である。

兪慶恩鳳賓、余蓄志游學外洋數年、於茲矣、苦無資、以平日醫金所入銖積而寸累之、至壬子夏、始得成行、八月十號、遂乘美公司蒙古利亞船。啓程往美國補習醫學、同行者、徐君廣徳外、刁君信徳、楊君奎侯伉儷、朱君葆元、楊君魁麟、黄君錫恩、潘君文煥、均約翰學堂舊同學也。感情密切、有如兄弟携手談心、不覺長途之寂寞矣。

兪慶恩が同学の志とともに医学を学ぶために太平洋を汽船で渡航し、アメリカへの留学を行ったのであった。それは「壬子夏」すなわち中華民国元年、一九一二年のことであった。

十二日舟泊日本之長崎、同人僱一導者、游覽名勝、品茗於輙訪神社、見祈禱者拾級、而上脱鞋登殿、拍手葡匐喃喃誦經迷信、頗深耗光陰經濟、於無何有之鄉、殆亦中下等人所不可缺之一階級也。余亦脱鞋步入殿中、瞻仰一周、而下離神社、往茂木。茂木者長崎名勝之一也、山徑崎嶇、巖谷聳伏、挽人力車者頗困憊。余等逢平原、則車、遇墝埆、則步。及抵茂木、憇息半小時、飯於旅館、初咨日本肴饌、別有風味、飯罷而返、是夜舟中裝煤運貨、中夜有聲、竟不得寐。

十四日抵神戸、謁楠公廟中藏大炮、自我旅順奪得之戰利品也。訪生田神社、社中亦有甲午戰爭時、奪去之砲彈、吾國人如欲一雪此恥、其力圖之。又觀布引雌瀧、有名之瀑布也。品茗於瀧前之亭、一飲長流、水蕩滌、塵俗幾許矣。尚有布引雄瀧、距雌瀧數里、遥未往、遂訪大佛於能福寺、佛高數丈、佛腹空虚、背嵌玻璃、以導光入其中、廓乎有容四面小佛無數、香燭環列、移時始出、頗願有佛腹之量、而以佛心爲心也。時已過午腹枵思食、至一日本飯店食際、奎侯欲嘗桃、不知日語、遂秉筆書桃子二字、有同食之客日人也、自任繙譯來觀此紙、即書（牛若吾妹甚麗君呼一時間五十四錢）等字、同人爲之嘖、飯日文（子）字作女子《mei xi》之稱、因之而誤會余等、携有英日會話一小册、閲悉日人稱桃爲（馬馬）、以（馬馬）告之、乃忸怩而去。十六日到横濱、游伊勢山過太神宮、日本第一天皇曾居於此、登山四眺、全埠在望、晩至市場入書肆、購植物名彙一册日本地圖(34)。

兪慶恩等は八月十二日に長崎そして一四日に神戸を出港して、一六日に横濱に到着している。到着後の港では珍しい日本の光景を目撃している。その後の紀行は『申報』第一四八一一号、中華民國三年、一九一四年五月六日付の「渡太平洋記（續游記二）兪慶恩鳳賓」に見える。

二十七日抵檀香山、十一天未見陸地、泊此島時、頗爲雀躍。舟甫繋纜、有敎士麥立君登舟來詢、潘君文煥並聲明、係代表某君、到埠歡迎、即偕吾儕至密爾學校。留膳參觀時、適暑假校中、僅有職員數人。校屋外牆悉以山石砌成、屋中用板隔成小室、潔淨無塵埃。麥立君僱自動車一乘、專供余等往游相里、相里者高巖也。離校十英里、高一千三百英尺、巖下爲深谷、百年前酋長相戰於此、死者二千人、均墜入深谷、粉身碎骨而斃。至今枯骨狼藉、徒供游人之憑弔耳。柏里有紀念碑、余讀之而重有感焉。何則夏威夷羣島凡七、卓立太平洋中、爲航海家之休憩地、商人之貿易場、水線之憑藉所主、斯地者初皆土皇酋長、若能聯成一邦、可執太平洋之總鍵、而左右世界之商業、詎白人垂涎已久、於一八九三年奪其地、改民主、九十五年土人議恢復、旋即大敗、九十八年改隷美國、今則土人漸少、恐數十年後盡歸淘汰、而無噍類矣。考檀香山島係夏威夷羣島之一、游歷家名之爲太平洋中安樂窩、亦有以仙界比擬之者、蓋風景之美麗、氣候之温和、水菓之富饒、此島可爲首屈一指。且土人和氣謙恭、歡迎來者、而錦繡江山、坐歸他族、國亡而種且滅、使我徒增無限悲慨也。麥立君殷勤備至、以素不相識之人、既到船迎候、給膳供車、復約翌日游覽之地、並託華崙君導引作伴、華崙君亦不爽約。二十八晨登舟、相邀游水族館、五色鱗介、離離奇奇、詢爲大觀、并參觀波羅蜜廠、專裝鐵罐、運至諸大陸、此爲檀島出產之大宗、廠中工人上中下三等、社會均有、最可敬者學生輩、趁此暑假入廠作工、以兩月所得之工值給一年之學費、年復一年直至畢業、自立自助之能力可謂高尚無匹矣、游畢麥立君與華崙君、必欲送余等登舟、雖堅辭弗…九月三日下午、抵舊金山。自上海至此計程二萬餘里、行二十四天、連對足日共二十五日也。乘長風、破萬里浪、渡此絶大之太平洋、登臨新進之新大陸、誠壯游也、不可以無記、故泚筆誌之如右（完）[35]。

八月一六日に横濱を出港して一一日かけてハワイに到着した。ハワイでも幾人かと交流しているが、観光地を見学し、ハワイの名産であるパイナップル缶詰工場も見学している。パイナップル缶詰工場で働く学生達の季節労働にも関心を寄せ、二ヶ月の季節労働で一年の学費を得られたなど、これからアメリカに向かう中国留学生にとっては大変興味深いものであったようである。さらに九月三日にサンフランシスコに到着した。上海を出発して二五日目のことであった。太平洋を二五日で渡航したことになる。

これに対して、中国の民船で太平洋を渡航した記録が、『申報』第一四三七二号、中華民國二年、一九一三年二月二二日付の「海外奇談」の「民船渡太平洋記　特」として掲載されている。

昨日上海接有電音、謂中國民船寗波號、已行抵美國洛斯安其爾斯。船員皆平安無恙。按該船前後在滬出發三次、其第一次乃在去年六月七日、船主爲斯克君、船員共十二人、初行一二日、天氣晴明、衆皆歡悦、旋忽遭遇大風、備歴艱苦、始免傾覆、然船員之落海與波臣爲伍者已有二人矣、而船之損傷亦絶巨。不得已乃回滬修理、以爲再發之計。第二次出發、方期順風、直抵彼岸。不意厄運疊至、甫出海口即爲風伯所阻、所幸未傷人口、差勝第一次耳。於是復回滬、改換船具、期足抵禦烈風激浪、旋復爲第三次之出發。將抵横濱、復遭困厄、幸能化險爲夷、爲某船瞥見、拖入港内、旋在靜岡再加修理、乃於上年十二月二十三日由日啓程、横渡太平洋、飄泊驚濤怒浪之中、歴五十八日之久始、抵洛斯安其爾斯。(36)

中国の民船寧波号がアメリカのロサンゼルスを目指して太平洋を横断した。二度の失敗の後に、三度目に成功している。渡航に失敗して日本の静岡県で修理したりして、五八日をかけて成功した。乗員は一二名の少数であったから、さほど大きな船では無いが、中国式ジャンクでは帆走が唯一の運航方法であることから、先の兪慶恩が同学の志とともに汽船で二五日をかけて太平洋を渡ったことに比較すれば、汽船はその半分の日数しか要しなかったことが知られるのである。

2　汽船による物的流動——中国茶葉が英国・米国へ

『申報』第八九六号、光緒乙亥二月二十五日、一八七五年四月一日付の「招商局火船擬赴英京」によると、

相傳招商輪船局商俟新茶出時、或將富有輪船發往英京倫敦、以便交易此事、若果係確實、刻爲中國火船赴泰而之創舉也、從此中國船旗可揚於西洋大海矣。(37)

とあるように、招商局の富有輪船が、中国産の新茶を積載してイギリスのロンドンに向けて航海することが取り上げられている。

これまで、中国茶葉は一七世紀以降はイギリス東インド会社や西欧の東インド会社などの大型帆船でヨーロッパへ運ばれ、一九世紀の中頃は西欧の快速帆船クリッパ・シップが活躍していた。時代の趨勢とともに、帆船から汽船へと推移してきたのである。

さらに汽船の中国から欧州までの航海日数に大きな変化が見られる。『申報』第一四三〇号、光緒丙子（二年）十一月初五日、一八七六年一二月二〇日付の「新造快船」に、

凡火輪船自呉淞駛至英京倫敦、若四十二日内抵埠可稱快矣。今聞造船公司名馬革加者、造竣一船、取名革憐士、將於二十七日可以駛到、蓋爲載運新茶、欲遠出各船之先也、亦可見西人製造一道精益求精矣。(38)

とあり、当時の汽船で、上海の呉淞からロンドンまで四二日ほどで到達が可能であった。イギリス東インド会社の大型帆船が六ヶ月をかえてロンドンから廣州に渡来した時代から、西欧の快速帆船が一〇〇日程で渡航し、汽船ではさらにその半分となり、地球の距離は漸次短くなってきたのである。それをさらに短縮して二七日で中国と西欧を結ぶ汽船が出現したのである。

とりわけ中国産品の中で西欧で希求されたのが、中国茶葉で新茶が最需要のものであり、『申報』第一五九三号、光緒丁丑（三年）五月二十五日、一八七七年七月五日付の「新茶抵倫敦」に次のように見られる。

昨得外國信、知新茶第一號輪船已到倫敦、時英本月二號晩七點鐘、船係天祥洋行之名朗騰卡斯者、計從漢口開行、僅三十九日十七點鐘而抵倫敦、亦可謂神速矣、怡和船名掰來姆以掰者、雖同日開而現尚無耗。(39)

上海に伝えられた連絡では、新茶を積載した「第一號輪船」が七月二日夜の七時にロンドンに到着したのであった。この船は「天祥洋行之名朗騰卡斯」であり、長江中流の漢口を出港して僅か三九日間と一七時間で「倫敦」すなわちロンドンに到着したのであった。同時に出港した「怡和船名掰來姆以掰」号の消息が不明とあるが、驚異的な速度であったと言える。

『申報』第二二五八号、光緒己卯閏三月十六日、一八七九年五月六日付の「茶舟入江」に、

外洋兩輪舟一名老騰卡蘇、一名克林哥、已由呉淞入江、聞克林哥係新造之船、極爲靈快、論者謂從呉淞回英不過三十七日。查公司輪船、皆由倫敦坐火車至意大利國或嗎賽利思地方、然後登舟、然極速亦須四十日、今若此其靈快、誠無比並矣。(40)

とあるように、上海からイギリスまで三七日間で航行する船が、やはり新茶を積載して運航するなど注目される汽船が存在していた。

上海の字林洋行の華字新聞『滬報』第七号、光緒八年四月初九日、一八八二年五月二五日付の「新茶出口」には、

　前日恰得輪船、自滬出口、載有新茶七百十六頓、即鼓輪船前往英京倫敦地方矣。

とあり、汽船によって中国の新茶がロンドンに運ばれた。

『滬報』第六〇号、光緒八年六月十二日、一八八二年七月二六日付の「福州茶事」によると、福州からイギリスへの汽船によって茶が運ばれた。

　初二日、英船名愛飛堅者、由福州開往英京、載新茶一百九十萬零二千七百磅。又有英船名愛月蘇者、是日開往美而邦地方亦載新茶三十六萬八千五百磅云(41)。

イギリス船が福州から一、九〇二、七〇〇磅、すなわち八六三頓もの新茶をロンドンまで、そして同日にイギリス船が「美而邦」すなわちアメリカに新茶三六八、五〇〇磅、すなわち一六七頓を福州から海外へ向けて搬出したのであった。いずれも汽船による輸送であったことは確かであろう。

中国茶葉が汽船によってアメリカへも運ばれていた。『申報』第二〇一八号、光緒四年十月二十六日、一八七八年一一月二〇日付の「緑茶滞銷」によれば、

　昨有美國某大洋行郵來電信云、中國所産之緑茶、運往美國、毎年逐漸滞銷、近來來按年、僅銷一千萬磅之數。故所積陳貨、甚多云云。上海茶商聞之想、當各有戒心、毋任再行劇本也(42)。

とあるように、中国産の緑茶がアメリカへ輸送されている。

『申報』第三二五四号、光緒八年四月初九日、一八八二年五月二五日付の「新茶續至」に、

前日招商局之江孚輪船、由漢口來滬、帶有新茶六百零兩箱、怡和洋行之福和輪船、亦帶新茶一百箱來滬、福和船之茶、則已裝入三菱公司輪船、載至日本、再由日本換船運往美國。江孚船上之茶、則將裝入法國公司輪船、載往外洋云[43]。

とある。長江の中流域の漢口において集荷された茶葉が、招商局輪船公司の汽船である江孚号によって、漢口から上海に新茶六〇〇箱が運ばれて来てきた。これはフランスの汽船で海外に輸出された。また怡和洋行すわちジャー・マジソン会社の汽船の福和号が積載して来た一〇〇箱は、上海では日本の三菱公司の汽船すなわち三菱郵便汽船会社の汽船で日本に運ばれ、日本でアメリカ行きの汽船に積み替えられてアメリカへ運ばれたとある。この茶葉をアメリカへ運んだのは Pacific Mail Steamship Co. の汽船であったと思われる。

『申報』第三二九〇号、光緒八年五月十五日、一八八二年六月三〇日付の「巨艦復來」によると、聞英國巨艦斯德林薔林薔斯德里、又將鼓輪來華、裝載緑茶運赴美國、該船大而且速、其獲利當必較他船爲捷也[44]。

とあり、イギリスの大型船が緑茶を積載してアメリカへ輸送していたことが知られる。

このように中国産の茶葉が汽船によってイギリスやアメリカへ搬出されていたのである。

3　汽船による情報伝播——世界の情報が中国へ

汽船は客運や物流にのみ止まらず、西欧の新知識も伝播した。西欧の新聞が汽船で運ばれてきたのである。それらの記事から、新しい情報を逸早く伝達する役割を担っていた。

香港で出版された華字新聞の『遐邇貫珍』一八五三年第五号、「近日雜報」に、「上海火輪郵船來信云」[45]とか、同紙一八五四年第三／四号の「近日雜報」の「正月二十二日上海到有火輪船信云」[46]などとあり、西方の新情報すなわち西欧で出版された新聞が汽船で中国にもたらされ、西方の新情報、新知識が中国へ伝播したのである。

上海で刊行されていた華字新聞『上海新報』第四五号、壬戌年五月廿八日、すなわち同治元年五月二十八日、一八六二年六月二四日の第一面の「新聞」には、

有火輪船由花旗來内云、北花旗人仍在前進其牛屋林司爲南花旗京都最要之地、已爲北花旗圍住所有該處棉花及火輪船隻均經南花旗自焚以免爲北花旗所燬也。[47]

とあり、上海に到着したアメリカ船からの情報として、アメリカにおける南北戦争の一端を報じている。北花旗がアメリカ合衆国であり、南花旗がアメリカ連合国で南部一一州が結成した国家であった。

その後も、汽船が情報伝播の役割を担った。『申報』第三七七六号、光緒九年九月十六日、一八八三年一〇月一六日付の「德使來華」に次の記事が見られる。

昨日英公司輪船自外洋來滬、帶來倫敦新聞紙云、德國駐華公使前已告假回國、現在德廷、因中法之事難望和協、故命該公使啓節來華也。(48)

一八八三年一〇月一五日に上海へ到着したイギリス汽船からロンドンの新聞がもたらされ、ドイツ公使の来華を伝えた。

『申報』第三七八三号、光緒九年十月初三日、一八八三年一一月二日付の「外洋消息」によると、

英公司輪船帶來倫敦新聞言、中國近又在德國定造鐵甲船兩艘、實係大砲船、非鐵甲船也。其船與德國炮船無異、運用較鐵甲船爲尤便、此次該廠造船之人不惜工本、造成之後必較前更爲堅固、而且可以從速竣工也。又云定遠船將次來華、故李丹崖欽使派官管帶現在船、尚未有行期、李欽使先命該管帶官回華、以資另行差遣、該船雖尚無開輪的期、然以前所購辦船中應用食物、李欽使命無庸發還、然則行期當亦不遠也。(49)

とあり、イギリス汽船がもたらしたロンドンの新聞から中国がドイツに二隻の軍艦の建造を依頼したことが伝えられた。

『申報』第四二三三号、光緒十年十二月初七日、一八八五年一月二二日付の「英報譯要」に、

昨日英公司輪船來滬、帶來倫敦新聞紙言、中法交爭一事、前由英國相臣爲之居間排解、而迄未有成、殊爲可惜。法人以如何與中言和之、各欵告之、英相轉告中朝、而中朝不能允從、中朝以如何與法言和、各欵告之、

英轉告法廷、而法廷亦不允。洽兩邊意見各執以致豖好尋仇、而又相持不決、甚無謂也。自和議未成以後、中國駐英京之星使曾襲侯於十月廿三日往見英相、法國駐英欽差亦於廿四日往見英相、皆晤談良久而後去、至其所談何事則外人不得而知、而自是厥後、法人卽議增餉項、以決計與中國相從事矣。[50]

とあるように、一八八五年一月二一日に上海に到着したイギリス汽船からロンドンの新聞がもたらされ、中国とフランスとの戦争すなわち清仏戦争の外交交渉の一端が伝えられている。

ヨーロッパのニュースが新聞の形態によって汽船に搭載され上海にもたらされたのである。このような方法は、古来より船舶による書籍の伝来との方法で古くから行われてきたもの[51]であって、書籍以外に近代以降の情報源としての新聞も加わったと言うものである。その事例を『遐爾貫珍』一八五四年第二号、「近日雑報」に、「上海有十二月初九日新聞紙、内開…」[52]、同一八五四年第三・四号の「近日雑報」にも「近閲上年十一月十九日新聞紙内載」[53]、同一八五四年第五号の「近日雑報」にも「據其新聞紙云」[54]、同一八五四年第六号の「近日雑報」に「來船付到新聞紙云」や「十七日上海到有新聞紙云」[55]などと見られ、汽船で運ばれてきた「新聞紙」がニュース源となっていた。

四　小結

近代中国を中心とする汽船時代の海上航路の問題について述べてみた。古代から永きにわたった帆船時代が歴

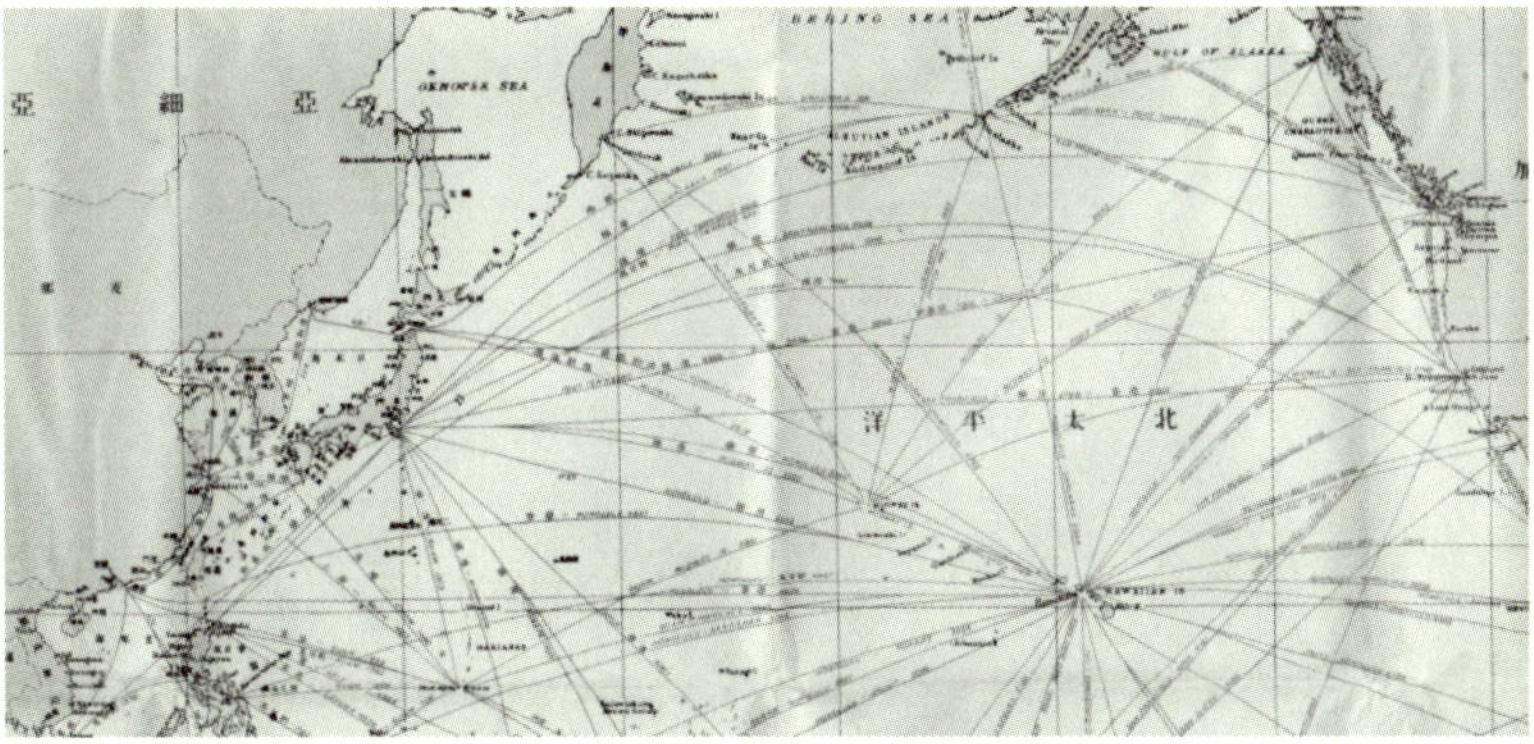

1910年時期の北太平洋汽船航路図
「世界汽船航路案内」1910年5月

史上席巻してきた。しかし一九世紀になり帆船に替わる新しい交通手段として汽船が出現し、大型船によって短期間に一度に多くの人々や大量の貨物が、遠隔地移動を可能にしたのである。人と物が短期間の間に異文化地域に移動することが可能となり、さまざまな文化現象を発生させた。未知の文化が短期間の間に伝播し、多くの人々に新世界の文化現象を周知する機会が増幅された。

人的移動においては汽船による移民という現象[56]が受け入れ国の国情によって肯定的に、または否定的に扱われた場合や、それまで限定的であった病気の伝播など、これまで予想されなかった事態が進展した。

物的流通では高価であった外国製品が大量に流入することで、一部の人々の間のみで嗜好されていたものが庶民にまで広がるという文化の大衆化に、汽船が果たした役割は計り知れないであろう。

情報伝播において、帆船時代に較べ、汽船の世界への航行の拡大は、遙かに短時間で未知の世界の情報が伝播され、多くの人々に周知される機会が増えていったのである。

一九一六年一月二二日に上海で出版された『民国日報』第一号、中華民国五年一月二二日付の出港広告によれば、一月二二－二五日までの出港予定の汽船の内、上海より海外へ航行する予定のものを掲げれば、一月二二日には日本郵船会社の松山丸が日本へ、二三日には日本郵船の諏訪丸が欧洲へ、一月二五日には日本郵船の筑前丸が日本へと航行することが知られるように、上海から恒常的に海外と連なる汽船航路が運航されていた[57]。

現代は航空機が世界を席巻している時代であるが、ほぼ一〇〇年以前の世界は汽船が世界を席巻し、海上航路の主役として活躍していたのであった。

注

（1）徐學禹「國營招商局之成長與發展」、『國營招商局七十五周年紀年刊』國營招商局、一九四七年一二月、一頁。
（2）松浦章・内田慶市・沈国威編著『遐邇貫珍の研究』関西大学出版部、二〇〇四年一月、七〇三（二六）頁。
（3）松浦章・内田慶市・沈国威編著『遐邇貫珍の研究』、五七七－五七八（一四一－一四二）頁。
（4）張恩駿編「本局編年紀事」、國營招商局編『國營招商局七十五週年紀念刊』國營招商局、一九四七年一二月、四二一（三〇一、付表、広告一二八頁）頁。
（5）『申報』上海書店影印、一九八三年一月、第一冊二六一頁。
（6）樊百川『中国輪船航運業的興起』中国社会科学出版社、二〇〇七年四月、「外資企業譯名表」五〇六頁。
（7）樊百川『中国輪船航運業的興起』「外資企業譯名表」五〇二頁。
（8）『申報』第二三一八號、清同治癸酉正月十一日、一八七三年二月八日。
（9）『東京横濱毎日新聞』第四五三〇号、明治一九年（一八八六）一月一三日付「清國招商局及び日本郵船會社」
（10）『李鴻章全集』、海南出版社、一九九七年九月、第二冊（全九冊）七一三－七一四頁。
（11）「奏稿」二十、三十二丁表、『李鴻章全集』第二冊、七一三頁。
（12）「奏稿」二十、三十二丁裏、『李鴻章全集』第二冊、七一三頁。
（13）「奏稿」二十、三十二丁裏、『李鴻章全集』第二冊、七一三頁。

(14)「奏稿」二十、三十三丁裏、『李鴻章全集』第二冊、七一三頁。
(15)張后銓主編『招商局史（近代部分）』人民交通出版社、一九八八年九月、二九、三三―三四、六〇〇頁。
(16)松浦章「輪船招商局汽船の日本航行」、松浦章『近世東アジア海域の文化交渉』思文閣出版、二〇一〇年一〇月、一二一―一五八頁。
(17)松浦章『近代日本中国台湾航路の研究』清文堂、二〇〇五年六月、三三―三四頁。
(18)日本郵船株式會社編纂『日本郵船株式會社五十年史』一一七―一一八頁。
(19)日本郵船株式會社編纂『日本郵船株式會社五十年史』一三七頁。
(20)日本郵船株式會社『創立滿三十年記念帖』日本郵船株式會社、一九一五年一二月。
(21)『申報』上海書店影印、一九八三年一月、第二冊一〇九頁。
(22)『滬報』第四四号、光緒八年五月二十二日、一八八二年七月七日付「華人附輪船記數」。
(23)『滬報』第四六号、光緒八年五月二十五日、一八八二年七月一〇日付「論輪船搭客」。
(24)『滬報』第二九号、光緒八年五月初四日、一八八二年六月一九日付「輪船往來温福」。
(25)『申報』上海書店影印、一九八三年三月、第七冊四九一頁。
(26)松浦章「上海からアメリカへ――Pacific Mail Steamship 会社の上海定期航路の開設」、松浦章『汽船の時代　近代東アジア海域』清文堂、二〇一三年三月、七七―一一〇頁。
(27)『上海道契』第三〇冊（全三〇冊）上海古籍出版社、二〇〇五年一月、一二頁上段。
(28)『上海道契』第三〇冊（全三〇冊）、一二頁下段。
(29)『上海道契』第三〇冊（全三〇冊）、一一頁上段。
(30)『上海道契』第三〇冊（全三〇冊）、一一頁下段。
(31)日本郵船株式会社編『七十年史』日本郵船株式会社、一九五六年七月、八、一一頁。
(32)『滬報』第三六号。光緒八年五月十三日、一八八二年六月二八日付「天花盛行」。
(33)『滬報』第四九号、光緒八年五月二十八日、一八八二年七月一三日付「華人被拘」。
(34)『申報』上海書店影印、一九八二年一二月、第一二八冊六二頁。

(35)『申報』第一二八冊九五頁。
(36)『申報』上海書店影印、一九八二年一一月、第一二〇冊五三〇頁。
(37)『申報』上海書店影印、一九八三年二月、第六冊二八九頁。
(38)『申報』上海書店影印、一九八三年三月、第九冊五八九頁。
(39)『申報』上海書店影印、一九八三年四月、第一一冊一三頁。
(40)『申報』上海書店影印、一九八三年五月、第一四冊四三三頁。
(41)『滬報』第六〇号、光緒八年六月十二日、一八八二年七月二六日付の「福州茶事」。
(42)『申報』上海書店影印、一九八三年五月、第一三冊四九〇頁。
(43)『申報』上海書店影印、一九八三年七月、第二〇冊六九三頁。
(44)『申報』上海書店影印、一九八三年七月、第二〇冊九〇九頁。
(45)松浦章・内田慶市・沈国威編著『遐邇貫珍の研究』関西大学出版部、二〇〇四年一月、六七六頁。
(46)同書、六五四頁。
(47)『上海新報』第四五号、壬戌年五月廿八日
(48)『申報』上海書店影印、一九八三年八月、第二三冊六四五頁。
(49)『申報』第二三冊七四七頁。
(50)『申報』上海書店影印、一九八三年九月、第二六冊一二五頁。
(51)大庭脩『漢籍輸入の文化史――聖徳太子から吉宗へ――』研文出版、一九九七年一月、二四(全三四二)頁。
(52)松浦章・内田慶市・沈国威編著『遐邇貫珍の研究』関西大学出版部、二〇〇四年一月、六六四(五五)頁。
(53)松浦章・内田慶市・沈国威編著『遐邇貫珍の研究』、六五六(六二)頁。
(54)松浦章・内田慶市・沈国威編著『遐邇貫珍の研究』、六四八(七一)頁。
(55)松浦章・内田慶市・沈国威編著『遐邇貫珍の研究』、六三九(八〇)頁。
(56)松浦章「シンガポールの新聞にみる中国海外移民の状況」『東アジア文化交渉研究』第七号、二〇一四年三月、三九五–四一二頁。

（57）『民國日報』第一分冊（全九九冊）、人民出版社、一九八一年影印、九頁。『民國日報』は一九一六年一月一二日創刊後、一九三二年二月停刊、一九四五年一〇月復刊、一九四七年一月終刊となった（第一分冊の「影印者説明」による）。

東アジア宗教儀礼研究班（Ⅰ）

テーマ：泊園書院研究

近代学制のなかの泊園書院

吾妻重二
（研究員・文学部教授）

一　はじめに

文政八年（一八二五）、四国高松藩出身の藤澤東畡（一七九四－一八六四）によって大阪市中に開かれた漢学塾、泊園書院が江戸時代後期から幕末期にかけて栄えたことは人も知るとおりである。

また、これを継承した東畡の子の南岳（一八四二－一九二〇）は、幕末維新期にいったん閉じられた書院を明治六年（一八七三）に大阪に再興する。そして、南岳の学問と人徳を慕って全国から学生が集まり、書院は最盛期を迎える。南岳の長子黄鵠（一八七四－一九二四）、次子黄坡（一八七六－一九四八）も書院の活動をよく継承し、漢学振興と漢詩文の普及、そして大阪の教育・文化の発展に大きく貢献した。黄坡義弟の石濱純太郎（一八八八－一九六八）も講学と経営に尽力している。

書院は昭和二十年（一九四五）六月の大阪大空襲で焼失、昭和二十三年（一九四八）の黄坡の死去により長い歴史に幕を閉じるが、江戸後期から明治・大正・昭和まで続いた漢学塾はきわめて珍しく、全国的にも稀有の例といえよう。幕末維新期に数多く作られた漢学塾のほとんどは明治二十年代には消滅し、近代的学校制度が整備された明治末年頃までにはその機能を終えているからである。(1)

ここでは漢学塾・泊園書院が明治維新以降の近代学制の中でどのような位置づけにあったのかを考察してみたい。泊園書院は時代の変化激動をどのように潜り抜けたのか、それがこれまで検討されていないことにかんがみ、公文書や関連文献を使用することで、主に教育制度史面から検討を加えることとする。(2)同時にまた、明治十年に漢学塾として出発した東京の二松学舎や、同じ大阪の地に開かれ、かつて大阪唯一の文系大学であった関西大学なども視野に入れることで、近代における泊園書院が学制上どのような特色と意義をもっていたのかを明らかにしたいと思うのである。

なお、泊園書院関連事項の年次については、吾妻「泊園書院年譜」(吾妻編著『泊園書院歴史資料集――泊園書院資料集成一』所収、関西大学東西学術研究所資料集刊二十九―一、関西大学出版部、二〇一〇年、以下『資料集』と略称)に載せているものは逐一典拠を示さなかったので、あわせ参照していただければ幸いである。

二　近代学制における位置づけ――変則中学から各種学校へ

まず、近代における泊園書院と学制との関係は、教育行政との関係から大きく四期に分けて考えることができ

ると思われる。すなわち、

Ⅰ　明治五年（一八七二）まで：「学制」以前
Ⅱ　明治六年（一八七三）－明治十二年（一八七九）：「学制」時期
Ⅲ　明治十三年（一八八〇）－明治十八年（一八八五）：「教育令」時期
Ⅳ　明治十九年（一八八六）以降：「学校令」時期

の四期である。[3] 以下、順をおって見ていきたい。

1　明治五年（一八七二）まで：「学制」以前

周知のように、日本の学校は明治五年（一八七二）に「学制」が公布されることで近代的制度の歩みを始めるが、まずはそれ以前の泊園書院がどう記録されていたかについて見てみよう。書院の早期の記録としては『日本教育史資料』第八巻の大阪府「私塾」の項に嘉永二年（一八四九）の調査として次のようにある。[4]

表1　『日本教育史資料』第八巻・大阪府「私塾」における泊園書院

	名称	学科	旧管轄	所在地	教師 男 女	生徒 男 女	隆盛年代	調査年代	身分	塾主氏名
東区	泊園塾	漢学	町奉行支配	淡路町一丁目	男 一 女 ……	男 八〇 女 二	弘化 嘉永年	嘉永二年	士	藤澤東畝《ママ》

これは公文書における最も早期の泊園書院関係記録であり、貴重である。これによれば、書院はもともと「泊園塾」といったこと、淡路町一丁目にあったこと、弘化年間（一八四四）以降から隆盛をみたことなどが確かめられる。教師「男　一」とは東畡その人を指す。生徒が男八十名のほかに女二名が登録されているのも、この時期の私塾としては興味深いといえよう。ちなみに、この『日本教育史資料』第八巻には大阪府の私塾として、他に高木熊三郎の「歳寒書院」（漢学）、妻鹿友樵の「心遠舎」（同）、大塚完斎の「泊雲塾」（漢・数・筆）、上野義一の「日章学舎」（漢学）、戸川寛の「含翠堂」（漢学筆道）など二十の学問所が載っている。これらの調査がまとめられたのは他の私塾や寺子屋の記録からして明治五年、すなわちちょうど「学制」公布の前後かと思われ、大阪における当時の状況が一定程度わかるものとなっている。

ところで、続いて『日本教育史資料』には「寺子屋」の項があり、そこに載る大阪府下の寺子屋の数は、実に合計七百七十八ヶ所もの多数にのぼっている。「寺子屋」の中にはなぜか懐徳堂が含まれ、また適塾が私塾・寺子屋いずれにも見えないといった記録上の不備があるものの、この寺子屋の多さは幕末から明治初年にかけて大阪がいかに教育熱心な土地柄だったかをよく示している。これはかつて教育史家の乙武岩造が、

実に天保から弘化にかけて、大阪市内寺子屋の隆盛は殆ど全国に比類なく大江戸のそれをも凌駕したほどである。(5)

と指摘したこととも通じる。一般に大阪は商人の町であって学問には熱心でなかったといわれることがあるが、そのような見方は正しくなく、むしろ大阪の人々は教育に熱心だったというべきである。大阪人のこうした「教

育熱心さ」は泊園書院をはじめ大阪の民間学校や私塾を考える際にも念頭に置く必要があろう。南岳の孫で、小説家として活躍した藤澤桓夫（黄坡の子）が、

「衣食足りて礼節を知る」とは古人の言だが、ゆらい大阪の一流の商人の間には学問を尊ぶ気風があり、船場・
島之内の商家で子弟を祖父の許に通わせた家も多かったようだ。(6)

といっているのは傾聴に値する。

さて、明治三年（一八七〇）十二月二十四日、中央集権を進める明治政府は太政官布告により私塾開業と入塾を許可制とした。これは私塾を官の統制下に入れる日本の私学史上初めての措置であった。(7)さらに、明治四年（一八七一）年七月に設置された文部省はこの措置を受け継ぎ、明治五年（一八七二）三月、文部省布達第六号により次のように府県に命じた。

従前私塾ニ於テ生徒教育之儀ハ官ヨリ指構不致候処、元来人民教育之道ニ於テハ公私ニ因リ其差別無之筈ニ付、私塾教師ト雖モ官之許可ヲ不得叨リニ教育不相成訳ニ候條、自今私塾ヲ開候者ハ前以其姓名年齢従前之履歴学課塾則教育之方法開講之場所等委細ニ開列シ、当省エ伺出免許ヲ受候上開塾可致、就テハ東京府下ニ於テ是迄私塾設置候者右塾則等早々取調、来十七日ヨリ廿日迄之際府庁添翰ヲ以当省へ可伺出、其他府県ニ於テハ其官庁ヨリ適宜之期限ヲ立テ塾則之類為差出、検査之上開否之見込ヲモ相添当省エ可伺出候事。(8)

これによれば、私塾を開く者は前もって氏名、年齢、履歴、学課、塾則、教育の方法、開講の場所などを文部省に届け、許可を得なければならない。東京府下および他の府県についても同様であるという。これは廃藩置県を実施し、全国の学校をすべて文部省のもとに統括しようとする政府の方針によるものであった。[9]

明治三年十月、大阪から郷里高松に帰っていた南岳は高松藩主松平頼聡の命により高松の私宅（東香川郡中ノ村天神前）に泊園塾を開くが、[10]明治五年四月、三十一歳の時、この泊園塾の学則および塾則を文部省に届け出ている。その内容は「専門学科」「家世履歴」「学則幷学課」「塾則」「寄宿生徒員数」（十五名）「外来生徒員数」（四十六名）さらに「塾名」「設塾地処」といった記述からなるもので、その詳細は『資料集』について見られたいが、[11]これはほかでもない、こうした明治新政府および文部省の私塾政策に応じて報告した書類なのである。私塾といえども、この時期にはもはや中央政府の管轄からまったく自由であることはできなかったのである。

2　明治六年（一八七三）〜明治十二年（一八七九）：「学制」時期

明治五年（一八七二）八月三日、文部省はついに「学制」を公布する。「学制」の目的は全国に統一的学校制度を布くことで、江戸時代以来の諸学校を基礎としつつ欧米諸国の教育制度を参照し、近代的学校教育制度を編成するところにあった。この「学制」の特色は、㈠学校を小学・中学・大学の三段階に分けたこと、㈡これらの学校を設けるために学区制をとり、全国を小学区、中学区、大学区に分けたこと、㈢とりわけ小学校普及に重点を置いたこと、などである。[12]これらは必ずしもすべて実現したわけではないが、明治初期、日本の近代的教育制度の出発点となったものとして重要である。

さて、私塾に関しては「学制」に次のようにある。

私学私塾及家塾ヲ開カント欲スル者ハ、其属籍住所事歴及学校ノ位置教則等ヲ詳記シ学区取締ニ出シ、地方官ヲ経テ督学局ニ出スヘシ（第四十三章）

これは、先に見たそれまでの太政官布告および文科省布達を踏襲したもので、私学・私塾および家塾を届出制にしている。さらに、次の規定が注目される。

当今中学ノ書器未夕備ラス、此際在来ノ書ニヨリテ之ヲ教ルモノ、或ハ学業ノ順序ヲ蹈マスシテ洋語ヲ教ヘ又ハ医術ヲ教ルモノ、通シテ変則中学ト称スヘシ、但私宅ニ於テ教ルモノハ之ヲ家塾トス（第三十章）

私宅ニアリテ中学ノ教科ヲ教ルモノ、教師タルヘキ証書ヲ得ルモノハ中学私塾ト称スヘシ、其免状ナキモノハ之ヲ家塾トス（第三十二章）

このように、「学制」に定めるすべての教科や施設を備えた正規の中学（正則中学）に対し、私塾はおおむね「変則中学」とされ、学校施設をもたず私宅で教授する場合には「家塾」とされたのである。また「家塾」のうち「教師タルヘキ証書ヲ得ルモノ」は「中学私塾」と称するという。

この時、正則中学はどう規定されていたのかというと、年齢によって下等と上等に分かれ、教科は下等中学では国語学、数学、習字、地学、史学、外国語学、理学、画学、幾何学、修身学など十六科目、上等中学ではこれらを引き継ぐ科目の他に経済学や動植地質鉱山学などを加えた十五科目が必要とされた。このほか小学校についても正規の小学（正則）として必要な教科が定められ、これを備えない場合は、次のように「変則小学」とされた。

右ノ教科順序ヲ蹈マスシテ小学ノ科ヲ授ルモノ之ヲ変則小学ト云フ、但私宅ニ於テ之ヲ教ルモノハ之ヲ家塾トス（第二十八章）

これらの規定をふまえて泊園書院を見てみよう。現在、国立公文書館内閣文庫に蔵する「府県史料」[13]のうち『大阪府史料』には、明治六年から十二年に設立を届け出た多くの私立学校が記録されており、泊園書院については次のようにある。

泊園舎〔北大組若松町〕　　校主　藤澤南岳

明治六年四月十七日開校　変則

塾則

践履ヲ以テ本トシ浮華ヲ禁ス淫游俚歌挙杯ヲ禁ス夜行外宿ヲ禁ス

この記録は泊園書院（当時は「泊園舎」）が若松町にあった明治九年当時に届け出られたものと思われる（あとの表2参照）。ここに「北大組若松町」とある「北大組」とは明治初期における行政区分で、大阪市中三郷は東西南北の大組に分けられていた。重要なのは、ここに「変則」とあることで、これは後述するように、おそらく変則中学ではなく、変則小学をいう。また、ここに載せられた「塾則」はごく簡単だが、内容はそれまでの泊園塾則に共通するもので、その一部を届け出たものであろう[14]。

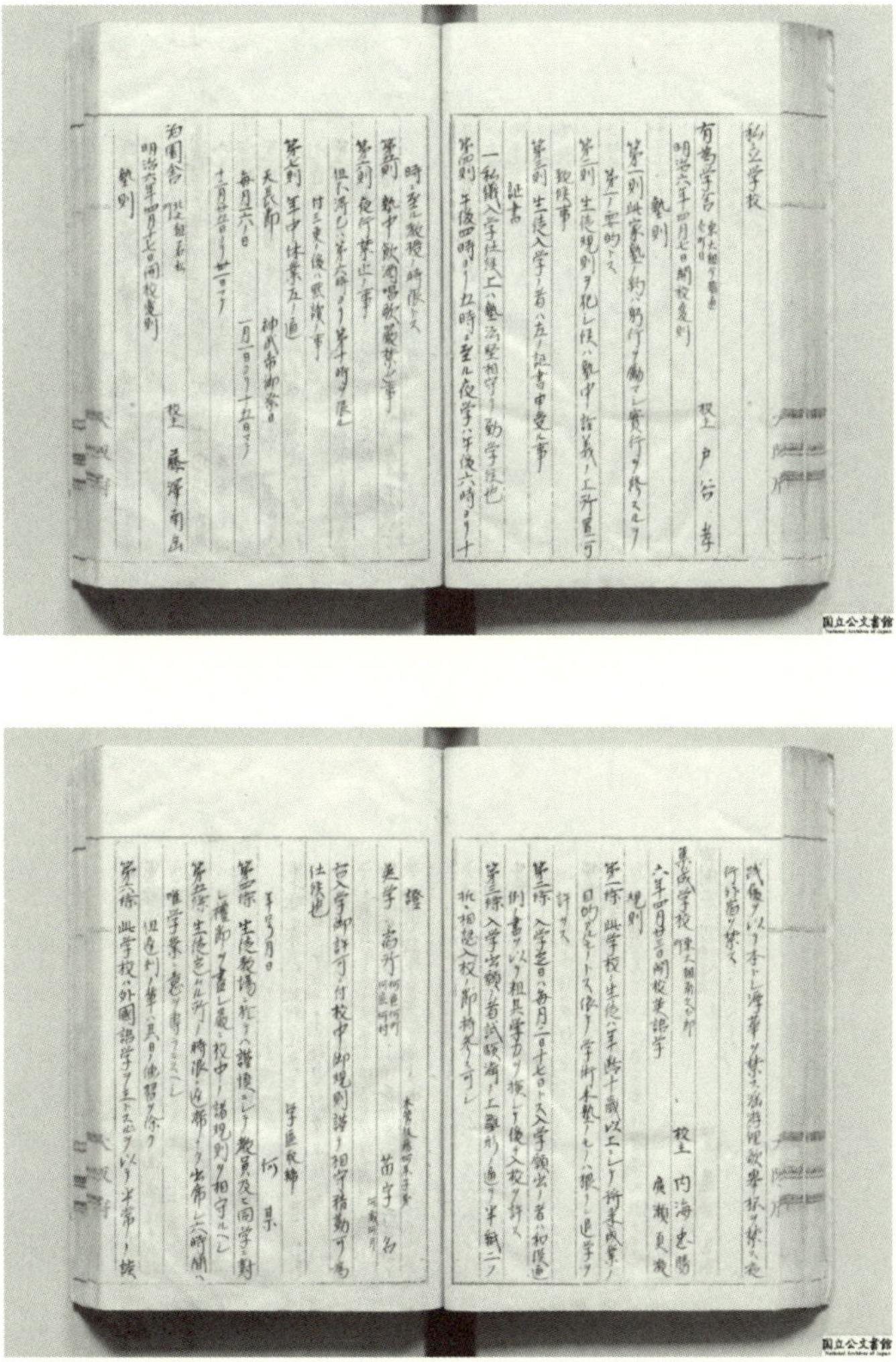

図1 『大阪府史料』(府県史料)・学校・私立学校の「泊園舎」部分

もう一つ、この記録で貴重なのは開校時期が明記されていることである。南岳は明治六年初め、大阪にもどって塾を再興するのだが、それが「明治六年四月十七日」であったことがこの記事から確定できるのである。

さて、この「学制」により、江戸時代から続いていた私塾や、当時新たに設立された私塾はおおむね変則中学に分類されることになった[15]。そのことは明治九年の『文部省第四年報』、明治十年の『文部省第五年報』を見るとわかるのであって、岡千仞の綏猷塾、島田重礼の双桂舎、箕作秋坪の三汊学舎、福沢諭吉の慶応義塾、三島桂の二松学舎、中江篤介の仏学塾、中村正直の同人社（以上、東京）、近藤元粋の時習舎（大阪）、池田草庵の青渓書院（但馬）など、有力な私塾・漢学塾は「中学校」に分類されている[16]。

一方、あとの表2にも見るように、明治七年の『文部省第二年報』で泊園舎は「府県私立小学校統計表」に載り、しかも学科の項に「変則」と記されている。また『文部省第四年報』および『文部省第五年報』でも泊園舎は「小学校」に分類されている。しかしその後、泊園舎は明治十一年の『文部省第六年報』で始めて「中学校一覧表」に載ることになる。おそらく泊園書院は明治十一年になって、他の有名漢学塾と同じく変則中学として認可されたのであろう。

3　明治十三年（一八八〇）－明治十八年（一八八五）:「教育令」時期

このように、明治五年の「学制」の場合、まだ維新後間もないこともあって、私塾について政府はその意義を認め、寛容な対応をとっていた。ところが明治十二年（一八七九）九月「教育令」が公布され、ついで十三年十二月「改正教育令」が公布されると状況が大きく変わる。「学制」はこの「教育令」公布にともなって廃止された。

教育令の特徴としては、㈠学制の特徴であった大学区・中学区・小学区の学区制を廃止したこと、㈡小学校の就学期間を柔軟にしたことなどがあるが[17]、とりわけ私塾に関して重要なのは「教育令」第二条に、

学校ハ小学校・中学校・大学校・師範学校・専門学校・其他各種ノ学校トス

と定められたことである。続く「改正教育令」第二条では、

学校ハ小学校・中学校・大学校・師範学校・専門学校・農学校・商業学校・職工学校・其他各種ノ学校トス

としている。正規の学校として小学校、中学校、大学校の他に師範学校、専門学校などが掲げられ、それ以外は学科の不完備な学校として、一括りに「其他各種ノ学校」とされたのである。いわゆる「各種学校」が法令に登場した始まりである。これにともない、「学制」にあった変則中学、変則小学、中学私塾、家塾などの規定も当然ながら削除された。つまり、これまでおおむね変則ではあれ私立の中学校として扱われていた漢学塾は他の私塾とともに「各種学校」に格下げされ、「制度化された学校」の進学コースから疎外されることになるのである[18]。

こうして「教育令」公布直後、明治十三年における全国の教育状況を整理した『文部省第八年報』は「各種学校」の項目を立てて、

今其学校ノ等位及ヒ種質ヲ概挙スレハ、或ハ洋籍ヲ用ヒテ青年ノ子弟ニ文学若クハ高等普通学ノ二三科ヲ教

授シ、或ハ学齢外ノ童子ヲ集メテ経史等ヲ講読セシメ、或ハ単ニ習字算術ノミヲ教授スル学校及ヒ家塾等ナリ、而シテ従前ノ統計法ニ拠レハ此等ノ学校ハ各其主眼トスル所ノ学科目若クハ其課程ノ高低ニ由リテ仮ニ之ヲ小学若クハ中学ノ部類ニ編入セシモノナリ、然レトモ今ヤ学校ノ分類種別一ニ皆教育令ノ本旨ニ遵依シテ、学科不完備ノ学校ハ其程度ノ如何ニ拘ハラス悉ク之ヲ純然完備ノ学校ト甄別セスンハアル可カラス……顧フニ私立漢学々校及ヒ英学々校中ニハ其教規等頗ル高尚ニシテ優等ノ生徒数百名ヲ教養スル二三ノ学校ナキニ非ス、然レトモ其他ハ概子皆漢文ノ素読或ハ英学ノ初歩ヲ教授スルモノニシテ、微々タル校舎殊ニ多シトス

といっている。要するに私塾はこれまで小学もしくは中学の部類に組み入れていたが、今後は「教育令」に従い、「学科不完備ノ学校」はそのレベルのいかんにかかわらず、「純然完備ノ学校」とはっきり区別しなければならないという。そして漢学塾および英学塾の中にはすぐれた教育方針のもとに数百名の生徒を教育する例が二、三ないわけではないが、大方は初歩レベルで低劣な校舎が多いという。ここには、正規の教育システムから私塾を排除しようとするはっきりとした意図がある。

ただし当時、各種学校の状況はどうだったかというと、その中では学科を「漢学」とする学校がなお多くを占めていた。さきの『文部省第八年報』の「明治十三年各種学校表」では、各種学校合計四三三校のうち学科を「漢学」とする学校が百二十三校で最も多く、ついで「手芸」が百四十一校、「読書習字数学」が百十一校と続いている。この時期はなお江戸時代の遺風を色濃く残し、漢学塾が数多く存在して小学校の上位にあたる中等教育を担っていたわけである。[19]

こうした「学制」および「教育令」時期の私塾および漢学塾と中等教育の関係について、寺崎昌男は次のように論じている。

少なくとも一八八〇年前後まで、上級学校への進学を志す青年（主として男子青年）にとって、中学校は、必須の通過機関ではなかった。……地方に生れた青年が都市部の高等教育機関に進学するためのモデル的なルートは、地方の初等教育機関（公・私立小学校）で初歩的な普通教育学力を身につけた後、土地の私学あるいは私塾的学校で「普通学」あるいは語学の訓練をうけ、さらに大都市へ出てそれらをより完全に修得し、偶然の契機に恵まれるか、あるいはたまたま継続的な学習の条件をえた場合にのみ、諸種の専門学校、大学へ進学する、というコースであった。[20]

また、入江宏も明治期の漢学塾につき、

近代的学校システム、とりわけ中等教育制度が整備されるまでは、実用的な義務教育課程では満し得ない基礎教養形成の場として、また、大学等高等教育機関への進学を希望する青少年たちに対しては必要な学力を身につけさせる予備校的存在として、固有の機能、存在意義をもって存続した。[21]

と、その重要な役割を指摘している。

しかもこの当時、高等教育を担う学校はいまだ未整備の状態であり、開成学校（専門学校）と東京医学校が合併して唯一の大学である「東京大学」が設立されるのが明治十年（一八七七）四月であり、この時付設された東京大学予備門（のちの第一高等学校）は、地方の中学校が未整備だった当時の状況下において、ほとんど唯一の大学予備教育機関であった。さらに東京大学が東京法学校（もと司法省法学校）や工部大学校を統合し、帝国大学令により「帝国大学」と改称されるのは明治十九年（一八八六）まで待たなければならない。日本最初の中等教員養成機関である高等師範学校が東京に設立されるのも同じ明治十九年である。この時期は、従来指摘されているように、青年たちの進学ルートの可能性が中等・高等教育の制度的未定型さゆえに多様に開かれていた時期であった。言い換えれば、私塾は当時、中等教育機関として高い教育水準を保つものが少なくなかったのであり、なかでも泊園書院はそれを代表する学問所であった。

近代期、泊園書院が最も多く門人を集めたのもこの時期にあたっている。表2は『文部省年報』、『大阪府統計書』、『大阪市統計書』など政府の公式文書を中心に泊園書院関連のデータを整理したものだが、明治九年には百二名、明治十年には百七名、さらに明治十一年には分舎を設けて計百三十八名に増え、明治十二年には計百三十四名、明治十三年には百四十三名、明治十四年には百三十八名、明治十五年には百名というように推移している。すぐあとに見る永田仁助の回想を見ると、これは寄宿生（在塾生）のみの数だったようであり、通学生を含めればその数はもっと増えるはずである。

当時の泊園書院の盛況ぶりは門人の回想を見ても裏づけられる。明治八年（一八七五）に入塾し、その後長く通学した永田仁助は、

彼（南岳のこと――引用者注）の学徳を敬慕して、来つて教を乞ふものは常に数百人に及び、在塾生のみにて

も百数十人を下ることはなかつた。故に通学生の如きは廊下に溢れて師の説に聴き入ると云ふが如き盛況であつた。[22]

と、在塾生だけでも百数十人を越え、聴講者を含めれば常時、数百人に及んだと述べている。また豊後臼杵を出て大阪に来た指原安三は明治七年、泊園書院の門をたたくが満員のため断られ、通うこと数日、やっと入塾を許されたという。[23] 明治十五年六月に入門した川合清丸は南岳の講義につき、「弟子の聴者百有余人、少し後れて参り候へば、末席にて音声少しも聞え不レ申候位の事に有レ之候」と友人に書き送っている。[24]

　このほか、明治十三年に刊行された『南海愛国民権家列伝』は四国出身の名士の略伝を載せた書物であるが、そこに南岳を紹介して、

> 府下淡路町ニ於テ二箇所ノ小学校ヲ設ケコレヲ泊園館ト名ケ、毎月ノ謝金其他ノ入額若干ノ高アリト、現今通学生寄宿生共三百五十人ニ及ベリ[25]

といっている。このように「学制・教育令」時期、泊園書院では寄宿生と通学生を含めて一度に数百人という学生が在籍し学んでいた。これは今でいえば私立大学の一学部にも相当する数である。まさにこの頃、泊園は大阪最大の文系学校であった。しかも当時、高等教育機関は東京ではもちろん、大阪においても未整備であったから、南岳の実力からして、泊園書院は全国的にもトップクラスの学問レベルを維持していたといえよう。この時期を中心に泊園書院から日本近代の発展を担う多くの人材が輩出したことは近年の調査によりようやく知られるよう

になったが[26]、それもこのような教育制度の状況をふまえてはじめて理解することができるのである。

4 明治十九年（一八八六）以降：「学校令」時期

さて、明治政府が「教育令」において私塾を「各種学校」と見なして「制度化された学校」から除外した点は「学校令」に引き継がれ、しかもいっそう強調される。「学校令」とは明治十九年（一八八六）、初代文部大臣の森有礼により発せられた帝国大学令、中学校令、師範学校令、小学校令とこれに継ぐ関連法令をいう。森有礼により近代学校の体系が構想されたこと、のちに文部大臣になった井上毅がその改革を受け継ぎ、日本おける近代学校制度の基礎を作り上げることはよく知られている。

まず明治十九年三月に帝国大学令が、ついで四月に小学校令と中学校令が公布される。小学校令は小学校の義務教育化を厳格に定めたものであり、中学校令では中学校が尋常・高等の二段階編制をとり、かくして尋常中学校――高等中学校――帝国大学という進学制度が整備された。ここにおいて各種学校は正規の教育制度から明確に切り離される。ちなみに、ここにいう高等中学校が、のちの明治二十七年（一八九四）六月の高等学校令によって高等学校（旧制）となり、帝国大学進学の教育機関として形を整えていくわけで、つまりは小学校の義務教育化と中等・高等教育制度の整備がなされ、それに伴って私塾・漢学塾など各種学校の凋落が起こるのである。

中学校の開設と廃止を繰り返していた大阪においても、中学校令にもとづき、大学分校が明治十九年四月に第三高等中学校となり、同年十月には大阪尋常中学校が開かれる。第三高等中学校は明治二十二（一八八九）年に京都に移転するため（のちの三高）、しばらくは大阪尋常中学校が大阪唯一の中学校として信望を担うが（のちの北野中学校）、明治二十八年（一八九五）には第二（堺中学校）・第三（八尾中学校）・第四（茨木中学校）の各尋常中学校が、翌三十九年には第五尋常中学校（天王寺中学）が開校する。また、明治十九年には大阪府女学校（のち市立大阪高等女学校）も開設されるなど、この頃から大阪の中等教育機関がようやく整えられていく。(27)

さらに明治二十三年（一八九〇）十月には小学校令を改正した第二次小学校令が公布された。重要なのは、この第二次小学校令に「各種学校」に関する記述が次のように見えることである。その第四十条に、

市町村ハ幼稚園・図書館・盲唖学校・其他小学校ニ類スル各種学校ヲ設置スルコトヲ得

とあり、第四十一条に、

私立ノ小学校・幼稚園・図書館・盲唖学校・其他小学校ニ類スル各種学校等ノ設立ハ其設立者ニ於テ府県知事ノ許可ヲ受ケ、其廃止ハ之ヲ府県知事ニ上申スヘシ

とある。そして法令上、各種学校に関する文言があるのは実はここにいう「小学校ニ類スル各種学校」が唯一のものであり、戦後の昭和二十二年（一九四七）三月の学校教育法第一条および八十三条において「各種学校」が明確な法的根拠を与えられるまで適用されたのである。(28) つまり各種学校となった私塾は、法令上は小学校令において規定されるものとなったのである。

昭和初期、書院の経営に奮闘努力していた石濱純太郎は新聞『泊園』第五号（一九三三年九月）に「泊園書院

を護らん」と題する記事を載せ、次のようにいったことがある。

我々の泊園書院が現今の如く私立小学校と同一の取扱ひを受けざるを得ない様な状態である事は断じて我々の名誉でない。堂々たる百年漢学専門の書院なるは世間周知の事ではないのか。然るを普通教育の最低位たる小学校と同一視されてゐるなんかは法令の如何は知らず我々は顛《ママ》みて忸怩たらざるを得ないではないか。書院は専門教育場でなければならず専門研究所であるべきだ。是れ余の言はんと欲する一である。[29]

石濱がここでなぜ「私立小学校と同一の取扱ひを受けざるを得ない様な状態」と嘆き、激昂したのか、それは以上のような私塾＝各種学校をめぐる学校制度を背景にしてはじめて理解できるのである。私塾は当時、その教育・研究レベルがいかに高くても制度上は私立小学校と同等の扱いなのであった。石濱が「普通教育の最低位たる小学校と同一視」されている現状を「堂々たる百年漢学専門の書院」としての誇りから憤るのは当然であったろうが、しかし法令上はいかんともしがたいものだった。

もう一つここで注意したいのは、統計上の用語としては、小学校、中学校などに「類スル」とされた各種学校が登場することである。『文部省年報』では明治二十八年度以降、各種学校を段階別に分け、「小学校ニ類スル各種学校」、「中学校ニ類スル各種学校」、「高等女学校ニ類スル各種学校」、「専門学校ニ類スル各種学校」、「其他ノ各種学校」などに区分し、差別化をはかっている。[30] これらの各種学校については上述したように法令上の具体的規定はないのであるが、あえてこのように分類したのは有力な各種学校を学校制度の中に取り込もうとしたからで、そのため、制度化された正規の学校に「類スル」と認定された場合、正規の学校と同様、兵役法（徴兵令）

や専門学校の無試験検定指定、教員無試験検定などの特典を付与するという措置がとられていた。[31]

泊園書院はしかし、こうした施行上の分類にあっても正規の小学校や中学校に「類スル」ものとはされず、「其ノ他」に分類されている。[32]つまり泊園書院は、法令上は小学校令の「各種学校」に依拠する私立学校であり、しかも区分としては各種学校のうちでも「其他ノ各種学校」に属していた。つまり正規の学校が受けたのと同等の特典を与えられることもなかったことになる。そして、泊園書院は以後、昭和時期まで、学校制度上はずっとこの位置にあり続けた。

なお、ここで関西法律学校（のちの関西大学）について触れておけば、明治十九年（一八八六）十一月、大阪府西区の願宗寺に「関西法律学校」が設立される。関西法律学校は「教育令」第七条に規定する「専門学校ハ専門一科ノ学術ヲ授クル所」というその「専門学校」にあたるが、専門学校の位置づけは当時なお明確でなく、表2に見るように、明治十九年の『大阪府統計書』において関西法律学校は「中学校及諸学校」の中に泊園書院と並んで登場している。[33]関西法律学校はその設立時に限っていえば、泊園書院とさほど大きな違いはなかったともいえよう。

関西法律学校第一回卒業生の黒田荘次郎は、明治十九年当時の大阪の学校について、

大阪の地には官立学校としては唯一つ大学分校（第三高等学校の前身）あるのみにて、府立の中等程度の学校も僅に一、二校であった。私学では藤澤南岳先生の漢学塾、澤井甃平先生の英学塾、大塚先生（現京大名誉教授工学博士大塚要氏の厳父）泊雲塾（主として英語教授）川口にはキリスト教主義の学校があった位のものであった。[34]

と回想し、大阪に高等官を多数擁する関西法律学校が生まれて世間の人が「瞠目した」のも無理はなかった、といっている。ここにいう澤井甃平の英学塾とは泊園書院と同じく淡路町にあった成章塾、泊雲塾は瓦町にあった私塾であるが、私学の筆頭に泊園書院がとり上げられているのを見ても、泊園が明治初期、大阪を代表する学校と目されていたことがよくわかるのである。

三　分院の設置と小学校令改正

次に、泊園が明治四十四年（一九一一）六月、分院を設けたことについて検討してみたい。分院を主宰したのは黄坡である。この当時、本院は東区淡路町から東区東平野町五丁目に移っていた。

この分院はもともと「修斉学校」という小学校で、大阪の資産家だった豊田宇左衛門が私財を投じて作ったものだった。[35]しかし、四年制だった小学校が六年制に改まったのを機に廃校し、豊田はこれを無償で泊園に提供したのである。[36]

いまこのことを学制上から確認すると、明治三十三年（一九〇〇）八月の「小学校令改正」の第十八条に、

尋常小学校ノ修業年限ハ四箇年トシ、高等小学校ノ修業年限ハ二箇年、三箇年又ハ四箇年トス

とある。これは、それまで認められていた尋常小学校三年の修業年限を廃止し、四年に統一したものである。また第三十六条に、

学齢児童保護者ハ就学セシムヘキ児童ヲ市町村立尋常小学校又ハ之ニ代用スル私立小学校ニ入学セシムヘシ、但シ市町村長ノ認可ヲ受ケ、家庭又ハ其ノ他ニ於テ尋常小学校ノ教科ヲ修メシムルコトヲ得

とある。修斉学校は、おそらくここにいう「代用私立小学校」に相当するものであったろう。

尋常小学校が六年制に改まったことについては、明治四十年（一九〇七）三月の「小学校令中改正」に次のように見える。

第十八条　尋常小学校ノ修業年限ハ六箇年トス
第十九条　尋常小学校ノ教科目ハ修身、国語、算術、日本歴史、地理、理科、図画、唱歌、体操トシ、女児ノ為ニハ裁縫ヲ加フ
第三十六条第一項中「又ハ之ニ代用スル私立小学校」ヲ削ル

こうして義務教育が尋常小学校の六年制となって科目が増加、整備されるのに伴い、いわゆる「代用私立小学校」の制度も廃止された。これは当時、代用私立小学校が市町村立小学校に比べてその成績が劣っており、一方で公立小学校が普及したためその数もわずかで、特に制度として存置する必要がないとされたのであった(37)。豊田

宇左衛門が修斉学校の経営をやめ、泊園書院分院として学舎を提供したのにはこうした事情があったのである。そしてこの建物は大正九年（一九二〇）の南岳の死後、泊園の本院となってその活動の本拠地となる。

この建物はもともと小学校だっただけあって、敷地・建物ともかなり規模が大きく、泊園書院にとって幸いであった。教室もたくさんあり、アスファルト敷きの小運動場や、ブランコのある雨天体操場もあるという立派な学舎であった[38]。また、門人の回想にも次のようにある。

あの君子人たる故豊田宇左衛門大人の人材教育にと建てられてゐた修斉学校の校舎を其の儘用ひられてゐたので、庭もテニスが出来る位広くあり、教室は二階に四室下に三室合せて七室それに応接間使丁部屋職員室など優に堂々たるもので有つた。門は観音開きの大扉それに左右各小開の扉が有り石段三段登りて此の門に成り、門柱には大村先生の柔かみのある能筆に成つた泊園書院分院の大きな門標が掛つて居た[39]。

また、

当時分院は豊田家私立の修斉学校をそのまゝ借用してゐたので二階に大きな教室が南北に列つて二つ東西に二つと合せて四室有り、階下にはそれと同様に三教室と応接室、使丁室など万端整うたものだつた。朝の一般公開講義には階上の一室が当てられ下の外路にそうた部屋は夫子御家族に、西の室は夫子御勉学の部屋となってゐた。朝講と毎土曜の夜の通俗講習会以外の時は輪講の時でも此処で行はれ其東隣中央の一室が塾生の宿舎なのであった。塾生は南側の窓際に机をつくり、四間に五間といふ巨室の拡がりには数人の起臥学問には大体ヒロすぎるのである。……松井氏は明星商業の学生でこゝから通学し武田氏は天王寺中学の先生でこれも塾から通学した。自分も小学教員だつたから朝出て晩に帰つてくるという工合だつた。(40)

この建物は書院と黄坡の自宅を兼ねており、戦災により焼失して現在は写真でのみその構えを見るだけだが、講義の場としても塾生の宿舎としても、また文庫の収蔵庫としても、学問所として十分な広さを持ち、泊園書院の展開に大きく寄与することになるのである。

四　専門学校（大学専門部）と中等学校教員無試験検定資格
――漢文科をめぐって

1　専門学校（大学専門部）と中等学校教員無試験検定制度

次に、専門学校との関係および教員資格に関して見てみたい。専門学校（もしくは大学専門部）は多くの場合、教員資格と関連があり、泊園書院とも無関係ではないからである。いうまでもないことだが、ここにいう専門学校は戦前のそれであって、現在、職業教育や資格取得に関連したさまざまな専門学校――簿記、英会話、調理、美容、看護師、自動車整備など比較的短期の各種学校――とはまったく異なるので注意を要する。

さて、専門学校については、先に触れたように「教育令」に簡単な規定があるが、明治三十年代までは専門学校に対する統一的方策はなく、文部省は必要に応じてその設置を認可してきたにすぎなかった。その後、明治三十六年（一九〇三）三月に「専門学校令」を公布し、初めてこれを制度化して運営することになった。専門学校は、その第一条に「高等ノ学術技芸ヲ教授スル学校ハ専門学校トス」というように、大学に準ずる高等教育機関となった。

この措置によって、すでに明治二十三年（一八九〇）に「大学部」を設けていた慶応義塾のほか早稲田、東京法学院（中央）、明治、京都法政大学（立命館）、関西法律学校（関西）など、それまで設けられていた有力な私立の専門学校が次々に大学と改称し、私立「大学」が成立したことは周知のとおりである。(41)

さて、いま重要なのは、これら専門学校および私立大学が中等学校漢文科教員免許状（無検定試験）を学生に与える権限を持つようになった点である。

そもそも中等学校（師範学校、中学校、高等女学校）の教員になるための免許状は本来、高等師範学校や女子高等師範学校など官立の教員養成学校卒業者に与えられるものであったが、それだけではとうてい需要を満たすことができなかった。そこで文部省は教員検定試験、いわゆる「文検」を明治十八年（一八八五）以降、実施することとした（後述）。これは試験合格者に教員免許状を与える直接検定方式であるが、一方、これとは違う間接検定方式、すなわち「無試験検定制度」が別に作られた。明治三十二年（一八九九）四月五日、「公私立学校・外国大学校卒業生ノ教員免許ノ件」（文部省令第二十五号）により、文部省の認可する公立・私立学校の卒業生は、上記の試験を経ずに中等教員免許状を与えられるとしたのである。

明治三十二年の当初、無試験検定の認可を受けたのは東京の私学三校であり、学校名および教科名は次のとおりである。[42]

東京専門学校文学部（のちの早稲田大学）――修身、教育、英語、国語及漢文、歴史、地誌、地文
哲学館教育部（のちの東洋大学）――修身、教育、漢文
国学院師範部（のちの国学院大学）――日本歴史・国語

この検定制度は明治三十三年（一九〇〇）三月の「教員免許令」、同年六月の「教員検定ニ関スル規程」によって整備され、その後多くの私学が認可を受けるようになる。なお、この教員検定における漢文関係学科目についていえば、当初は「国語及漢文」であり、大正十年（一九二一）以降、「国語」と「漢文」に分かれた。[43]

2　早稲田大学、二松学舎、関西大学そして泊園

次に、漢文の教科を中心に早稲田大学、二松学舎および関西大学の事例を見てみよう。

一　早稲田大学の場合

東京専門学校が中等教員無試験検定の認可を受けたのは上記のように明治三十二年七月であり、私学の認可としては最も早い。さらに明治三十五年（一九〇二）九月、同校は早稲田大学と改称すると、翌年、高等師範部（現教育学部の前身）を設け、国語漢文科、歴史地理科、法制経済科、英語科を置くとともに、各科の卒業生は中等

教員の無試験資格を得られるものとした[44]。修業年限は三年である。ところで、このうち国語漢文科における中心人物の一人が牧野謙次郎（藻洲、一八六三－一九三七）であった。昭和四年から十二年にかけて高等師範部部長をつとめ、「早稲田漢学」を推進したことで知られる[45]。牧野は南岳の甥であり、また明治初年に泊園書院で学んだ塾生でもあることから、泊園の人脈に数えられる人物でもある。このほか、あとに述べる松本洪も泊園門人であり、早稲田の高等師範部教授となっている。

なお、早稲田大学では文学部文学科においても国語及漢文の中等教員無試験資格を得られるようにしている。

二　二松学舎の場合

二松学舎はもともと明治十年（一八七七）、三島中洲（一八三一－一九一九）によって開かれた私塾である。泊園書院と同じ漢学塾であり、創立者中洲は南岳とほぼ同世代であるなど両者には類似点が多いが、明治末以降、互いの前途は異なっていく。二松学舎は財団法人からさらに専門学校へと改組されるからである。

その歩みをたどると、明治四十二年（一九〇九）七月、二松学舎は財団法人二松義会となる。この時、二松学舎は三島家の手を離れて義会の所有となり、塾から学校に形態を変えた[46]。二松学舎にとって重要な変更である。また翌年、これに伴って課程を高等科、普通科、夜学科の三種とした。その方針は「高等科は漢文専修者及び中等教員漢文科受験者に適応せしめ、普通科は各種高等専門学校入学試験漢文科予備及び中学漢文補習者の為に普通の漢籍を教授することとし、夜学科は各種学校漢文補習及び業務の余暇漢文を修むる者の為に設け」るというものであった[47]。このうち「中等教員漢文科受験」とは教員検定試験、いわゆる「文検」のことをいう。このあたりから二松学舎は漢文科の中等学校資格試験や入試の漢文科目の準備、漢文授業の補習といった、正規の学校のための漢文予備学校としての性格を強めていくことになる。

大正八年（一九一九）八月、財団法人二松義会は今度は財団法人二松学舎に改組され、日本財界のリーダー渋沢栄一が舎長となる。[48] そして昭和三年（一九二八）四月、そのもとで二松学舎は文部省の認可を得、専門学校令にもとづく国語・漢文中等教員養成機関「二松学舎専門学校」を開設した。修業年限は早稲田高等師範部の場合と同じく三年で、これにより二松学舎は、いわゆる各種学校から専門学校に転換し、正規の学校教育体系の中に復帰するのである。専門学校校長には山田準が、同督学には安井小太郎が就いた。この専門学校設立によって二松学舎は「中興期」を迎えることになる。[49]

この時定められた「二松学舎専門学校学則」の第一条には、中等教員養成を主な目的とすることにつき、

本校ハ専門学校令ニ依リ漢文学及国文学ニ関スル専門教育ヲ施シ東洋固有ノ道徳ニ基キ人格ヲ陶冶シ併セテ中等教員ヲ養成スルヲ目的トス

と、はっきりとうたわれている。こうして専門学校となり中等学校無試験検定の認可を得た二松学舎に対し、文部省は三年後の昭和六年（一九三一）、三年次生に対して漢文科学力考査を実施し、その結果、第一部卒業生百一名のうち八十一名に中等学校教員の漢文科免許状が与えられた。[50] この学力考査が難関であったことは、「第一回生たちは、三学年末に施行さるべきこの実力査定試験をめざして、合格を願う学校当局の期待を浴びつつ入学直後から激しい特訓を重ねていた[51]」という状況、また、それにもかかわらず、同時に実施された国語科の学力考査では合格者が一人も出なかったことからも知られる。[52]

なお、この二松学舎専門学校の開設に伴い、従来の二松学舎は「漢学専修二松学舎」となった。課程を高等科、普通科、日曜科、詩文科とし、各種学校としてその後も存立を続けている。[53]ちなみに二松学舎専門学校は戦後の昭和二十四年（一九四九）に至って大学（新制）に移行する。

ところで、二松学舎は泊園書院ともつながりがある。創設者の三島中洲が南岳の畏友であるほか、若くして二松学舎塾頭となり、三島中洲の養女、三島数子と結婚した大城戸宗重は泊園出身だし、大城戸の次女恭子は石濱純太郎の妻となっている。また、前にも触れた指原安三は明治期を代表するジャーナリストとなるが、前後六年間泊園書院に通ったあと、上京して二松学舎に学んでいる、といったごとくである。

三　関西大学の場合

関西大学は大正十一年（一九二二）、大学令により大学として認可され、大正十三年（一九二四）四月、専門部文学科を開設した。主に夜間部で、修業年限は三年である。

重要なのは専門部開設の際、黄坡が専門部の講師となったことで、昭和四年（一九二九）四月以降は教授となっている。石濱純太郎も大正十五年（一九二六）専門部講師となった。そして昭和三年（一九二八）六月、やはり中等教員無試験検定の資格を卒業生に得させるため、専門部文学科は英文専攻科と国漢文専攻科に分けられ、昭和五（一九三〇）年三月にはそれぞれ英語専攻科、国語漢文専攻科と改称した。こうして昭和十二（一九三七）年三月以降の卒業生に対して、まず国語科の中学教員無試験検定資格が許可された。[54]一方、漢文科については「昭和十七年九月以後の卒業者に限る」とされたようであり、[55]ついで昭和十八年（一九四三）年一月、念願かなって同じく許可がおりる。

この頃、専門部はいわゆる天六学舎にあり、当時在籍していた金谷治（昭和十四年四月、専門部国語漢文専攻科入学、十六年十二月繰上げ卒業）は次のように回想している。

進学したばかりのころは「国文学を勉強して、小説家になってやろう」などと、ばかなことを考えていた。ところが関西大の専門部では、漢文の教員免許が取れるよう特別講義を行い、半ば強制的に学生に文部省（当時）の資格試験を受けさせた。日々、漢文の特訓。そのうちに漢文が面白くなった。教官に石濱純太郎という人がいた……。(56)

また、金谷と同学年だった長谷川雅樹もこう回想している。

私が関西大学第二商業学校から関大専門部国漢専攻科に級友の金谷治（旧姓多気田）氏と共に入学したのは昭和十四年でした。入学当初金谷兄は小説家になるんだと言い、私は万葉集や古事記をやりたいなどと言っておりました。ところが文部省漢文科教員の免状を取得することになり、急に漢文関係の科目が増やされました。(57)

金谷はのち東北帝国大学に進学して東北大学教授となり、著名な中国哲学研究者となった。長谷川は戦後、関西大学第一高等学校校長となった教育者で、いずれも黄坡および石濱純太郎の受講生である。ともに難関の中等教員無試験検定のために漢文を猛勉強し、それがのちの彼らの進路を決定することになったわけで、たいへん興味深い。

四　泊園書院との関係

さて、このような専門学校・大学専門部における漢文教育は泊園書院のあり方を考える上でも見逃すことができない。それは人脈上関連をもっているという点だけではない。石濱純太郎が昭和五年（一九三〇）、次のように述べているからである。

愚見によれば書院の拡大は結局一つの漢学専門学校程度に迄昇せなければ権威がない。たゞ一般の学校制度に準ぜしめたいと云ふケチな希望からではない。さうしておいて之を中心に種々なる課程と設備とを施すことが最も実効のある事だと信ずるからである。(58)

ここにいう「漢学専門学校」が、すぐあとにいう「一般の学校制度」とか「種々なる課程と設備」といった言い方からして、準大学としての専門学校を指すことは明らかである。先にも「（泊園）書院は専門教育場でなければならず専門研究所であるべきだ」という石濱の願望を見たが、石濱は泊園書院をそのような学校にしたいと望んでいたのであり、そうであれば、泊園の目指していた「漢学専門学校」が関西大学専門部において一部実現したともいえよう。関西大学専門部国語漢文専攻科の中心教授は他ならぬ黄坡および石濱であり、彼らは泊園書院の伝統を受け継ぎつつ関西大学における「漢文」の中等教員免許取得のために貢献したわけである。

五　文検、高教および臨教——他の文部省教員養成制度と泊園書院

このほかの教員養成制度も泊園書院と若干のかかわりがあるので、概略述べておきたい。すなわち文検、高教および臨時教員養成所（臨教）についてである。

1　文検

前章で無試験検定制度について述べたが、正規の試験検定制度の方は、中等学校（師範学校・中学校・高等女学校）、高等学校（高等学校・専門学校）、実業学校という三つのカテゴリーに分けて実施されていた。この三つが「文部省教員検定試験」なわけだが、なかでも中等学校の検定試験が最も古い歴史をもつために、普通「文検」と呼べば中等学校教員試験を指していた[59]。

「文検」（文部省師範学校中学校高等女学校教員検定試験）は明治十七年八月の「中学校師範学校教員免許規定」（文部省達第八号）において制度化され、明治十八年に第一回「文検」が実施された。以後、昭和二十四年（一九四九）まで累計八十一回行なわれ、多くの中等学校教員が生まれた。その数は正規の高等師範学校や女子高等師範学校など官立の教員養成学校卒業者よりもはるかに多く、中等学校教員の中心を占めていた。ただし、その合格率はほぼ一〇パーセントという難関であった。

泊園塾生の中にも、この文検合格により中等学校の「国語及漢文」もしくは「漢文」の教員となった者がい

る。[60]その全体像は今後の調査に待たなければならないが、たとえば篠田栗夫、松本洪がそうである。

篠田栗夫（一八七二–一九三六）は岡山県出身で明治二十二年（一八八九）泊園に入門し、のち泊園書院幹事・司読、書院塾長となる。そして明治二十九年（一八九六）、文検に合格し、大阪市立高等商業学校教諭となった。また明治三十三年（一九〇〇）九月より関西法律学校の漢文科講師となり、明治三十八年四月、関西大学が大学予科を設けると、以後漢文を担当した。昭和十一年（一九三六）五月二日には、関西大学創立五十年式典において関西法律学校以来三十五年の勤続者として表彰されている。編著に南岳の講義をまとめた『藤澤先生講談叢録』（一八九三年）などがある。[61]

松本洪（一八七六–一九六五）は大分県宇佐の出身で、川合清丸の大道学館で学んだあと、明治三十年（一八九七）、泊園に入塾する。黄鵠の親友でもある。そして、文検合格後、早稲田中学・豊山中学講師、大東文化学院の初代教務主任などを経て早稲田大学高等師範部教授となった。晩年は東京学芸大学書道科に出講するとともに、無窮会の理事・東洋文化研究所所長となっている。その蔵書は現在、財団法人無窮会の「如石文庫」として蔵される。著書に『漢文を読む人のために』（一九七一年）がある。[62]松本が早稲田中学の講師になれたのは、これまた文検合格者だったからであり、それが彼の大東文化学院や早稲田大学高等師範部でのキャリアにつながっていくわけである。

2　高教

次に、「高教」は高等学校（高等学校・専門学校）の教員になるための検定試験であり、今でいえば大学の教養部教員レベルに相当するから、文検以上の超難関であった。泊園門人としては多田貞一、金戸守がこれに合格している。

多田貞一（一九〇五－?）は兵庫県出身。泊園書院で漢学を学び、昭和六年（一九三一）第五臨時教員養成所（大阪外国語学校内）の国語漢文科を卒業、ついで昭和七年（一九三二）、高教の漢文科に合格した。そして神戸三中、大連中学、興亜院華北連絡部に勤務し、昭和十八年（一九四三）十月、北京で設立された東方民俗研究会の幹事となった。その頃、多田は国立北京大学医学院日文専任講師。多田の『北京地名誌』（周作人序、北京・新民印書館、一九四四年）は東方民俗研究会の事業の一つ「東方民俗叢書」の第一巻として刊行された。名著の誉れ高く、その中国語訳『北京地名志』（張紫晨訳・陳秋帆校）が一九八六年四月、北京の書目文献出版社から出版されている。[63]

金戸守（一九〇一－一九八〇）は愛媛県出身で泊園に学び、大正十四年（一九二五）、第二臨時教員養成所（広島高等師範内）の国語漢文科を卒業し、大阪府立今宮中学校教諭となる。さらに昭和十一年（一九三七）、高教の漢文科に合格する。戦後は四天王寺女子大学講師（中国哲学）となった。著書に『儒教哲学原論』（石濱純太郎序、一九四四年）、『老子本原』（一九六九年）などがある。[64]

金戸守は高教に合格したあと、新聞『泊園』に「泊園伝統の下に高教合格の感想」を寄せて、次のようにいっている。

泊園書院金曜夜の石濱先生の御講義を拝聴し始めてから五六年許にもなりませうか、初の程は説文の講義など大半わかりませんでした。わからぬま丶に三年許も過ぎました。……居眠りしながらでも兎に角続けることことによつて何かしら積り積りまして今度の高教合格といふことが出来るやうになつたのであります。知らぬ方は何か大変な努力デモしたかのやうに想像されたりもするやうですが、私はとかく怠け勝で、面白くない勉強、身体を痛めるやうな無理な勉強は致し得ませんでした。……高教に就いては泊園の御講義を早い人は多田貞一大兄の如きは私よりも大分年が若くてしかも已に四年半も先に、恐らく二三年聴講で一度に合格なされましたし、不肖私の如きさへ五六年もかゝれば合格することが出来ましたので、実証奕々たるところ、三五年も通えば誰にも必ず合格する学力を得られることは疑を容れません。(65)

金戸守はここでかなり謙遜した言い方をしているが、いずれにせよ、こうしたことからも泊園書院の授業が昭和時期になっても高い学問的レベルを維持していたことがわかるのである。

3 臨教

「臨教」すなわち臨時教員養成所についてであるが、これは師範学校や中学校、高等女学校の教員不足を解消するために明治三十五年（一九〇二）の規定により、帝国大学および文部省直轄の六校内に設けられたもので、修業年限は二年であった。(66) その後、大正十一年（一九二二）に規定が改訂され、東京高等師範学校内の第一臨時教員養成所をはじめ、昭和四年までに全国に十四の臨教が設けられ、多数の中等学校教員を育成した。これらのうち国語漢文科を設置したのは第一（東京高等師範学校内）、第二（広島高等師範学校内）、第三（奈良女子高等師範学校内）、第五（大阪外国語学校内）、第六（東京女子高等師範学校内）、第七（京都帝国大学内）、第十（第四高等学校内）、第十三（第五高等学校内）の八ヶ所であった[67]。

前に見たように、多田貞一と金戸守は高教合格前に、いずれも臨教を卒業して教員免許を取得している。また、黄坡は大阪外国語学校内の第五臨教に勤務していたことがある[68]。黄坡はここでも漢文教員養成のために貢献したことになる。

六　泊園書院データ

ここで、『文部省年報』をはじめ『大阪府統計書』『大阪市統計書』といった公文書、および泊園文庫の『月謝領収簿』などの資料により、泊園書院のデータを表にして掲げておく。

この表につき、いくつか重要なポイントの説明を加えておきたい。

一、泊園書院の名称について。表1と表2、および「府県史料」の『大阪府史料』をあわせ見ると、泊園書院は東畡時代および明治初期（南岳の高松時代）は「泊園塾」といい、明治六年の大阪における再興から明治九年までの変則小学時代は「泊園舎」が正式名称であったようである。「泊園書院」が正式名称になったのは明治十一年以降で、これはおそらく変則中学とされてからの命名かと思われる[69]。この時の所在地は淡路町一丁目である。

二、生徒数について。表2に見るように、寄宿生だけでも百名を越え、通学生を合わせて数百名に達した明治九年から十五年にかけての時期が泊園の最盛期といえる。淡路町近隣に分舎を設けたのもこの時期であった。明

表2（つづき）

収入（円）	支出	主者（学校長）	備考
		藤澤南岳	省2「府県私立小学校統計表」に載る
			省3「私立小学校表」に記載なし
—	—	〃	省4「私立小学校表」に載る
—	—	〃	省5「私立小学校表」に載る
— —	— —	〃 〃	省6「中学校一覧表」に初めて載る
— —	— —	〃 〃	省7「中学校一覧表」*2
429	429	—	府・明治15「中学及諸学校ノ教授者生徒」*3
429	429	—	府・明治15「中学及諸学校ノ教授者生徒」
2,534	2,104	—	府・明治15「中学及諸学校ノ教授者生徒」．また「中学校及諸学校」によれば建坪：総数98〔教場24，生徒室43，其他31〕，中途退学生徒99
1,875	1,512	—	府・明治16．建坪：明治15年に同じ．中途退学生徒96．この年のみ私塾はみな「…学校」と記載される
1,346	1,064	—	府・明治17．府18によれば，この年，中途退学生徒75
—	—	—	府・明治18「中学校及諸学校」および「中学及諸学校ノ教授者生徒」．建坪：明治15年に同じ．中途退学生徒53
			建坪：総数20，教場9，其他11
授業料（円） 323	—	—	府・明治19．収入・支出の欄なく，「授業料」となる．関西法律学校，泊園書院と同じ「中学校及諸学校」
10			に登場する．その教員6名，生徒199名，授業料1,716円
121		—	府・明治20「師範学校中学校及諸学校」
12			
103		—	府・明治21．この時，大阪市内の漢学塾10あり
			府・明治22．「中学校及諸学校」がなくなり「府私立学校及諸学校」となる．泊園書院は不記載*4
211	—	—	府・明治23「府私立学校及私立諸学校」*5
授業料 130,000	歳費金額 340,000	—	府・明治24「府私立学校及私立各種学校」．なお，関西法律学校の授業料は794，053，歳費金額は489，451*6
123,000	378,000	—	府・明治25「府私立学校及私立諸学校」
130,000	290,500	—	府・明治26*7
130,000	340,000	—	府・明治27「府私立学校及私立各種学校」
150	295	—	府・明治28「公立学校」*8
135	350	—	府・明治29「公立学校」
250	381	—	府・明治30「公立学校」．大阪市内の漢学塾2つのみ（泊園と山本梅厓の梅清処塾〔明治15開設〕）
一箇年授業料総額 400	一箇年経費総額 80	—	府・明治31．卒業生（創立より前年迄）：男288*9
250	455	—	府・明治32．卒業生（創立より前年迄）：男288*10
96	35	—	市・明治33（第2回）「私立諸学校〔小学校ヲ除ク〕別」による．府・明治33に泊園書院は不記載*11
162	205	藤秀（澤の誤り）南岳	府・明治34．附録「公私立緒学校」 この頃から裁縫学校がずらりと並ぶ
162	205	〃	府・明治35．附録「公私立緒学校」

表2 『文部省年報』および『大阪府統計書』『大阪市統計書』によるデータ [*1]

年次	名称	所在地	学科	設立	教員	修業年限	学級数	生徒
明治7	泊園舎	大坂府唐物町	変則	明治6年	男1			男 55　女…
明治8	—							
明治9	泊園舎	摂津國大坂若松町	—	〃	〃	—	—	男 102　女…
明治10	〃	大坂瓦町	—	〃	〃	—	—	男 107　女…
明治11	泊園書院	大阪淡路町	—	明治6年	〃	—	—	男 72　女…
	同　分舎	同　同	—	明治11年	〃	—	—	男 65　女 1
明治12	泊園書院	大阪東区淡路町	—	明治6年	〃	—	—	男 73　女…
	同　分舎		—	明治11年	〃	—	—	男 61　女…
明治13	泊園書院	摂津国東区淡路町1丁目	漢学	明治6年4月	2	—	—	143
明治14	〃	〃	〃	〃	2	—	—	138
明治15	〃	〃	〃	〃	2	—	—	100
明治16	泊園学校	東区淡路町1丁目	〃	〃	2	—	—	9
明治17	泊園塾	〃	独乙学（誤植か）	〃	2	—	—	79
明治18	泊園書院	〃	漢学	〃	2	—	—	71
	泊園分校	摂津国住吉郡平野西脇町	修身	明治18年3月	1			5
明治19	泊園書院	〃	〃	〃	3	—	—	85
	泊園分校	〃	〃	〃	1	—	—	5
明治20	泊園書院	〃	〃	〃	1	—	—	53
	泊園分校	〃	〃	〃	1			16
明治21	泊園書院	〃	漢学	〃	1	—	—	51
明治22	—	—	—		—			
明治23	泊園書院	東区淡路町1丁目	漢学	明治6年	1	—	—	48
明治24	〃	〃	〃	〃	1	—	—	74
明治25	〃	〃	〃	〃	1	—	—	60
明治26	〃	〃	〃	〃	2	—	—	63
明治27	〃	〃	〃	〃	2	—	—	63
明治28	〃	〃	〃	〃	2	—	—	男 75
明治29	〃	〃	〃	〃	1	—	—	男 75　女 2
明治30	〃	〃	〃	〃	2	—	—	男 82　女 2
明治31	〃	〃	〃	〃	2	10年	9	男 65
明治32	〃	〃	〃	〃	1	〃	〃	男 65
明治33	〃				1	〃	〃	男 40
明治34	〃	〃	〃	〃	1	〃	〃	男 60　女 1
〃	〃	〃	〃	〃	1	〃	〃	男 60　女 1

収入(円)	支出	主者(学校長)	備考
本年度授業料総額 376	本年度経費総額 521	藤澤元造	府・明治36．附録「小学校ヲ除ク諸学校」
210	396	〃	府・明治37．附録「小学校ヲ除ク諸学校」
326	399	〃	府・明治38．附録「小学校ヲ除ク諸学校」
221	395	〃	府・明治39．附録「小学校ヲ除ク諸学校」．梅清処塾の記載がなくなり，大阪の漢学専門学校，泊園書院だけとなる．関西法律学校，この年から「(専) 私立関西大学」として載る
240	488	〃	府・明治40．附録「小学校ヲ除ク諸学校」
276	246	〃	府・明治41．附録「小学校ヲ除ク諸学校」
253	375	〃	府・明治42．附録「小学校ヲ除ク諸学校」
216	424	〃	府・明治43．附録「小学校ヲ除ク諸学校」
			市・明治43（第10回）「私立学校細別」．私立大学として「関西大学」1校があり教員60，生徒が男671
			入学：男32．市・明治44（第11回）「私立学校細別」の「其他諸学校」
			入学：男28，女2．市・明治45（第12回）「私立学校細別」の「其他諸学校」*14
			*15

*3　以下、諸学校は卒業生徒数の記載があるが、泊園書院はなし。これは泊園が卒業制度をとっていなかったため。
*4　付記に「本表ハ生徒五十名以上ノ学校ニ就キ其事実ヲ掲ケタルモノニシテ此他ニ学校百八十九校、教授者二百四十二名、生徒三千七百七十七人……アリ」との注記あり。これによれば、この年、泊園書院は生徒数五十名に満たなかったため不記載になったか。
*5　付記に「本表ハ生徒四十名以上ノ学校ニ就キ其事実ヲ掲ケタルモノニシテ」とあり。
*6　付記に「本表ハ生徒三十名以上ノ学校ニ就キ其事実ヲ掲ケタルモノニシテ」とあり。
*7　付記に「本表ハ生徒五十名以上ノ学校ニ就キ」とあり。
*8　付記に「本表私立学校ハ生徒五十名以上ノ学校ニ就キ」とあり。
*9　この年のデータは『大阪府学事年報』（国立国会図書館・近代デジタルライブラリー）明治三十一年度・附録「公私立諸学校（小学校ヲ除ク）」も同じ。
*10　この年のデータは『大阪府学事年報』明治三十二年度・附録「公私立諸学校（小学校ヲ除ク）」も同じ。さらに同年報には「各種学校」および各種学校の中の「小学校ニ類スルモノ」「中学校ニ類スルモノ」「其ノ他ノモノ」について、学校名を挙げて報告しており、それによれば泊園書院は「其ノ他ノモノ」に入る。なお、市・明治三十二年（大阪市統計書、第一回）「私立諸学校〔小学校ヲ除ク〕別」には、明治三十二年時点での漢学専門の学校として「梅清処塾」、「泊園書院」、「学半書院」（稲垣専五郎）、「日新義塾」（富本時次郎）の四つを載せる。
*11　付記に「私立学校ハ生徒数五十名以上ノ学校ニ付事実ヲ掲ケタルモノニシテ」とあり。この年のデータは『大阪府学事年報』明治三十三年度・附録「公私立諸学校（小学校ヲ除ク）」も同じ。さらに同年報には「各種学校」および各種学校の中の「小学校ニ類スルモノ」「中学校ニ類スルモノ」「其ノ他ノモノ」について報告している。
*12　明治十五年（一九〇二）、南岳は六十一歳で引退するので、この教員数二は黄鵠と黄坡であろう。
*13　市・明治四十年（大阪市統計書、第八回）はこれまでと同じく十年。『大阪府統計書』の誤りであろう。
*14　府・大正一に「諸学校」のリストなくなる。泊園書院は第二〇五表「公私立各種学校」の中の「其他」の私立七十六校に含まれると思われ、『大阪府統計書』ではこれ以後、個別の数字は示されなくなった。
*15　市・大正三（大阪市統計書、第十三回）に私立諸学校の個別リストなくなる。泊園書院は第一一三表（大正二年）の「私立各種学校」の中の「其他」の十校の中に含まれると思われ、『大阪市統計書』ではこれ以後、個別の数字は示されなくなった。
*16　泊園文庫自筆稿本類の『通学生月謝領収簿』（LH2*C*92）と『月謝領収簿』（LH2*丙*93）を用いた。
*17　生徒数は『通学生月謝領収簿』および『月謝領収簿』に載る、月謝を納めた生徒の実数。泊園書院は月謝制なので、一年のうち一ヶ月でも月謝を納入していれば一名として数えた。
*18　本院・本院で教師各一名とした。すなわち本院が黄鵠、分院が黄坡。
*19　石濱純太郎は大正十二年から泊園書院に出講するので、教員は黄坡と合わせて二名とした。

年次	名称	所在地	学科	設立	教員	修業年限	学級数	生徒
明治 35	〃	〃	〃	〃	1	〃	〃	男 62
明治 36	〃	〃	〃	〃	2*[12]	〃	—	男 35
明治 37	〃	〃	〃	〃	2	〃	9	男 46
明治 38	〃	〃	漢文	〃	2	〃	〃	男 42
明治 39	〃	〃	〃	〃	2			男 60
明治 40	〃	〃	〃	明治 16 年（6 年の誤りか）	2	3 年*[13]	9	男 62
明治 41	〃	大阪市東区東平野 5 町目	〃	〃	2	不定		男 46
明治 42	〃	〃	〃	〃	2	不定	9	男 35
明治 43	〃	—	〃	〃	2	10 年	9	男 35
明治 44	〃	東区	漢文	明治 6 年	2	〃	9	男 35
明治 45（大正 1）	〃	〃	漢文・国語	〃	2	3 年	6	男 36　女 2
大正 2	—							

表 3　泊園文庫『通学生月謝領収簿』『月謝領収簿』によるデータ*[16]

年次	住所	教員	生徒数*[17]	年間授業料総額	
大正 3	南区竹屋町九番地	1	51（分院のみ）	266	『月謝領収簿』による
大正 4	〃	1	47（分院のみ）	—	〃
大正 5	東区東平野五町目／南区竹屋町九番地	2*[18]	63（本院 28，分院 35）	—	『通学生月謝領収簿』および『月謝領収簿』による
大正 6	〃	2	78（本院 41，分院 37）	—	〃
大正 7	〃	2	66（本院 30，分院 36）	—	〃
大正 8	〃	2	58（本院 36，分院 22）	—	〃
大正 9	南区竹屋町九番地	1	54	—	『月謝領収簿』による．この年，黄鵠は引退し，黄坡の主宰する竹屋町の分院が本院となる
大正 10	〃	1	60	—	『月謝領収簿』による
大正 11	〃	1	31	—	〃
大正 12	〃	2*[19]	34	—	〃
大正 13	〃	2	52	—	〃

*1　『文部省年報』『大阪府統計書』『大阪市統計書』は省、府、市と略称する。たとえば省二は『文部省第二年報』をいう。—はその項目の記載がないことを示す。『文部省年報』については本文注 16 参照。『大阪府統計書』（大阪府発行）および『大阪市統計書』（大阪市役所発行）はいずれも国立国会図書館・近代デジタルライブラリーで公開されている。ただし、『大阪府統計書』明治十八年～二十年は国立国会図書館に所蔵がないため、大阪市立中央図書館蔵の複写本を用いた。

*2　「省八」（明治十三年）から全国中学校・小学校（私立）の一覧がなくなり、教育令に合わせて「各種学校」の欄が設けられ「明治十三年各種学校表」として全体の統計のみ載せる。その後、「省三〇」（明治三十五年）から道府県の「公私立中学校別一覧」を載せるようになるが、大阪府については府立の北野中学校や堺中学校、天王寺中学校、私立の桃山中学校など、正規の中学校のみ掲載している。

治十五年時点で建坪の総数九十八坪、教場が二十四、生徒室が四十三、その他三十一坪あったというから相当な規模である。しかし、この時期以後衰退してしまったかというと、決してそうではなく、学生数は三十五名から九十名の間で推移しているから恒常的に学生を確保している。大正時代においても、表3に見るように、少なくとも年間三十名から八十名程度が在籍している。[70]昭和時代においては、たとえば昭和十三年（一九三八）十一月現在の『泊園同窓会名簿』[71]において「在院者」は三十二名、「朝講参聴者」などの聴講者は三十一名を数えており、大規模とはいえないにせよ私塾としての経営は保持されていたと考えられる。

三、修業年限について。明治三十一年以降、修業年限は十年とされ、年によっては三年とされている。しかし、泊園は卒業制度はとっておらず、入塾も退塾も随時可能だったし、退塾後再び入塾して学業を続けることもできたから、これはおそらく正規の学校と同様の数字を報告するよう、府が要求したのに応えたものであろう。明治三十二年には卒業生として男二八八名と記されており、これも何らかの基準を立てて届け出たのであろうが、あまり意味のある数字とは思われない。

四、学級数について。明治三十一年以降、学級数が九と登録されているが、これは学生の学力の等級を九等に分けたことをいい、一般の学校でいうクラス数とは違う。九等とは、一等から四等が高科、五等から九等までが初科である。初科は素読に始まり無点（白文）の漢籍を了解するまでのレベル、高科は諸子に通じるとともに徳業が修まり、識見が定まるまでのレベルをいう。また八等で初めて漢詩を、七等で初めて漢文の制作を学ぶとされていた。[72]

五、大阪市内の漢学塾の数について。表2の備考欄に見るように、大阪府内で漢学を専門とする塾は明治二十一年（一八八八）の時点で十ヶ所あったが、明治三十年（一八九七）には泊園書院と山本梅厓の梅清処塾の二ヶ所だけになり、明治三十八年（一九〇五）にはついに泊園書院のみとなる。このことからも、漢学塾が明治二十年代に衰退したこと、それにもかかわらず泊園が異彩を放って存続していたことが確かめられる。

六、泊園分校について。明治十六年三月、住吉郡平野西脇町（現・平野区）に開かれた。明治十八年から二十年の『大阪府統計書』に登載されており、明治十一、十二年に淡路町に設けられた分舎とは違うものである。学科は「修身」で、教師一名、学生は五名ないし十六名であるから、規模としては小さく、また一時的なものに終わったようである。詳細については後考に待つこととしたい。

七、収入や支出について。これらは書院経営の状況を示す興味深いデータとなっている。ただし、経営については塾生の納める学費とも関係するため、これも別の機会に譲りたい。

七　小　結

本稿では明治時代以降、近代の学制が整備されていく中で私塾・泊園書院はどのような位置づけにあったのかを、主に教育制度面から考察してきた。論点は多岐にわたったが、要点を整理すれば次のようになる。

もともと教育熱心な土地柄だった大阪に開かれた漢学塾・泊園書院は近代に至って、新政府の教育政策の変化とともに紆余曲折しつつ歴史を刻む。

まず、明治三年（一八七〇）十二月、明治政府は太政官布告により私塾開業と入塾を許可制としたが、これは私塾を官の統制下に入れる日本の私学史上初めての措置であって、私塾・泊園書院もそれに応じて関連書類を政府に届け出る。公文書に泊園書院のデータが多く載るのも、もとをただせばそのためである。

明治五年（一八七二）、近代的教育制度の出発点となった「学制」が公布されると、泊園書院はなぜか変則小学として位置づけられた。しかし、明治十一年（一八七八）、他の有名漢学塾と同じく変則中学とされる。正則の中学に準ずる変則の私立中学という扱いである。明治維新初期、江戸時代以来の伝統をもつ私塾は正則の学校に準ずる私立学校としてその意義が認められていたのである。ところが、明治十二年（一八七九）の「教育令」および翌年の「改正教育令」になると、近代的学校制度の整備にともない、変則小学・中学という扱いは取り消されるとともに、私塾は「各種学校」に分類され、正規の進学ルートから疎外され始める。

もっとも、中等・高等教育のシステムがなお未整備だったこの「学制」「教育令」時期、各種学校のなかで圧倒的多数を占めていたのは漢学塾であり、泊園書院は日本における代表的存在として最盛期を迎えている。寄宿生と通学生を含めて数百人という学生が一度に在籍していた泊園はこの当時、大阪最大の文系学校であり、全国的にもトップクラスの規模と学問レベルを維持していたといえよう。

しかし、明治十九年（一八八六）に「学校令」が公布されると、尋常中学校——高等中学校——帝国大学という進学制度が整えられ、私塾・漢学塾などの各種学校は凋落していく。しかも各種学校はそれ自体としての規定を与えられず、単に明治二十三年（一八九〇）の第二次小学校令において「其他小学校ニ類スル各種学校」と定められるだけの存在となった。当然、泊園書院もその例に漏れなかった。つまり泊園書院は、法令上は小学校令の「各種学校」に依拠する私立学校であり、しかも区分としては数多い各種学校のうちでも「其他ノ各種学校」に属していた。そして以後、太平洋戦争後に閉院されるまで、泊園書院は学校制度上はずっとこの位置にあり続けたのである。

一方、このような漢学塾の凋落を挽回しようとしたのが二松学舎であった。二松学舎は明治十年（一八七七）に設立された漢学塾であり、泊園と多くの共通点をもち、人脈上も関係があったが、明治末以降、両者の歩みは異なっていく。二松学舎は明治四十二年（一九〇九）財団法人となって私塾から学校へと改編され、さらに昭和三年（一九二八）、文部省の認可を得て、専門学校令にもとづく国語・漢文中等教員養成機関「二松学舎専門学校」を開設するからである。いうまでもなく、専門学校は大学に準ずる正規の高等教育機関である。

この場合重要なのは、そのことによって、二松学舎が漢文の中等教員無試験の認可を受け、卒業生が中等学校の漢文教師免許状を取得できるようになったことである。この中等学校教員無試験検定は多くの私立大学専門部および専門学校が申請し認可されたもので、早稲田大学高等師範部や関西大学専門部もそうであった。泊園は終始私塾であり続けたため、このような正規の教育機関のもつ特典を受けることはできなかったが、ただし、関大専門部に関していえば、その中心教授・講師として活躍した黄坡と石濱純太郎の果たした役割は大きい。石濱は、制度上、小学校並みの扱いだった泊園書院を正規の学校としての漢学「専門学校」にしたいと望んでいたが、その希望は関大専門部において一部かなえられたということができるのである。黄坡はまた、大阪外国語学校内の第五臨教に勤務していたことがあり、そこでも漢文教員養成のために貢献している。

このほか、もと「代用私立小学校」であった修斉学校の二階建て校舎が明治四十四年（一九一一）、分院として無償で提供されたことも、泊園書院の展開にとって幸いであった。きわめて大きな教場をもつ校舎だったからで、この分院はのち、泊園の本院となった。講義の場としても塾生の宿舎としても、また文庫の収蔵庫としても十分な広さがあり、黄坡の自宅も兼ねていた。

それにしても、泊園書院はなぜ二松学舎のような道をたどらなかったのであろうか。幕末に発足して大学にまで発展した私塾としては慶応義塾のような例もある。南岳や黄坡の大阪における名望からすれば、政界や経済界、教育界の支援を受けて財団法人なり専門学校への道を歩むことは十分可能だったと思われる。泊園出身者には有名な政治家や企業家も多いからである。この問題についてはさまざまな事情があったかと思われるが、ただ、少なくとも院主の意向がはたらいていたということはできるであろう。南岳は、漢学者として当代随一の実力と声望を持ちながら、東京帝国大学漢学科第二講座主任教授への招聘を断わっていることなどを考えると[73]、中央政府の教育方針にからめとられるよりも、民間の学者として才能を縦横に発揮する道を選んだものと思われる。これは大阪の町人学者にも通じる伝統を継ぐものともいえるかもしれない。

このように、泊園書院は明治以降も江戸時代の私塾の特色を色濃く残しており、学風は規律を守りながらも自由闊達であって、塾生は院主の個人的魅力やカリスマ性に惹かれて集まってきた。南岳や黄坡、石濱純太郎の講義がいかに魅力に溢れたものであったかは証言に事欠かない。一方、カリキュラムや教学体制は未整備であり、近代学制における制度化された学校にはなじまないところがあった。かつて奈良本辰也は日本の私塾について、「ここでは、教える者と教わる者との呼吸が一つになっていたのである。それは人間的なつながりにおいて成り立っていた[74]」と評価したが、それは近代の泊園書院にもそのまま当てはまるといえよう。泊園は教師と学生が人間的に親しく接しあう私塾本来のあり方を保持し、孤塁を守ったことになる。

もちろん、小学校令にもとづく各種学校であり続けたからといって、泊園は漢学や漢詩文を単なる「趣味」や「手習い」レベルで教えるというだけではなかった。もちろん、そのような市民講座や寺子屋ふうの面も持ってはいたが、通俗・初等教育の域を超えた、高度な教育内容を保持する漢学専門の私塾であったことも見逃してはならないであろう。そのことはたとえば、難関として知られる「文検」さらには「高教」といった文部省の教員検定試験（漢文）の合格者を出し続けていること、中国・東洋学者が多数育っていることからも知られるのである。

注

（1）神辺靖光「幕末維新期における漢学塾――漢学者の教育活動――」（幕末維新期漢学塾研究会・生馬寛信編『幕末維新期漢学塾の研究』、渓水社、二〇〇三年）三三頁、神立春樹「近代日本における二松學舎――日本教育校構造における位置と漢学学校としての特質――」（近世近代漢文班・三島中洲記念会編『二松學舎と日本近代の漢学』、二松學舎大学二十一世紀COEプログラム事務局、二〇〇九年）一五一頁。

（2）泊園書院についてのあらましは「WEB泊園書院」（http://www.db1.csac.kansai-u.ac.jp/hakuen/index.html）を見られたい。

（3）日本近代教育史事典編集委員会編『日本近代教育史事典』（平凡社、一九七一年）「教育政策」の項。また溝口貞彦「創立期の二松学舎と明治時代の教育制度」（戸川芳郎編『三島中洲の学芸とその生涯』、雄山閣、一九九九年）は二松学舎について論じたものであるが、明治期の教育制度についても参考になる。

（4）文部省編『日本教育史資料』（一八九〇－一八九二年、臨川書店複製版、一九七〇年）二二五頁。

（5）乙武岩造『日本庶民教育史』下巻（目黒書店、一九二九年）三一四頁。

（6）藤澤桓夫『大阪自叙伝』（朝日新聞社、一九七四年）二九頁。

（7）『法令全書　明治三年』（国立国会図書館・近代デジタルライブラリー）、倉澤剛『学制の研究』（講談社、一九七三年）二五一頁。

（8）『法令全書　明治五年』（国立国会図書館・近代デジタルライブラリー）、注（7）前掲の倉澤剛『学制の研究』三〇〇頁。条文の原文に句読点などはないが、引用にあたっては読みやすさを考慮して適宜これをつけた。以下、同様。

（9）この通達はもちろん大阪府においても布令されている。明治五年四月五日の大阪府「申第百十六号」がそれである。『大阪府教育百年史』（大阪府教育委員会、一九七一年）第二巻・史料編㈠、一頁。

（10）『資料集』三九二頁。
（11）『資料集』二三六－二四一頁。
（12）以下、「学制」については文部省『学制百年史　記述編』、『同　資料編』（ぎょうせい、一九七二）を参照。
（13）「府県史料」は明治七年から明治十八年にかけて行なわれた各府県の沿革調査の集成。各府県が調査を命じられ、主題別に収集された史料が太政官に提出された。
（14）東畡時代の塾則には「塾禁」として「淫遊　妄出　夜行　俚歌　挙盃」とあり、明治五年四月に提出された泊園塾則（上述）にも「禁律」として「淫遊　俚歌　挙盃　暴論」とある。『資料集』二三三頁、二三五頁参照。
（15）注（3）前掲、溝口論文、三〇四頁。
（16）以下、『文部省年報』は国立国会図書館・近代デジタルライブラリー、および宣文堂書店復刻版（一九六四年以降）による。
（17）以下、「教育令」および「改正教育令」については注（12）前掲、文部省『学制百年史　記述編』、『同　資料編』を参照。
（18）各種学校については、注3前掲、『日本近代教育史事典』「各種学校」の項、土方苑子編『各種学校の歴史的研究明治東京・私立学校の原風景』（東京大学出版会、二〇〇八年）参照。
（19）神辺靖光も、主に東京の状況についてであるが、「明治一三年から私立中学校の多くは各種学校として扱われる。それらの中で漢学塾は他を圧倒していた」といっている（注（1）前掲書、三二頁）。また、注（3）前掲、溝口論文、三三一頁。
（20）寺崎昌男「日本における近代学校体系の整備と青年の進路」（『教育学研究』第四十四巻第二号、一九七七年）。
（21）入江宏「明治前期「漢学塾」の基本的性格」（注（1）前掲、『幕末維新期漢学塾の研究』四七頁）。
（22）『磐舟永田翁傳』（著作兼発行人は野田廣二、非売品、一九二九年）所収の「永田仁助伝」一一頁。『資料集』二五二頁にも引用する。
（23）『指原安三氏伝』（編集兼発行者は小林富三、非売品、一九一八年）四頁。
（24）『川合清丸全集』巻九（川合清丸全集刊行会、一九三二年）「詞藻及手柬篇」三七七頁。

(25)『南海愛国民権家列伝』(編集人は荘司晋太郎、発行人は前川源七郎、一八八〇年)一三五頁。

(26)『資料集』三六三頁以下の「泊園人物列伝」、本書所収の横山俊一郎論文「泊園書院の教育と明治・大正期の実業家」参照。

(27)梅渓昇編著『大阪府の教育史』(思文閣出版、一九九八年)三五四頁、三五六-三六〇頁、新修大阪市史編纂委員会編集『新修大阪市史』第五巻(大阪市、一九九一年)七一二頁、七一三頁、七五〇頁。

(28)注(18)、土方前掲書、四頁以下、および六〇頁。

(29)『資料集』二一〇頁。

(30)土方苑子「府県学事年報に見る「小学校ニ類スル各種学校」」(藤田英典ら編『教育学の最前線』、教育学年報一〇、二〇〇四年)は、小学校令にいう「小学校ニ類スル各種学校」の実態について考察している。

(31)注(18)土方前掲書、六七頁。

(32)『大阪府学事年報　明治三十三年』(国立国会図書館・近代デジタルライブラリー)「各種学校」に次の説明がある。ここでは「小学校ニ類スル各種学校」「中学校及高等女学校ニ類スル各種学校」などそれぞれに学校名を挙げて説明しているので、泊園書院がこれらに属さず、「其ノ他」に属していたことは明らかである。

各種学校年度末現数ハ小学校ニ類スルモノ二、中学校又ハ高等女学校ニ類スルモノ八、其ノ他ノモノ百九校計百十九校ニシテ、之ヲ前年ニ比シ三校増加セリ、而シテ小学校ニ類スル各種学校ハ私立愛憐夜学校及三餘学校ノ二トシ……。

中学校及高等女学校ニ類スル各種学校ハ梅花女学校、綜藝種智院、プール女学校、ウイルミナ女学校、桃山学校、浪花女学校、相愛女学校及大阪普通学校之八校トシ……。

其他ノ各種学校ニ在テハ裁縫ヲ教授スルモノ最モ多ク、其他ハ修身、読書、作文、漢学、簿記、外国語等ノ一科若クハ数科ヲ教授シ、概子官公立学校へ入学セントスルモノニ対シ予備ノ学科ヲ教授スルモノニ係リ……。

(33)なお、この時期に東京法学社(法政大学の前身、明治十三年)、専修学校(専修大学の前身、明治十三年)、明治法律学校(明治大学の前身、明治十四年)、東京専門学校(早稲田大学の前身、明治十五年)、英吉利法律学校(中央大学の前身、明治十八年)など、のちに有力な私立大学となる私立の法律学校が創立されていることは周知のとおりで、これらはいずれも「教育令」にいう専門学校に該当する。

（34）『関西大学百年史』資料編（学校法人関西大学、一九九六年）五五頁。

（35）明治三十七年『大阪府統計書』によれば附録「小学校ヲ除ク諸学校」に「修斎《ママ》学校」があり、明治二十年創立で、学科は読書・算術・習字、修業年限は三年とある。所在地は南区南綿屋町三丁目で、泊園分院の南区竹屋町九番地と隣り合わせである。

（36）藤澤桓夫の回想に、豊田宇左衛門と修斉学校につき次のようにいう。「この人も、大阪の学問好きの金持ちの一人で、篤志家と呼ぶべき変った人であったらしい。私財を投じて……「修斉」という実業高等小学校を作ったりした。「泊園書院・分院」は、はじめ四年制であった小学校が六年制に改まったのを機に廃校となったその「修斉」の跡で、豊田翁は無償でこれを私の父に提供してくれた」（注（6）前掲、『大阪自叙伝』六〇頁）。

（37）注（12）前掲、文部省『学制百年史　記述編』三三三頁。

（38）注（6）前掲、藤澤桓夫『大阪自叙伝』四九頁。

（39）新聞『泊園』第三四号（一九三八年七月）、岡本勝「泊園の憶出」（続）。

（40）新聞『泊園』第五六号（一九四二年五月）、岡本勝「泊園の憶出ばなし」（続）。

（41）以上、専門学校については注（12）前掲、文部省『学制百年史　記述編』三七四頁。

（42）船寄俊雄ほか編『近代日本中等教員養成に果たした私学の役割に関する歴史的研究』（学文社、二〇〇五年）三七～四五頁。

（43）注（12）前掲、文部省『学制百年史　記述編』三八九頁以下、注42船寄俊雄ほか前掲書、第二章「無試験検定制度許可学校方式における認可過程」第五節「「漢文科」の場合」を参照。なお、このうち哲学館については、明治三十五年のいわゆる「哲学館事件」により認可が取り消された。哲学館が失った資格を回復するのは明治四十年である。ここでは取り上げなかったが、東洋大学はその後、無検定試験によって多くの卒業生に免許状を付与し、中等教員養成機関として実績をあげていく。豊田徳子「戦前期日本の無試験検定による中等教員養成の研究――東洋大学（大学部・専門部）を事例として――」（『日本教育史研究』第二〇号、二〇〇一年）参照。

（44）早稲田大学大学史編集所『早稲田大学百年史』別巻Ⅰ（早稲田大学、一九九〇年）八四〇頁以下、豊田徳子「戦前

期日本の私学における中等教員養成とその意義――早稲田大学を事例として――」(『名古屋大学大学文書資料室紀要』第一八号、二〇一〇年)。

(45) 注(44)前掲『早稲田大学百年史』別巻Ⅰ、八四八頁以下。

(46) 『二松学舎百年史』(学校法人二松学舎、一九七七年)二九八頁以下。

(47) 注(46)前掲『二松学舎百年史』三四五頁。

(48) 注(46)前掲『二松学舎百年史』三八六頁以下。

(49) 注(46)前掲『二松学舎百年史』四六三頁以下。

(50) 注(46)前掲『二松学舎百年史』五〇五頁。

(51) 注(46)前掲『二松学舎百年史』五〇三頁。

(52) 二松学舎専門学校において国語科の検定資格が獲得されるのは昭和十年である。注(46)前掲『二松学舎百年史』五〇七頁、一〇八七頁。

(53) 注(46)前掲『二松学舎百年史』五〇八頁、『二松学舎六十年史要』(財団法人二松学舎、一九三七年)六八頁。

(54) 関西大学百年史編纂委員会『関西大学百年史 通史編』上巻(関西大学、一九七六年)四三八頁、および注(42)船寄俊雄ほか前掲書、一三二頁、三五四頁、三六七頁。なお『関西大学百年史 通史編』は昭和十二年の認可についての記述が必ずしも明確ではないが、この時に認可されたのは「国語科」だけである。

(55) 注(42)船寄俊雄ほか前掲書、三六七頁。

(56) 『河北新報』平成十六年(二〇〇四)二月二十九日「談 中国哲学 金谷治さん」。

(57) 『泊園』第五〇号(関西大学泊園記念会、二〇一一年)四二頁。

(58) 新聞『泊園』一三号(一九三〇年九月)、石濱純太郎「将来の泊園書院」。

(59) 「文検」については、もっぱら寺崎昌男・「文検」研究会編『「文検」の研究――文部省教員検定試験と戦前教育学』(学文社、一九九七年)、および小笠原拓「「文検国語科」の研究(一)――その制度と機能について――」(『地域学論集』第四巻第一号、鳥取大学地域学部、二〇〇七年)によった。

(60) 文検の科目も中等学校教員無試験検定の場合と同じく、大正十年(一九二一)より「国語及漢文」は「国語」および「漢文」に分かれた。
(61)新聞『泊園』二十四号(一九三六年十一月)「故篠田活園先生事略」、『関西大学百年史』資料編(学校法人関西大学、一九九六年)九八頁、一三七頁、五三九頁。また『関西大学百年史』通史編上(同、一九八六年)二五二頁。
(62)『資料集』三八一頁、松本洪「懐旧談」(『漢文を読む人のために』、東洋文化研究所、一九七一年)。
(63)多田貞一『北京地名誌』(北京・新民印書館、一九四四年)の「著者略歴」、『東方叢』第一号(北京・新民印書館、一九四四年)による。
(64)金戸守『儒教哲学原論』(復刻版、光生館、一九八一年)の「金戸守略歴」、『老子本原』(日本公論社、一九六九年)の「著者略歴」による。
(65)新聞『泊園』第二十五号(昭和十二年一月)。また同号の「泊園異聞」には「金戸守氏高等教員に合格」の記事を載せている。
(66)注(12)前掲、文部省『学制百年史　記述編』三八三頁、五〇四頁。
(67)注(42)船寄俊雄ほか前掲書、一五六頁。
(68)新聞『泊園』第二〇号(一九三六年三月)、衣笠生「臨教時代の黄坡先生」。
(69)かつて筆者は、「泊園書院に関する史実について」(吾妻重二編『泊園記念会創立五十周年記念論文集』、関西大学出版部、二〇一一年)において、「泊園書院」の名称は明治六年の大阪再興時に始まるのではないかと推測したが、訂正したい。
(70)なお、明治十六年に、なぜか生徒数が九名と激減している。この数字は明治十六年の『大阪府統計書』に載るもので、明治二十年の同統計書に載せる累計表でも同じ数が出ているから誤植ではなく、実際の数字と見られる。前年の明治十五年に中途退学者が九十九名出たのが一因であろうが、なぜそのような事態になったのについては後考を待ちたい。ただしこれは一時的なもので、翌年には学生数は回復している。
(71)『資料集』四六一頁以下所収。
(72)「本院学生畧掲」、『資料集』一四八頁。また『増補　近畿遊学便覧　大阪之部』(近畿遊学便覧発行所、一九〇二年)の「泊園書院」の項。

(73) 注(69)前掲、吾妻「泊園書院に関する史実について」。
(74) 奈良本辰也編『日本の私塾』(角川文庫、角川書店、一九七四年)一三頁。

泊園書院の教育と明治・大正期の実業家

横山俊一郎
（東西学術研究所
非常勤研究員）

一　はじめに

大阪の泊園書院は近代日本の工業化を支えた多くの実業家を輩出した漢学塾であるが、彼らとの関わりを主題とした研究は見当たらない[1]。本稿では、まず、近代大阪経済史の先行研究の成果と泊園書院の門人名簿『登門録』の調査結果をもとに、「企業勃興期」を中心に資産を形成し「工業化期」までその地位を保った商家の子弟の多くが泊園書院の門人であったことを明らかにする[2]。また、彼らの多くが近代企業の創立・経営に関与する、いわゆる「企業家」であったことから、そうした企業勃興の推進者ともいうべき門人が、大阪のみならず備前・周防・長門国といった山陽地方の地主層にまで拡散していた事実を明らかにする。次に、当時の泊園書院の院主藤澤南岳がのちに「企業家」となる彼らに対し「會社」の創立・経営へと導く論理を説いていたのか否か、もしかりに説いていたのであれば、それはどのような概念によって構築されるものであったのかについて、南岳が「企業勃興期」の初期に創立した儒学振興団体・大成教会での教説（『弘道新説』所収）を取り上げて検討する。

南岳は明治二〇（一八八七）年六月大成教会を興し、以後、明治二二（一八八九）年六月まで個人雑誌『弘道新説』全二五冊を毎月刊行して会員に頒ち、道徳と儒学の普及に努めた[3]。また、明治二一（一八八八）年三月に挙行された泊園書院において初めてとなる釈奠はこの大成教会の会員とともに実施された。なお、泊園書院の門人坂本栗夫が編纂した明治二六（一八九三）年刊の『藤澤先生講談叢録』全二五題（以下、『講談叢録』）には、『弘道新説』所収の南岳の教説が多数収録されている。以下、『弘道新説』の刊行年月順に南岳の教説の題目を並べてみた。先頭に付した丸数字は、上記の教説が『講談叢録』に収録された順番を示す。

①「道ノ大体」（明治二〇（一八八七）年六月）、②〈無題〉[4]（明治二〇（一八八七）年七月）、③〈無題〉[5]（明治二〇（一八八七）年八月）、④〈無題〉[6]（明治二〇（一八八七）年九月）、⑤〈無題〉[7]（明治二〇（一八八七）年一〇月）、⑥〈無題〉[8]（明治二〇（一八八七）年一一月）、⑦〈無題〉[9]（明治二〇（一八八七）年一二月）、⑧「尊王ノ大義」（明治二一（一八八八）年一月）、⑩「吾美ヲ保護ス」（明治二一（一八八八）年二月）、⑪「愛國ノ主旨」（明治二一（一八八八）年三月）、⑫「愛國ノ基礎」（明治二一（一八八八）年四月）、⑬「造リ花ニ香氣ナシ」（明治二一（一八八八）年五月）、⑭「道ノ大用」（明治二一（一八八八）年六月）、⑮「妖ハ徳ニ勝タズ」（明治二一（一八八八）年七月）、⑯「恥ノ人ニ於ル大ナリ」（明治二一（一八八八）年八月）、㉕「祭祀ノ大概」（明治二一（一八八八）年九月）、㉓「徳ヲ養フヲ勸ム」（明治二一（一八八八）年一〇月）、⑰「未曾有ノ世ニ遇ヲ喜ブ」（明治二一（一八八八）年一一月）、㉔「時ノ宜シキヲ得ベキヲ論ズ」（明治二一（一八八八）年一二月）、⑳「履端ノ祝」（明治二二（一八八九）年一月）、⑱「文質ヲ論ズ」（明治二二（一八八九）年二月）、⑲「文質ノ論第二」（明治二二（一八八九）年三月）、㉑「人各コ、ロアリ」（明治二二（一八八九）年四月）、欠「人オノオノ心アリ第二」（明治二二（一八八九）

年五月〉、㉒「裁斷ノ論」〈明治二三(一八八九)年六月〉。

以上のように、『弘道新説』所収の南岳の教説は『講談叢録』にも多く収録されているが、両者の内容と構成、題目には幾つかの違いが確認できる。とりわけ注意すべきは、『講談叢録』には南岳自身の教説「人オノオノ心アリ第二」〈『弘道新説』明治二二(一八八九)年五月分に収録〉が欠落している一方で、大成教会の有力会員であった国学者渡邊重春の教説「國体論」〈『弘道新説』明治二一(一八八八)年一月分に収録〉が九題目に追加されている点である。これは渡邊の国体論がそのまま南岳のそれとして誤解されたものと推測される。しかし本稿では、「企業勃興期」の初期における南岳自身の教説を考察対象とするため、『講談叢録』ではなく『弘道新説』の内容と構成、題目に従って考察する。

二　泊園書院出身企業家

1　大阪商人――企業勃興期を中心に

阿部武司氏は大阪の富豪が、①安政六(一八五九)年の開港、②幕末・維新の混乱、③明治一四(一八八一)年~明治一八(一八八五)年の松方デフレ、④その後の企業勃興、⑤工業化という経済の大変動のなかでどの程度生きながらえたかについて宮本又郎氏が整理したデータをもとに分析している。[10]

それによると「宮本又郎は、江戸後期から明治期にかけて刊行された「長者番付」や「資産家録」を活用して近世末期から工業化期までの全国の著名な商家ないし企業家の盛衰を詳細に分析した。宮本は一八四九（嘉永二）年、一八六四（文久四）年、一八七五（明治八）年、一八八八（明治二一）年、一九〇二（明治三五）年における上位二九三人前後をリストアップし、各年に新登場する富豪を順に「江戸期長者」、「幕末期新長者」、「維新期新長者」、「企業勃興期新長者」、「工業化期新長者」と名付け、彼らの変遷を検討した[11]」とある。なお、上記の五時点の間には①〜⑤の経済変動が含まれる。

そこで阿部氏は⑤期まで生き抜いた大阪の富豪を台頭した時代別に抽出したが、泊園書院との関わりで注目したいのは（東京の富豪を同様に抽出した場合、あの有名な渋澤栄一も該当する）「企業勃興期新長者」である。彼らの名を全て列挙すると、伊藤九兵衛、岡橋治助、金澤仁兵衛、逸身佐兵衛、木原忠兵衛、木村権右衛門、芝川又右衛門、瀬尾喜兵衛、豊田卯左衛門（ママ）、広瀬宰平、藤田伝三郎、政岡徳兵衛、松本重太郎、山口吉郎兵衛であるが、『登門録』を調査したところ、そのうち、岡橋、逸身、木原、豊田の四家の子弟が泊園書院の門人であった。以下は彼らの略歴である（泊園書院の門人に限って姓名に生没年を付した）。

岡橋恒三（明治三（一八七〇）年〜？）は初代岡橋治助の孫である[12]。祖父の養子となり家督相続して二代岡橋治助となった（恒三とは幼名）。先代岡橋治助は木綿商で、第三十四銀行をはじめ天満紡績、日本紡績、日本綿花、河陽鉄道、大阪鉄道、日本共同銀行、日本生命保険、日本海陸保険、日本火災保険、帝国物産など多くの企業の創立・経営に関与した。両替商の四代逸身佐兵衛の三男福本元之助（慶応二（一八六六）年〜昭和一二（一九三七）年）は福本家の養子となる。尼崎紡績（三代社長）や逸身銀行を創立・経営したほか、学術組織である泊園会の初代理事長を務めた。また、六代逸身佐兵衛（明治五（一八七二）年〜大正一一（一九二二）年）と大阪鉱業を経営して釧路で石炭を採掘・販売した逸身豊之助〔明治一五（一八八二）年～？〕は元之助の甥に当る。八代木原忠兵衛〔嘉永六（一八五三）年～大正七（一九一八）年〕は両替商の木原家の養子となる。木原銀行と日本中立銀行を創立してそれらの頭取をつとめ、尼崎紡績（二代社長）を創立・経営した。豊田宇左衛門〔嘉永五（一八五二）年～大正一五（一九二六）年〕は金融業者である。宇左衛門は竹屋町の泊園書院分院の建物を無償で提供したほか、南岳の講義を聞くため備後町に「尚徳会」を設けた。

なお、商家として台頭する時期は前後するが、「維新期新長者」であった米穀商の磯野小右衛門（堂島米商会所頭取、大阪商工会議所会頭、大阪株式取引所頭取・理事長を歴任、北浜銀行を創立）の嗣子磯野良吉〔明治二（一八六九）年～？〕、「工業化期新長者」であった呉服太物商の初代伊藤忠兵衛（伊藤忠商事の創業者、近江銀行を創立）〔天保一三（一八四二）年～明治三六（一九〇三）年〕も泊園書院の門人であった。また、「企業勃興期新長者」であったものの、⑤期に至って没落した富豪には、元眼科医で唐物商を営んだ真島襄一郎〔嘉永五（一八五二）年～大正二（一九一三）年〕がいる。襄一郎は後藤象二郎らが創立した蓬莱社の製紙部門を経営したのち、富士製紙の工場監督を経て、みずから真島製紙所を創立・経営した。

2　地方地主――山陽地方を中心に

前節で列挙した泊園書院出身企業家は山陽地方の地主層にも拡散している。以下は彼らの略歴である（泊園書院の門人に限って姓名に生没年を付した）。

まず、備前国の地主である。児島郡会の初代議長を務めた星島謹一郎〔安政六（一八五九）年～昭和一七（一九四二）年〕は児島郡藤戸村の素封家の長男として生まれ、星島銀行を創立して頭取となり、他にも加島銀行、東児銀行、茶屋町銀行、下村銀行などに関係し重役となった。[13] また備前紡績、児島養貝、正織などの重役を務めて地方産業の育成にも寄与した。泊園書院の塾頭となり閑谷学校の学務を与った中野寿吉〔元治二（一八六五）年～明治四五（一九一二）年〕は御野郡福田村（のち福浜村）に生まれ、備前紡績専務取締役、備前陶器・中国鉄道・御野銀行の各取締役に就任。さらに玉嶋紡績の破産後に創立された吉備紡績の社務総括責任者となった。一時福浜村長を務めたのち、京都紡績常務取締役、東讃鉄道取締役などを歴任した。

次に、周防国の地主である。三田尻塩田大会所頭取や防長塩田同業組合長を務めた尾中郁太〔慶応二（一八六六）年～昭和一七（一九四二）年〕は佐波郡田島村の素封家の長男として生まれ、義弟の古谷熊三〔慶応二（一八六六）年～？〕らとともに塩田貯蓄銀行（のち普通銀行となって三田尻塩田銀行と改称）を創立した。[14] のち頭取となり製塩従業者の貯蓄奨励および地方産業の発達に貢献した。

最後に、長門国の地主である。明治維新後の宇部では、孤立的かつ排他的な経営共同体すなわち「宇部式匿名組合」が会社の設立と運営、地域福祉、地方自治を主導したため、他地区の人々から「宇部モンロー主義」と呼ばれた。この独特な地域主義の形成に重要な役割を果たしたのが、社会福祉と石炭鉱区の管理に当たる宇部共同義会、そして同地方の自治政治に当たる宇部達聡会である。前者の初代会長は紀藤宗介、後者の初代会長は藤田義輔であったが、ともに地主層に属する士族であり、宗介については「企業勃興期新長者」であった。[15]

宗介の長男紀藤閑之介〔明治二（一八六九）年～昭和三六（一九六一）年〕は宇部共同義会と宇部達聡会の会長を務め、宇部市長も歴任した同地方の有力者であり、「宇部興産」の命名者でもあった。[16] 一方、義輔の三男加藤亮吉〔明治三（一八七〇）年～？〕は加藤家の養子となり、宇部窒素工業と合併後の宇部興産の創立に関与した。

また、宗介や義輔とともに宇部共同義会の創立に関わった村田勇太の子村田増太郎〔文久三（一八六三）年～大正四（一九一五）年〕は宇部新川鉄工所（のち合併を経て宇部興産と改称）の創立に関与し、宇部達聡会の会長も務めた。他にも宇部軽便鉄道を創立し初代社長を務めた。

なお、山陽地方の地主ではないが、先述した紀藤家と同じく「企業勃興期新長者」の子弟であった事例として、大和国の山林地主で亡命中の金玉均を援助した土倉庄三郎の長男土倉鶴松〔生没年未詳〕や、伯耆国でたたら製鉄を営み、蒸気機関を備えた製鉄所を創った近藤喜八郎の四男近藤房吉〔明治二（一八六九）年～?〕がいる。また、先述した紀藤家と同じく地主層に属する士族であった事例として、加賀藩の家老の長男本多政以〔元治元（一八六四）年～大正一〇（一九二一）年〕がいる。政以はみずから絹織物の工場を経営する傍ら、石川県農工銀行や金澤電気軌道を創立して初代頭取・社長、さらに金澤紡績の社長を務めた[17]。金澤実業会の初代会長でもある。弟政由〔生没年未詳〕も泊園書院の門人であった。

以上のように、近代的な「會社」を創立・経営するなど「企業勃興期」を中心に資産を形成し「工業化期」まで生き抜いた大阪商人が泊園書院を支持していた。また、彼らのような「企業家」は泊園書院の門人であった山陽地方の地主層にも存在することが明らかとなった。そこで次章以降、当時の院主藤澤南岳が大成教会で説いた教説（『弘道新説』所収）を見ていく。大成教会とは「企業勃興期」の初期に当る明治二〇（一八八七）年六月に南岳が創立した儒学振興団体であり、当時における南岳の「會社」の創立・経営についての認識や「商賈」観を窺うことができる。

なお、先述した福本元之助と八代木原忠兵衛、星島謹一郎と中野寿吉、尾中郁太と古谷熊三、本多政以と本多政由、さらに土倉鶴松らは同会の会員であり、紀藤閑之介が泊園書院に入門する前に学び、その「教育」がみずからの「一生を支配し」たと回顧する、岩国の陽明学者東澤瀉は同会の有力会員の一人であった[18]。

三　南岳における愛国と国体

まず、南岳は「會社」の創立をどのように認識していたのだろうか。南岳は『弘道新説』所収の「道ノ大体」において、次のように述べている。

利用厚生ハ十分ニアルモ正徳ナケレバ必其用ヲ盡サズ。今愛國ノ事ニ就テ一喩ヲ置ン。一大礦山ヲ發見シ以テ國力ヲ强クスルハ愛國ノ美事ナリ。一大會社ヲ興シ銕道ヲ作リ瀛車ヲ國内ニ通ズル愛國ノ美事ト云可シ。然ルニ國体ヲ忘レ天皇ヲ蔑視スルノ大不倫ニ至ラバ愛國ノ精神ヤブレ美事モ美トスルヲ得ズ[19]。

このように、南岳は「利用厚生」は十分にあったとしても「正徳」がなければそれらの「用」を尽くさないという。そこで「愛國ノ事」について例え話をするが、それは「會社」を興して「銕道」を「國内」に通すことそれ自体は「愛國ノ美事」というべきであるが、「國体」を忘れて「天皇」を「蔑視スル」なら、それはもはや「美事」とは言えないということであった（『講談叢録』では「蔑視スル」を「重ゼザル」とする）。

なお、南岳は「利用」「厚生」「正徳」で構成された「三事」を「（道ノ）本原」としているが、それはそれぞれ「器械舟車貨財」をはじめ「人用ニ供スル者」、「衣服宮室稼穡」をはじめ「衛生ノ法」、「孝弟忠信廉耻」をはじめ「身ヲ脩ルノ方」である[20]。

では、南岳は「銕道」を含む「利用厚生」をどのように理解していたのだろうか。南岳は『弘道新説』所収の「造リ花ニ香氣ナシ」において、次のように述べている。

近世ニ至テハ躬行踐履ハ措テ問ハズ妄ニ道徳仁孝ヲ語ルノミ。是ヲ名其實ヲ失トス。况ンヤ唯文字ノ學トナリ事ヲ知ルノ具ト思ヒシ者ノミナリ。儒ヲ以テ自ラ居ル者モ小學生徒ノ訓詁字義ヲ主脳トシテ其力ヲ奮テ經義ヲ研究スルナク碩學老成ノ名アル人モ大抵ハ心性ヲ談ズルニ溺レテ世ヲ救フノ心ナク或ハ利用厚生ハ道ニ非ズ道ハ由テ行ク所皆道ナリト云ナリ[21]。

このように、南岳は「近世」に至って儒者は「躬行踐履」を措いて「道徳仁孝」を語るだけで「名」の「實」を失ったという。彼らは儒学を「文字ノ學」と考える者たちであり、儒者を自任する者であっても「訓詁字義」だけを考えて「經義ヲ研究」せず、碩学とされる者であっても「心性」を談じるだけで「世ヲ救フノ心」もない。また彼らは「利用厚生」を「道」と考えていないという。

一方、南岳は「會社」の創立を含む「愛國ノ事」をどのように理解していたのだろうか。南岳は『弘道新説』所収の「愛國ノ主旨」において、次のように述べている。

凡ソ國ノ重トスル所ノ者ハ粟米ニシテ布帛ハ之ニ次ギ器用財賄ハ又之ニ次グ。今一年ノ生ズル所ノ者一分ヲ加ヘバ國益モ一分ヲ益スナリ。是ヲ以テ農工商賈各能力ヲ厚クシ思ヲ竭シ以テ國本ヲ殖スル此ヲ國ヲ愛スト云フ。[22]

このように、南岳は「國」にとって重要なのは、順に「粟米」、「布帛」、「器用財賄」だという。そこで「一年」の生産量を「一分」ずつ加えると「國益」もそれだけ増加するとの考えのもと、「農工商賈」それぞれが「能力」を「厚」くして「國本」を「殖」すべきであり、それが「國ヲ愛ス」ことだという。

では、南岳のこの「農工商賈」を軸とする「愛國」の振興策はどこに由来するのだろうか。南岳は『弘道新説』所収の「愛國ノ主旨」において、次のように述べている。

昔シ齊ノ管仲ガ桓公ノ爲ニ其國ヲ理メタルニ士農工商ヲシテ其居ル所ヲ異ニセシメ心ヲ他ノ業ニ移サザル様ニセラレタリ。此ノ法ハ人々ノ其業ニ安ンジ其業ヲ盛ニスルノ基ナリ。宜シク此意ヲ思フベシ。[23]

このように、南岳は「管仲」が「國」を「理メタル」のに「心」を「他ノ業ニ移サザル様」に「士農工商」の「法」を創り、それを「其業ニ安ンジ其業ヲ盛ニスルノ基」にした歴史事実を典拠とする。

以上のように、南岳は愛国の一例として鉄道会社の創立を挙げていたが、南岳のいう愛国とは、農工商の各職能集団が定率で生産力を高め、最終的に総体としての国益を増大させることであった。その点から見て、鉄道は生産物を全国に流通させることで生産活動そのものを刺激する効果が期待できる。南岳は鉄道を含む利用厚生を道の構成要素として考えたが、そこには実践性に乏しく名実の伴わない儒者に対する失望があった。南岳は愛国の際には国体を意識して天皇を蔑視してはいけないと説くが、また一方で管仲が士農工商の身分制度を作為した意図を考えるべきだともいう。

四　南岳における自由と自治

次に、南岳は「會社長」をどのように認識していたのだろうか。南岳は『弘道新説』所収の「未曾有ノ世ニ遇ヲ喜ブ」において、次のように述べている。

宇宙ノ二ツヲ狹小トシ又法律經濟モ其書大ニ備具スレバ歐人ノ主腦モ探ルベク他ノ奇聞ヲ聞キ异說ヲ問ヒ怪事ヲ見テ以テ吾學ヲ練磨スベク萬國ヲ一家視スルハ吾生ノ大幸樂ナラズヤ。若又青年諸君ニ在テモ小學中學大學校ノ備ヘアレバ此ニ從事シ其材德ニ從テ追々會社長タルモ官衙ニ厠リ執政大臣ノ中ニ列スルモ自由ナリ。實ニ二千年來未曾有ノ日ニ値ヘルト云フベシ。(24)

このように、南岳は（明治となった今）「宇宙」は狭いと考えて「法律經濟」の書物を備えれば「吾學ヲ練磨」すべく「萬國ヲ一家視」することもできるが、それは「吾生」の「幸樂」であるという。そして「青年諸君」にとっても「小學中學大學」の整備に従って「材德」を高めていき、追々「會社長」や「執政大臣」になることも

「自由」だという。まさに「未曾有ノ日」の到来であった。

では、南岳は「未曾有ノ日」の到来以前の江戸時代をどのように理解していたのだろうか。南岳は『弘道新説』所収の「未曾有ノ世ニ遇ヲ喜ブ」において、次のように述べている。

寛永以降ニ生ル、モ文武ノ虚藝ニ誇ルノミ。何ゾ治術ヲ講ジ又容易ニ政柄ヲ握ルヲ得ンヤ。稍々海外諸國ノ事ヲ知ル有ルモ禁制嚴密ニシテ十分ニ手ヲ出ス可カラズ。小キ箱ノ中ニ在ル如キナリ。此時ニ生ル、不幸ト云ベシ(25)。

このように、南岳は「寛永以降」の江戸時代に生まれたとしても、それは「文武」が「虚藝」を誇る時代であり、容易く「治術」を講じ「政柄」を握ることもできず、さらに「禁制」が厳しいので「海外諸國ノ事」も十分入手することができない。それはまるで「小キ箱ノ中」にいるようであり、当時に生まれた人間は「不幸」というべきだという。

一方、南岳は「虚藝」に満ちた時代をへて齎された「自由」をどのように享受すべきと考えているのだろうか。南岳は『弘道新説』所収の「未曾有ノ世ニ遇ヲ喜ブ」において、次のように述べている。

其最モ喜ブ可ハ自治主義ニ在リ。凡人タル者誰ガ其身ノ大切ナルト其家ノ重トヲ知ラザランヤ。前冊中ニ屢々論ゼル如キナリ。サレバ必ズ自ラ治ムルノ心ヲ盡サザラン。又豈ニ他ノ制御ヲ待タン。此レ人ノ靈タル所以ナリ。乃チ吾ガ會員タル人宜シク此ニ心ヲ留メ本會ヲ大成自治ノ會ト認可シテ工夫ヲ盡サレン事ヲ願フ(26)。

このように、南岳は今最も喜ぶべきは「自治主義」にあるという。そもそも「人タル者」はみなみずからの「身」や「家」を尊重するものである。そうであれば「自ラ治ムルノ心」を尽くして「他ノ制御」を待たないように努めるべきであり、それが「人ノ靈タル」所以だという。そこで南岳はみずから創立した大成教会を「大成自治ノ會」と認めてそれぞれ「工夫」を尽くして欲しいという。

以上のように、南岳は青年が享受する自由の対象として会社長への就任を挙げていた。南岳のいう自由とは、各種教育機関に従学した者がその材徳に従って享受する、いわば立身出世の自由であり、一方、学者南岳にとっては、経済法律の学習を通して万国を一家のように見ること、いわば学術研究の自由であった。いずれにしても、それは虚芸に満ちた江戸時代には享受しえないものであり、南岳の内実の伴った個性的な成長を肯定する人間観が垣間見られる。またこれらの自由を享受するに当り、南岳は人すなわち万物の霊を典拠とする人間尊重の精神を持つことによってみずからの一身や一家を能動的に運営すべきことを説いている。

五　南岳における自欺と廉恥

さて、南岳は「商賈」をどのように認識していたのだろうか。南岳は『弘道新說』所収の「耻ノ人ニ於ケル大ナリ」において、次のように述べている。

又自欺クアリ。身ニ私シテ他人ヲ欺クハ商賈ノ爲ル所皆シカリ。英雄ノ人ヲ欺クトアルハ欺ノ字ハ侮ト同意ニテアナドルナリ。其アナドルヨリ以テノ外ノ詐術ヲ行ナヒ衆人ヲオドシ又カナシマシメテ己ニ服セシムル。魏ノ曹操司馬懿梁ノ朱全忠佛國ノ拿勃烈翁等ノ爲ル所皆シカリ。自欺ハ心ニ是非ヲ知リ吉凶ヲ悟レドモ糊口ノ爲カ上官ヲ怕ル、爲カ外ヲ飾リテ心ナラザル事ヲ行フ是ナリ。其人最多シ。嗚呼憐ムベク悲ムベキノ至ナラズヤ。[27]

このように、南岳は（「欺」の一種とする）「自欺」は「商賈」と「英雄」に見られるといい、「商賈」については「身ニ私シテ他人ヲ欺」く行為、「英雄」については「以テノ外ノ詐術」を行なって「衆人ヲオドシ又カナシマシメテ己ニ服」させる行為がそれであった。南岳に言わせれば、「自欺」は「是非」や「吉凶」を理解しながら「糊口」や「上官ヲ怕ル、」ために他者を偽ることであった。

では、南岳は「商賈」が「自欺」をしないためにどうすべきと考えるのだろうか。南岳は『弘道新説』所収の「耻ノ人ニ於ケル大ナリ」において、次のように述べている。

之ヲ爲バ耻ナリ他人ヨリ汝ト呼バレ奴僕視セラレ横虐ヲ加ヘラレバ豈ニ怒リ耻ヂザラン又此事ノ成ラザルハ耻ナリ此行ノ立タザルハ耻ナリト十分ニ奮起シテ丈夫ノ志ヲ枉ゲザル事此第一關ナリ。此心ヲ推シ廣クシテ君ニ事ヘ父母ニ事フルヨリ朋友故舊ノ間ニ至ルマデ失措ノアルヲ耻トセバ自然ニ悪名ヲ天下ニ傳フルハ耻ナリ義利ノ辨ナキハ耻ナリト云ニ至ルベシ。[28]

このように、南岳は〈これを行なうと「耻」だ〉〈他人の「奴僕」となって「横虐」されまい〉〈この「行」や「事」が「成立」しなければ「耻」だ〉などと日常から「耻」を意識して「丈夫の志」を曲げないことが「第一關」であるといい、この「心」を推し広げて「君臣」「父母」「朋友」「故舊」との間の対処を誤らないように努めれば、自然と「悪名ヲ天下ニ傳フル」や「義利ノ辨ナキ」を「耻」と考えるに至るという。

さらに、南岳は『弘道新說』所収の「耻ノ人ニ於ケル大ナリ」において、次のように述べている。

嗚呼人ニ誰カ耻ナキアラン。大ナリ小ナリ必胸中ニ耻トスルアリ。此ヲ張リ大ニスルノ力ニテ遂ニ大義名分ヲ辨知シテ前ニ擧タル蜀ヤ宋ノ愚臣タルノ弊ハナカルベク小ニシテハ身ヲ保チ家ヲ齊フルノ人タルベシ。サレバ耻ノ人ニ於ケル大ナリト云ハザルベカラズ。(29)

このように、南岳は「耻」は大なり小なり誰しも「胸中」にあるといい、それを拡張させることで「大」にしては「大義名分ヲ辨知」し、「小」にしては「身ヲ保チ家ヲ齊」える人間になるという。

では、南岳のこの「耻」を軸とする「自欺」の抑制策はどこに由来するのだろうか。南岳は『弘道新說』所収の「耻ノ人ニ於ケル大ナリ」において、続けて次のように述べている。

管仲ハ齊國ノ相ナリ。猶能禮義廉耻ハ國ノ四維ナリト云ヘリ。故ニ羞耻ノ二字ニ明ニシテ世ヲ敎フノ大綱トセンコトヲ願フナリ。(30)

このように、南岳は「管仲」が「禮義廉耻」が国を治めるために必要な四つの原則であると言った歴史事実を典拠とし、それゆえ「羞耻ノ二字」を明らかにして「世ヲ敎フノ大綱」とすべきだという。

以上のように、南岳は是非や吉凶を理解しつつも生活や権威のために偽ることを自欺と名付け、それを批判する。南岳に言わせれば、一身の利益を図って他人を欺くという点において、商人は自欺の実践者であった。そこで南岳は廉恥心の自覚によって自己の意思を強くし、それを踏まえた人間関係の構築を奨める。そうすればおのずと義利の弁を理解するようになり、一身や一家の安定を図ることも可能となる。南岳は管仲が礼・義・廉・恥によって国を治めようとしたことを念頭に置いて羞恥心を重視すべきだという。

六　南岳における人情と時措

最後に、南岳は「會社」の経営をどのように認識していたのだろうか。南岳は『弘道新說』所収の「時ノ宜シキヲ得ベキヲ論ズ」において、次のように述べている。

全体世間ノ會社ト云ヒ組合ト云フ者ノ瓦ノ如ク壊レ土ノ崩ル、ニ似タルハ其本ノ立タザルナリ。他ノ異說異論ニ駭クハ其心ニヨリドコロタヨリニナル處ナケレバナリ。本トハ何ゾト云ヘバ人情ナリ。人情ヲ知リ互ニ推察シテ相タスケバ必ズ此弊ハ自ラヤムナリ。(31)

このように、南岳は「會社」や「組合」が崩壊してしまうのは「本」が立っていないからだという。また、いざとなって他人からの「異説異論」に驚いてしまうのは「心」に「ヨリドコロ」や「タヨリニタル處」がないからだともいう。そのため「本」となる「人情」を知って互いに「推察」し「タスケ」合えば、これらの弊害は自然と生じなくなるという。

では、南岳は「會社」の「本」となる「人情」を具体的にどのように活かすのだろうか。南岳は『弘道新説』所収の「時ノ宜シキヲ得ベキヲ論ズ」において、次のように述べている。

先吾情ヲ修理シ道ニ由テ以テ喜怒哀樂ノ情ノ必其正ニ當ルヲ要シ次ニ父母兄弟妻子ノ情ヲ推シ其情ノ屈セザル様ニ又餘リ放蕩ニ流レザル様ニスベシ。此ヲ得ントセバ禮義ヲ守ル可シ。徂徠物先生ノ水神童ニ與ヘタル書牘ニ道ノ大端ハ二ツナリ曰禮曰義ト此語ニテ其要旨ヲ悟ル可シ。(32)

このように、南岳はまず「吾情」を「修理」し「道」に従って「喜怒哀樂ノ情」を「正」し、次に「父母兄弟妻子ノ情」を「推」して「其情ノ屈」さないように、また「放蕩ニ流」れないようにすべきだという。これを体得しようと努めれば「禮義」を守ることが可能となり、徂徠のいう「道ノ大端」としての「禮」と「義」の要旨を理解することができるという。

さらに、南岳は『弘道新説』所収の「時ノ宜シキヲ得ベキヲ論ズ」において続けて、次のように述べている。

サテ此ニ時措ト云フ事アリ。之ヲ知ラズンバ聖人ノ妙ヲツクス能ハズ。活用ノ方ヲ爲ス能ハズ。時措トハ其時其時ヲ見ハカリテ宜キ處ニ行フナリ。…人ヤ物ヲ成トハ人ノ性情ヲ知リテ民ハ民士ハ士ト其處ヲ得セシムルハ君タルノ人ノ爲ス所ニテ一家ノ主ナレバ妻子奴僕ノ心ヲ察シ其ヲチツク様ニスルベキナリ。…然ル上ニ時勢ヲ見ハカリテ其處ニ隨テ事ヲ立テ敎ヲ施シ其ヨロシキヲ得ベキナリ。此ヲ時措ノ宜キト云フ。(33)

このように、南岳はさらに「時措」すなわち「其時其時ヲ見ハカリテ宜キ處ニ行フ」ことがあるという。これを知らなければ「聖人ノ妙」を尽くすことも「活用ノ方」をなすこともできない。それは「君タルノ人」が「人ヤ物ヲ成」として「人ノ性情ヲ知リテ民ハ民士ハ士ト其處ヲ得セシムル」ことであるが、ここでは「一家ノ主」が「妻子奴僕ノ心ヲ察シ其ヲチツク様ニスルベキ」だという。そしてさらに「時勢」を見計らって適宜「事」を立て「敎」を施して「ヨロシキヲ得ベキ」だという。

さて、南岳は「時勢」をどのような方法によって把握したのだろうか。南岳は『弘道新說』所収の〔無題〕（ただし『講談叢録』では「往古來今天地ノ常勢」）において、次のように述べている。

誠ニ往古來今三千年間ノ事態及ヒ四方萬國ノ情狀ヲ見ヨ。何ニ物ガ日ニ新ニ月ニ更マラザラン。卽チ砲銃ノ制ノゲヘル筒ヨリスナイドルニ至ルト哲學ノ日々ニ進ムヲ要スル等。皆以テ新陳代謝ノ常勢常理タルヲ知ルベシ。唯動靜ノ理ヲ悟リ得ル者能ク眞ノ日新變化ノ工ニ長ズルナリ。(34)

このように、南岳は「往古來今」の事態と「四方萬國」の情状を見ると、全ての「物」が「日新」していることが理解できるといい、具体例として「砲銃ノ制」と「哲学」の進歩を挙げている。そしてそれら全てに「新陳代謝」の「常勢常理」があることを知るべきだという。南岳に言わせれば、ただ「動靜ノ理」を悟る者だけが「眞ノ日新變化ノ工」を得意とするのであった。

では、南岳は「一家ノ主」が見計らうべき「時勢」そのものをどのように理解していたのだろうか。南岳は『弘道新説』所収の「時ノ宜シキヲ得ベキヲ論ズ」において、次のように述べている。

海外ノ形勢ヲ見ルニ理學哲學ト稱スル大ニ盛ニシテ耶蘇ノ敎師ヲ見レバ其言ヘル所ノ實理ニ背ケルアリト討論シテタヤスク其宗旨ヲ尊バズ當時ノ豪傑名士ト稱セラル、人ハ皆眞理トカ天道トカニ心ヲ注ゲリ。此ハ時世ノ天然タリ。皆勢ト云フ者ナリ。(35)

このように、南岳が見る「海外ノ形勢」とは「理學哲學」が盛んになって「實理」に矛盾するとの理由から「耶蘇」の「宗旨」が尊ばれなくなり「豪傑名士」と称される人々はみな「眞理」や「天道」に注力することであった。またそれは「時世ノ天然」すなわち「勢」であるという。

以上のように、南岳は会社を崩壊させないためには人情を知って人々が互いに助け合うことが必要だと考える。人情とは会社の本であるが、一家の主は道に従ってみずからのそれを制御すると同時に、父母兄弟妻子のそれを過不及ない状態に誘導しなければならない。つまり、人情とは家の内外に関わらず一家の主が他者と協業関係を築くうえで理解すべきものとされる。一方、時措とは君主が人の性情に応じて民は民、士は士と配置したように、一家の主も妻子や奴僕を推察して適材適所に配置することであるが、さらに新陳代謝の原理に支配された時勢を見計らって適宜教化を施すものとされる。これは外部環境の変化に考慮した人材育成策ともいえるが、南岳が実際に見計らった時勢とは教養人の関心が科学的見地により宗教から哲学へと移行する事態であった。

七　おわりに

本稿では、まず近代的な「會社」を創立・経営するなど「企業勃興期」を中心に資産を形成し「工業化期」まで生き抜いた大阪の「商賈」たちが泊園書院を支持していた事実を明らかにし、さらに彼らのような泊園書院出身「企業家」が山陽地方の地主層にも存在することを明らかにした。そこで南岳が「企業勃興期」の初期の明治二〇（一八八七）年六月に創立した儒学振興団体・大成教会で説いた教説（『弘道新説』所収）から、南岳の「會社」の創立・経営についての認識や「商賈」観を見てきた。考察の結果、南岳の上記の教説は、以下の五点に総括される人格の形成を促すものであったと結論づけられる。

①みずからの職能集団の生産拡大に繋がる事業を国事行為と見なし、会社設立にも意欲的になる。②みずからの材徳を高め、自由を享受しようと会社長の就任を目指す。③みずからを万物の霊であると自覚し、主体的な決断に従って一家を運営する。④みずからの廉恥心を拡充させ、私的な生活利害の次元を越えた経営判断を下す。⑤みずからと他者の人情を管理することで協業関係を作り出し、それを外部環境に即応させていく。

以上のように、南岳は泊園書院出身「企業家」に対し「會社」の創立・経営へと導く論理を確かに説いており、しかもそれが人間・社会・国家論から個別具体的な経営哲学に至るまで、多岐にわたるものであったことがわかる。

本稿では、南岳の「會社」や「商賈」に関わる言説を手がかりとして、南岳の実業思想を構成する主要概念、すなわち「愛国と国体」「自由と自治」「自欺と廉恥」「人情と時措」を提示することができた。

これらの諸概念は互いに全体を補完するものと考えられるが、「愛国と国体」と「自欺と廉恥」については、それぞれ職業および市場道徳に位置づけられ、両者は管仲の制作の意図の把握を通して国益ないしは公益を志すという点に特徴がある。南岳のいう国体とは、そうした中国古典における一つの理想を投影したものであったと思われる。しかし南岳はそれと同時に西洋の科学を時勢として認識していた。「人情と時措」における新陳代謝という時勢認識そのものが進歩の観念を受け入れた結果であろうし、それゆえ「自由と自治」における不幸の江戸、幸福の明治という図式が強調されていたように思われる。また、それは虚芸の江戸という理解をも伴って、実践性に乏しい名実の伴わない儒者への批判や利用厚生の重視へと繋がった可能性が高い。

いずれにしても、南岳は中華の理想を基本としながらも西洋の科学を積極的に受容し、それを活用した儒者であったと見られ、南岳の門人には大阪や山陽地方など多数の企業家がおり、南岳が彼らに向けて企業の創立・経営に導く論理を説いていた事実は、これまでの漢学塾や企業家の研究に一石を投じる可能性があるものと思われる。

※本稿は、科学研究費助成事業研究活動スタート支援「近代における漢学塾出身者の事業活動と実践倫理の研究――大阪の泊園書院を中心として」（課題番号15H06744、横山俊一郎研究代表）における成果の一部である。

注

（1）吾妻重二編『泊園書院歴史資料集』（泊園書院資料集成一、東西学術研究所資料集刊二九－一、二〇一〇年）の第十五章「泊園人物列伝」に数人の実業家の略歴が掲げられている程度である（以下、生年順に岸田吟香、豊田宇左衛門、石濱豊蔵、永田仁助、福本元之助、森下博、武田長兵衛）。

（2）『登門録』は明治三八（一九〇五）年初頭刊行とされる『第拾五六回泊園同窓會誌』（編集兼発行者は不明）に附載され、前掲、吾妻重二編『泊園書院歴史資料集』に影印されている（四四七～四六〇頁）。

（3）大成教会と『弘道新説』については前掲、吾妻重二編『泊園書院歴史資料集』三〇三、三九四頁参照。

（4）ただし『講談叢録』では「往古來今天地ノ常勢」。

（5）ただし『講談叢録』では「天ヲ畏敬スル道ノ体面ヲ得ル」。

（6）ただし『講談叢録』では「禮論」。

（7）ただし『講談叢録』では「夫婦」。

（8）ただし『講談叢録』では「人タル道」。

（9）ただし『講談叢録』では「愛憎論」。

（10）阿部武司『近代大阪経済史』（大阪大学出版会、二〇〇六年）の第二章第二節「大阪における富豪の盛衰」、宮本又郎『企業家たちの挑戦』（中央公論新社、一九九九年）の第一章第三節「幕末・明治期における企業家の栄枯盛衰」を参照。

（11）前掲、阿部武司『近代大阪経済史』二二頁。

（12）泊園書院の門人の略歴については、前掲、吾妻重二編『泊園書院歴史資料集』と阿部武司『近代大阪経済史』のほか、『釧路人物評伝』（古川忠一郎、一九一一年）、『郷土発達史と人物及家』（九州姓氏調査会郷土研究部、一九四〇年）、成田潔英『洋紙業を築いた人々』（製紙記念館、一九五二年）、『米寿紀藤閑之介翁』（紀藤閑之介翁米寿祝賀記念会、一九五七年）、『ニチボー七五年史』（ニチボー株式会社、一九六六年）、戸島昭「宇部共同義会の創立とその財政」（『山口県文書館研究紀要』第一五号、一九八八年）、『川上村史』（川上村教育委員会、一九八九年）、『復刻宇部先輩列伝』（宇部地方史研究会、一九九一年）、『岡山県歴史人物事典』（山陽新聞社、一九九四年）、『宇部興産創業百年史』（宇部興産株式会社、一九九八年）、三善貞司編『大阪人物辞典』（清文堂出版、二〇〇〇年）、『日本人名大辞典』（講談社、二〇〇一年）、『日本産業人名資料事典Ⅱ』（日本図書センター、二〇〇二年）、『大阪人名資料事典』（日本図書センター、二〇〇三年）、逸身喜一郎・吉田伸之編『両替商銭屋佐兵衛』（東京大学出版会、二〇一四年）、拙稿「男爵本多政以の思想と事業――泊園学と禅宗」（『東アジア文化交渉研究』第九号、関西大学東アジア文化研究科、二〇一六年）、拙稿「山口県佐波郡における泊園書院出身者の事業活動の一考察――実業家尾中郁太・古谷熊三を中心に」（『東西学術研究所紀要』第四九輯、関西大学東西学術研究所、二〇一六年）を参照。

(13)『日本全国商工人名録③』（渋谷隆一編『明治期日本全国資産家地主資料集成Ⅲ』柏書房、一九八四年、一七一頁）によると、明治三一（一八九八）年において児島郡内で二番目、岡山県内で三番目の納税額。

(14)前掲、『日本全国商工人名録③』（二一二頁）によると、明治三一（一八九八）年において佐波郡内で三番目の地価額。

(15)前掲、宮本又郎『企業家たちの挑戦』（中央公論新社、一九九九年）の第一章第三節「幕末・明治期における企業家の栄枯盛衰」六〇頁の表D「明治二一年（一八八八）長者番付（上位一〇二名）」には、前頭クラスに「防州」の「紀藤惣助（ママ）」の姓名が見える。また、後述する「伯州」の「近藤喜八郎」、「大和」の「土倉正三郎（ママ）」の姓名も同クラスの位置づけであった。宮本氏によると、「全国有数の大地主」が見出されるのも「企業勃興期新長者」の特徴であった（七一頁）。ただし⑤期に至っても長者であったのは、土倉家だけである（六八頁）。

(16)前掲、『日本全国商工人名録③』（二一二頁）によると、明治三一（一八九八）年において厚狭郡内で一番目の地価額。

(17)前掲、『日本全国商工人名録③』（九五頁）によると、明治三一（一八九八）年において金澤市内で二番目の地価額。

(18)大成教会の会員名簿については、『弘道新説』（藤澤南岳、一八八八年一二月）の附録「大成會友名簿」を参照。ただし東澤潟については、明治二一（一八八八）年一月刊の『弘道新説』に投稿した詩文に関する論説「忍説贈某生」には姓名の隣に「會員」（一一頁）と付されているものの、「大成會友名簿」には子の東敬治の名だけが記されている。なお、紀藤閑之介の東澤潟塾での教育については、前掲『米寿紀藤閑之介翁』参照。

(19)『弘道新説』所収「道ノ大体」（藤澤南岳、一八八七年六月）五、六頁。

(20)同右四頁（「三事トハ厚生ト云ヒ利用ト云ヒ正徳ト云フ。此ヲ本原トス。用ヲ利スト云ヘバ器械舟車貨財ヨリ凡人用ニ供スル者皆是也。生ヲ厚スト云ヘバ衣服宮室稼穡ヨリ以上凡衛生ノ法皆是ナリ。徳ヲ正クスト云ヘバ孝弟忠信廉耻ヨリ人ヲ憫レミ人ニ仁スル凡身ヲ脩ルノ方皆是ナリ」という）。

（21）『弘道新説』所収「造リ花ニ香氣ナシ」（藤澤南岳、一八八八年五月）五頁。
（22）『弘道新説』所収「愛國ノ主旨」（藤澤南岳、一八八八年三月）六、七頁。
（23）同右七頁。
（24）『弘道新説』所収「未曾有ノ世ニ遇ヲ喜ブ」（藤澤南岳、一八八八年一一月）五頁。
（25）同右二、三頁。
（26）同右五頁。
（27）『弘道新説』所収「耻ノ人ニ於ル大ナリ」（藤澤南岳、一八八八年八月）三頁。
（28）同右五頁。
（29）同右六頁。
（30）同右同頁。
（31）『弘道新説』所収「時ノ宜シキヲ得ベキヲ論ズ」（藤澤南岳、一八八八年一二月）三頁。
（32）同右四頁。
（33）同右四、五頁。
（34）『弘道新説』所収〈無題〉（藤澤南岳、一八八七年七月）二頁。
（35）前掲、『弘道新説』所収「時ノ宜シキヲ得ベキヲ論ズ」二頁。

東アジア宗教儀礼研究班（Ⅱ）

テーマ：文化交渉と東アジアの宗教・思想

『北斗本命延生経』徐道齢注の諸問題

三浦國雄
（委嘱研究員・四川大学教授）

一　『北斗本命延生経』と徐道齢注簡介

本稿で取り上げる『北斗本命延生経』は具名を『太上玄霊北斗本命延生真経』と云い、中国はもとより東アジアにおける北斗信仰の根本経典であった。その主題は、人間の生死を支配している北斗七星のうちの自分の本命星（神格化された本命真君）が降臨してくる日に、その名号を唱えて祭祀すれば、災厄から免れ、福徳に恵まれ、長寿が得られる、というものである。経文は、太上老君が漢の桓帝の永寿元年正月七日、蜀の地（徐道齢注では成都）に降臨し、本経を張道陵に授けたという設定になっている。その成立に関しては諸説があるが、唐末には完成されていたとするのが妥当であろう(1)。

本経については、我が国の若杉家（土御門家の家司《けいし》）文書中に伝わる写本が重要である。その写本というは、中国南宋時代の道教界の重鎮・謝守灝（一一三四～一二一二）が乱れていたテクストを校訂したものであるが、この稀覯に属する校正本の発見によって『北斗本命延生経』のテクスト本文が決定された、というのが筆者の意見である。(2) 実際、『道蔵』所収の諸テクストはすべてこの校正本と一致している。

『道蔵』には無注本と三注本が収蔵されている。『道蔵』所収の三注本とは以下のような注釈を指している。

①玄陽子徐道齡集註、乾陽子徐道玄校正、全五巻、元の元統二（一三三四）年、徐道齡後序。

②崆峒山玄元真人註解並頌、全三巻、刊記なし。

③傅洞真註、全三巻、刊記なし。『中華道蔵』解題は「宋道士傅洞真」とする。

（以上、収蔵順）

これら三注の成立は、そのテクスト本文がいずれも前述した謝守灝本と一致していることから推して、南宋以降であると考えられるものの、その成立順については今後の研究に俟たねばならない。

ここで取り上げるのは①の徐道齡注であるが、専論もまだ提出されておらず、本注の孕んでいる問題が多岐に亘ることに鑑みて、今回の考察ではテーマを特定することは止め、本注の初歩的かつ全体的な輪郭と、筆者が重要と感じた論点を提示して今後の研究の深化に備えることにしたい。「諸問題」と題した所以である。

二　文化交渉学のテクストとしての『北斗本命延生経』と徐道齢注

【若杉家本】　本経典および徐道齢注は、文化交渉学の恰好のテクストでもあることを最初に指摘しておきたい。我が国の場合、ことはまず陰陽道と関わっている。貞観六（八六四、中国では唐の咸通五）年、陰陽道の属星祭（北斗本命星祭、属は所属、自分の本命星）が陰陽師・弓削是雄によって藤原有蔭の私邸で執り行なわれたのが文献上の初出とされるが[3]、本経に依拠して執行された蓋然性が高い。上記の若杉家本『北斗本命延生経』が日本に将来された時期は不明であるが、この若杉家本は、実はその紙背に別の文書が記されており、陰陽道の泰山府君祭時の都状（願文の一種）ではないかと推察される。そこには明応三（一四九四）年の日付けと施主名が見えるが、もちろんこの日付は本経が日本に将来された時期を示すものではない。表に筆写された『北斗本命延生経』がまずあって、後年、その紙背が別の用途に活用されたのである[4]。

【吉田神道】　本経と徐道齢注は、神道とも深く関わっていたことが近年、明らかにされつつある。吉田神道というのは神道の一流派で、室町時代末期に吉田兼倶（一四三五～一五一一）が出てその教義を大成した。彼は「唯一神道」を唱え、儒教・仏教も神道から分化したものと述べたが、実際には道家思想だけでなく、道教経典も摂取している。特に自己の神道構築のために本経と徐注を創造的に活用したことについては、坂出祥伸・増尾伸一郎「中世日本の神道と道教――吉田神道における『太上玄霊北斗本命延生真経』の受容」が詳細に論証している[5]。また、松下道信「吉田神道における『北斗経』と内丹説の関係について」は、それら先行論文を継承しつつ、吉田神道のなかで本経および徐道齢注と内丹説とが矛盾することなく併修されていたとする、新しい観点を提起している。[6]

【韓国の北斗信仰】韓国においても本経は重要な役割を担ってきた。高麗時代、すでに国家的な醮祭として「本命星宿醮」も行なわれており、次の朝鮮王朝時代には昭格署（道教の祭祀を担当した役所）を中心に「北斗醮」も執行されていた。また、昭格署の道士採用試験には、『玉枢経』などと共に本経の意味を問う科目も含まれていた。[7] 二〇一四年に急逝された増尾伸一郎氏は、そのタイトルも「朝鮮の北斗信仰と所依経典——朝鮮本『太上玄霊北斗本命延生真経』覚書——」と題された論文において、朝鮮王朝時代、国家と民間（巫俗）の双方において北斗七星信仰が重んじられ、その「北斗信仰の所依経典として、より直接的な役割を果したのが、道経の『太上北斗延生経』である」と結論づけている。[8] 昭格署の醮祭に直接参加した成俔（一四三九～一五〇四）はその著『慵斎随筆』のなかで、「昭格署はすべて中国の朝廷の道教行事にのっとっている。太一殿には七星の諸宿を祀ってあるが、その神の像はざんばら髪の女人の姿をしている。三清殿には玉皇大帝、太上老君、普化天尊、梓潼帝君など十余位を祀ってあるが、みな男性の姿である」という興味深い記録を残している。道蔵所収本で神像が描かれているのは上記②の玄元真人注本だけであるが、その神像はすべて無冠の被髪姿で、どこか女性的な印象を受ける。上杉家本にも神像が描かれているが、こちらは戴冠して光背が描かれており、女人には見えない。増尾氏は前掲論文で八種の朝鮮刊本を挙げているが、成俔の当時、どういうテクストが使われたのか分からない。ただ、「ざんばら髪の女人の姿」というのは、中国のテクストに依拠したに相違なく、朝鮮的変容ではないと考えられる。

そのほか、本経にウイグル、モンゴル、チベットの各版があることについてもすでに指摘されている。[9]

三　徐道齢という人物

注釈者としては巻一の冒頭に、

玄陽子徐道齢集註
乾陽子徐道玄校正

という二人の名前が掲げられているが、主役はもとより徐道齢である。しかし彼の精しい伝記は分からない。現段階では本経の注釈から断片的な言及を拾い上げるしか法がない。ただ、本注の場合、自分の注釈文中に「道齢」として作者自身が十回ほども登場しており、そのなかには伝記的痕跡が窺われるものもある。たとえば、以下の引用は巻首の「北斗経題辞」に見えるものである。

道齢徐卿の至真無偽なること、自りて来たる有り。父素庵に侍り道（道教）を崇び儒を習う。弱冠の際、志を経に遣《わす》れ（『北斗経』に夢中になり）(10)、長を取り要を収め、本もと数家有り。吏詮の内に飛騰すること、十有余年（その後、十数年間、宮仕えで奔走し）、心に功補せんと欲するも、何の勤か能くなさん（注釈に従事しようと願ってもかなわなかった）。幸いに呉会の間(11)に肩を息め檐《にお》を弛ろし（肩の荷を下ろして休息し）(12)、心を温故知新に潜め、以て瑣見を尽くし、其の願う所を全うし、其の志す所を遂げ、奥を釈し玄を明らかにし、万一を補わんことを庶《こいねが》う。

ここでは、徐道齢の生い立ちと本経注が生まれるまでの経緯、そして官職から解放されてついに「呉会の間」（蘇州付近）で完成させたことが語られている。それ以前に、自己の注釈の中に注釈者のいわば個人的情報を書き込む文体それ自体、注解として異例なのではなかろうか。異例なのはそれだけではない。実は、上引の文章は徐道齢自身が書いた文章ではなく、梓潼帝君（文昌帝君）が説いたという設定になっている。つまり、徐道齢は自分のことを神格である梓潼帝君に語らせているのである。本注は梓潼帝君とかなり深い関係があり、この問題については別に一章を設けて論じる。

なお、留意すべきは、上記引用中に見える「弱冠之際、遺志於経、取長収要、本有数家」という数句である。上には引用しなかったが、上記引用文の直前に、「前賢解者、往往拾取而説之、其説甚多。世聖不同、蜀都以来千百余歳、伝之者亦已衆多」という一文が置かれている。また、徐道齢自身の手になる「後序」中に、「謹取前賢之訓、以爲之釈」という句もあり、これらから察するに、徐道齢以前にかなりの注釈が世に出ていたはずで、そのなかには傅洞真や玄元真人の註も含まれていた可能性がある。本注が「玄陽子徐道齢集註」として「集註」と称する所以であろう。しかし本注には、先行する注釈者の名前は一切出てこない。

四　テクストの枠組み・構成

徐注を全体として俯瞰した場合、特色ある枠組みが見えてくる。前章で「北斗経題辞」から引用したが、この巻頭を飾る一文はその前言に「題辞一章、乃梓潼帝君之所作」とあり、さきに少し言及した「梓潼帝君」によって書かれたという設定になっている。従ってこの「題辞」中の「余司文昌之星…」などという「余」は、徐道齢でなく梓潼帝君の自称になる。梓潼帝君が地上の信徒や「同志」（徐注の語）に語りかけるという設定である。

また、本注の最終巻である第五巻の冒頭に「梓潼帝君奏請霊章表藁」が置かれ、ここにも「梓潼帝君」が登場しており、本注全体が「梓潼帝君」によって枠づけられている。本巻は「玄霊符法」に始まって全五七もの符が収められているが、この「…奏請霊章表藁」は上奏文で、梓潼帝君が「昊天至尊金闕玉皇上帝」（宇宙の最高神）に対して霊章＝符籙の頒布を乞うという設定になっている。この上奏の後文に「道齢徐氏、夙縁累世の修有り。…前日道齢の釈義（『北斗本命延命経』の注釈）を進む。今朝、上帝の宣恩を蒙り、乞うらくは篆文と龍文を頒けられんことを」とある。この上奏文によって五七種に上る符が下賜されたという建前であるが、おそらくそれらは徐道齢が扶乩か何かの方法でインスピレーションを得て創作したものであろう。符籙は元来、人間が作製しうるものではなく、「自然」または神によって生み出される「真文」である。[13] この上奏文では玉皇上帝からの下賜を願うという体裁になっているが、実際には、徐道齢が得たその六〇近い符籙の世上への頒布許可願いであろう。それゆえ謙抑して「藁」（藁＝稿本）と呼ばれているのではないだろうか。

本注は全五巻構成で、首巻は例の「北斗経題辞」のあとに「誦北斗経訣」が置かれ、「浄口神呪」「浄心神呪」…「開天地秘章」「北極霊章」…などの韻文が続いている。傅洞真、玄元真人注にはこれらはなく、いきなり本文の注解が始まる。

巻一～巻四において経文の注が展開されているが、本注では巻四の途中で注解がすべて終わったあと、「呪曰」として「天霊節栄」で始まり「急急如律令」で結ばれる呪文が付いている。これは若杉本でも本文の掉尾に置かれているが、無注本、傅洞真注本、玄元真人注本では省かれている。また、本注ではそのあとに「北斗長生聡明神呪」が続いているが無注本、玄元真人注本にはない。傅洞真注本では巻末に附され、「旧本」と比較した注記がある。本注ではさらにそのあと、「讃詠円満神呪」と「円満祝願霊章」の二文が附加されている。後者は、「臣等」の名のもとに「天尊」に対して捧げられた十願を列挙している。

巻五は符籙の専巻になっていて、これは他本と体裁が大きく異なっているところである。先述したように「梓潼帝君奏請霊章表藁」と「玄霊符法」以下、北斗七元真君符と三台真符を含む五七の符籙が収められているが、北斗七元真君の神像はない。傅洞真注本には、本文の注釈の箇所に北斗七元真君の符籙と三台真符はあるが、それ以外の神像や符籙はない。玄元真人注本には北斗七元真君符と三台真符、およびその図像を登載している。三注とも七元真君符と三台真符は収載しているわけである。

ところで、本注に表れた徐道齢の思想については後述するとして、本注のテクストとしての特徴はどこにあるのだろうか。もとより注釈は経典の理解を助けるためにある。本注は当然のことながら読者のために懇切丁寧な注解を与えていて、まずは読むためのテクストになっているが、それだけではない。筆者は、本注の基本的なスタンスは「信仰の書」というところにあると考えている。本注において徐道齢は、北斗七元真君と信者の仲介者としての自己の役割をわきまえており、そういう自己を注解のなかに登場させている。先述したように、注釈としては異例なほど十回も自分自身を語っているのであるが、たとえば「今、道齢、其の学を揣《はか》らず、擅《ほしいまま》に玄文を釈するは…己の為に祈求して以て誉れを要《もと》むるに非ず、人をして請祷して必ず玄功を得せしめんと欲してなり」（巻四・一三）という記述などはそれを端的に表している。

従って本注は、読者（信徒）を北斗七元真君に向き合わせることがその第一義になっている。まず読者（信徒）

は本経を読む（黙読でなく声を出して読む朗誦）が求められる。本文に入る前に「誦北斗経訣」が置かれ、「凡そ誦経或いは朝礼（神に対する礼拝）には、先ず神《しん》を凝らして叩歯し、端坐して息を調え、閉目して静思すらく、泥丸宮中に九宮九星有り…」とあるのはそのことを示している。ここで「静思」以下、「泥丸宮中…」とあるのはいわゆる存想（存思）のことを述べており、この技法については後述するが、読誦の前に信徒は、一種のイメージトレーニングを通して北斗七元真君と直接対峙することが求められている。そのあとに、「浄口神呪」「浄心神呪」「浄身神呪」が置かれて、信徒は仏教で云う身・口・意（心）のいわゆる三業を清めなければならない。経典の読誦が終わると、信徒は最後に誓願を捧げる必要がある。経文注釈の最終巻である巻四の掉尾に、「向来、経典を持誦すること已に周円に在り」（経典の読誦が円満に終わると…）という書き出しで始まる「円満祝願霊章」が設けられていて、十項目の誓願が掲げられている。ここで誓願する主体が「臣等」と書かれ、徐道齢が信徒を代表して天尊と向き合っているという体裁になっている。

五　梓潼帝君信仰との関係

第三章で触れたように本注は梓潼帝君（文昌帝君）と深く関係しているので、本章ではこの問題を取り上げる。まず、手元にある辞典で初歩的な事柄を紹介しておきたい。

道教神名、道教所奉主宰功名、禄位之神。又称梓潼帝君。実是文昌星神与四川地方梓潼神合二為一的産物。文昌即文曲星、文星、為古代対斗魁之上六星的総称。星相家認為它是吉星、主大貴、後被道教尊為主宰功名禄籍之神。梓潼神本是四川地方的守護神、原為雷神、伝説姓張、名亜子或悪子、祖居越嶲、因報母仇、遷居梓潼七曲山。…宋太祖加封〈忠烈仁武孝徳聖烈王〉、宋咸淳年間（九九八〜一〇〇三）封〈英顕武烈王〉。宋、元道士仮托梓潼降筆作『清河内伝』。…元延祐三（一三一六）年、加封為輔元開化文昌司禄宏仁帝君[14]、梓潼神与文昌星遂合二為一、成為主宰天下文教之神、故天下学宮皆立祠祀之。…今梓潼県七曲文昌宮[15]即文昌帝君的発祥之地[16]。

ここでは、宋代から元時代にかけて梓潼帝君信仰が高潮したことに留意しておきたい。本注が梓潼帝君を大きく取り込んでいることはそれと無関係ではないはずである。そのことは関連道典成立の面からも証明することができる。『中華道蔵』では第六冊にまとめてくれていて便利なので、そこからリストアップし、第六冊中の番号と注記を記しておく。見られるように、元代に世に出たものが圧倒的に多い[17]。

『太上無極総真文昌大洞仙経』中華道蔵No.九三、南宋乾道四（一一六八）年、文昌帝君降授道士劉安勝、景定五（一二六四）年秋、道士羅懿子重校正。

『玉清無極総真文昌大洞仙経注』中華道蔵No.九四、元朝道士衛琪撰、書成於至大三（一三一〇）年[18]。

『元始天尊説梓潼帝君応験経』中華道蔵No.九六、撰人不詳、約（ほぼ）出於元代。

『元始天尊説梓潼帝君本願経』中華道蔵No.九七、撰人不詳、約出於元代。

『梓潼帝君化書』中華道蔵No.九八、撰人不詳、約出於元代。
『清河内伝』中華道蔵No.九九、撰人不詳、約出於明代。
『高上大洞文昌司禄紫陽宝録』中華道蔵No.一〇〇、撰人不詳、約出於明代。

本注において梓潼帝君が大きく取り上げられたのは、元代の梓潼帝君信仰の隆盛を承けたものであることは否定できない。徐道齢は梓潼帝君を借りて、徐注の〈品質〉や正統性を保証させ権威づけようとしたのであろう。しかし、なぜ梓潼帝君でなければならなかったのか、梓潼帝君信仰と北斗信仰との関係は如何、などといった問題については、立ち入った更なる検討が必要であるが、小論ではそこまで踏み込む準備ができていない。

六　徐注の思想的立場

【道儒融合】　徐道齢の思想の核心にあるのはもとより道教であるが、若い頃に儒学も修めた故なのか、その注解にはしばしば儒教思想が援用される。幾つか経文とその注を引用して彼の注釈の特徴の一端を眺めてみる。まず、次のような経文に対する注を見てみよう。この注は比較的長文なので、適宜切りながら説明を加える。

［経文］「我（太上老君）今哀見此等衆生、故垂法教、為説良縁、令使知道、知身性命、皆憑道生、了悟此因、

長生人道、種子不絶、世世為人、不生無道之郷、不断人之根本」（巻一・一七）。

〔徐注〕「道は由《な》お路のごときなり。乃ち日用の間、人倫事物の当に行なうべき所の理、衆人の共に由《よ》る所のものなり」。

ここでは、儒教的観点から「道」が定義されている。道＝理とする点や、それを「日用」に引き戻す捉え方は朱子学的思惟と云いうる。たとえば、朱熹の『中庸章句』第一章に以下のようにある。「道猶路也、人物各循其性之自然、則其日用事物之間、莫不各有当行之道、是則所謂道也」。

〔徐注続き〕「教門（道教）を以てこれを言えば、道は太極の先に在り、天地利器の外を超ゆ。これ未だ天地万物有らざるの初、已にこの道有り。（天地が）剖判の後、天に在りては日月星斗、風雨雷霆と為り、人に在りては仁義道徳と為り、地に在りては草木山河と為る。…教に在りては則ち誠を存し性を錬る。…吾その名を知らず、強いて名づけて道と曰う」。

ここでは一転して道教側から「道」が定義されている。道教の「道」は「太極の先」の観点からのもの、儒教のそれはいわば天地の「剖判の後」のもので矛盾しないとするのである。「在人」の「道」を「仁義道徳」としたり、「日用人倫」を重視するのは徐注に一貫した姿勢である。

［徐注続き］「仏氏も亦未だ天地有らざるの先を以て吾が真体と為す。先儒…」。

本条では「仏氏」の引用はこれだけであるが、徐道齢が仏教にかなりシンパシーを抱いていたことが本注から読み取れる。本経自体に「輪廻」が語られているので、彼が因果応報観を肯定的に述べるのは当然のことであるが（巻一・七）、「釈蔵偈」を引用したり（巻一・七）、「仏経有云」として仏典から引用したり（巻一・六）、「梵語の劫波、此（中国）では時を云う」（巻一・六）とか、特に第一巻に仏教への言及が多く見られる。彼に、道教を核とした三教一致的な傾向が強いことは否定できない。

ここで云う「吾真体」は、「太極之先」にある「教門」（道教）の「道」の仏教的解釈であると同時に、経文の次の句「身性命」の注解に至る転回点になっている。

［徐注続き］「先儒は来歴を推原して謂う、太虚に由りて天の名有り、炁化に由りて道の名有り、天の賦する所を命と曰う、命は即ち令なり。人の受くる所を性と曰う、性即理なり、と」。

「先儒」は北宋の張載と程子、引用はまず『正蒙』太和篇の語。「天之所賦曰命、…」は程子に基づく。『程氏遺書』第六に、「天之付与之謂命、稟之在我之謂性」とある。「性即理也」は『程氏遺書』第二二上など。

［徐注続き］「…炁は這《こ》の物に到りて便ち這の物を生ず。…性と命とは、未だ嘗て偏塞せず。但だ人の稟受に却て清濁長短昏明厚薄の斉《ひと》しからざる有り」。

性は完全だが、受け手の気の厚薄によって寿夭賢愚の違いが生まれるとするのは朱子学的思考である。

〔徐注続き〕「太上（老君）は世人を憫念す、故に経訣を伝えて以て正教を垂れ、世法に喩えて以て良縁を説く。方便を善巧して衆生を調摂し、それ（世人）をして道を知り身を知り、性を悟り命を悟り、自ら真種を獲しむ。既に真種を獲れば、則ち人道に長生す」。

前引の注釈はいわば長い助走であり、ここから経文に対する直接的な注が始まる（以下の引用は省略）。

次に引くのは、別の箇所の経文とその注である。

【経文】「…為無定故、罪業牽纏…」（巻一・八）。

〔徐注〕「夫れ定なるものは、乃ち入道の要路にして、延生の捷徑なり。定とは正なり。身若し正しからざれば、豈に能く道に入らんや。心若し正しからざれば、豈に能く生を延ばさんや。…又定は静なり。…性定まれば則ち炁は霊、神定まれば則ち炁は清なり。…『大学』に云う、止まるを知りて而る後に定まる有り、と。此に知る、止まるを知るは是れ這箇の道理有るを知るなり。須く是れその止まるを知るを得て方《はじ》めて是《ぜ》なり。人子たりては必ず孝なるを知るが如し。…人能く止まるを知りて分に安んじ、静を守りて定まるを決すれば、則ち生を救わずして自ら延生を得ん」。

ここでは、経文の「定」がもっぱら『大学』の文脈で解釈され、最後には「延生」と結びつけられるという、儒・道が融合した議論が展開されている。「知止」とあれば、道教では『老子』第四四章の語、「知足不辱、知止不殆、可以長久」を引くべきなのに、本注では何故か『老子』は表面に出てこないし、また仏教でいう「禅定」にも敢えて言及されず、儒教的道徳が強調されている。[19]

儒教と道教との摺り合わせに関して、もう一例挙げておこう。徐道齢の「後序」は次のように書き出される。「道は名とすべきも、道は名に非ず、常行是れ道なり。名は道とすべきも、名は道に非ず、常用是れ名なり」。ここでは、老子の「道可道、非常道…」と儒教の「日用常行の道」とが摺り合わせられていて、元来は深遠で哲学的な前者の「道」が「日用常行」化されている。[20]

【内外照応】もう一点、徐注には「内外の照応観」とでも呼ぶべき思想的特徴が見られることを指摘しておきたい。まず経文を引用する。

［経文］「啓祝北斗、三官五帝、九府四司、薦福消災、奏章懇願」（巻一・二二～二四）。

この箇所の「三官五帝、九府四司」に対して徐注は次のような注解を与えている。

［徐注］「玉枢経を按ずるに云う、天官は天厄を解くと。…若し人　無為を以てしてこれを内照すれば、諸神司は皆我の身に備わる。人の形は天地と相応ず。頭は円にして上に居りて天に象る。…北斗は四時に運転し、

衆曜を旋行せしむ。人心は衆理を具え、万事に応じ、万二千の精元神、千二百の形影神を握化して、血気を流転させ、百関を通運し、衆神　共に心に護る」。

こう述べたあと、徐注は以下、三官－三魂、五帝－五臓、九府－九竅、四司－四肢の対応（アナロジー）を説く。他にも、（人身）上丹田泥丸府－（上応）玉清宮、中丹田絳宮府－上清宮、下丹田交会府－太極宮という対応を説く箇所もある（巻一・五徐注）。

次に引く徐注では、北斗と「性真」との対応が提起されている。

【経文】「為造化之枢機、作人神之主宰」（巻二・一三）。

［徐注］「天に在りては北辰と為し、人に在りては性真と曰う。…性真は能く万齢を宰し、善悪を分かち、是非を辯ず」。

以上は対応の諸例であった。こうしたいわゆる大宇宙－小宇宙（身体）論は道教では珍奇なものではないが、徐注は表面的なアナロジーからさらに一歩踏み込み、いわば大宇宙－小宇宙一体化論とでも呼ぶべき議論を展開させている。

［経文］「家有北斗経、本命降真霊」（巻四・一〇）。

［徐注］「北斗は天の中に居て、天の中枢、天地の権衡たるなり。…人家に在りて、豈にこれ無かるべけんや。日用の間、斗無くんば平かならず、斗無くんば行なわれず。…人の一身に在りて、斗に非ざれば生ぜず、斗に非らざれば養われず。…人の心（心臓）上に七孔有り、以て七星に応じ、下に二竅《あな》有り、以て輔弼に応ず。…所以《ゆえ》に北斗　天に在りては天の中に居り、人に在りては人の心に居る。心は即ち北斗、北斗は即ち心。即心是仏、即仏是心の如き是なり」。

ここでは、「応」（対応）という段階から「即」という段階へ、いわば対応から内在へと深化されている。その場合、無媒介に内在化されるのではなく、「存思」という操作が媒介される。対応→存思→内在化という手順を踏むことで、アナロジーが存思によって内在化され現実化されるのであるが、これについては後述する。

七　道教的思惟と方法

【北斗観】まず、本経の核心的存在である「北斗」に対する徐注の見解を見てみよう。

北斗なるものは、天地の大徳大化、真炁の正道なり。玄象を結為し、中天に運《めぐ》り、四時を建て、五行を均しくし、万物を生殺し、天地を統治し、善悪を察録し、一物としてその管する所に係《かか》わらざるは無きなり。（巻一・一徐注）

【北斗七元真君】上文では「北斗」が宇宙の中心であり万物の主宰者として口を極めて称讃されている。「北斗」はまた「北極」であり「北辰」であり「北帝」であるとされる（巻二・一二）。本経が「北斗」を冠する以上、このような注解を与えられるのは当然ではあるが、しかしながら、本経と徐注において事実上、信仰の中心に据えられているのは北斗七元真君であり[21]、経文も徐注も彼らに関して極めて綿密な情報を提供している。徐注本では巻三のすべてがその説明に費やされている。徐注は傅洞真注と共通するところもあるがより詳細になっている。経文にはたとえば「凡見北斗真形、頂礼恭敬、北斗第一陽明貪狼太星君　子生人属之　北斗第二…」のように名号と本命の所属しか記されていないのに、徐注では各星君について、①名（魁などの「内諱」）、字、②別名（五つほど）、③居場所、④五行などへの配当、⑤主宰、⑥本命（十二生肖の所属）、⑦管轄する星宿、⑧支配する節候、⑨地上の分野、⑩職位、⑪職掌、⑫「又真君素衣垂髪」という句を境に夫人名[22]、⑬居場所、⑭身分（「帝～内妃」とか）、⑮名、字、姓、⑯服装（冠、衣装、履き物）、⑰変形、⑱真形[23]、⑲名号、⑳然灯名、㉑真符名、㉒星囲（星の大きさ）、というのが大体の記述パターンになっている。

【祭祀、称名、誦経】本経で基本的に説かれているのは、本命の日にこの三つを行なうことである。その結果、「外伏魔精、内安真性」のみならず、最終的に「身超三界、永不輪転（輪廻のこと）、寿無量無窮、快楽自在」となる（巻四経文）。本命日に拘わらず急場で称名、誦経しても利益があるという（巻二経文「若有急告者、持誦保安平」およびその徐注）。また、本経を常備しているだけで様々な御利益がもたらされるとされる。たとえば、巻四経文に「家有北斗経、財物不虚耗」と云う。なお、徐注はこの「家」を「身」とし、「財物」を「一身の正炁」とするという、きわめて内在的な解釈を提起している。

【存思】存思は存想とも云う道教の伝統的技法であるが、本経文にないだけでなく、傅注、玄注にも言及がない。しかし徐注には多出していて、本注の大きな特徴となっている。まず、一例を引いてみる。経文「於三元八節、本命生辰、北斗下日、厳置道場、転経斎醮…」（巻三・一三）に対する注の部分である。

この夜に当たり、臥せんと欲する時、先ず存すらく（存思するに）、華蓋九星　頭に在り、左に北斗、右に北斗、上に北斗、下に北斗、三台　その中を覆う。…我が口中に入り、皆真炁となり、身中に匝満（満ちわたる）す。この道を得し後、乃ち降霊の師となり、万鬼自ら怖るるなり。（巻三・一三徐注）

「この夜」というのは、経文にある自分の本命星である「北斗下（降）の日」の夜のことで、中庭で斎醮を行なったあと、就寝時に北斗真官が吐いた炁が自分の身中を満たすさまを存思せよというのである。経文は本命日における祭祀は要求しているが、このような存思には一言も触れていない。しかし、本注で最も重要な存思は「誦北斗経訣」で開陳されているそれである。巻頭の「北斗経題辞」の次に置かれたこの訣文の一部はすでに引用したが、ここで改めてその存思の箇所を引いてみる。

凡そ誦経或いは朝礼には、先ず神を凝らして叩歯し、端坐して息を調え、閉目して静思（存思と同義）すらく、泥丸宮中に九宮九星有り、各おの一宮に処りて坐す。七人は真形の状の如く、二人は輔弼の服す（輔星君と弼星君の服装をしている）。（静思が）訖れば存すらく、天上北斗の星光、燦然として見るが如し。即ち舌を以て上腭を拄《ささ》え、金橋一道を成す。五臓は五色の気五条を出し、橋に乗りて上、斗中に横亘す（その炁

が斗中まで長々と伸び）。即ち四直使者を呼び、橋より斗中に入り、某事を通告す。…（以下略）

この存思はかなり込み入っているが、その筋道を記述の順に沿って云えばこういうことになるだろう。まず、燦然と輝く北斗星を存思する（以下、「存思」の語を省略）↓舌を上の門歯の裏に付ける（金橋の完成）[24] ↓自己の五臓から五色の炁が出て金橋を渡って北斗の方へ延びてゆく ↓四直使者の呼び出し ↓五色の炁が橋から斗中へ ↓来意の告知 ↓別の二使者が斗中から橋を渡って我が身中の九宮の内に入る ↓二使者による我が供物の点検 ↓二使者、天上の斗中にもどる ↓しばらくすると天上に斗中の九星が見える ↓わが身中の服を着た九人と同じ人、雲炁に乗り橋を下って我が頭中の泥丸九宮の室に入り、我と対坐 ↓一人がたちまち九人になり、また知らない間に一人になる ↓その一人が泥丸宮から雲に乗って我が体内の黄庭（脾臓）に降りる ↓以上の存想が終わってから、端坐して本経を読誦する（以上、巻首「誦北斗経訣」）。

この訣文で重要なことは、存思によって北斗星を我が体内に内在化させることである。想像力によってそこにありありと現出させると、そのものがまごうことなくそこに存在することになる、とするのが存思の文法である。少なくとも徐道齢は、そういう存思の力を信じていた道教徒であった。それゆえ「心即北斗」と云い得たのである（巻四・一〇）。

ここで述べられている存思法については、本文の注解のなかでも以下のように言及されている。

凡そ供養せんと欲すれば、先ず舌を以て上齶を拄《ささ》え、舌は度仙橋一道たりと存し、五臓中より五色の気を出して五条の五色祥雲と為し、その橋に乗起し、直ちに吾が斗中に至ると存す。…若し異香と紫雲の室に入るもの有らば、是れ吾が七真及び左輔右弼下降するなり。…今道齢この真玄の迹を得、敢て自ら秘して独りその身を善くせず、故にこの章を載す。惟だ願わくは上智の士、法に依りて修持すれば、必ず感通を獲、以て遂に真に昇り道を証せん。（巻二・二〇徐注）

ここでの問題点は、「今道齢この真玄の迹を得、敢て自ら秘して独りその身を善くせず…」という下りである。特にこの「真玄の迹」をどう解釈するかであるが、存思して九真君が自分の体内に入ってくる、その手順を記した秘儀的な文書を入手した、というより、これは自分の実体験だと言っているのではないだろうか。

本注における存思法にはほかに、真炁が真人となり、その真人の内臓から四神が生まれてわが身が守られることを存思し、そのあと「歩斗」（禹歩）を行ない…というものもある（巻二・一九）。徐注における存思は多彩だし、その意味づけについてもなお多くの問題が残されている。前述した九真君の名号や形姿の記述は、その箇所には存思の文言こそ見えないものの、あれほど詳細に描写されるのは、あるいは存思を行ない易くするためなのかもしれない。また、前引徐注に北斗が口中に入って真炁となるという記述があったように、存思は真炁の獲得と関係がありそうである。ただ、こうした存思法は前引注（巻二・二〇）に云うように「上智の士」が対象であり、一般の善男善女には要求されなかったようである。

【符呪】徐道齢は、符呪には特別な力があるとしてこれを重視した。「呪なるものは即ち呪祝の義なり。心を以て天に通じ、神を以て炁に合し、形声相応ずれば、則ち真霊を感格せしむ」（巻四・一三「呪曰」注）と、真霊を動かし得るパワーの存在を認めている。特に符篆を重視したことは、巻五がすべて符篆で埋められていることからも知り得る。全五七章のうち、北斗七元真君の七符については、謝守灝の校訂本（若杉家本）に同じものが収載されているから徐道齢の創作ではないが、それ以外のものの中には彼の手に成ったものが混じっている可能性がある。『玉枢経』四注本（集註本）所収の符篆は道齢の作成にかかる可能性が高いというのが傍証になる（注（1）所引拙稿参照）。「符なるものは律令なり。以て万神を召し、衆悪を禳《はら》うべきなり」（巻五・二「玄霊符法」）というのが彼の符篆観であった。

また、符篆が存思と結合されていることにも留意すべきである。「…以て炁を聚め、然る後に天罡の指す所の方を存し、炁を収め来たりて紙上を吹く。禳灾には白炁を取り、祈福には紅炁を取り、斬鬼駆邪には黒炁を取る。…（以下は手訣）手は斗文を掐《むす》び、口は北斗九辰の呪を誦し、即ちこれを焚き、当に誠敬を加うべし」（巻五「玄霊符法」）。また巻五所収の「発炉符」と「復炉符」もこのテーマを考える際の重要な資料になる。

【内丹】「丹」の語は「錬精為丹」などと見えているが（巻一・一五）、内丹論としては、経文の「北斗九辰、…上朝金闕、下覆崑崙」（巻三・一五～一六）の「下覆崑崙」の部分に対する徐注を挙げることができる。「崑崙なるものは載世の地名にして、万物を生ずる化炁なり。…如し人身能く心火を将《もっ》て腎水に降せば、則ち真を成して功有り、丹は日ならずして自ら成る」（巻三・一六）。これはいわゆる「心腎交媾」という内丹の技法であるが、丹の生成に関する具体的な記述としてはこのパターンしか見出せない。ただ、この注釈の興味深いところは、経文の「北辰九斗」であれ「崑崙」であれ、すべて外在する星辰であり神界であるはずなのに、徐道齢はそのことは認めつつも、これを身体内部に内在化させている点である。より正確に云えば、「下、崑崙を覆う」という「下」へのベクトルを注視して、体内の「心火」を下へ、腎水へと降下させる（そこで両者を合一させる）ことだと、いわばアナロジカルに解釈するのである。これと対をなすのがその上文の解釈である。ここの経文は上引のように「上朝金闕、下覆崑崙」と対句を成しているが、果たしてその注解もこうなっている。「上朝とは、謁見するなり、瞻仰するなり。…金闕は乃ち三清の化炁、玉帝の真境なり…」と述べたあと、徐道齢はこう記すのである。「如し人能く心神を以て時時泥丸（頭部にある宮殿）に昇入すれば、則ち真霊散ぜずして長生を得ん」。つまり、ここでは天上の金闕に朝するという「上」のベクトルが重視され、それを身体内部の動きとして読み替えるのである。この場合、さきの「心火」は「心神」と呼び直され、下の「腎水」ではなく、頭部の「泥丸」へ、上方へ汲み上げられ、そこでの一体化、融合が期待されている。この二つの技法はともに内丹と云うことができよう。

【降筆】「降筆」は「扶乩（フーチー）」とも云う、筆が自然に動いて神の言葉を書き取るという道教の伝統的な技法である。『玉枢経』（具名は『九天応元雷声普化天尊（説）玉枢宝経』）の四注（海瓊白真人註、祖天師解義、五雷使者釈、孚佑帝君賛）は、実は徐道齢の降筆による創作の蓋然性が高いと、以前筆者は考証したことがある。のみならず、『玉枢経』には、①北極玄天玉虚上相序、②至順癸酉上元日嗣天師太玄書、③呉越司命三茅主君謹敘の三序が附せられているが（天理図書館本、大英図書館本による）、このうち下界の人間は②の第三十九代天師・張嗣成のみであり、あとは天上の神々である。これも徐道齢による降筆ではないかと筆者は疑っている[25]。こういうところから、降筆は徐道齢の一種の癖または方法ではないかと筆者は推測するのである。先述したように本注の梓潼帝君に仮託される「北斗経題辞」と「梓潼帝君奏請霊章表藁」はそれ以外には考えにくい。

次に引くのは彼の手に成る本注の「後序」の一部であるが、ここで作者は本注の執筆の様子を漏らしている。これを根拠にして本注は降筆によると主張するつもりはないが、しかしここにはどこか神がかり的な雰囲気が感じられる。「…暇日静慮洗心し、長を截《き》り短を補い、義を別かちて章を綴り、少しく太上授受の余意を明らかにせんとす。敢て訓詁の師となるには非ず。遂に筆を援り文に臨めば、神助有るに似、月を逾《こ》えずして集成せり。噫（ああ）…」（徐道齢「後序」）。

【玉枢経との関係】本注は『玉枢経』と密接に繋がっている。本注には『玉枢経』がしばしば引用されているだけでなく、まず、称名（『玉枢経』では普化天尊の名号を唱える）、誦経、焚符の重視という点は共通し、テクストしてどちらにも巻末に符篆が置かれている。儒・道の合一という思想も両注に確認しうる。以下は『玉枢経集註』に見える注解である。「道なるものは、乃ち三界由る所の路なり。…蓋し道は乃ち天地無為の称、即ち人の真常なり。誠は、端悋にして移らず、無妄の理なり（以上、海瓊白真人註）。…誠は一なり。夫れ道は一にして二を生じ、二は三を生じ、三は万物を生ず。誠の一より来たらざるもの莫し（以上、五雷使者釈）」（巻上・一八～二〇）。ほかに、『玉枢経集註』でも北辰や北斗に対して詳しい注が与えられていることも無視できない(26)。

八　結語に代えて

以上論じたこと、あるいは論じ足りなかったことも含めて、救済論の観点から整理して結語に代えたい。

徐注の特徴としてはまず、注釈としての文体に特異なところがある。経書の注の体裁に法って丁寧に経文を敷衍しているが、それだけではなく、存思のような経文にはないことを自由に導入したり、「道齢」として自分自身を盛んに登場させて信仰告白のようなことを表明したりするなど、経文注釈の慣例を飛び越えているところがある。つまるところ、信徒を引っ張ってともに北斗七星真君に救われたいという情熱が横溢している注だと云うことができる。

経文に「輪廻」の語があるので（「先世真に迷うの故が為にこの輪廻を受く」巻一・九ほか、いかに輪廻から脱却するかが最大の課題になっていて、死後仙界に入ることが謳われる（「凡そ初学精修得道の士、天年終わりて〈寿命が尽きて〉輪廻の道に入らずして金門（天上の仙界の門）に飛上し、諸の逍遥快楽自在を受く」巻四・七徐注）。ここでは仙・仏が止揚されている。しかしその一方で、死を前提にしないで「長生（久視）」も説かれる（巻三・一六、一九）。

換言すればそれは、初学者用（易行）と智能の士用（難行）の救済法が用意されていることを意味している。前者としては、北斗と本経への帰依、本命日の祭祀、称名（神の名号を唱える）、符呪の励行、経典の読誦などを行なう。後者としては、それらを実践しつつ内丹や存思法などを修錬する。

また、易行、難行を超えて善行による罪悪の解除も説かれる（巻二・二二）。さらにまた、第六章「徐注の思想的立場」で引いたように『大学』の「知止」が「延生」と結合し、儒教から救済へとアクセスが可能とされている。もう一度その箇所を引用しておく。「『大学』に云う、止まるを知りて而る後に定まる有り、と。此に知る、止まるを知るは是れ這箇《しゃこ》の道理有るを知るなり。…人能く止まるを知り分に安んじ、静を守りて定まるを決すれば、則ち生を救わずして自ら延生を得ん」（巻一・八徐注）。

「存思」とも関連することであるが、外在する北斗が内在化されて、北斗は超越的神格として外在していると同時に、自己の内部に内在しているものとなる。いわば内面からのアクセスによる救済の道である。これは朱子学でいう「性即理」に似ているが、朱子学の場合、性＝理＝善がアプリオリな前提となっているのに対して、徐注では始めからそういう楽天的な前提が設けられているようには見えない。自覚的に自己の体内に引き込む必要があり、そのために存思などの修行が求められる。これは上級者用の道であろう。北斗を内在化させることが何故救済に繋がるかと云えば、そこに「炁」が媒介をしているからである。以下の徐注がそのことを物語っている。「炁は天地の元霊にして、陰陽の妙化なり。蓋し北斗九辰は乃ち元皇正大の炁結ぼれて成る。人能く斗を以て心と為し、斗を以て神と為さば、則ち元辰本命と打して一団と為り、則ち元皇正炁　来たりて我が身に合す。何ぞ能く長生久視せざることを患《うれ》えん」（巻二・一八〜一九）。

注

（1）拙稿「若杉家本『北斗本命延生経』について」『東方宗教』一二三号、参照。
（2）前掲拙稿参照。この校正本を基準にすると、本経は旧本と新本（校正本出現以後）に二分しうるというのが筆者の見解である。
（3）山下克明『平安時代の宗教文化と陰陽道』岩田書院、一九九五頁。
（4）この紙背文書に関しても注（1）所引の拙稿参照。

(5)『日本・中国の宗教文化の研究』所収、平河出版社、一九九一年。
(6)趙衛東主編『全真道研究』第四輯、斉魯書社、二〇一五年。
(7)車柱環著、三浦國雄・野崎充彦訳『朝鮮の道教』、人文書院、一九九〇年、四七頁、五四頁。
(8)『豊田短期大学研究紀要』第四号、一九九四年、二九頁。
(9)Fabrizio Pregadio, *The Encyclopedia of TAOISM*, Vol.2, London:Routledge, 2008.P.1055.
(10)この記述は徐道齢自身の手になる「後序」と対応している。「道齢甫自弱冠、留志斯経、…」。
(11)この記述も徐道齢自身の注文と対応している。「道齢吏遷呉中、幸獲考満、暇日静慮洗心、…。」(後序)
(12)「呉会之間」は後述する梓潼帝君ゆかりの場所でもあるらしい。「(九天開化元皇)帝君於周武王乙巳歳、生於呉会、即今平江是也」(『文昌大洞仙経』衛琪注巻二、「文昌準易」)、「…蜀都演教、欠要訣而秘霊符、呉郡伝経、開法門而指真路」(巻五「梓潼帝君奏請霊章表藁」)。
(13)道教における「真文」の意味づけに関して、筆者は考察を試みたことがある。拙稿「文字の根源へ——道教のおふだ——」、『宇宙を駆ける知』、明治書院、二〇一四年刊、所収。
(14)徐道齢注が完成したのは、それから一八年後の元統二(一三三四)年のことであった(後序)。「加封為輔元開化文昌司禄宏仁帝君」に関して、『巴蜀道教碑文集成』、四川大学出版社、一九九七年、一七六頁に元仁宗の勅文が採録されている。
(15)「梓潼県七曲文昌宮は、四川省綿陽市梓潼県文昌鎮七曲村に、「国家AAAA級旅遊景区、全国重点文物保護単位、国家級剣門蜀道風景名勝区、中華文昌文化発祥地(文昌祖庭)、全国最大純古柏林」などと謳われて現存している(現地で入手した案内パンフレット)。筆者も訪れる機会を得たが、その立地と殿宇の規模の大きさに感銘を受けた。四川における文昌信仰の隆盛については、たとえば上掲『巴蜀道教碑文集成』などを参照。なお、四川の道観には「文昌殿」を持つところが多い。たとえば青羊宮、二仙庵、宜賓真武山道観等々。
(16)『四川百科全書』、四川辞書出版社、一九九六年、謝世傑序。なお、専論としては、現地で行なわれた学会の論集『中華文昌文化——国際文昌学術研究論文集』、巴蜀書社、二〇〇四年、路遙主編『道教与民間信仰』、上海人民出版社、二〇一一年、三五八頁以下、「文昌帝君信仰研究」などを参照されたい。

（17）関連道典については、前掲、路遙主編『道教与民間信仰』、46頁以下、「有関文昌帝君信仰文献」も参照されたい。
（18）本経の注釈は内容上、徐道齢注との共通点が少なくない。
（19）『大学』の引用の前に「玉枢経云」として「能知止、則泰定安」の一文が置かれているが、この箇所の注は『大学』に沿って展開されている。
（20）「後序」ではこの冒頭の一文が以下のように敷衍されている。「或云、此経文辞浅近、旨意乖訛、殊不知太上故以日用常行之事、道之名之、啓発愚蒙…余以日用常行之道、切於己身者註而解之、如〈宅舎得安寧〉、註之曰〈修身正心〉、〈六畜保興生〉、註之曰〈屏六賊浄六根〉、似不失本命之事実、延生之要訣」。
（21）「北斗七元真君」と云っても、経典では七神＋輔星君・弼星君＋三台星君の合計一二神が登場している。
（22）徐注では真君と夫人が一体化されている。六朝期の『太上飛行九晨玉経』などでは九星を魂魄の神（夫人）といわば本体の神（夫君）に分け、その名号や服装、形姿などを別々に記述している。徐注とは名号など殆ど一致しないが、九星との一体化を目指すというその発想は同じである。また、この『九晨玉経』では描かれた九星上を歩みながら（歩斗）存想することになっている。この問題については、垣内智之「星の光を呑む――存思による昇仙」（『術の思想』、風響社、二〇一三年、所収）。六朝以来の北斗九星の名号の伝承経路などは今後の課題である。
（23）「真形」については他に「七人如真形」（首巻「誦北斗経訣」）、「凡見北斗真形、頂礼恭敬」（巻三経文冒頭）などという用例がある。「変形」「真形」が多出するのが六朝期の古経『上清元始変化宝真上経』であるが、そもそも何故こういう発想が生まれてきたのか、筆者の認識は進んでいない。
（24）こうすることで一種のスイッチオン状態となり、体内の炁が周流する。これで金橋が完成し、舌が橋となりわが身から天空中に伸び、この橋を通して自己と天上の北斗間の交流が可能になる。
（25）拙稿「『玉枢経』の形成と伝播」『東方宗教』一〇五号。なお、『玉枢経』の成書は至順四（一三三三）年のことであった。
（26）『玉枢経集註』巻下、経文：「天尊言、世人欲免三災九横之厄、即於静夜稽首北辰…」に対する海瓊白真人註は九丁から一一丁に至る詳細なものである。

日中交渉史からみた杭州水心寺

西本昌弘
（研究員・文学部教授）

一　はじめに

寛平六年（八九四）に日本は遣唐使船の派遣を停止した。これを契機に日中交渉は途絶え、日本では唐風を脱した国風文化が栄えたとされてきた。しかし、遣唐使停止後も呉越や宋の商船は頻繁に来航し、多くの日本僧が中国へ渡り、求法の旅を続けていた。こうした事実をもとに、近年では、国風文化は中国文化に学ぶことで、自国文化をより洗練させたものであるとする見方が定着するようになった(1)。

本稿では、呉越国都の杭州に創建された水心寺という寺院に注目することで、五代十国時代から宋代初期における日中両国の文化交渉史の一端を明らかにしたい。

二　杭州銭塘湖（西湖）の水心寺

水心寺は浙江省杭州市の銭塘湖（西湖）にあった寺院である。五代十国時代の呉越国において創建され、宋代初期にかけて、紹巌・願斉らの僧が住した寺院として、史料上にみえる。[2] 関係史料は以下の通りである。

①『宋高僧伝』巻二三、宋杭州真身宝塔寺紹巌伝
釈紹巌、俗姓劉、雍州人也、……自是遊諸方聖跡、洎入呉会棲息天台四明山、與徳韶禅師共決疑滞於臨川益公、遂於銭塘湖水心寺挂錫、恒諷持法華経無昼夜、俄感陸地庭間生蓮華、挙城人瞻矚、巌亟命搴而蹂之、

②『景徳伝燈録』巻二五
杭州真身宝塔寺紹巌禅師、雍州人也、姓劉氏、……曁遊方與天台韶国師同受記於臨川、尋於浙右水心寺掛錫宴寂、後止越州法華山、続入居塔寺上方浄院、

③『景徳伝燈録』巻二六
温州雁蕩山願斉禅師、銭塘人也、姓江氏、少依水心寺紹巌禅師出家受具、初習智者教精研止観円融行門、後参天台国師発明玄奥、

①②にみえる杭州真身宝塔寺の紹巌（八九九〜九七一）は雍州の人、俗姓は劉氏であった。出家後、各地の聖跡を遊歴し、呉より会稽に至り、天台四明山に隠棲した。天台徳韶とともに臨川で法眼宗祖の文益に学んだのち、銭塘湖の水心寺に住した。昼夜なく常に法華経を諷持していると、陸地が感じて庭間から蓮華が生じたという。紹巌は禅宗の法眼宗に連なる人物であるが、同志の徳韶と同じく、天台と禅との融合を説いた。水心寺において

法華経の誦持者としての逸話が残されているのも、そのことを物語っていよう。

この紹巌に学んだ人物に③の願斉がいる。願斉は銭塘の人、俗姓は江氏であった。若くして水心寺で紹巌について出家受具し、天台智者の教えを学んだ。その後、天台国師（徳韶）に師事したのち、温州の雁蕩山に入った。やはり天台を志向する僧侶が水心寺で学んでいることは興味深い。

④『咸淳臨安志』巻七九、寺観五

水心保寧寺

天福中建、旧曰水心寺、大中祥符初、賜今額、旧志有思白堂、〈白楽天旧游、元豊二年、枢密使林希榜曰、思白示懐賢之意、〉

⑤『西湖志』巻一〇、寺観一

水心保寧寺、〈在南屏山前湖中、今曰放生池、〉

④の『咸淳臨安志』によると、水心保寧寺は後晋の天福年中（九三六～九四四）に建てられ、もとは水心寺といったが、宋の大中祥符初年（一〇〇八頃）に「水心保寧寺」という今額を賜った。旧志では思白堂があったが、これは白楽天の旧游地で、白氏を回顧する意味があったという。後晋の時代に西湖のある呉越国を支配した銭元瓘（王位九三二～九四一）から銭弘佐（王位九四一～九四七）の時代に水心寺として創建され、宋の真宗の時代に水心保寧寺という寺額を賜与されたことがわかる。

⑤の『西湖志』には、水心保寧寺は「南屏山前の湖中に在り」、いまは放生池というとあり、水心寺の位置が示されている。この記事を解釈して、鈴木哲雄氏は「南屏山の南にある水心寺」と書き[3]、大曽根章介氏は太田晶二郎説[4]を引用して、「水心寺は西湖の湖中、南屏山下の梵刹」とする[5]。本間洋一氏は「西湖（銭塘湖）の南岸、

南屏山の前にあった寺」と注釈を加えている。[6] 三氏の指摘は微妙に異なり、水心寺が西湖の湖中にあったのか、西湖の南岸にあったのか、あるいは南屏山の南にあったのかが不分明である。

『西湖志』をみると、「雷峰塔〈在南屏山〉」とあり、雷峰塔の建っている山が南屏山であった。したがって、「南屏山前の湖中」とは雷峰塔の建つ山のすぐ北にあたる西湖の湖水中をさすとみなければならない。前掲した①『宋高僧伝』巻二二に「銭塘湖水心寺」とあることも、水心寺が銭塘湖（西湖）中の島上に営まれた寺院であったことを示していよう。

清代に編纂された『杭州府志』巻二三、山水四、西湖三潭条は、宋の元祐時（一〇八六～一〇九四）、蘇公（蘇軾）が西湖を開復した際に、新開界上に石塔三所（後人はこれを三潭と称した）を立て、石塔以内で請賃種植することを禁じたことを述べたのちに、

明宏治時、按察僉事陰子淑毀水心寺、并毀三塔、惟存北一塔、嘉靖時、建亭於上、即今湖心亭、其中塔・南塔久廃、万歴三十五年、県令聶心湯因紳士之請、翦治湖中葑泥、繞灘築埂、為放生池、尋置三小塔、以仿旧迹、俗又指新塔所在為三潭、相沿既久、不可復正、

と書いている。すなわち、明の宏治（弘治）年間（一四八八～一五〇五）、按察僉事の陰子淑が水心寺を毀し、三塔中の中塔と南塔を毀した。嘉靖年間（一五二二～一五六六）には北塔上に亭を建て、湖心亭と称した。万暦三五年（一六〇七）、銭塘県令の聶心湯が紳士の請により、湖中の葑泥（真菰の根と泥）を翦治し（切り治め）、水辺に繞して埂（堤・畦）を築き、放生池を造成した。ついで三小塔を置いた。その後、新塔の所在を三潭と称すこ

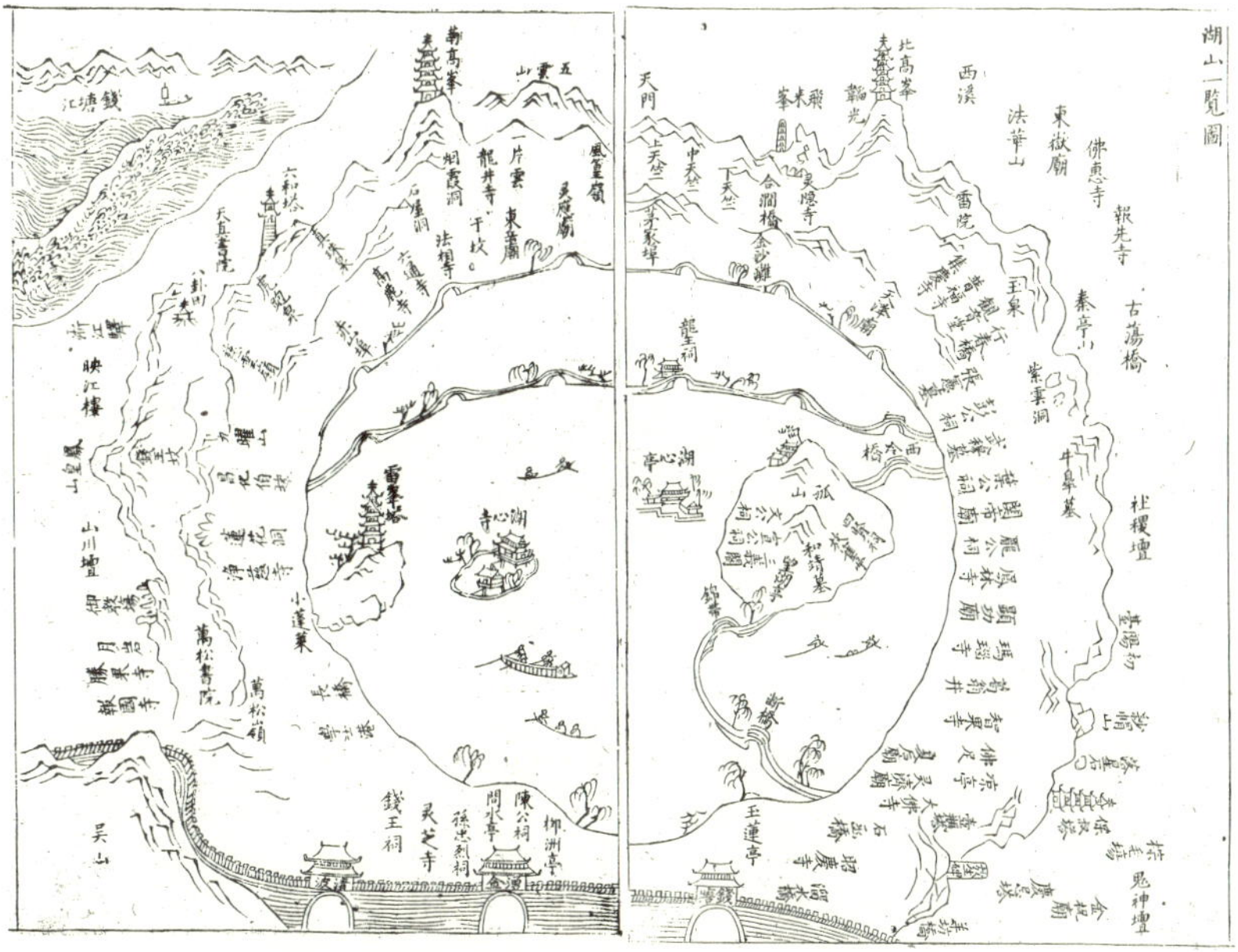

西湖図（湖山一覧図）『西湖志』巻１所収、明田汝成撰、清姚靖増刪

とが一般化したという。以上の記述から、水心寺は一五世紀末頃に破壊されたこと、その後、一七世紀初頭に水心寺のあった島では、湖中の葑泥を切り治めて堤が築かれ、放生池が造成されたことが判明する。

現在、西湖には三つの島が浮かんでいる。湖心亭・小瀛洲・阮公墩のいわゆる湖心三島（西湖三島）である。このうちの小瀛洲の前身が水心保寧寺（別名湖心寺）であり、湖上の観月に好適の場所とされた(7)。前述のように、明の万暦三五年に湖底の泥をさらって土手を築き、「湖中の島、島中の湖」ともいえる田字形の水上園林を生成し、これを放生池とした。『西湖志』が「今放生池と曰う」というのはこれをさす。明代末期の造成工事により、小瀛洲は湖心三島のなかでも最大の規模をもつ島となったが、それ以前には水心寺（水心保寧寺）を擁する小島であったのであろう。小瀛洲は雷峰塔の建つ山にもっとも近い島で、「南屏山前の湖中に在り」という条件にもよく合致している。

水心寺は呉越国において一〇世紀中葉に創建されたので、五代十国時代から北宋・南宋時代までの詩中にしばしば水心寺のことが詠まれている。まず、『宋詩紀事』巻四には、王操の「題水心寺壁」という詩が収められている。王操は五代から宋初にかけての南唐出身の詩人である。同書が引く「歴代吟譜」によると、王操は宋の国老に謁して詩を献じ、鍾陵（江西省南昌）において飲酒すること数日、酔中に帆を挂ること数百里、湾の半ばに至りて覚醒し、烟雨のなか水心寺に登ったという。ここにみえる水心寺はあるいは杭州銭塘湖の水心寺ではないかもしれない。

次に、『銭塘県志』には北宋の詩人秦観の詩「送僧帰保寧寺」が引かれている。


西湖環岸皆招提、楼閣晦明如臥披。

保寧復在最佳処、水光四合無端倪。

車塵不来馬足断、時有海月相因依。


西湖の湖岸には多くの寺院が建ち並んでいたが、（湖中の）保寧寺は四方に水をたたえたもっともよい場所にあり、車や馬の行き交う喧噪もなく、湖面に映る月をながめる好適の場所であったことがわかる。

さらに、南宋後期の学者であった陽枋の『字溪集』一一には、「中秋黄池舟中独酌五首」が収録されているが、そのなかの一首に、「賞月東西、両地遙、（中略）江寺饒吾、観白水〈予舟在水心寺、〉、郡亭喜弟、看洪潮〈想弟與舎姪同看八月大潮也、〉」という一節がみえている。舟を水心寺に泊め、水に映る中秋の月を鑑賞したというので、ここでも水心寺は西湖中の島中にある梵刹で、観月の名所として詠まれているのである。

三　日本における水心寺詩

日本では、一条天皇の時代（九八六～一〇一一）に作られた漢詩に水心寺が登場する。すなわち源為憲らが大宋国銭塘湖の水心寺を詠んだ詩が『本朝麗藻』や『江吏部集』に収められている。

⑤『本朝麗藻』巻下

見大宋国銭塘湖水心寺詩有感継之　源為憲

銭塘尋寺幾廻頭　銭塘に寺を尋ねて幾か頭を廻らす、
見説煙波四方幽　見るならく煙波四方幽なり。
精舎新詩応日〔目カ〕想　精舎の新詩に目想ふべし
白家旧句欲心遊　白家の旧句に心遊ばんとす。
湖中月落竜宮曙　湖中に月落ちて竜宮曙けぬ、
岸上風高雁塔秋　岸上に風高くして雁塔秋なり。
法界道場雖仏説　法界の道場は仏説くといへども、
恨於勝境自難求　恨むらくは勝境に自ら求め難し。

⑤の源為憲の詩は、宋人が水心寺を賦した詩を見て詠んだもので、銭塘湖中に寺を尋ねて、何度も船首を廻らせると、水面にもやが立ちこめて、四方はぼんやりしていると書き出し、水心寺を詠んだ宋人の新しい詩と白楽天の昔の句とを対比しながら、湖中に月が落ち、岸上に雁塔（寺塔）が立つ情景を描写している。この詩からも、水心寺が銭塘湖中の寺院で、観月の名勝であったことがうかがえる。

⑥『本朝麗藻』巻下

同諸知己餞銭塘水心寺之作〈本韻〉　藤原公任

銭塘湖上白沙頭　銭塘の湖上白沙の頭、
四面茫々楼殿幽　四面茫々として楼殿幽なり。
魚聴法音応踊躍　魚は法音を聴きて踊躍すべし、
鳥知僧意幾交友　鳥は僧の意を知りて幾か交遊す。
春風岸暖苔茵旧　春風に岸暖かくして苔茵旧り、
暑月波寒水檻秋　暑月に波寒くして水檻秋なり。
已対詩草諳勝趣　已に詩章に対ひて勝趣を諳んず、
何労海外往相求　何ぞ海外に往きて相求むるを労せん。

⑦『本朝麗藻』巻下

酬和前遠州継大宋国銭塘西湖水心寺詩之什　源孝道

聞説銭塘対嶺頭　聞くならく銭塘は嶺頭に対へり、
中占地勢寺亭幽　中に地勢を占めて寺亭幽なり。

楼台浄土新形趣　楼台は浄土の新たなる形趣にして、
風月楽天昔宴遊　風月は楽天の昔の宴遊なり。
白浪伝声湖面旧　白浪は声を伝へて湖面旧りたり、
紅林倒影水心秋　紅林は影を倒にして水心秋なり。
毎看勝境在詩句　勝境に詩句あるを看るごとに、
恨隔雲濤不得求　恨むらくは雲濤を隔てて求むるを得ざることを。

⑧『江吏部集』巻中

奉和前遠州刺史水心寺詩　大江匡衡

楽天昔宅水心頭　楽天の昔の宅は水心の頭、
化作道場景趣幽　化して道場と作り景趣幽なり。
詩酒故窓花自散　詩酒の故き窓には花自ら散りぬ、
慈悲新室鳥閑遊　慈悲の新しき室には鳥閑かに遊べり。
波伝白様風情老　波は白様を伝へて風情老いぬ、
潭泛金容月影秋　潭は金容を泛べて月影秋なり。
応是蓬莱山聖寺　これ蓬莱山の聖の寺なるべし、
乗杯結契欲相求　杯に乗り契を結ぶことを相求めんと欲す。

⑥⑦⑧はいずれも⑤源為憲の水心寺詩に和したものである。⑦⑧は為憲を「前遠州」「前遠州刺史」と呼んでいるが、為憲は正暦二年（九九一）から長徳元年（九九五）まで遠江守を務めたので（『本朝文粋』巻六、長徳三年

正月二三日源為憲奏状）、これらの詩は一〇世紀末頃の作ということになろう。
⑥が「銭塘の湖上」「四面茫々」、⑦が「銭塘は嶺頭に対へり、中に地勢を占めて寺亭幽なり」と表現していることも、水心寺の伽藍が銭塘湖中に浮かんでいたことを示している。また、⑦に「楼台は浄土の新たなる形趣にして」、⑧に「蓬莱山の聖の寺なるべし」とあるように、水心寺は浄土や蓬莱山のイメージと結びつけて考えられていた。さらに、⑧は水心寺は白楽天の邸宅が寺院になったものであるかのように詠っているが、これは作詩上のフィクションである可能性が高いように思う。源為憲らが参照した宋人の水心寺詩がすでにそのような仮想を行っていたとも推定しうるが、いずれにしても、それが史実を踏まえたものとは考えにくい。前述のように、水心寺には思白堂があり、ここは白楽天の旧游地であったが、邸宅があったことまでは確認できないからである。
大曽根章介氏は源為憲らの水心寺詩を分析して、次のような指摘を行っている。

Ⓐ白楽天は長慶二年（八二二）から同四年まで杭州刺史として赴任したが、その時代の詩が『白氏文集』巻八・二〇・五三に所収されている。前掲した源為憲ら四人の水心寺詩は白詩の語句に基づくものが多いが、なかでも杭州時代の詩を参考にしているように思われる。

Ⓑ源為憲らが水心寺詩に心をひかれて詠詩したのは、杭州時代の白楽天の詩が想起されたからに他ならず、日本の詩人がもつ水心寺の印象は、白詩の世界と同一であった。

Ⓒ白詩の流行とともに、水心寺もまた日本人に愛されて、大江匡房の「水心寺詩」（『本朝無題詩』巻九）など後代の作品にもしばしば登場する。

Ⓓさらに、『高倉院厳島御幸記』が宮島の厳島神社を「大唐の水心寺かくやとぞ見え、神山の洞などに出でたらん心地す」と叙述し、『東関紀行』が箱根権現について「巌室石龕の波に望めるかげ、銭塘の水心寺ともいひ

つべし」と記すように、海辺や湖畔にある社寺の形容に水心寺が取り上げられてくる。

平安時代の日本の詩人に与えた白楽天の影響力の強さを思うとき、杭州時代の白詩と水心寺詩との関わりを指摘する大曽根説はそれなりに説得的である。また、宮島の厳島神社が「大唐の水心寺」と同様に捉えられているのは、湖中・海中の島上に建てられた寺社という点で、両者に共通点があることを日本人が知っていたからであろうと思うと興味深い。ただし、平安時代の日本人は杭州の水心寺を別の観点からも注目していた。次にそのことを述べてみたい。

四　天台浄土教と水心寺

中唐の文諗・少康の共編になる『往生西方浄土瑞応伝』は、現存する中国往生伝のうち最古のものであるが、五代後唐の道詵が補訂を加えた『往生西方浄土瑞応刪伝』が現存する。(8) この『瑞応伝』(『瑞応刪伝』)は、慶滋保胤が迦才『浄土論』とともに参照し、『日本往生極楽記』撰述の意志を固めた書物であり(『日本往生極楽記』序文)、源信も往生人の記録として迦才『浄土論』と『瑞応伝』があることを紹介している(『往生要集』巻下)。日本における浄土教の成立・発展に大きな影響を及ぼした書物の一つといえる。

この『瑞応刪伝』は延暦寺僧の日延によって請来された。日延は呉越国王の銭弘俶や天台徳韶からの要請をうけて、中国で失われた天台法門を繕写して送り届ける使となり、天暦七年(九五三)に渡海して呉越国の都杭州に至った。天台法門を届けたあとは、符天暦などの暦本や仏書・儒書を学び、日本未伝来の内外書千余巻を携えて、天徳元年（九五七）に帰国した。(9)『大正新修大蔵経』巻五一所収の『瑞応伝』（『瑞応刪伝』）の奥書には、

天徳二年〈歳次戊午〉四月二十九日〈庚辰、木曜觜宿〉、延暦寺度海沙門日延大唐呉越州称曰賜紫恵光大師
勧道伝持写之伝焉、

とあり、日延帰国一年後の日付ながら、延暦寺度海（渡海）沙門の日延が呉越国でこれを書写して伝えたことを記している。

一方、京都国立博物館所蔵（守屋孝蔵氏旧蔵）の『瑞応伝』（『瑞応刪伝』）では、奥書の同じ箇所が次のように書かれている。

呉越国水心禅院住持主興福資利大師賜紫　道詵敬造捨　日本国大師初導伝持
天徳二年〈歳次戊午〉四月二十九日〈庚辰、木曜觜宿〉、延暦寺〈度西海〉沙門日延〈大唐呉越州称曰賜紫
慧光大師初導伝持写之得焉〉

すなわち、呉越国の水心禅院の住持たる道詵がこの書物を敬造して日延に喜捨したという。ここにみえる呉越国の水心禅院とは杭州の水心寺をさすとみて問題あるまい。これらの奥書を検討した平林盛得氏は、日延の未渡来図書蒐集の意に感じた道詵が『瑞応伝』の補訂本（『瑞応刪伝』）を作成し、日延がこれを書写して帰国したと

いう経緯を想定している。[10]

前述のように、水心寺は後晋の天福年中（九三六〜九四四）に呉越国領内の銭塘湖（西湖）中に創建された。日延は天暦七年（九五三）から天徳元年（九五七）まで呉越国に滞在したので、創建から約一〇〜二〇年後の水心寺に住持として道詵がおり、浄土教に関わる『瑞応刪伝』を編纂して日本僧日延に書写させたことになる。日本でこののち急速に信仰が高まった浄土教の基本文献を提供した寺院として、杭州の水心寺は日本人の心に刻み込まれたことであろう。

その後、延暦寺首楞厳院の源信は寛和元年（九八五）に『往生要集』三巻を書き上げた。『往生要集』は念仏に関する諸説をあらゆる経典中から集成したもので、在家・出家の誰にも分かりやすい日常的宗教生活の指導書として書かれた。[11]源信は永延（九八七〜九八九）のはじめ、西海道で頭陀（托鉢）の途中、宋商の朱仁聡と宋僧の斉隠に会い、『往生要集』を託して、宋国の同志に知らしめんとした。このとき源信は、慶滋保胤の『日本往生伝』（『日本往生極楽記』）や源為憲の『法華経賦』なども、朱仁聡と斉隠に託して、宋に送っている。[12]

ついで長徳元年（九九五）には、宋の杭州奉先寺僧源清が斉隠に付して、延暦寺に経典を送付するとともに、日本にある天台智者の経疏などを求め、斉隠に付して送ってほしいと依頼してきた。さらに長保二年（一〇〇〇）には、源信が『纂要義断注釈』を杭州銭塘湖水心寺沙門の斉隠に託し、慈恩寺弘道（窮基）門下に贈ってほしいと懇請した。日本の源信や宋の源清が天台宗や浄土教に関する書物を託したのが斉隠で、日宋間を往来していたこの宋僧が杭州銭塘湖水心寺沙門であったことは注目に値する。

日延が日本に伝えた『瑞応刪伝』が杭州水心寺の道詵によって補訂された本であることは、延暦寺を中心とする天台浄土教徒にはよく知られていたのであろう。源信は水心寺では浄土教が盛んに行われていると考え、とくに水心寺僧の斉隠を選んで、『往生要集』や『日本往生極楽記』を託したものと考えられる。山内晋次氏は、水心寺と『瑞応刪伝』との関わりなどから、水心寺や斉隠は天台浄土教と深い関わりをもつことを推測し、彼を数回にわたって便乗させて日宋間を往来した海商朱仁聡も浄土教信仰とつながる可能性を指摘している(13)。

以上のように、呉越国の時代から宋代初期にかけて、杭州銭塘湖中の水心寺は天台浄土教と関わりの深い寺院であると、日本側には認識されていたようである。西岡虎之助氏は、宋僧斉隠の住寺たる杭州銭塘西湖水心寺は当時の我が国人の間にすこぶる喧伝されていた寺院であるとみえて、これに関係する源為憲・藤原公任・源孝道らの詩が残っていると論じている(14)。

前述のように大曽根章介氏は、源為憲らが水心寺詩を賦したのは、杭州時代の白楽天詩を想起したからであるとして、白詩の影響を強調する。ただし、九五七年頃に水心寺から『瑞応刪伝』が伝えられ、九八七年頃に源信が水心寺僧斉隠に『往生要集』を託したことなどを勘案すれば、一〇世紀末頃に源為憲らが水心寺詩を詠み上げたのは、白詩の影響に加えて、水心寺が天台浄土教と深く関わる寺院とみなされたことも、その大きな要因であったと考えるべきであろう。

五　おわりに

康保元年（九六四）九月、慶滋保胤が中心となり、大学寮文章院の学生と延暦寺僧との間に勧学会という念仏結社が結成された。彼らは比叡山麓の西坂本で、三月・九月の一五日に法華経を講じて、経中の一句を題として作詩し、暁まで念仏を唱えた。水心寺詩の作者源為憲はこの第一回目の勧学会に参加した学生の一人で、[15]のちに仏教説話集の『三宝絵詞』や空也の略伝『空也誄』を著した篤信家であった。[16]源為憲が著した『法華経賦』という書物を、源信が水心寺僧斉隠らに託して宋に送ったことは、前述した通りである。

また大江匡衡にも勧学会で詠んだ「暮春勧学会、聴講法華経深得大通知勝如来」「暮春勧学会、於親林寺聴講法華経同賦恵日破諸暗」という二首の詩があり（『江吏部集』巻中）、彼が文章院の学生であった九七五〜九七九年頃に勧学会に列なったことがわかる。[17]さらに、藤原公任も法華経不断講会で詠んだ和歌が伝えられている（『栄花物語』巻一五、うたがひ）。水心寺詩を詠んだのは天台浄土教に深く関わる勧学会や法華経不断講会に参加した人々であったということになろう。

もちろん白居易自身も香火社を結成し、阿弥陀浄土への往生を願っている。[18]日本の勧学会では白氏の「世俗文字の業、狂言綺語の誤りを」云々という願を誦した（『三宝絵詞』下、比叡坂本勧学会）。白居易の詩とその仏教信仰への共感が、日本における天台浄土教の信仰を高揚させたことは否定できない。その意味で、源為憲らが熱い思いとともに杭州の水心寺を詩に詠んだのは、白居易詩との関わりとともに、天台浄土教と深い縁をもつ寺院への敬慕の念がこもっていたとみることができるのである。

注

（1）榎本淳一「「国風文化」の成立」（『唐王朝と古代日本』吉川弘文館、二〇〇八年）、西本昌弘「「唐風文化」から「国風文化」へ」（『岩波講座日本歴史』五、二〇一五年）。

（2）鈴木哲雄『唐五代禅宗史』（山喜房仏書林、一九八五年）一八六頁、一八八頁。なお鈴木氏によると、紹巌らの住した水心寺とは別に、九四一年に建った水心寺があり、こちらはのちに雲竜寺・法雨院と改められたという（一六八頁、一八六頁）。

（3）鈴木哲雄『唐五代禅宗史』（山喜房仏書林、一九八五年）一八六頁。

（4）太田晶二郎「水心寺詩〈某詩集断簡幅装〉」（私家版、一九七六年）。なお、下記の注（5）大曽根論文の引用による。私はこの論文をいまだ入手できていない。

（5）大曽根章介「寛弘期の詩人と白詩」（『白居易研究講座』三、日本における受容（韻文篇）、勉誠社、一九九三年）一二三頁。

（6）本間洋一注釈『本朝無題詩全注釈』三（新典社、一九九四年）三一三～三一四頁。

（7）周新華『西湖亭閣』（浙江摂影出版社、二〇〇一年）六〇頁。

（8）小笠原宣秀『中国浄土教家の研究』（平楽寺書店、一九五一年）九一～九四頁、一〇九～一一〇頁。

（9）竹内理三「「入呉越宋日延伝」釈」（『日本歴史』八二、一九五五年）、桃裕行『桃裕行著作集八　暦法の研究〔下〕』（思文閣出版、一九九〇年）。

（10）平林盛得「大陸渡来の往生伝と慶滋保胤」（『慶滋保胤と浄土思想』吉川弘文館、二〇〇一年）。

（11）井上光貞『井上光貞著作集』八（岩波書店、一九八六年）一三五頁。

（12）西岡虎之助「源信を中心とせる日宋文化の交渉」（『西岡虎之助著作集』三、三一書房、一九八四年）、鹿苑大慈「源信の『往生要集』遣宋について」（『仏教史学』一〇―三、一九六二年）。

（13）山内晋次『奈良平安期の日本とアジア』（吉川弘文館、二〇〇三年）二四〇～二四一頁。

（14）西岡虎之助「源信を中心とせる日宋文化の交渉」（『西岡虎之助著作集』三、三一書房、一九八四年）一八〇頁。

（15）増田繁夫「花山朝の文人たち」（『源氏物語と貴族社会』吉川弘文館、二〇〇二年）二三～二四頁、後藤昭雄「『勧学会記』について」（『平安朝漢文文献の研究』吉川弘文館、一九九三年）一〇三～一〇四頁。

（16）岡田希雄「源為憲伝攷」（『国語と国文学』一九―一、一九四二年）三七頁。

（17）後藤昭雄『大江匡衡』（吉川弘文館、二〇〇六年）四〇頁。

（18）鎌田茂雄『中国仏教史の研究』六（東京大学出版会、一九九九年）。

〔付記〕中国史料にみえる水心寺の記事については、関西大学大学院生の周正律氏からご教示いただいた。記して謝意を表する次第である。

日中寺院における伽藍神の探求

二階堂　善　弘
（研究員・文学部教授）

一　前　言

これまで筆者は、鎌倉五山・京都五山などの禅宗寺院に残される伽藍神について、調査と探求を行ってきた。「海神・伽藍神としての招宝七郎大権修利[1]」において招宝七郎《しょうぼうしちろう》を、「祠山張大帝考——伽藍神としての張大帝——[2]」において祠山張大帝《しざんちょうたいてい》を取りあげ、その日本への渡来と、中国における信仰の衰退について検討した。その後、華光大帝など幾つかの伽藍神については、『アジアの民間信仰と文化交渉[3]』において論じた。

しかしいまだに未解決の問題は残っている。また、早期の論考で誤っていた部分も幾つか存在する。本論では、これまでの研究について総括すると同時に、今後の課題についても論じたい。

二　招宝七郎大権について

京都五山で有名な相国寺《しょうこくじ》の法堂《はっとう》に、片手を差しあげて遠望するような姿をした神像がある。これは招宝七郎、また大権修利菩薩と呼ばれる神格である。鎌倉の寿福寺、覚園寺などにも同じ姿の像がある。また曹洞宗の寺院にいけば、ほぼすべてといってよいほど、本殿には本尊の釈迦如来と、脇に達磨大師、それに招宝七郎を祀るのが通例となっている。

この神については、江戸時代の僧侶である無著道忠《むじゃくどうちゅう》が、詳しい論考を行っている。(4)

洞家諸刹所祠土地稱為招寶七郎。道元和尚歸朝時、潛形隨來護法。或云、亦是大權而已。大權修利是封號、本名招寶七郎。招寶山在鄮峰、此神祠于此、七郎蓋行第乎。止此。忠謂、此未輒信、可更攷。梅峰信和尚云、祀招寶七郎為護法、是唯局育王山。蓋按陶弘景、名勝力菩薩、有事緣于育王山、招寶七郎恐是弘景乎。永平道元和尚行狀云、寶慶三年冬、解纜發舶、天寒、白雪霏霏、忽有化神現前、師云、汝何神。曰、我是招寶七郎、知師佩祖印還鄉、願相隨護正法。師嘆曰、汝若然、須現小身。神乃為白虵三寸許、自入鉢囊而屈蟠。肥前州平戸嶋有祠、神名七郎權現、蓋招寶七郎也。昔

寿福寺の招宝七郎像

者唐船來、皆著於平戸、故唐人祭之為護舶之神、猶如今時長崎媽祖。此祠至今存、其祠扁紹法二字、蓋訛招寶也。（略）忠曰、招寶七郎本護船神、而延彬無失于船、故雅稱也、非延彬實是招寶神。（略）忠曰、按名勝志、鄮山、阿育王山皆在浙江寧波府鄞縣、招寶山在寧波府定海縣、故舊說招寶山在鄮峰、七郎亦是大權者、余未信之。廣輿記寧波府云、招寶山、一名候濤山、四向海天無際、朝鮮、日本諸夷之域、皆在指顧中。

道忠は、陶弘景と七郎神が深い関係があるのではないかと言及しているが、これは恐らく「関係はない」と見なすべきであろう。また道忠は大権修利と招宝七郎は別個の神ではないかと論じてもいるが、これも恐らく間違いであり、招宝七郎と大権修利は同じ神であることを示す資料がすでに宋代にある。

一方で、招宝七郎が海神であり、媽祖と同じような役割を持つ神であること、平戸にある七郎権現が招宝七郎から来ていることを早くから指摘している。これらは道忠の卓見とすべきものである。

現代の研究者では、まず塚本善隆氏が招宝七郎について、成尋の『参天台五台山記』に見える記載を手がかりに論じている。(5)

（成尋は）羅漢院で十六羅漢の等身像と五百羅漢の三尺像を拝し、食堂に入って七郎天に礼拝焼香した。（略）七郎天とは何か。恐らく成尋が後に平水大王と記している地方的な神仙であろう。（略）新封の平水大王すなわち周七郎に対するこの地方の人びとの信仰が、相当に大きかったことも推察される。（略）わが国の洞門の寺で祭られた招宝七郎もこれに関係あるかも知れぬ。

塚本氏は、平水大王が七郎神であると見なす。筆者も当初この考え方を受け入れていたが、後に平水大王と招宝七郎は別個の神であると考えを変えた[6]。平水大王は、いまでも温州などに廟がある周凱のことであり、招宝七郎とは水神という性格が似ているものの、別個の神と考えるべきである。

無著道忠の指摘を踏まえて、招宝七郎について論じたのは、H・デュルト氏である。さらに曹洞宗における佐々木章格氏、中世古祥道氏の論考によって、伽藍神としての招宝七郎については、かなり研究が進展した[7]。また美術史研究からの指摘も重要であり、三山進氏、浅見龍介氏、田中知佐子氏の論考により、鎌倉建長寺、鎌倉寿福寺、京都建仁寺、京都東福寺などにいまも残る伽藍神像の比定については、大きく研究が進展した[8]。

さらに招宝七郎大権が、『西遊記雑劇』に登場する大権菩薩であることについては、早くから太田辰夫氏が指摘していた[9]。しかし筆者をはじめ、多くの研究者はその重要性に気がついていなかった。

筆者が伽藍神に注意し始めたのは、田中知佐子氏の示唆を受けてのことである。筆者はそれまで招宝七郎神については『水滸伝』に記載があることは意識していたが、それが日本の曹洞宗寺院にある像だとは想定していなかった。

『水滸伝』に見える記載は以下の通りである[10]。

朱仝聽得、目視雷横、說道、捉了劉唐去、卻值甚的。一個不濟事、我兩個同去夾攻。朱仝居左、雷横居右、兩條朴刀、殺出陣前。張清笑道、一個不濟、又添一個。由你十個、更待如何。全無懼色、在馬上藏兩個石子在手。雷横先到、張清手起、勢如招寶七郎、石子來時、面門上怎生躲避。急待抬頭看時、額上早中一石子、撲然倒地。朱仝急來快救、脖項上又一石子打著。關勝在陣上看見中傷、大挺神威、掄起青龍刀、縱開赤兔馬、來救朱仝、雷横。剛搶得兩個奔走還陣、張清又一石子打來、鬭勝急把刀一隔、正中著刀口、迸出火光。鬭勝無心戀戰、勒馬便回。

ここでは、張清という豪傑が石つぶてを投げる前の描写として、「招宝七郎のような」という表現を行っている。これは奇妙な表現で、読者も作者も、招宝七郎の姿を知っていなければ成り立たない表現である。恐らくこの当時、招宝七郎は相当な知名度があり、誰もが知る神格であったのであろう。今日の媽祖と同じように。だからこの表現が使われたのだと考えられる。また、筆者は招宝七郎が「手を差しあげる」像を見て、ようやく『水滸伝』のこの段が理解できたのである。

そして『西遊記雑劇』に見える大権が、招宝七郎と同じ神格であることがわかり、ようやく招宝七郎が宋から明まで有名であった神格で、その後、中国では全く忘れられた神となったことが理解できた。

ただ、現在の中国において全く痕跡がないかというとそうでもない。浙江の建徳にある開元寺は、かつて「七郎廟」と呼ばれたところで、以前に招宝七郎が祀られていた廟であると考えられる。

また、寧波の阿育王寺《あいおうじ》の舎利殿には、招宝七郎の像がいまでも残っている。その造られた年代などは不明で、むしろやや新しい時代の像に見えたが、片手を差しあげる像であり、間違いなく招宝七郎の像であると考えられる。しかし筆者が調査した二〇〇五年当時は、寺院の誰に尋ねても、それが何の像であるかは不明であった。ところが二〇一五年に中国で寧波を特集したテレビ番組が作成された。そこでは明確にこの阿育王寺の像が招宝七郎であると認識されている。[11] 現在では認識が改められたものと考えられる。

また寧波の東側にある招宝山についても論じたが、筆者は宋代と現在における地形の変化などをあまり考慮に入れていなかった。なぜ海神でもある招宝七郎が阿育王寺の伽藍神かというと、実際には海岸線がもっと手前にまで来ていたのである。

三　祠山張大帝について

鎌倉建長寺、鎌倉寿福寺、京都泉涌寺《せんにゅうじ》、京都建仁寺などにいまでも像が残る神格が、祠山張大帝である。この神については『三教捜神大全』にも伝があり、また趙翼が『陔余叢考』において論じているため、中国大陸で全く知られていないというわけではない。

趙翼の論考は、次の通りである。(12)

俗祀祠山神、稱爲祠山張大帝。（略）宋稗所載更詳、謂其神姓張、名渤。烏程縣人、役陰兵導河、欲通廣德、自長興縣疏鑿聖瀆。先與夫人約、每餉至、鳴鼓三聲、王卽自至、不令夫人見之。後夫人遺餐于鼓、鴉啄鼓鳴、王以爲餉至。至則無有。已而、夫人至、鳴鼓、王反不至。夫人遂親至河所、見王爲大豕、驅陰兵開瀆。王見夫人、自慙、工遂輟、而逃于縣西五里横山之頂。居人思之、爲立廟。夫人亦至縣東二里、而化爲石人、亦立廟。歷漢唐以來、廟祀不廢云。詹仁澤、曾樵又編輯廣德横山神張王事蹟、名祠山家世編年一卷、大略相同。癸辛雜識、廣植守廣德、日郡中祠山、有埋藏會。植不信、用郡印印之、其封。明日發視、無有焉。此祠山神

寿福寺の祠山張大帝像

之見于小說者也。文獻通考、祠山神在廣德、土人多以耕牛爲獻。南唐時聽民租賃、毎一牛出絹一疋、供本廟之費、其後絹悉入官。景德二年、知軍崔憲請量給絹、以葺廟宇。上曰、此載在祀典、應官爲修葺。宋史范師道傳、廣德縣有張王廟、民歲祀神、殺牛數千、師道至、禁絶之。黃震傳、通判廣德軍、舊有祠山廟、民禱祈者、歲數十萬。其牲皆用牛、并有自嬰桎梏考掠以邀福者、震皆杖禁之。明史周瑛傳、瑛守廣德、禁祀祠山。（略）元泰定帝加封曰、普濟、而王號如故。明史禮志、祠山廣惠張王渤、以二月十八日祭、則所謂張大帝者、本流俗之稱、安得以流俗所稱之帝、而擬之昊天上帝乎。

張王の祭祀には、豚肉を用いず、牛肉を献ずる。これについては中村治兵衛氏が「宋代広徳軍祠山廟の牛祭について」において分析を行った[13]。

このように宋代（少なくとも十～十三世紀）を通じて信仰されてきた祠山廟の祭りの状況をかなり詳細に報告したのが、南宋も末、滅亡十年前、度宗の咸淳五年（一二六九）広徳軍通判黄震の「申請司乞禁社会状」と「榜以申尚書省乞禁本軍再行牛祭事」の二つの申明であり、次にこれらを中心として考察する。祠山の張王廟（祠山廟と略称）について、黄震は申請司乞禁社会状」の冒頭で、「本軍には祠山の春会あり、四方より畢く集まる。市井はこれに頼りてやや康しと雖も、風俗は実にこれに由りて積壊す」とのべ、春会＝春祭りが其地方の経済上多少の利益になることは認めながら、風俗警察の上からはよくないとし、張王廟（祠山廟）の社会（祭り）の弊害五カ条をあげ、これを改革するよう上申した。

その後、張大帝に関する研究は少なかったが、韓森氏が『変遷之神』で詳細な分析を行い、さらに皮慶生氏が二〇〇八年に『宋代民衆祠神信仰研究』を刊行し、網羅的に張王信仰について論じた[14]。これにより張大帝信仰の宋明代における状況についてはかなり理解が進んだ。

一方で日本の禅宗寺院にある祠山張大帝の像については、招宝七郎とともに三山進氏、浅見龍介氏、田中知佐子氏が論じている。

筆者は祠山張大帝については、現在中国大陸に残されている幾つかの廟を調査し、紹介した[15]。二〇一二年夏を中心とした調査で、祠山信仰の本山である安徽広徳《こうとく》の祠山寺、浙江湖州《こしゅう》の広恵廟、江蘇高淳《こうじゅん》椏溪《あけい》鎮の祠山殿などを訪れた。

その結果判明したのは、かつて華南全体に広がっていた祠山張大帝の信仰は、現代においては著しく衰退しており、廟の数も激減しているということである。

いま華人廟の代表といえば関帝廟と媽祖廟であり、東南アジアや日本でも、この両者が祀られているのを見る。しかし、宋代においては祠山張大帝と招宝七郎の方がむしろ強かったと考えられる。単なる伽藍神としての効能を超えて、広く祀られていたものと考えられる。

四　黄檗宗と華光大帝

黄檗宗の本山である宇治の萬福寺には、伽藍堂があり、そこに伽藍神が祀られている。この伽藍神は長い間、関帝であると認識されていた。無著道忠も次のように記す[16]。

忠曰、日本黄檗山伽藍堂神三目、問之、則云關帝也。關帝見智者時、未始言三目、未知唐人何據矣。

道忠はさすがにその像が三目であることについて疑義を懐いている。この道忠の疑問は正しく、この像は関帝ではなく、別の伽藍神である華光大帝の像であった。

萬福寺の華光大帝像

この像については筆者も長らくそれまでの研究者の論を信じ、ずっと関帝像であると思い込んでいた。二〇〇二年に黄檗宗の田中智誠和尚から、その像が記録では「華光菩薩」であると指摘した書簡をいただき、調査に赴いた。筆者が実際に萬福寺に祀られている像を見ると、三眼であり、無髯、手には金磚《きんせん》という武器を持ち、白面の青年像に近い。これは髯が長く、威勇にあふれる関帝の像とは全く異なっている。すぐに華光大帝像であると判明し、それに基づいて報告を書いた[17]。

後に、同じような伽藍神像は日本の各所にあることもわかり、調査を行った。仙台の大年寺、東京品川の大龍寺などである。さらに、大権修利像とされている幾つかの像が、実は大権ではなく、華光像であることも判明した。東京世田谷の豪徳寺の像、また鶴見総持寺の本殿の像も、華光大帝像である。

このほか、アジア各地にある華光大帝の像についても調査を行った。福建の福州と馬祖列島、マカオ、香港などには華光像が多い。シンガポールの天福宮などにも祀られている。

華光大帝は、道教においては馬霊官として知られる神で、財神であり、かつ火神である。伽藍神としての来歴も古く、北宋時代に中国に渡った成尋も華光が寺院に祀られているのを見ている。

華光については、元から明にその信仰が盛んであったものの、清代には急速に衰えた。この神の発展については、黄兆漢氏による研究が先駆的であり、さらにリチャード・フォン・グラン氏、賈二強氏によるものがある。[18]筆者も、これらの業績のあとを受けて、伽藍神としての状況と合わせて、信仰の発展と衰退について調査を行った。[19]

五　建長寺の伽藍神の比定

このように筆者も含めて研究が進んできた伽藍神の状況であるが、依然として疑問点は多い。特に建長寺に残される像が、何と何であるかについては、全く決着を見ていない。

奥健夫氏が二〇一三年に伽藍神研究の現状についてまとめられた論考があり、これが研究者の間の共通認識のベースとなるものと考えられるので、その論に従いつつ、見ていきたい(20)。

鎌倉建長寺には五体の伽藍神像がある。日本にある伽藍神像のなかでも最古のものと考えられる。

このうち、奥に立つ二体の立像は、掌簿判官《しょうぼはんがん》と監斎使者《かんさいししゃ》であることは、奥氏の指摘の通りであると考えられる。監斎使者は、これまで感応使者《かんのうししゃ》と呼ばれることが多かったが、類似の神格は他に見いだしづらいため、監斎使者ということでよいと筆者も考える。水戸光圀が命じて作らせたという河井友水纂述『新編鎌倉志』の「建長寺仏殿」の項目には、以下のような記載がある。

佛殿ノ内、土地堂《ツチダウ》ニハ、太帝・太元・韋駄天・感應使者《カンインスシヤ》・聖徳太子・千手観音・文殊・藥師ノ像アリ

奥氏によれば、掌簿判官を聖徳太子と認識しているとのことである。確かに、この記録にはかなり混乱があるようだ。

問題となるのは前の三体の座像である。奥氏によれば、うち一体は祠山張大帝、そして他を男神、男神とする。片手を差しあげる大権修利の像はここには不在であると考えられる。

筆者は、座像のうち一体は祠山張大帝、一体は白山龍王であると見なしている。それについては、寿福寺の三体の像が手がかりになると

鎌倉建長寺の伽藍神

寿福寺の白山龍王

考える。現在の像と同じではない可能性が高いが、寿福寺の三体の像については大休正念が「祠山・摩訶修利・白山」であると述べている。(21)

歳夜小參。山僧夜來得一夢、夢見土地相賀曰、且喜年終歳至、臘盡春回。摩訶修利云、奇哉常年三百六十日、不剩不少。閏年三百九十日、不少不剩。白山云、不然。常年旬日不少、固是尋常、閏年旬日不剩、此説未可。祠山云、果然盡我神通妙用、聖智聰明、從年頭數至年尾、也不能恰好去、於是質之。

僧侶の夢のなかで伽藍神たちが会話をしているのであるが、ここでは祠山は祠山張大帝、摩訶修利は大権修利を指すのは明白である。残りの一つが白山となる。

中国から来た大休正念が語った白山が、日本の白山神なのか、中国のものなのかは議論の余地があるところである。ただ、どうも大休正念はあくまで中国における伽藍神の白山を考えていたように思える。

寧波の天童寺には、いまでも「太白山龍王」の位牌が残っている。天童寺自体が、そもそも太白山の麓にある寺院である。

寿福寺、建長寺、覚園寺などにある像は、一定の傾向がある。手を差しあげる一体と、手に笏を執り、手を組む一体、それに片手に如意を持ち、もう片手は下げる一体である。

筆者は笏を執る一体を祠山神と見なしているが、奥健夫氏、田中知佐子氏など、いずれも如意を執る像を祠山神と見なす。これはなかなか難しい。

筆者が笏を執る像を祠山神とするのは、泉涌寺にある一体、それに中国で見た像からの類推である。実見した多くの像が、いずれも笏を持ち手を組む形をしている。そのため、把笏の像を祠山張大帝と見なす。これを寿福寺の像に充てるならば、手を差しあげるのが招宝七郎大権、笏を執るのが祠山張大帝、残りの如意を執るのが白山龍王と見なすべきだと考える。建長寺の像をこれから比定するに、笏を執るのが祠山張大帝、片手を挙げ、片手を下げる像が白山龍王となり、他の研究者の比定とはやや異なる結果となる。

曹洞宗における白山信仰も、それがもともと天童寺の守護者である太白山龍王なのか、日本の白山明理権現なのか、或いは複合的な意味を持つのかも考えてみる必要があると思われる。

六　伽藍神の新材料

ここまでは、これまでの研究のまとめと見解の修正が中心であった。次に新しい材料について検討してみたい。木村文輝氏の指摘によれば、熊本宇土《うと》にある如来寺に、伽藍神の像が存在するとのことであった[22]。現在は公民館を兼ねた小規模の寺院であるが、かつては大伽藍をほこり、九州における曹洞宗の中心地であった。この如来寺の五社宮に祀られる五社大明神は、素朴な造りの像であるが、指摘の通り伽藍神であると考えられる。木村氏

宇土如来寺の五社大明神

の論考には写真がなく、詳しい姿が不明であったので、筆者は宇土如来寺を訪れて実見した。

このうち、片手を差しあげる像は大権修利であるのは明確である。そして中心の手を組む一体、片手を挙げ片手を膝に下げる一体は、寿福寺や建長寺のものと一致する。すなわち、祠山張大帝と白山龍王であることは間違いない。残りの二体はやや不明確であるが、片方は掌簿判官にも見える。こちらでも手を組む二体が重複しており、その状況はやや建長寺に似る。いまはそのすべてを比定する材料を持たないが、まだまだ伽藍神を知るための手がかりが、国内にも残されているのではないかと感じさせる像であった。

中国にも伽藍神に関する材料は幾つもあり、それを現地調査によって確認することができる。

たとえば福清の萬福寺の伽藍殿を訪れたとき、そこに三体の伽藍神があるのを見た。両脇が関帝と華光大帝であるのは明白であった。しかし、残りの中心の一体については不明確であった。以前に筆者はこの像は周宣霊王ではないかと推理したが、間違っていた。続けて温州と福州の寺院を訪れた。温州と福州では、いずれの寺院もこの三体を標準の伽藍神として祀っている。福州の西禅寺で、この中心の一体が須達長者、すなわち祇園精舎の説話に関わるスダッタ長者とされていることを確認した。これはやや予想外であった。

福清萬福寺の伽藍神

祇園精舎の須達長者、すなわち給孤《ぎっこ》長者といえば、ある意味では伽藍神の元祖とも言うべき存在であるが、他ではほとんど類例を見ない。例外は天童寺で、白山龍王の位牌の後ろには、この須達長者、波斯匿《はしのく》王（プラセーナジット王）、祇陀《ぎだ》太子（ジェータ太子）の三体の像が設置されていた。これは天童寺がそもそも祇園精舎を意識して作られていることによるものである。他ではあまり見ない特殊な伽藍神といってよい。

ただ、伽藍神としての須達長者が他にはないとは断言しがたいし、その像が日本に伝来している可能性もなくはない。日本の伽藍神で正体不明の何点かは、須達長者の可能性もある。

須達長者、華光大帝、大権修利には、実は共通点もある。彼らは楊景賢の『西遊記雑劇』にすべて登場する人物なのである。

『西遊記雑劇』のなかに登場する大権修利と華光大帝については、すでに筆者も詳細に論じたことがある。[23] そこでも少しふれたが、天竺に到着した玄奘三蔵一行を出迎える中心となるのは、給孤長者すなわち須達長者である。この場面では、なぜか寒山《かんざん》・拾得《じっとく》も出てくる。そして次に重要な役割を示すのが大権修利である。天竺の場面では、玄奘三蔵と釈迦如来、大権修利と須達長者、この四者によってほぼ場面が成立している。孫行者などの弟子たちも、ここでは脇役にすぎない。

或いはこの場面は、明初の杭州・寧波近辺の寺院の状況を反映したものかと考えられる。楊景賢は江南に在住しており、当時寺院において見た仏像などをもとに、雑劇を書き上げたものと推察される。ただ、雑劇のなかではどの神が伽藍神だとは明記していない。天竺では霊鷲山《りょうじゅせん》の山神が登場し、むしろこちらの方が地域の守護神の役割を担っている。

七　結　語

伽藍神に関しては、この十数年でかなりの進展があったように思える。基本的には、ずっと無著道忠の時代の認識に止まっていたものが、現在では大きな変化があった。

ただ建長寺の伽藍神をはじめとして、まだ不明確な点は多い。文献のみならず、各地に残る神像などを確かめつつ、調査する必要があると考えられる。

注

（1）筆者「海神・伽藍神としての招宝七郎大権修利」『白山中国学』通巻第一三号（東洋大学中国学会二〇〇七年）四三～五四頁

（2）筆者「祠山張大帝考――伽藍神としての張大帝――」『関西大学中国文学会紀要』第二八号（関西大学中文学会二〇〇七年）一五五～一六七頁

（3）筆者『アジアの民間信仰と文化交渉』（関西大学出版部）二〇一二年

（4）無著道忠『禅林象器箋』（中文出版社一九九〇年）一八〇～一八一頁

（5）塚本善隆「成尋の入宋旅行記に見る日中仏教の消長」（『塚本善隆著作集』第六巻『日中仏教交渉史研究』大東出版社一九七四年）八四～八五頁

（6）筆者「平水大王と招宝七郎」（氷上正・佐藤仁史・太田出・千田大介・二階堂善弘・戸部健・山下一夫・平林宣和著『近現代中国の芸能と社会－皮影戲・京劇・説唱－』好文出版二〇一三年）一一三～一二三頁

（7）H・デュルト「日本禅宗の護法神：大権修利菩薩について」（『印度学仏教学研究』六四号一九八四年）一二八～一二九頁、佐々木章格「日本曹洞宗と大権修理菩薩」（『曹洞宗宗学研究所紀要』創刊号一九八八年）三二～四五頁、中世古祥道「招宝七郎大権修理菩薩について」（『宗学研究』三五号一九九三年）一三一～一三七頁

（8）三山進「伽藍神像考――鎌倉地方の作品を中心に――」（『MUSEUM』第二〇〇号一九六七年）一二～二七頁、浅見龍介「禅宗の彫刻」（『日本の美術』五〇七号至文堂二〇〇八年）二九～七三頁。田中知佐子「建長寺伽藍神像をめぐる一考察――中国風伽藍神像の系譜から――」（『佛教藝術』三〇一号二〇〇八年）六九～九三頁

（9）太田辰夫『西遊記の研究』（研文出版一九八四年）一三二頁

（10）『一百二十回的水滸』（商務印書館一九六九年）一一三二頁

（11）厦门广播电视集团「《海丝纪行》之宁波篇（三）：东渡佛法　通商南洋」二〇一五年〇六月二六日(http://news.xmtv.cn/2015/06/26/VIDE1435319132956110.shtml)

（12）趙翼著・欒保群・呂宗力校点『陔余叢考』（河北人民出版社二〇〇三年）七二八～七三〇頁

（13）中村治兵衛「宋代広徳軍祠山廟の牛祭について」（『中国シャーマニズムの研究』刀水書房一九九二年）一六二頁

（14）韓森著・包偉民訳『変遷之神：南宋時期的民間信仰』浙江人民出版社一九九九年、及び皮慶生『宋代民衆祠神信仰研究』（上海古籍出版社二〇〇八年）

（15）筆者「祠山張王信仰の発展と衰退」（『東方宗教』日本道教学会第一二二号二〇一三年）四六～六四頁

（16）前掲無著道忠『禅林象器箋』一九四頁

（17）筆者「萬福寺伽藍堂の華光菩薩像について」『黄檗文華』（黄檗山萬福寺文華殿黄檗文化研究所）第一二二号二〇〇三年一二〇～一二四頁

(18) 黄兆漢「粤劇戯神華光是何方神聖」(『中国神仙研究』台湾学生書局二〇〇一年)四九~八七頁、リチャード・フォン・グラン Richard von Glahn, "*The Sinister Way — The Divine and the Demonic in Chinese Religious Culture* —", University of California Press, 二〇〇四年、及び賈二強『唐宋民間信仰』(福建人民出版社二〇〇二年)三二八~三七二頁

(19) 前掲筆者『アジアの民間信仰と文化交渉』七五~一一六頁

(20) 奥健夫「伽藍神の将来と受容」(加須屋誠編『図像解釈学 — 権力と他者』竹林舎二〇一三年)三五五~三七五頁

(21) 『念大休禅師語録』(『大日本佛教全書』巻九六有精堂出版一九三二年)五三頁

(22) 木村文輝「寒巌義尹による宋文化の受容」(『禅研究所紀要』愛知学園大学・第四二号二〇一四年)五三~七〇頁

(23) 筆者「『西遊記雑劇』における華光と大権」(東アジア文化交渉研究・関西大学文化交渉学教育研究拠点ICIS第三号二〇一〇年)四一~四八頁

ベトナムの「家訓」文献

佐藤トゥイウェン
（東西学術研究所
非常勤研究員）

一　はじめに

「家訓」は儒教にもとづくベトナム伝統家庭の倫理教育を鮮明に映し出す資料といえるが、これまでその研究は日本でもベトナムでも不十分であり、「家訓」関連の書籍については、まだ網羅的な調査ができていないようである。

ベトナムにおける「家訓」の代表的な研究としては、*Mấy nét về gia huấn Việt Nam*[1]（「ベトナムの「家訓」についてのいくつかの素描」）、*Mấy nét về văn bản gia huấn*[2]（「家訓」文献についてのいくつかの素描」）、*Bàn về công dung ngôn hạnh trong các sách gia huấn nôm*[3]（「字喃の「家訓」文献にある「功」、「容」、「言」、「行」をめぐって」）、*Nữ huấn trong di sản Hán Nôm Việt Nam*[4]（「ベトナムの漢喃遺産における「女訓」文献について」）、*Châu Xuyên gia huấn–giới thiệu và tuyển dịch*[5]（「『珠川家訓』――紹介および翻訳」）、*Nghiên cứu văn bản và giá trị tác phẩm Bùi gia huấn hài của Bùi Dương Lịch*[6]（『裴家訓孩』――ベトナムの独自の知識を多く持つ教科書」）などが挙げられる。このほか、ベトナムの儒教史や道徳史研究の中で「家訓」が付帯的に触れられることもある。ただしその場合、ハノイの漢喃研究院に所蔵される「家訓」の書目リストの概括や、いくつかの有名な「家訓」、女性の「三従」、「四徳」などを紹介するのみで、漢字・字喃の原文を引用したうえでその記述内容を子細に考察するという形は採っていない。

また、ベトナム国家図書館、ベトナム社会科学情報院、ホーチミン市総合科学図書館（以上、ベトナム）、東洋文庫、東京大学図書館、東京外国語大学図書館、京都大学図書館、大阪大学図書館（以上、日本）そして、L'Ecole Francaise d'Extrême Orient（フランス極東学院）、Bibliothèque Nationale（フランス国立図書館）、Bibliothèque Universitaire des Langues et Civilisations（大学間共同利用言語・文化図書館）、Musée des Arts Asiatiques-Guimet（ギメ東洋美術館図書館）、Société Asiatique（パリ・アジア協会）（以上、フランス）に所蔵されている漢字・字喃の「家訓」文献と国語字（現代ベトナム語正書法）の「家訓」文献、さらには、ベトナムに伝来した中国の著名な「家訓」関連の文献についても、これまで注目されていない。すなわち、ベトナムの「家訓」関連文献の成立や流布状況がどのようであったかについての書誌的研究は緒についたばかりであり、また「家訓」に反映されたベトナム人の「忠孝」や「節義」に関する思想、「五倫」の理念などがどのようなものであるか、さらに、中国の儒教的倫理道徳がベトナムへどの程度受容され、変遷していったのか、それはベトナムの伝統的な家庭教育とどのような関係にあったのかについての思想的考察も不十分な状況にある。

そこで筆者はベトナムの漢喃研究院（ハノイ）、ベトナム国家図書館、ベトナム社会科学情報院、ホーチミン市総合科学図書館、日本の東洋文庫、東京大学図書館、東京外国語大学図書館、京都大学図書館、大阪大学図書館、さらには、フランスのL'Ecole Francaise d'Extrême Orient（フランス極東学院）、Bibliothèque Nationale（フランス国立図書館）、Bibliothèque Universitaire des Langues et Civilisations（大学間共同利用言語・文化図書館）、Musée des Arts Asiatiques-Guimet（ギメ東洋美術館図書館）、Société Asiatique（パリ・アジア協会）が所蔵するベトナムの「家訓」文献に注目し、これら諸文献の伝来と変遷、文献学上の特色を詳細に考察するとともに、「家訓」の記述内容を通してベトナム人の「孝」、「義」に関する思想の機能や独自性、思想上の特色およびベトナムの伝統家庭の倫理教育を明らかにしたいと考えている。

筆者は幸いに二〇一五年九月、科研費（基盤C）の研究費の助成を受けてベトナム・ハノイおよびホーチミン市、フランス・パリに資料調査に赴き、ベトナムの「家訓」文献を複写した。

本稿では、今後、上述の研究を行なう上での初歩的な考察として、ベトナムの「家訓」文献の流布状況、「家訓」の内容、形式、種類などにつき概観してみたい。

二　ベトナムの「家訓」文献の流布状況

Di sản Hán Nôm Việt Nam – thư mục đề yếu（『ベトナム漢喃遺産――書目提要』）によると、「家訓」に関する書籍には「家訓」、「家範」、「詞訓」、「宝監」、「訓孩」、「訓子」、「教訓」、「女則」、「女規」といった「家訓」を連想しやすいタイトルがついている。しかし、これ以外にも、一見すると「家訓」との関係性を想起しにくい書物（范

復斎『啓童説約』、李文馥「二十四孝演歌」および「婦箴便覧」、阮宗奎『五倫叙』）もある。ベトナムに所蔵されている「家訓」文献については、Đỗ Thị Hảo 氏が、漢喃研究院に所蔵されている「家訓」文献が全四七点であることを示唆している[7]が、Lã Minh Hằng 氏によれば、漢喃研究院に所蔵されている字喃の「家訓」文献は全五〇点であると指摘しており[8]、一定していない。ここからも、ベトナムに所蔵されている「家訓」関連の文献についての調査が、なお不十分であることがわかるが、さらに興味深いのは、これら先行研究において「家訓」文献として計上されているものの中には、「家訓」の文字どおり、自らの子孫に対する家庭教育の資料として著述されたもの以外に、呂祖などの神仙が一般の人々に対する教訓書として著した資料、そして、「降筆経」、「善書」なども含まれていることである。これらの「家訓」文献のいくつかは現代ベトナム語に訳されており、何度も版を重ねているものも多く見られる。

さて、これらの「家訓」関連文献について、試みに子孫に対する家庭教育の資料として著述されたもの、およびベトナムが受容した中国の「家訓」関連文献を対象として、所蔵状況の調査を行なった[9]。すると、現在でも、ハノイの漢喃研究院、ベトナム国家図書館、ホーチミン市総合科学図書館、日本・東洋文庫、東京大学図書館、東京外国語大学図書館、京都大学図書館、大阪大学図書館およびフランス・パリのフランス極東学院、フランス国立図書館、大学間共同利用言語・文化図書館、ギメ東洋美術館図書館、パリ・アジア協会などに、約一〇七点もの文献が所蔵されていることが明らかになった。これら「家訓」文献のリストは表一のとおりである。

表一　ベトナムの「家訓」文献リスト[10]

No	書名	編著者	種類	印刷所・出版社	刊行年	所蔵図書館
1	「温氏母訓」(『教女遺規』AC.200所収)	陳宏謀編纂	刊本	興安省關聖祠蔵板	一八七八年(再版)	漢喃研究院
2	「家訓国語」(『文廟十詠』NLVNPF－0100・R.1732所収)	杜輝琬編纂	写本		一八八七年	ベトナム国家図書館電子文
3	「家訓長編」(『名詩合選』VHv. 452所収)	不明	写本		不明	漢喃研究院
4	「家訓傳」(『国音詩歌雑録』AB. 296所収)	不明	写本		不明	漢喃研究院
5	「家族訓」(『珠川家訓』VHv. 2018所収)	珠川子	写本		一九一〇年	漢喃研究院
6	『家范集要』(A. 2952)	鄧福庵	写本		不明	漢喃研究院
7	「家宝箴」(『珠川家訓』VHv. 2018所収)	珠川子	写本		一九一〇年	漢喃研究院
8	「顔氏家訓」(『群書合採』VHv.923所収)	顔之推	写本		不明	漢喃研究院
9	「勧孝国音歌」(『訓俗国音歌』AB. 287所収)	鄧希龍	刊本	善行二聖祠蔵板	一八九五年	漢喃研究院
10	『窮達嘉訓』(VHv. 286)	胡尚書致士瓊郡公	写本		一七三三年	漢喃研究院
11	『教訓演歌』(VNB. 44)	不明	刊本	柳文堂蔵板	一九一九年	漢喃研究院
12	『教訓歌』(AN. 201)	不明	刊本	廣盛堂蔵板	一九〇九年	漢喃研究院
13	『居家勧戒則』(A. 166)	鄧春榜	刊本	善行二聖祠蔵板	一九〇一年	漢喃研究院

14	『行参官家訓演音』（AB. 108）	裴輝璧	刊本	不明	一八一八年	漢喃研究院
15	『勧倹彙編』（VHv. 245）	阮徳達	刊本	不明	一八七〇年	漢喃研究院
16	「訓孩」（『禪宗本行』AB.562 所収）	莫挺之著 慧身校訂	刊本	北江省永厳寺蔵板	一八〇二年	漢喃研究院
17	「訓子歌」（『劉平嘶』AB.640 所収）	不明	写本		不明	漢喃研究院
18	「訓子五戒」（『翠翹所遇景況詩』VHv.2398 所収）	阮實亭	写本		不明	漢喃研究院
19	「訓子国音歌」（『訓俗国音歌』AB. 287 所収）	鄧希龍	刊本	善行二聖祠蔵板	一八九五年	漢喃研究院
20	「訓女演音歌新訂」（『女小学』AC. 552 所収）	黎日絢、阮廷四	写本		一八九九年	漢喃研究院
21	「訓女演歌」（『日省吟』AB. 18 所収）	不明	刊本	成立号蔵板	一九〇一年	漢喃研究院
22	『訓女子歌』（VN. IV. 468）（AB85）	阮輝瑩	刊本	盛文堂蔵板 大著堂蔵板	一八七五年	漢喃研究院および Bibliothèque Universitaire des Langues et Civilisations（大学間共同利用言語・文化図書館）
23	『啓童説約』（NLVNPF－0617. R.562）	范復斎	刊本	不明	一八八一年	ベトナム国家図書館電子文、Société Asiatique（パリ・アジア協会）
24	「儆婦箴」（『勧孝歌』AB.532 所収）	不明	写本		不明	漢喃研究院
25	『阮氏家訓』（A.2942）	鳳亭阮梅軒	写本		一八四九年	漢喃研究院

26	『阮唐臣傳家規範』（A.2236）	阮逸	写本		不明	漢喃研究院
27	「国朝女範演義」（『皇陳廟坤范嗣音歌章合稿』AB. 140所収）	阮福綿寘（綏理王）演音	刊本	即墨祠蔵板	一九〇五年	漢喃研究院
28	「古訓女子歌」（『聖祖行實演音歌』VHv.2388所収）	鄧春榜	写本		一八九八年	漢喃研究院
29	『呉公訓子文』（A. 2219）	呉維垣	写本		一七六九年以降	漢喃研究院
30	『古人言行録』（VHb.285）	鄧春榜	刊本	善行二聖祠蔵板	一八九五年	漢喃研究院
31	『五倫記』（AC. 38）	裴秀嶺	刊本	不明	一八三〇年	漢喃研究院
32	『五倫詩歌』（AB. 538）	不明	写本		不明	漢喃研究院
33	『五倫叙』（AB. 128）	阮宗奎	刊本	不明	一八四七年以降一七六七年以前	漢喃研究院
34	『蔡氏家訓』（VHv.2832）	不明	刊本	不明	不明	漢喃研究院
35	『三光范大人家訓詩』（VNv. 263）	范文誼	写本		不明	漢喃研究院
36	「志庵家訓」（『東作阮氏家訓』A. 673所収）	阮文理	写本		一八四九年	漢喃研究院
37	『慈訓録』（A.149）	阮朝の慈裕皇太后著 嗣徳帝編纂	刊本	不明	嗣徳帝時代（一八四七～一八八三）	漢喃研究院

38	『詩集訓蒙』（A.1056）	蘇川老人	写本		一八四五年	漢喃研究院
39	「朱訓演音歌」（『春亭家訓』VHv.13 所収）	黎右輯	刊本	不明	一八四九年	漢喃研究院
40	『朱子家政』（AC.555）	朱熹	刊本	懐徳府慈廉県上葛社三聖祠蔵板	一八九四年	漢喃研究院
41	「朱子家訓」（『名詩合選』VHv. 452 所収）	阮探花	写本		不明	漢喃研究院
42	「朱子家訓附国語」（『名詩合選』VHv. 452 所収）	不明	写本		不明	漢喃研究院
43	「朱子訓言」（『世傳宝訓』AC.20 所収）	海珠子	刊本	文江多牛文山堂蔵板	一八六四年	漢喃研究院
44	『珠川家訓』（VHv. 2018）	珠川子	写本		一九一〇年	漢喃研究院
45	「朱夫子晩年傳訓」（『群書合採』VHv.923 所収）	朱熹	写本		不明	漢喃研究院
46	「朱文公家訓」（『阮氏家訓』A.2942 所収）	鳳亭阮梅軒	写本		一八四九年	漢喃研究院
47	『春亭家訓』（VHv.13）	黎右輯	刊本	不明	一八四九年	漢喃研究院
48	「春亭家訓国音歌」（『春亭家訓』VHv.13 所収）	黎右輯	刊本	不明	一八四九年	漢喃研究院
49	『女訓傳』（AB.423）	鄭輝東	写本		不明	漢喃研究院
50	「女訓要言」（『朱子家政』（AC.555）所収）	不明	刊本	懐徳府慈廉県上葛社三聖祠蔵板	一八九四年	漢喃研究院
51	「女訓約言」（『教女遺規』AC.200 所収）	陳宏謀編纂	刊本	興安省關聖祠蔵板	一八七八年（再版）	漢喃研究院

52	『女則演音』（BIULO.VN. IV. 468）	陳萬安	刊本	盛文堂蔵板	一八六九年	漢喃研究院およびBibliothèque Universitaire des Langues et Civilisations（大学間共同利用言語・文化図書館）
53	「清穆堂叙錄」（『阮族家譜』（仁睦）、VHv.2488所収）	阮廷琦	写本		一七七七年	漢喃研究院
54	「石林家訓」（『群書合採』VHv.923所収）	葉夢得	写本		不明	漢喃研究院
55	「宋尚官女論語」（『教女遺規』AC.200所収）	陳宏謀編纂	刊本	興安省關聖祠蔵板	一八七八年（再版）	漢喃研究院
56	『曹大家女戒』（AB. 557）	班昭	刊本	廣盛堂	一九〇八年	漢喃研究院
57	「男女教訓歌」（『三字経釋義』VNv. 257所収）		写本		一八六九年	漢喃研究院
58	「鄭氏家範」（『群書合採』VHv.923所収）	金華鄭氏	写本		不明	漢喃研究院
59	「程狀元内房訓子歌」（『白雲石室』VNv. 218所収）	白雲先生	写本		不明	漢喃研究院
60	『傳家録』（VHt. 5）	不明	写本		不明	漢喃研究院
61	『東作阮氏家訓』（A. 673）	阮文理	写本		一八四九年	漢喃研究院
62	「二十四孝演歌」（『掇拾雜記』AB.132所収）	李文馥	写本		不明	漢喃研究院

63	『裴家訓孩』（VNv.214）	古鶴裴楊歴	写本		一七八七年	漢喃研究院、日本・東洋文庫およびL'Ecole Francaise d'Extrême Orient（フランス極東学院）
64	「八反演音歌」（『訓俗国音歌』AB. 287所収）	鄧希龍	刊本	善行二聖祠蔵板	一八九五年	漢喃研究院
65	『筆香齋溪訓歌』（VNv.295）	阮和鄕	写本		一八六一年	漢喃研究院
66	「婦箴便覧」（『掇拾雜記』AB.132所収）	李文馥	写本		不明	漢喃研究院
67	『保赤便吟』（NLVNPF－0521、R.1954）	杜煇僚	刊本	不明	一九〇一年	ベトナム国家図書館電子文
68	「明道家訓」（NLVNPF－0663、R.1555）	程灝著 朱玉芝訳	刊本	河内福文堂蔵板	一八九〇年	ベトナム国家図書館電子文
69	『明心寶鑑釋義』（NLVNPF－0831、R.1626）	不明	刊本	不明	一八八八年	ベトナム国家図書館電子文
70	『默翁使集』（VHv.1443）	丁儒完 進士阮仲常 編纂	写本		一七一九年	漢喃研究院
71	『笠峰文稿』（A3148－I.394）	阮浹	写本		一八〇一年以降	漢喃研究院およびL'Ecole Francaise d'Extrême Orient（フランス極東学院）
72	『黎朝阮相公家訓歌』（AB. 406）	阮廌	刊本	観文堂蔵板	一九〇七年	漢喃研究院、日本・東洋文庫および大阪大学図書館
73	「呂新吾閨範」（『教女遺規』AC.200所収）	陳宏謀編纂	刊本	興安省關聖祠蔵板	一八七八年（再版）	漢喃研究院

74	『楊公閨鑑錄』（VNv235）	楊恩	写本		不明	漢喃研究院
75	『楊公訓子歌』（AB605）	楊恩	写本		不明	漢喃研究院
76	Ái gia ninh nội huấn（『Ái gia ninh内訓』）	Nguyễn Văn Đàm	刊本（単行本）	Nam Tân 印刷所	一九三五年	Bibliothèque Nationale（フランス国立図書館）
77	Bạch vân gia huấn（『百雲家訓』）	阮秉謙著 Duy Nhuận, Duy Hậu 訳	刊本（単行本）	Thanh niên 出版社	二〇〇六年	ベトナム国家図書館
78	Chu Tử gia huấn（『朱熹家訓』）	Trần Trọng San 訳	刊本（単行本）	Bắc Đẩu 出版社	一九七三年	ホーチミン市科学総合図書館
79	Gia huấn ca （『家訓歌』）	陳希曽著 Trương Vĩnh Ký 注釈	刊本（単行本）	C. Guilland et Martinon 印刷所	一八八三年	ベトナム社会科学情報院、フランスの Musée des Arts Asiatiques-Guimet（ギメ東洋美術館図書館）および Bibliothèque Universitaire des Langues et Civilisations（大学間共同利用言語・文化図書館）
80	Gia huấn ca（『家訓歌』）	阮廌著 Thi Nham Đinh Gia Thuyết 注釈		Tân Việt 出版社	一九五三年	ベトナム国家図書館、ベトナム社会科学情報院、日本・東京大学図書館、フランスの Bibliothèque Universitaire des Langues et Civilisations（大学間共同利用言語・文化図書館）および L'Ecole Francaise d'Extrême Orient（フランス極東学院）
81	Gia huấn ca（『家訓歌』）	多編著者	刊本（単行本）	Giáo dục 出版社	一九九六年	ベトナム国家図書館

82	Gia huấn ca: đối chiếu chữ nôm－quốc ngữ（『家訓歌』－字喃、国語字の対照）	阮鳶著 Vũ Văn Kính 注釈	刊本（単行本）	Trường hán nôm Nguyễn Trãi 出版	一九九四年	日本・京都大学図書館およびフランスの Bibliothèque Universitaire des Langues et Civilisations（大学間共同利用言語・文化図書館）
83	Gia huấn diê˜n ca（『家訓演歌』）	Nguyễn Hữu Sanh	刊本（単行本）	impr.de F.－H. Schneider 印刷所	一九一一年	Bibliothèque Nationale（フランス国立図書館）
84	Giáo huấn diễn ca（「教訓演歌」）	Nguyễn Hữu Tình 訳	刊本（単行本）	Vĩnh Thành 印刷所	一九二二年	ベトナム国家図書館
85	Hiền Năng gia huấn（『Hiền－Năng 家訓』）	Nguyễn Hiền Năng	刊本（単行本）	Impr. de l'Union 印刷所	一九三六年	ベトナム国家図書館
86	Huâ´n nam diễn ca（『訓男演歌』）	Nguyễn Hữu Sanh	刊本（単行本）	Phát Toán 印刷所	一九〇九年	ベトナム社会科学情報院
87	Huâ´n nam huâ´n nữ（『訓男訓女』）	Hoàng Minh Tự	刊本（単行本）	Phạm Văn Cương 印刷所	一九三一年	Bibliothèque Nationale（フランス国立図書館）
88	Huâ´n nữ ca（『訓女歌』）	Ung Ngọc Liên 編集	刊本（単行本）	Duy Xuân 印刷所	一九二六年	ベトナム国家図書館
89	Huấn nữ ca（『訓女歌』）	Đặng Huỳnh Trung 著 Trương Vĩnh Ký 注釈	刊本（単行本）	C. Guilland et Martinon 印刷所	一八八二年	ベトナム社会科学情報院および Bibliothèque Universitaire des Langues et Civilisations（大学間共同利用言語・文化図書館）および Musée des Arts Asiatiques Guimet（ギメ東洋美術館図書館）
90	Huâ´n nữ diễn ca（『訓女演歌』）	Xuân Lan 訳	刊本（単行本）	Văn Minh 印刷所	一九一一年	ベトナム社会科学情報院

91	Huấn nữ quốc âm ca（『訓女国音歌』）	Huỳnh Yến 著 Trần Phong Sắc 注釈	刊本（単行本）	Nouvelle 印刷所	一九一一年	ベトナム社会科学情報院
92	Huấn phụ diễn ca（『訓婦演歌』）	Nguyễn Chánh Sắt 著	刊本（単行本）	Librairie Huỳnh Kim Danh 印刷所	一九一二年	ベトナム社会科学情報院
93	Khuyến hiếu ca（「勧孝歌」）	Huỳnh Kim Danh 編纂	刊本（単行本）	H.Blaquiere 印刷所	一九一一年	ベトナム社会科学情報院
94	Lê tướng công Nguyễn Trãi gia huấn ca（『黎相公阮廌家訓歌』）	阮廌著 Tô Nẵng Văn 訳	刊本（単行本）	Imprimerie E.Crebessae 印刷所	一八九四年	Bibliothèque Universitaire des Langues et Civilisations（大学間共同利用言語・文化図書館）
95	Lương Ôn Như gia huấn（『Lương Ôn Như 家訓』）	Lương Ngọc Hiền	刊本（単行本）	Impr. Nghiêm Hàm 印刷所	一九二四年	ベトナム国家図書館および Bibliothèque Nationale（フランス国立図書館）
96	Minh đạo gia huấn（『明道家訓』）	Đoàn Trung Còn 訳	刊本（単行本）	Thanh niên 出版社	二〇〇〇年	ホーチミン市科学総合図書館
97	Minh Tâm bảo giám diễn ca:gương báu soi sáng cõi lòng（『明心宝鑑演歌』－心を明るく照らし出す貴重な鑑）	Lê Phục Thiện 訳	刊本（単行本）	越南孔学会出版	一九六三年	日本・東洋文庫、東京外国語大学図書館
98	Minh Tâm bảo giám tinh tuyển（『明心宝鑑精選』）	Tịnh Minh 訳	刊本（単行本）	Văn nghệ 出版社	二〇〇九年	ベトナム国家図書館

99	Minh Tâm bửu giám（『明心宝鑑』）	Dương Mạnh Huy 訳	刊本（単行本）	Tín đức thư xá 出版	一九五四年	日本・東洋文庫、東京外国語大学図書館
100	Ngũ luân ngâm khúc（「五倫吟曲」）	Xuân Lan 訳	刊本（単行本）	Văn Minh 印刷所	一九一〇年	ベトナム社会科学情報院
101	Nội huấn ca（「内訓歌」）	Xuân Lan 訳	刊本（単行本）	Văn Minh 印刷所	一九一一年	ベトナム社会科学情報院
102	Nữ tắc（「女則」）	Trương Vĩnh Ký 注釈	刊本（単行本）	C. Guilland et Martinon 印刷所	一八八二年	ベトナム社会科学情報院
103	Phong hóa tân biên phụ Huấn nữ ca（『風化新偏附訓女歌』）	不明	刊本（単行本）	Impr. de Tân Định 印刷所	一九二三年	ベトナム社会科学情報院
104	Tiểu gia huấn（『小家訓』）	Bùi Gia Huấn	刊本（単行本）	Impr. Tonkinoise 印刷所	一九二二年	ベトナム国家図書館および Bibliothèque Nationale（フランス国立図書館）
105	Trì gia cách ngôn（「治家格言」）	朱柏盧著 Trần Huy Bá 演音	写本		一九五一年	ベトナム社会科学情報院
106	Tục diêu gia huấn（『Tục diêu 家訓』）	Phạm Khắc Thiệu	刊本（単行本）	Phú Toàn 出版社	一九五七年	ホーチミン市科学総合図書館
107	Xuân ôn gia huấn（『Xuân ôn 家訓』）	Hà Thành Bùi Đình Ta 編纂	刊本（単行本）	Thủy Ký 印刷所	一九三〇年	ベトナム国家図書館および Bibliothèque Nationale（フランス国立図書館）

さらに、驚くべきことに「家訓」文献は現在でも出版され続けており、書店で市販されている。そのため、これらの書籍も「家訓」文献として数えるならば、その数はゆうに一〇七点を超えることになる。

三　「家訓」文献の形式、種類について

1　「家訓」文献の種類

一　分類

以上の一〇七点にのぼる「家訓」文献は、次の三種類に分けることができる。

① 第一類：

太后、王子、王女が王室の子孫に対する教訓を著述したもの。筆者の見るところ、ここに分類される文献は一点である（表一を参照）。

37『慈訓録』（A.149）阮朝の慈裕皇太后著、嗣徳帝編纂。

② 第二類：

みずからの子孫に修身、孝、義、忠、五倫などの倫理道徳を継承させるため、ベトナムの儒者、知識人が編纂

した「家訓」文献（国語字（現代ベトナム語正書法）に翻案されたものも含む）。ここに分類される文献は八三点である（表一を参照）。

2　「家訓国語」（『文廟十詠』NLVNPF－0100・R.1732所収）　杜輝琬編纂
3　「家訓長編」（『名詩合選』VHv. 452所収）　編著者不明
4　「家訓傳」（『国音詩歌雑録』AB. 296所収）　編著者不明
5　「家族訓」（『珠川家訓』VHv. 2018所収）　珠川子
6　『家范集要』（A. 2952）鄧福庵
7　「家宝箴」（『珠川家訓』VHv. 2018所収）　珠川子
9　「勧孝国音歌」（『訓俗国音歌』AB. 287所収）　鄧希龍
10　『窮達嘉訓』（VHv. 286）　胡尚書致士瓊郡公
11　『教訓演歌』（VNB. 44）　編著者不明
12　『教訓歌』（AN. 201）　編著者不明
13　『居家勧戒則』（A. 166）　鄧春榜
14　『行参官家訓演音』（AB. 108）　裴輝璧
15　『勤倹彙編』（VHv. 245）　阮徳達
16　「訓孩」（『禪宗本行』AB.562所収）　莫挺之著、慧身校訂
17　「訓子歌」（『劉平噺』AB.640所収）　編著者不明
18　「訓子五戒」（『翠翹所遇景況詩』VHv.2398所収）　阮實亭

19 「訓子国音歌」(『訓俗国音歌』AB. 287 所収) 鄧希龍
20 「訓女演音歌新訂」(『女小学』AC. 552 所収) 黎曰絢、阮廷四
21 「訓女演歌」(『日省吟』AB. 18 所収) 編著者不明
22 『訓女子歌』(VN. IV. 468) 阮輝瑩
23 『啓童説約』(NLVNPF－0617, R.562) 范復斎
24 「儆婦箴」(『勧孝歌』AB.532 所収) 編著者不明
25 『阮氏家訓』(A.2942) 鳳亭阮梅軒
26 『阮唐臣傳家規範』(A.2236) 阮逸
28 「古訓女子歌」(『聖祖行實演音歌』VHv.2388 所収) 鄧春榜
29 『呉公訓子文』(A. 2219) 呉維垣
30 『古人言行録』(VHb.285) 鄧春榜
31 『五倫記』(AC. 38) 裴秀嶺
32 『五倫詩歌』(AB. 538) 編著者不明
33 『五倫叙』(AB. 128) 阮宗奎
34 『蔡氏家訓』(VHv.2832) 編著者不明
35 『三光范大人家訓詩』(VNv. 263) 范文誼
36 「志庵家訓」(『東作阮氏家訓』A. 673 所収) 阮文理
38 『詩集訓蒙』(A.1056) 蘇川老人

44 『珠川家訓』（VHv. 2018） 珠川子
47 『春亭家訓』（VHv.13） 黎右輯
48 「春亭家訓国音歌」（『春亭家訓』VHv.13 所収） 黎右輯
49 『女訓傳』（AB.423） 鄭輝東
50 「女訓要言」（『朱子家政』（AC.555）所収） 編著者不明
51 「女訓約言」（『教女遺規』AC.200 所収） 陳宏謀編纂
52 『女則演音』（BIULO.VN. IV. 468） 陳萬安
53 「清穆堂叙錄」（『阮族家譜』（仁睦）、VHV.2488 所収） 阮廷琦
57 「男女教訓歌」（『三字経釋義』VNv. 257 所収） 編著者不明
59 「程狀元内房訓子歌」（『白雲石室』VNv. 218 所収） 白雲先生
60 『傳家録』（VHt. 5） 編著者不明
61 「東作阮氏家訓」（A. 673） 阮文理
62 「二十四孝演歌」（『掇拾雜記』AB.132 所収） 李文馥
63 『裴家訓孩』（VNv.214） 古鸛裴楊歴
64 「八反演音歌」（『訓俗国音歌』AB. 287 所収） 鄧希龍
65 『筆香齋溪訓歌』（VNv.295） 阮和鄉
66 「婦箴便覧」（『掇拾雜記』AB.132 所収） 李文馥
67 『保赤便吟』（NLVNPF－0521、R.1954） 杜煇僚

70 『默翁使集』（VHv.1443） 丁儒完、進士阮仲常編纂
71 『笠峰文稿』（A3148－1.394） 阮浹
72 『黎朝阮相公家訓歌』（AB. 406） 阮廌
74 『楊公閨鑑錄』（VNv235） 楊恩
75 『楊公訓子歌』（AB605） 楊恩
76 Ái gia ninh nội huấn（『Ái gia ninh 内訓』） Nguyễn Văn Đàm
77 Bạch vân gia huấn（『百雲家訓』） 阮秉謙著、Duy Nhuận, Duy Hậu 訳
79 Gia huấn ca（『家訓歌』） 陳希曽著、Trương Vĩnh Ký 注釈
80 Gia huấn ca（『家訓歌』） 阮廌著、Thi Nham Đinh Gia Thuyết 注釈
81 Gia huấn ca（『家訓歌』） 多編著者
82 Gia huấn ca: đối chiếu chữ nôm-quốc ngữ（『家訓歌』－字喃、国語の対照）阮廌著、Vũ Văn Kính 注釈
83 Gia huấn diễn ca（『家訓演歌』） Nguyễn Hữu Sanh
84 Giáo huấn diễn ca（「教訓演歌」） Nguyễn Hữu Tình 訳
85 Hiền Năng gia huấn（『Hiền-Năng 家訓』） Nguyễn Hiền Năng
86 Huấn nam diễn ca（『訓男演歌』） Nguyễn Hữu Sanh
87 Huấn nam huấn nữ（『訓男訓女』） Hoàng Minh Tự
88 Huấn nữ ca（『訓女歌』） Ung Ngọc Liên 編集
89 Huấn nữ ca（『訓女歌』） Đặng Huỳnh Trung 著、Trương Vĩnh Ký 注釈

90 Huấn nữ diễn ca（『訓女演歌』） Xuân Lan 訳
91 Huấn nữ quốc âm ca（『訓女国音歌』） Huỳnh Yến 著、Trần Phong Sắc 注釈
92 Huấn phụ diễn ca（『訓婦演歌』） Nguyễn Chánh Sắt
93 Khuyến hiếu ca（「勧孝歌」） Huỳnh Kim Danh 編纂
94 Lê tướng công Nguyễn Trãi gia huấn ca（『黎相公阮廌家訓歌』） 阮廌著、Tô Năng Văn 訳
95 Lương Ôn Như gia huấn（『Lương Ôn Như 家訓』） Lương Ngọc Hiền
100 Ngũ luân ngâm khúc（「五倫吟曲」） Xuân Lan 訳
101 Nội huấn ca（「内訓歌」） Xuân Lan 訳
102 Nữ tắc（「女則」） Trương Vĩnh Ký 注釈
103 Phong hóa tân biên phụ Huấn nữ ca（『風化新編附訓女歌』） 編著者不明
104 Tiểu gia huấn（『小家訓』） Bùi Gia Huấn
106 Tục diêu gia huấn（『Tục diêu 家訓』） Phạm Khắc Thiệu
107 Xuân ôn gia huấn（『Xuân ôn 家訓』） Hà Thành Bùi Đình Ta 編纂

③ **第三類**：

中国の儒者が編纂した「家訓」で、ベトナムで流布したもの（字喃、国語字に翻案したものも含む）。ここに分類される文献は、一三点である（表一を参照）。

1 「温氏母訓」（『教女遺規』AC.200所収） 陳宏謀編纂

8　「顏氏家訓」（『群書合採』VHv.923所収）　顏之推
27　「国朝女範演義」（『皇陳廟坤范嗣音歌章合稿』AB. 140所収）阮福綿寊（綏理王）演音
39　「朱訓演音歌」（『春亭家訓』VHv.13所収）　黎右輯演音
40　『朱子家政』（AC.555）　朱熹
41　「朱子家訓」（『名詩合選』VHv. 452所収）　阮探花
42　「朱子家訓附国語」（『名詩合選』VHv. 452所収）　編著者不明
43　「朱子訓言」（『世傳寶訓』AC.20所収）　海珠子
45　「朱夫子晚年傳訓」（『群書合採』VHv.923所収）　朱熹
46　「朱文公家訓」（『阮氏家訓』A.2942所収）　鳳亭阮梅軒
54　「石林家訓」（『群書合採』VHv.923所収）　葉夢得
55　「宋尚官女論語」（『教女遺規』AC.200所収）　陳宏謀編纂
56　『曹大家女誡』（AB. 557）　班昭
58　「鄭氏家範」（『群書合採』VHv.923所収）　金華鄭氏
68　「明道家訓」（NLVNPF－0663、R.1555）　程顥著、朱玉芝訳
69　『明心寶鑑釋義』（NLVNPF－0831、R.1626）　編著者不明
73　「呂新吾閨範」（『教女遺規』AC.200所収）　陳宏謀編纂
78　Chu Tử gia huấn（『朱熹家訓』）　Trần Trọng San 訳
96　Minh đạo gia huấn（『明道家訓』）　Đoàn Trung Còn 訳

97 Minh Tâm bảo giám diễn ca:gương báu soi sáng cõi lòng（『明心宝鑑演歌』——心を明るく照らし出す貴重な鑑） Lê Phục Thiện 訳

98 Minh Tâm bảo giám tinh tuyển（『明心宝鑑精選』） Tịnh Minh 訳

99 Minh Tâm bửu giám（『明心宝鑑』） Dương Mạnh Huy 訳

105 Trì gia cách ngôn（「治家格言」） 朱柏盧著、Trần Huy Bá 演音

ここからも明らかなように、第二類に分類されている文献が、その大半を占めていることがわかる。

二　内容

この分類による内容について見てみると次のようになる。

① **第一類：王室の子孫に対する教訓書としての「家訓」**

基本的な倫理道徳に従った修身、公明正大で勤倹・勤勉という美徳に関する内容などが見られる。

② **第二類：ベトナムの儒者・知識人が著した「家訓」**

修身・斉家・治国、「三従」、「四徳」という儒教の倫理道徳が強調されている。また、「五倫」および親戚、村落の在り方、家人と主人などの処世術、善悪の区別、賭博・色欲・酒・アヘンなどの悪癖を避けることに焦点が当てられている。これらをさらに詳細に分類すると、子孫（男女不問）を対象とした「家訓」、男性に対する「家訓」、女性に対する「家訓」、そして、阮廌の「家訓歌[11]」に見られるような妻子に対する「家訓」などがある。こ

れ以外にも、「女訓」文献には祖先祭祀、竈の神様を祀るという内容が記されている。この第二類の文献については、次章の「ベトナムの儒者たちが著した「家訓」について」において再度検討する。

③ **第三類：ベトナムに流布した中国の「家訓」**

『ベトナム漢喃遺産――書目提要』の説明などをふまえると、これらの「家訓」文献では、修身・斉家、「三従」、「四徳」、「忠孝」などについて言及されている。また、これらの文献については、中国の原本と比較することにより、文化交渉学の側面からベトナムにおける中国の「家訓」の受容と変遷、そして、ベトナムと中国における伝統的な家庭教育の比較研究を行なうことができるように思われる。

2 「家訓」文献で使用される文字

「家訓」文献で使用されている文字により分類すると、七種類に分けることができる。

① **漢文の文献**

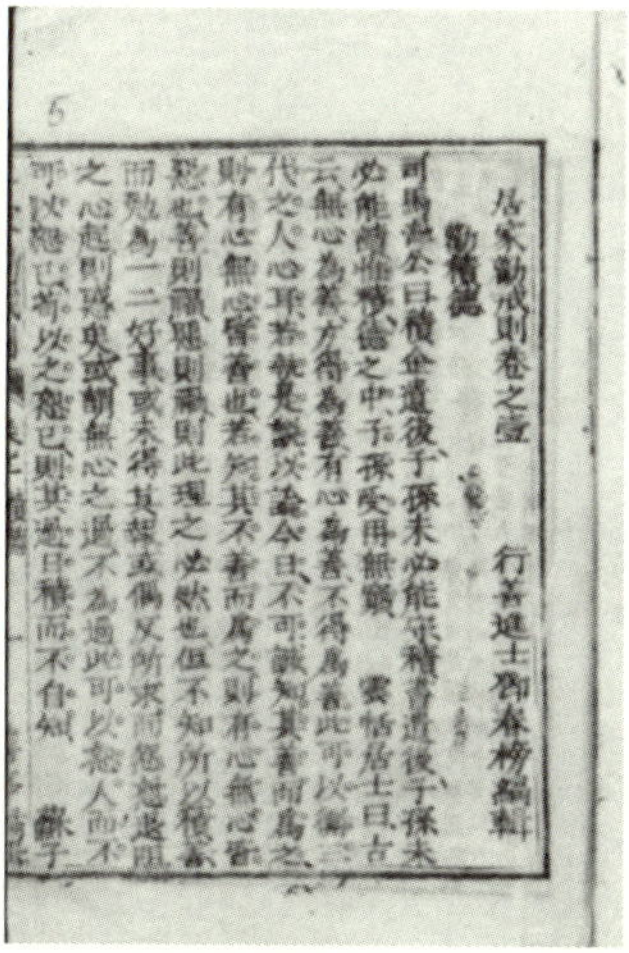

図1 『居家勧戒則』（A166、漢喃研究院蔵）、1901年、第一葉表

② 字喃文の文献

③ 国語字文（現代ベトナム語正書法）の文献

④ 漢文・字喃文を併記する文献

⑤ 漢文・国語字文を併記する文献

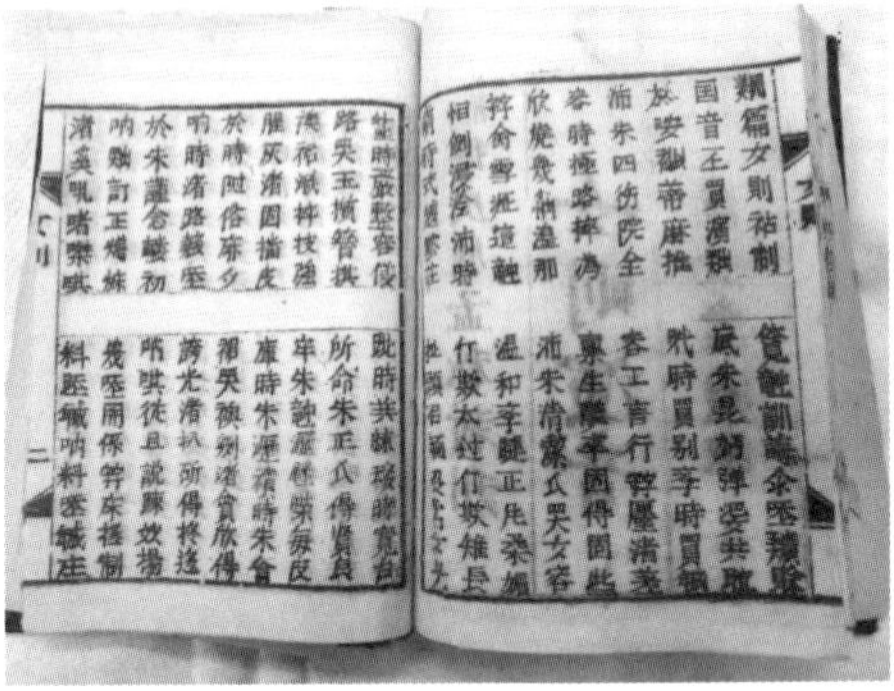

図2 「女則演音」（BIULO.VN. IV. 468、フランスの Bibliothèque Universitaire des Langues et Civilisations（大学間共同利用言語・文化図書館所蔵）、1869年、第一葉裏、第二葉表

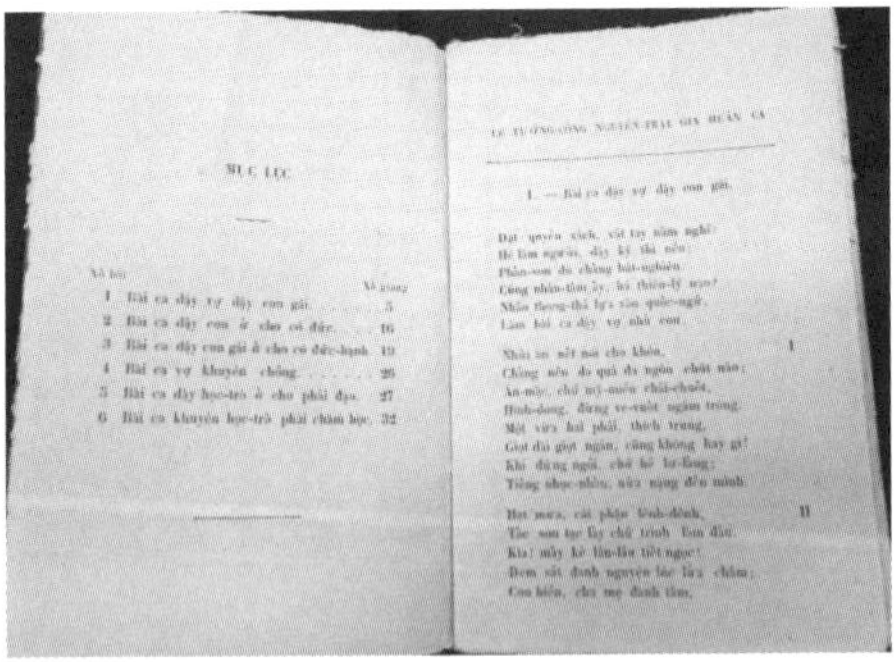

図3 Lê tướng công Nguyễn Trãi gia huấn ca（『黎相公阮廌家訓歌』）（BIULO.MEL.8.373（1）、フランスの Bibliothèque Universitaire des Langues et Civilisations（大学間共同利用言語・文化図書館所蔵）、1894年、4～5頁

図4 『曹大家女誡』（AB557、漢喃研究院所蔵）、1908年、第一葉裏

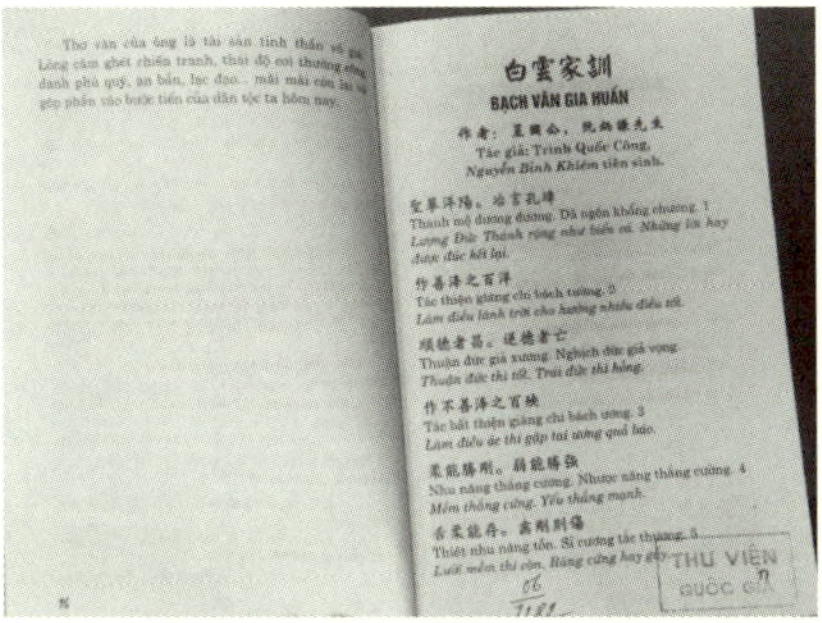

図5　Bạch vân gia huấn（『百雲家訓』）（ベトナム国家図書館所蔵）、2006年、16～17頁

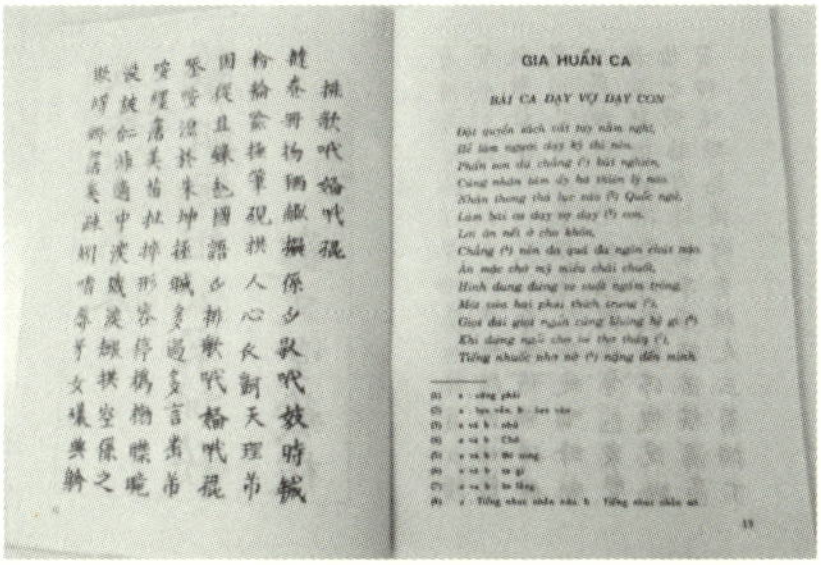

図6　Gia huấn ca đối chiếu chữ Nôm-quốc ngữ（『家訓歌―字喃・国語字の対照』）（Trường Hán Nôm Nguyễn Trãi出版）、1994年、12～13頁

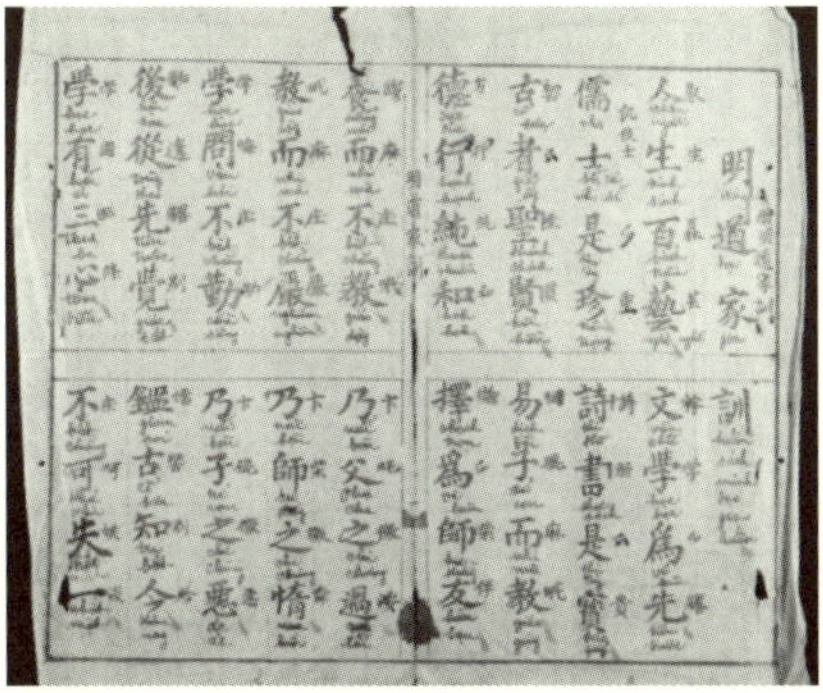

図7　『明道家訓』（NLVNPF-0663・R.1555、ベトナム国家図書館の電子文）、1931年、第一葉表裏

⑥　字喃文・国語字文を併記する文献

⑦　漢文・字喃文・国語字文の三つを併記する文献

四　ベトナムの儒者たちの「家訓」文献について

すでに述べたとおり、三種類の「家訓」文献のうち第二類に分類される文献が、今回調査した限りでは最も多く残されている。また、「家訓」文献を詳細に分類すると、子孫（男女不問）を対象とした「家訓」のほか、男性に対する「家訓」、女性に対する「家訓」、そして、妻子に対する「家訓」などが見られる。本章では、この第二類に分類される文献の中から幾つかを取り上げ、その紹介を行ないたい。

1　男性に対する「家訓」の場合

修身・斉家・治国、科試や学問、そして、農業および家業の継承に関する内容が多い。修身については倫理道徳、親の葬儀を手厚く行うことを含め、広い意味で修身について論じている。斉家については、父として子供の躾をしっかりとし、学者あるいは四民（士農工商）のうち一つの職業に就かせなければならないという。また、男性は妻子の手本となり、家庭の中の大黒柱にならなければならないとする。そして、官吏として公明正大に仕事を行なうこと、村で行なわれる祭祀儀礼に積極的に参加し、活躍することが、狭義での治国になるとしている。さらに、素行不良の者には近づかず、酒・色欲・賭博・アヘン・不義の金銭を貪ることも避けることを求めている。以下、適宜文献から引用し、具体的に考察してみたい。

① 学問、農業を重視する。

【原文】：士農工賈於頭四民。……嚾猑針役學徒、耕農辰拱沛朱專勤。文章些底立身、耕農以穭覩咹覩用⑫。

【日本語訳】：士、農、工、商は四民の上位を占めている。……子には儒教の学習以外にも、農業についても学ばせなければならない。文章⑬は立身出世のためであり、耕作は稲を収穫して食糧を確保するためである。

② 「忠」、「孝」にもとづき修身をする。

【原文】：孝忠沛祂𠆳𢚸、孝氽吒媄忠共君王。孝忠日不可忘、孝忠羅𥪞三綱於頭。……孝忠院奇缶皮、馭芾固孝𡗶辰塡功。一孝立萬善從、猑於固孝朋𢚸媄吒⑭。

【日本語訳】：忠孝を心に刻む。孝は親に対するものであり、忠は君王に対するものである。忠孝は一日たりとも忘れてはならないものであり、三綱のうち、第一の位置を占めている。……忠孝を両方とも全うし、特に親孝行の人であれば、天から恩賞を賜る。孝を実施することができたら、すべての善行はそれに従うことになる。

③ 酒、色欲、賭博、アヘン、不義の金銭を貪ることなどの悪い癖を避ける。

【原文】：勸猑𠯦役辰停、醽茶旗薄烝穷奷耕、意羅巽貼耗財、傾家敗産羅馭虚身。渚制仍几無倫、生黜盗刼不仁無儀。浮雲富貴黜之、怒乜𠠩署怒辰黜𥺊、仍貼非義固𦟐⑮。

【日本語訳】：避けなければならない三つを子に勧める。それは酒、賭博、色欲である。これらに染まってしまうと家庭は崩壊し、財産も損耗して堕落した人間になる。義理、道徳を弁えない人と友達になると、自分も不道徳で不義な盗賊になる。浮雲のごとき金銭、富貴とは何か。これらは前の扉から入って来て、後ろの扉から出て行くものである。不当な財産では絶対に金持ちになれない。

これに関連して、陳希曾のGia huấn ca（『家訓歌』）にも次のようにある。

Đừng theo những lũ ca công, cũng đừng du đãng ở không chơi bời.

Điếm đường bợm bãi mặc người, cũng đừng giao kết ăn chơi sa đà.

Chớ ham nha phiến kia là, cùng là bài bạc rượu trà sa mê.[16]

【日本語訳】：歌劇団について行ってはならない。遊んでばかりいる遊蕩者にならないように。ろくでなしとは友達にならず、気ままに遊びほうけてはいけない。酒、賭博、アヘンに耽り溺れてはならない。

④　**親の葬式は儀礼に沿って行なう。**

【原文】：旦𡢐吒媄㝵𨍉、衣衾棺槨𣋚㦤毎塘。𣳮嗃𣳮哭𡢐常、婏𣱆𢟘擬料塘𨊌𣦍。[17]

【日本語訳】：親が亡くなると、夫婦は衣衾・棺槨をきちんと用意しなければならない。朝晩、哭しなければならず、前後左右に気配りして葬式を行なわなければならない。

⑤　**斉家を重んじる。**

【原文】：吏勧𣘃役齊家、沛朱勤儉順和羅欣。𨁪茹吪婏吪𣘃、戝𡨺曳𠜭専勤𠓨咹。[18]

【日本語訳】：また、あなたに「斉家」を勧める。倹約と家族の和睦は何よりも重要である。家の中では妻子を教え諭しつつ、自身も朝早く起き、夜遅くまで一所懸命に働く生活をするべきである。

⑥ **父として子の才能に応じて仕事を委ねる。**

【原文】：没琨遣穿没藝……嗬可蹺賢初訓子、經没舗欣女𦘧鐄。……随才拵役朱涓、几専畑册𠬠専耕𦁀、歳㐌皮堆𢬣荆布、業茹専嶙吼偵勤。(19)

【日本語訳】：子一人一人に、一つの職業を身につけさせる。かつての賢人は「一篇の経典は千銀より価値がある」と子供に教訓している。子の才能に応じて仕事を委ね、ある子には漢字、漢文を教育し、ある子には耕作を教える。結婚の年齢になった子には家業を継続させ、勤勉になることを勧める。

⑦ **父として子に対して「礼」、「仁」、「忠」、「孝」を教育しなければならない。**

【原文】：吒冷芇沛冷空、腰昆咍吪買蒙𢬣𠬠、𣋚妄迠歳群渚㐱、梗𠢞鎪輅駭𧜖寅、押㐌䋥禮塘仁、吪踒理正禁垠悉邪、𣋚寅夜引塘忠孝、玉箕須磨𥗐買𢬣。(20)

【日本語訳】：父は子に対して「慈」の心を持つだけでは不十分であり、子が立派な人間になるための教育をしなければならない。十歳以下の子の場合、弱い枝のようにゆっくりと正し、子に「礼」、「仁」、「正道」を訓育し、邪心を禁止しなければならない。成人になっても「忠」、「孝」を教訓すべきである。玉は磨かないと光らないのである。

⑧ **公明正大な官吏になる。**

【原文】：役官辰攄法公、貼民辰渚固悉奸貪、咹鐄𡨧嗜朱甘、貼民固毒渚貪害命。(21)

【日本語訳】：公事や官吏の仕事に就けば、法律に従い公正に処理する。民衆の財産を欲張って奪ってはならない。

金を賄賂として受けると、評判を落とす。民衆の金銭には毒があるため、貪欲になると結局は自分を害することになる。

⑨　威張ることをせず、村の活動や廟の修繕に参加する。

【原文】：庄輱忌莮忌財、忌富忌貴輕𦖑貧人、尊尊長長親親、敬𦹰腰稺人倫道常。……勸𦊚黜准役廊、祈神拜社所郎停厨、役官朱典役希、役芾拱沛怇朱覩銅[22]。

【日本語訳】：権力、才能、富貴を自慢して貧しい人を軽視してはいけない。「尊尊、長長、親親[23]」、すなわち老いている人を敬い、幼い子を愛することは人倫の道である。村の祭りなどの活動や、村の宮、廟、寺院の修繕にも参加し、常にこれらのことに気を配るべきである。朝廷の仕事から村の活動に至るまで、いずれもきちんとしなければならない。

＊

このように、男性は立身出世するために儒教の経典を学び、学習しなければならないが、生活の糧が確保できるように、農業も一生懸命に行う必要がある。また、男は忠孝、公正、親の「葬祭」の儀礼を厳守すること、不名誉なそしりを受けないように酒、賭博、色欲、アヘンなどの悪い癖を避け、修身しなければならない。自分が家庭の大黒柱、鑑となり、妻子を教育しなければならない。

また、父としては子供の教育を常に留意し、各々の子供たちに一つの職業、特に農業を身につけさせつつ、子に家業を継続させ、勤勉になることを重視することを勧めている。つまり、父としての重要な役割は、子に学問、職業、家業を教えることである。さらに、ここからは当時のベトナム社会、すなわち、一八～一九世紀のベトナムでは、農業が重要な位置を占めていることもわかる。

男性は外では村の活動、祭り、村の宮、廟を修繕することに参加する責任を持つ。ベトナムの村落では個人と村が密接な関係にあり、こうした役割を果たすことが狭義での「治国」を実現することに繋がるといえる。このように、「家訓」文献において言及されている修身、斉家、治国の基準は、「仁」、「礼」、「儀」、「忠」、「孝」の理念に従い実施するものとされる。

2　女性に対する「家訓」の場合

女性は自分が修身、斉家を行う以外にも、夫に勉学、修身を全うさせること、そして、必要な場合には、家族の暮らしを支えることも求められる。「家訓」文献に見られる女性に対する記述は、夫のため子供を生むことの重要性や、妊娠の過程、妊娠中の胎児の成長過程、妊娠したときのタブー、子育てなどに重点が置かれている。また、継母になった場合を想定し、夫の子供への対応についても記述されているほか、正妻の場合に必要となる、夫の妾との処世術、嫁と姑の処世術とその機能、夫の親と自分の親と同じように面倒を見ること、そして、夫に対する職責などについて記述されている。さらに、慈悲の心をもち、不殺生戒を厳守することで徳行を積むこと、祖先祭祀、竈の神様を祀ることも重視されている。特に、いくつかの「女訓」文献には、女性が相手を自ら選ぶことを許可する記述が見られる。以下、適宜文献から引用し、具体的に考察してみたい。

⑤　裁縫をしっかりと勉強する。

【原文】：役命金紙耕埋、庄別時学朱平𠬠些。防期奴浕汰𠰘、秩功吏沛走𢯏慢𠬠。(28)

【日本語訳】：自分で裁縫を行なったり、継ぎ当てをすることができない場合、人並みにできるようになるまで勉強しなければならない。そうすれば、服が破れたときに、わざわざ人に修繕を頼む必要がなくなる。

⑥　自らの親および夫の親の面倒を見るべきである。

【原文】：生成𢲧平山川、扲朱信敬討賢和𠶋。……媄䏾𢲧平媄𡢼、吒䏾𢲧平吒生恪𠦳。……得陣些朝得𠰘些嘆。𠻀崔扚吏得傷。䏾強酉𡎝𡜱當𠰘悉。……𠶋边吒媄歳䊷、年高歳老時些餒𠬠。庄特奇咱㐌唓。……期𠦳𦟹𠱊勿為、輪流曽𦡊分支曽茹。⺮之拥汜媄吒。……生昆𠬠仍約求、蒙昆富貴埋㛪特如。悲除些吏承於、庄傷庄感庄蜍牢𪯊。意唓㐌咯吏勧、係埃拠特千年寿長。(29)

【日本語訳】：親が生み育ててくれた恩は、山川のように大きいため、親を尊敬し親孝行をしなければならない。……姑は実の母親と、舅は実の父親と同じように面倒を見る。……姑や舅に怒られたときでも、彼らに従い、反省せよ。彼らが自分を叱るときは、それが自分を最もかわいがってくれているからであり、夫も心の中では、これにより自分のことを愛おしく思っているのだということを思い起こせ。……実の両親、夫の両親が老いたときには、彼らを孝養しなければならず、大きな声でひどい言葉を言ってはいけない。病気になり、危篤の時には、兄弟の中で親を面倒見る順番を打ち合わせて分担する。どうして親を捨てて顧みないことがあろうか。子供を生んだとき、親は子供が将来富貴になり、自分たちが老いたときには子供に頼れるようにと願っている。現在、子供は親を無視し、親を愛さず、親に仕えることをしないが、それで良いはずはない。以上、様々なことを言いつけ、勧めたが、およそこれらのことを実施できる人であれば長寿を得られる。

⑦ **相手を自ら選ぶことが許される。**

【原文】：祐朱別几禎奸賢和。平悉時呈媄吒、庄平時渚吶畀芘特。因縁庄沛蔑時、吱時仃𥙩々時仃吱。渚喧唑世唛咟、俸連𥙩々吱々子𩆐。𧿆畀不婦不夫、𧿆畀𫃚滛怨督庄空。

【日本語訳】：良い人であるのか、悪い人であるのか、正邪をしっかりと観察する。良い人を見つけたら、親に報告する。相手に満足しなければ、親に言わないほうがいいだろう。因縁は一時のものではない。相手を貶すならば結婚せず、結婚するなら、貶してはならない。他の人の言葉を聞いて、あわてて結婚するのはいけない。それは正しい夫婦ではなく、遂には怨恨を抱くことになる。

⑧ **祖先祭祀が重要。**

【原文】：於時蜍奉宗堂。[30]……於朱忠孝禎冷、一信萬成家道連𫃚。油期対忌祖先、𢣂生朱産庄𫃚𢱒期。庫亭俸𣊾得吱、𪀄停何賎得時庄於。役之升斗沛量、隨家豊儉時皮買𫃚。……女児係役家堂沛尊、油期𠔭貝𠔭盘、裙冷襖沍仕箅此𠆳。真栖沼沍消耗、事誠必應理苐固空。於朱清浄中悉、事生如死事亡如存。丕連𫃚姅午坤、𫃚得賢討㗂吨斯賖、𠈺畀所役斉家。[31]

【日本語訳】：祖先祭祀をしなければならない。……誠実に忠孝に暮らし、信誠の心があれば家が盛んになる。祖先の命日には、供え物を準備しておく必要があるが、ぞんざいになってはいけない。祖先祭祀の時、経済的に余裕がない場合は、（簡素になり）非難されても仕方がないが、金持ちの場合、物吝しみして嫌われてはいけない。支出は家計に余裕があるかどうかの状況により、適切に判断してお金を使う。……女性は家の祖先祭祀のあらゆることに気を配らなければならない。祭祀のためにご馳走を準備するとき、綺麗で清潔な衣服を着て、手足を綺麗に洗わなければならない。誠心があれば祖先は必ず感応するに違いない。心の中を汚すことなく清らかさを保ち、「事死如事生、事亡如事存(32)」という理念に従えば賢い女になり、親孝行の人であることを多くの人に知られることになる。それこそが斉家ということである。

⑨ 不殺生戒を厳守し、竈の神様を祀ることを重んじる。

【原文】：兲朱没胣慈悲、仍類穌物干之孨乾、牢魄鵶狢𠔮常、啾脾𥗾肆極傷𢫥芾。……呂麻地獄毿塘苦牢。埃曚㖿𩑰招毿、躺𨋢壽考茄調康寧、㦨㦨竚戒殺生、空紅災禍底躺咹囕。……箕箕没等灶君、九天司命羅神窒趶、䶑茄埃與埃賢、𣋽𠱊進意㪺達天曹、茄𠶓朔望𢱔芾、㦨清花菓𠮾毿敬𡊲、精誠禮等灶君、㤙神擁護𠔮咹易楊、貯𪚰吏特𩞤鄗、㔮茄盛旺極干役之(33)。

【日本語訳】：天の神様から与えられた慈悲の心があるため、どうして動物の類を勝手に殺害することがあろうか。どうして鶏、豚を軽視し、脾臓、腸を開き取り出し、哀れに思わないのか……自分が殺生したことにより、地獄に落ちるならとても苦しいであろう。子孫がたくさんいること、自分が長く生きていること、平安な家庭を築くことを望んでいる人は、不殺生戒を厳守しなければならない。災禍にあわないように、自分が殺生したことを悔い改めるべきである。……竈君、九天司命(34)は神聖な神様である。竈君はその家の誰が優しく、誰が悪いのかをよく知っていて、この三〇日の夜(35)、家主の善行と悪行を天に報告する。朔望の日に果物を真心から竈君に供え、仕事が順調になるように竈君に祈る。善行を行えば、自分が富貴になり、家が盛んになる。

⑩　**夫に仕え、夫のために子供を生むことが大事。**

【原文】：庄路䊷固官高、庫賢共沛能扨奉蜍。世苐丑默䊷些⺀、双离卒葉亦㗂䊷𠬠。馬兮呵々𠱋吱、夫妻且吏㗂得𤔻腠。……朝得䘞貼朝䊷䘞昆。𪀄畀㐌特咱吨、𪀄畀吏特勈𠷥共墝。(36)

【日本語訳】：夫が高位官職者であっても、貧しい者であっても、一生懸命に仕えなければならない。女性はなぜか自分の夫の悪い部分を見つけ、他人の夫の良い部分を見つけてしまうものである。自分の夫を非難してはいけない。……人に仕えて財産を築き、夫に仕えて子どもを得る。そうすれば、世間でも評判になり、夫婦が一生仲よく結ばれることとなる。

⑪　**学問および「科試」に合格するため勤勉になること、悪癖を避けることを夫に勧める。**

【原文】：𠹾䊷互飭詩書、𠹾䊷畑冊𣋚𤞻學行、枚恊分固功名、麻䊷富貴意躺𨇜榮。𠹾停𦓿㚤揤挑、𠹾停茶醽呂茳吱哄。拱停棊鉑擲制、矇䊷事業𪘵𠬠文夫。矇䊷𨖲咱名儒、臣忠子孝底朱咱共。(37)

【日本語訳】：女性は、夫が「詩」、「書」、学問などに日夜励むように勧めなければならない。そうすると、夫は将来、功名を得て、富貴になり、それが自身の栄誉にもなる。不名誉とならないように酒、色欲、賭博におぼれないよう、夫に勧めなければならない。女性は夫が知識人、有名な儒者や忠孝を全うする人になるように期待しなければならない。

⑫　**夫に耕作、水牛、牛を大切にすることを勧める。**

【原文】：式䊷曳𣋚朱専、𪆧娘園翼守𢉩歆埋。計茹芁豆紩芋、務苐式𠂎立得渚収。犴猏吒媄抵朱、於時傷奴𣋚昈

拵辰。渚袍類物〆賢、固奴時買〆铖庫藏。(38)

【日本語訳】：夫を朝早く起こし、田畑を日々きちんと守り、季節により綿花・豆あるいは芋を栽培し、収穫を待つこと、そして、親が残してくれた水牛、牛を大切にし、朝に昼に世話することを夫に勧める。動物は卑しいものと考えてはいけない。この動物のおかげで財産を作ることができるのだから。

⑬ **やきもちを焼かず、寛大の心を持つ。**

【原文】：吏如媄疘罠飫、停調菲薄停悉汔溪。……欺飫袍罜袍呰、固容几虇買羅叭逹。(39)

【日本語訳】：継母になった場合、夫の子供に対して苛酷になり虐待してはならない。……正妻の場合、やきもちを焼かず、夫の妾に対して寛容な心を持たなければならない。

⑭ **妾になった場合、妾としての道を守る。**

【原文】：吏如〆襪飫叭、或叭媠奇数歪悶生。麻躺妰卒粡饍、麻躺〆特湠名朱飫。𥘶铖悒貼悒功、悒才悒色吹飫恬悇。吹飫吐㖿歛豬、底叭辱雅朱皮悉慳。哂麻媠奇愚憪、拱铖穷分彈婘買羅。(40)

【日本語訳】：妾になった場合、正妻が子供を生まない一方、自分が息子も娘も生み、夫に貢献することができたとしても、財産、功労、才能、権勢、顔色に頼らず、正妻を嫌うように夫をそそのかしてはいけない。正妻が劣る人であっても、自分は妾としての道を守るべきである。

⑮ **妊娠の過程、胎児の成長過程などについて。**

『啓童説約』には、

父精母血交合構成、九日大定、一竅隨生、三九巳週、疑成一粒、珠露結胚、天一數合、二月變成桃花辨□[41]、是謂之暉恰符地二、三月胎結、漸巳成形、鼻與二器先就分明、四月始定受水之精有血有脉、六腑順成、受火之精巳週五月、具有四肢始生毛髮、受金之精月數至六月、漸巳成筋具有口目、七始受木成骨成皮、遊塊能動左手是依、八始土形長竅成遊魄能動右手是經。九受石精百節悉備三轉其身形如有喜。十月氣週齊通臟腑納氣丹田翻身金戸[42]。

とあり、妊娠の過程、妊娠中の胎児の成長過程が詳細に記されている。その成長に合わせて体調管理をし、胎児を順調に育てるべきだというのであろう。

⑯　**妊娠したときの胎教。**

【原文】：福茄㭴特拃胎、𦎛咹味邏𦎛矓色邪。咥咣唖𦎛吶䶞、㗂滛腮沛另䀡𦎛斷。汲枚生妥氻旬、生㹵如鳳如麟恪常[43]。

【日本語訳】：妻が妊娠したことは、家に幸福をもたらすことを意味する。ただし、妊娠した場合には、おかしな味の料理は食べず、邪悪なものは見ず、邪淫の言葉を自分の耳に届かせないようにしなければならない。そうすると、龍や麟のような優れた子が生まれる。

⑰　**妊娠したときのタブーおよび子を生んだ後のタブー**

【原文】：於朱謹慎中悉、渃脛朱別期群期空。防期胎孕固昆、期生別䠷庄胋胡𠄼。……係期胎孕於時沛京。庄铖𢯭我𢯭昂、𡊄黎㖠赤扐扛世界。另尼傷庫墻墶。……花菓債務庄可咹乾、默時摖覩桃紅、咹時斉整呐時正真。体埃讀字圣人、従聰喧䄙殷勤朱通。丕時生昆明悉、䊷時資質形容欣得。妋時面手卒鮮、女工女則恪得凡间。……吏乳生朊𠂉畀庫台。……咹時硯拱貼冷、𢯭時𢼊襖扜𠁑𢀨衝。……另𠁑花月犯房。……係咍京忌時強䎸娄[44]。

【日本語訳】：生理が来るか来ないかに注意するように心がける。それは妊娠したかどうかを知り、出産予定日を正確に知るためである。……妊娠したとき、タブーを犯さないようにしなければならない。おかしな姿勢で歩いたり、人のうわさ話をしたりしてはいけない。お墓があるところは避ける。……季節外れの果物を勝手に食べてはいけない。桃色、赤色などの明るい服を着る。食べ方は正しく整え、話す言葉は正しくする。誰かが聖賢の文を読むのを見ると、耳を澄まして聞き、意味も理解できるようにする。そうすれば、賢い子供が生まれる。男の子の場合、資質も容姿も人より優れたものになる。女の子の場合、外見が綺麗で、女功も徳行も一般の人より優れるようになる。……子を生むことは大変である。……身体に優しいものを選んで食べる。出かけるときは、風が体内に侵入しないように服を二枚着る。……「馬上風」の症状を起こさないように性交することを避ける。

⑱　**子育てが大事。**

【原文】：生𡥵些沛腰傷、腰傷些沛尋塘吪𡀔。吪嗔吪呐吪咹。吪𡥵畑册専勤𠰳𥈺[45]。……渚朱制洴制泑、渚朱塘永拎刀蔑𠁑。先了吪保冷々、係玉不琢時噐坤𨬊。小時𢀲撅哂唔、奇時吪咁呈疎呐朝。於時渚固𢪱艻、㖠渚喋唎㗂𠚢易㖇。䊷時经史鎚埋、妋時更改午埋𨬊茹[46]。

【日本語訳】：生まれた子をかわいがるのは良いが、躾はしっかりとしなければならない。母親として子供に話しかけ、笑いかけ、食べ方を教え、そして、日夜、子供を学問に励まさなければならない。……子供を井戸、池の近くでは遊ばせず、人気のない道で一人でナイフを持たせてはならない。将来を見越して子供をきちんと教養しなければならない。玉を磨かないと立派にならない。幼い時はかわいがって育てるが、大きくなったら挨拶、礼儀を教える。礼儀作法に従い、相手を嘲弄しほらを吹いたり尊大ぶることはいけない。男の子には儒教の経典を集中的に学習させ、女の子には機織りを教えれば、将来、家が盛んになるであろう。

＊

このように、女性に対する修身には、裁縫、親孝行、大きな声で叫ぶのを禁止、従順で柔和な女性になること、三従、商売のやり方などについての記述が見られる。換言すれば、女性には「功」、「容」、「言」、「行」という四つの徳、「三従」が重点的に教えられている。ここで注意したいのは、女性が市場で商売することが含まれていることである。このことから、この時期（十九世紀頃）に、ベトナムでは家族の経済を担うため、小売業に従事する女性がいたことがわかる。

また、女性にとっての斉家とは、祖先祭祀、竈の神様を祀ること、子を生むこと、母として子供にマナーを教えること、常識、礼儀、仁義、人間の道、人格を教えることであることがわかる。このように、女性の役割としては子供に倫理道徳を教えること、家族の経済を担うこと、家の儀礼を実施することが重視されていることがわかる。さらに、妻としての職責、嫁と姑の処世術、正妻、妾、継母などに合わせた自身の役割、妊娠した時の夕ブー、胎教、夫との性交のタブーまで詳細に言及している。胎教についていえば、邪悪なものを見ず、邪淫の言葉を自分の耳に届かせないことが求められている。それは「目不視悪色、耳不聴淫聲、口不出敖言[47]」という周文王の母である太任の胎教に影響を受けたものであろう。女性は「情」、「心」、「儀」の理念を重視し、自分が長く生きることで、家庭が盛んになり、子孫が多くなることにより、福徳を積むこととなる。このほか竈の神様を祀ること、他の人、特に自分より不幸な運命に合う人に対する「心」、「慈」の理念に従い実施すること、そして、動物、すなわち家畜に対する「慈悲」の心を持ち、不殺生戒を厳守しなければならないことも重視される。言い換えれば、ベトナムの女訓書は女性にもっぱら儒教思想に従う生き方を教えているが、心霊的面には「竈君信仰」などの道教思想や、「殺生戒」などの仏教思想も教えていたといってもよいであろう。

3　男女を区別せず子孫に与える「家訓」

男女を区別せず子孫に与える「家訓」文献には、上に述べた男性に対する教訓の内容および女性に対する教訓の内容に共通するものがある。しかし、『啓童説約』、『裴家訓孩』などの「家訓」文献には、子孫に礼儀、倫理道徳などを教育する以外にも、人身、地理、歴史、「三才」すなわち「天地人」、道学、子供の漢字・漢文の学習方法などの日常生活の常識や実学知識を教育することについても言及されている。このことは『啓童説約』、『裴家訓孩』の序にも明確に記されている。

『啓童説約』の序には、

余童年、先君子從俗、命之先讀三字經。及三皇諸史、次則讀經傳。習時[48]舉業文字。求合場規。取青紫而已、其於上之天文、下之地理、中之人事。及本國之世次先後。未有一日講也。幸蒙嚴訓、承先蔭。紹治元年辛丑恩科預鄉薦。言乎三才則似童穉、深自慚悔、承之南眞幸得縣小民稀。琴堂少事、搜集群書。僅窺一二。爰摘取天文、地理、人事之大槩。歷代之世次。編成一集、分爲三部。每句四字、四句一韻、平昃換更。俾便誦讀。顏曰、啓童說約、使家童習之。庶得畧知三才之緒餘。本國之要約、亦以自廣疇曩之見聞耳、若曰通三才而謂之儒、則余鳥乎敢。皇朝嗣德萬年之六葵丑李春三月立夏前序[49]」。

とある。また、『裴家訓孩』の序には、

余嘗居鄉、見人家訓孩、多用周興嗣千字熟讀、終無所得。或易以孝經小學而句讀參差不齋。孩又苦其難。余謂孩有記性、而知識尚短。不限爲格律、則口吻結澁而怠心易起、不示以指趣。則心知罔象。而持守不眞。爰輯其要約。上自天地人物之生。継以帝王歷數之叙我越分合之迹、次及道學相傳之統。末及小子為學之方。折衷羣先儒發明講貫之說。便文協韻平昃相錯。爲四言凡二千句。使家門孩提初學者學焉。命曰裴家訓孩。盖欲順孩之性而利導之。非爲徑約也是爲序[50]。

と記されている。

＊

このように、一八世紀末以降刊行された『裴家訓孩』、『啓童說約』などの「家訓」文献を見ると、ベトナムの社会に実学を推進する傾向があったことがわかる。これらの書を通して、子孫たちは儒教の思想を学習する以外にも、文化、科学、社会、歴史、地理、天文などの基礎的な常識についても学習することを知ったといえよう。

五　おわりに

以上の考察を総合すると、男性には修身、斉家、治国、子育てに関わる内容が教えられていたことがわかる。父として、子に対する慈愛が求められるのはもちろんのこと、十歳以下の子供については「礼」、「仁」、「正道」、「邪心」の区別などを教育しなければならないという。この点については、古代中国において子供を教育する際に重視される「六芸」とは異なり、ベトナムではマナー、礼儀、仁義、人間の道、人格などの倫理道徳がもっぱら教育されていた。一方、十歳以上の子供については、「忠」、「孝」、さらに一つの職業を教育しつつ、家業を継続させることが重要であるという。しかし、あまり学習能力がない子供には、必ずしも漢字漢文、つまり儒教経典を学習させる必要がないともいう。ベトナムには“Một người làm quan cả họ được nhờ”（「家族の中に、官吏になった者が一人いれば、その一族はみな彼を頼ることができる」）（ハノイ漢喃研究院蔵『大南国粋』（AB.178））ということわざがあるが、当時は儒教を学習することによって官吏の世界へ入る機会があると考えられており、それにより恵まれた人生を送り、一族がみなその人物に頼ることができるという考えが一般的であった。このことを踏まえて考えると、ベトナムにおける家訓の思想は、保守的なものではなく、むしろ進歩的なものを含むといえるだろう。また、アヘンに染まってはいけないということも、一九世紀以降の「家訓」文献によく見られる。したがって、「家訓」文献は社会の状況を反映しているものともいえる。

女性に対しては、修身、斉家、対人・処世術、子育て、家庭を盛んにすること、「慈愛」、「慈悲」の心を持ち、善行、福徳を積むことが強調されている。母として子供に接する際には、話しかけたり、笑いかけたりすることや、食べ方を教えることが重要である。このように、女性は幼な児の教育において重要な役割を果たすこと、そして、女性の徳行、善行が家庭に深く影響を与えることがわかる。このように、父も母も親として子育てに不可欠な存在であり、父は子供に学問、職業、家業を教え、母は子供にマナー、常識、人格などを教えることが求められている。

また、「家訓」文献が女性に市場で商売する方法を教えていることからは、十九世紀には、家庭の経済を担うため、ベトナムの女性が小売業に従事することが普通のことだったことがわかる。このことは、女性が家から社会へ出ていたこと、「男外女内」という伝統の壁を越えていることを示すものである。さらに、当時のベトナムの社会では、親が子供の婚姻を決めることが一般的であったが、「家訓」文献からは女性が自ら相手を選ぶことを許可されていたことがうかがえる。ここからは、女性の人格権の一部が認められていたこともわかる。つまり、当時のベトナムの女性の位置は、儒教思想における女性の位置より高かったということができると思われる。このような女性のイメージは、男女の不平等を縮小させる第一のステップになり、二十世紀のフェミニズム、「女権」などを開花させる基礎になったといえるであろう。つまり、「家訓」文献はベトナムの女性史を研究する際の資料ともなるのである。

「家訓」文献は豊かな形式・種類があり、その内容は儒教の思想が色濃く反映されるとともに、道教、仏教の思想もうかがえるものである。「家訓」文献の作者は、大部分が皇太后、王子、朝廷の官吏、科試に合格した人々などの知識人である。現在に伝わる「家訓」文献の刊行年代は、主に後黎朝（一八世紀）、阮朝（一八〇二年～一九四五年）であるが、なかでも阮朝以降のものが圧倒的に多い。「家訓」文献は幼い子どもや女性を含む子孫全体に及ぶため、初学者にも効果的に知識を伝授できるように工夫されている。それは、押韻、平仄律があるため覚えやすく、散文形式で書かれたものよりも、伝承性の高い「六八体」、「双七六八体」[51]という字喃（チューノム）の詩歌形式で書かれている「家訓」文献が多いことからも明らかである。さらに、漢字・字喃・国語字（現代ベトナム語正書法）の三種類の文字を用いて記された「家訓」文献や、中国の「家訓」文献を字喃、国語字に翻案したものなど、多種多彩な「家訓」文献が存在しているということは、ベトナム儒教の核心、とりわけ「忠孝」や「節義」に関する思想が王族から庶民レベルまで広く普及するとともに、中国の「家訓」文献の受容と変遷がなされることで、ベトナムの文化や道徳の私的な伝統文化を形成した証拠といってもよいであろう。

さらに、元来、子孫の「家範」として教育上の目的から著作された家訓であるが、次第に民衆に広く流布したものもある。たとえば、『啓童説約』、「二十四孝演歌」、『裴家訓孩』、『明道家訓』、『明心宝鑑』などである。また、一八世紀末以降刊行された『裴家訓孩』、『啓童説約』などのいくつかの「家訓」文献を通して、子孫たちは儒教の思想を学習する以外にも、文化、科学、社会、歴史、地理、天文などの基礎的な常識についても学習することができた。つまり、当時のベトナムの社会に実学を推進する傾向があったことがわかる。「家訓」文献はベトナムにおける家庭の倫理道徳の規範書、日用類書として大きな役割を果たし、ベトナムの家庭教育の文化を形成するのに寄与したのと同時に、家における孝子や、村や国家における仁愛や大義の人物を誕生させることにも大きく貢献しているといえるであろう。

もちろん、「家訓」の柱となる思想は儒教であり、関連諸文献はベトナムにおける儒教の普及に大きな役割を果たしたという面を強くもっていることは否定できない。言い換えれば、ベトナムの「家訓」文献は民衆に儒教の思想、規範を伝えるかけ橋となった。したがって、この「家訓」文献群は、ベトナムにおける伝統的な家庭教育だけでなく、「社会的教化手段としての儒教」、「倫理道徳としての儒教」というベトナムの儒教の特色をよく示すものであり、ベトナム・中国の文化交渉を研究する上でも貴重な資料と思われる。

本稿ではベトナムの「家訓」文献の流布状況、「家訓」の内容、形式、種類を初歩的に紹介し、そのうちの第二類のいくつかの「家訓」文献をとり上げ、内容を分析したが、他の類の「家訓」文献の詳細な分析については次の機会に行うこととしたい。

本稿は、科学研究費助成事業（学術研究助成基金助成金）「基盤研究（C）」（課題番号15K02092、平成二七年度〜三〇年度、佐藤トゥイウェン研究代表）「ベトナムの「家訓」文献と伝統倫理の研究」における成果の一部である。

注

（1）Phan Đại Doãn, *Mấy nét về gia huấn Việt Nam*（「ベトナムの「家訓」についてのいくつかの素描」）、『ベトナム儒教のいくつかの問題』（Chính trị quốc gia Hà Nội 出版社、一九九八年）、一八〇〜一九七頁。

（2）Nguyễn Tuấn Thịnh, *Mấy nét về văn bản Gia Huấn*（「家訓」文献についてのいくつかの素描」）、*Thông báo Hán Nôm học 1995*（『一九九五年漢喃学通報』）（漢喃研究院、一九九五年）、三五二〜三五九頁。

（3）Lã Minh Hằng, *Bàn về công dung ngôn hạnh trong các sách gia huấn nôm*（「字喃の「家訓」文献にある「功」、「容」、「言」、「行」をめぐって」、*Nghiên cứu tư tưởng nho gia Việt Nam từ hướng tiếp cận liên ngành*（『接近の方向から見るベトナム儒家思想の研究』）（Thế Giới 出版社、二〇〇九年）、三〇五〜三二三頁。

（4）Phạm Văn Dung, *Nữ huấn trong di sản Hán Nôm Việt Nam*（「ベトナムの漢喃遺産における「女訓」文献について」）、ハノイ国家大学修士論文、二〇〇二年。

（5）Lê Thu Hương, *Châu Xuyên gia huấn – giới thiệu và tuyển dịch*（「『珠川家訓』――紹介および翻訳」）漢喃研究院修士論文、一九九八年。

（6）Nguyễn Thanh Hà, *Nghiên cứu văn bản và giá trị tác phẩm Bùi gia huấn hài của Bùi Dương Lịch*（「裴楊瀝の『裴家訓孩』

文献の価値および文献学の研究」)、ハノイ師範大学博士論文、二〇〇五年。

(7)Đỗ Thị Hảo, *Sách gia huấn và vấn đề giáo dục gia đình*(「家庭教育の問題と「家訓」文献」)、*Nho giáo ở Việt Nam*『ベトナムにおける儒教』(Khoa học Xã hội 出版社、二〇〇六年)、二二六頁。

(8)注3前掲、Lã Minh Hằng 論文、三〇六頁。

(9)何度も版を重ねている文献の場合、重複して数えるのではなく、まとめて一つとして数えた。

(10)表一の「家訓」文献のリストの順序については、漢字・字喃の文献の場合は五十音順に、国語字の文献の場合はアルファベット順に並べた。

(11)『家訓歌』文献の作者については、さまざまな議論がある。代表的なものとしては、『家訓歌』に収録されている「妻子に対する教訓詩歌」と李文馥の「婦箴便覧」(『掇拾雑記』AB.132所収)が同一であることから、『家訓歌』文献の作者を阮廌としない研究がある。(Hoàng Văn Lâu, *Ai viết gia huấn ca*(「誰が『家訓歌』を著したのか」)、『漢喃雑誌』、漢喃研究院、一九八四年、一一二〜一二〇頁を参考)。

(12)『保赤便吟』(NLVNPF－0521・R.1954、ベトナム国家図書館の電子文)、一九〇一年、第二葉表裏。

(13)ここでの文章とは、儒教の学習を指す。

(14)注12前掲、『保赤便吟』第三葉表裏および第四葉裏。

(15)注12前掲、『保赤便吟』第七葉表裏。

(16)Gia huấn ca(『家訓歌』)(陳希曽著、Trương Vĩnh Ký 注釈、一八八三年、フランスのギメ東洋美術館図書館蔵)、二六頁。

(17)「訓女演音歌新訂」(『女小学』AC. 552所収、一八九九年、漢喃研究院蔵)、第五葉裏。

(18)注12前掲、『保赤便吟』第四葉裏。

(19)漢喃研究院蔵『五倫叙』(AB128)、第五葉表および第一五葉表。

(20)注19前掲、『五倫叙』第一四葉裏、第一五葉表。

(21)注12前掲、『保赤便吟』第六表裏。

(22)注12前掲、『保赤便吟』第五葉裏。

(23)「尊尊、長長、親親」は『礼記』喪服小記篇による。
(24)「訓女子歌」(BIULO.VN. IV. 468、フランスの大学間共同利用言語・文化図書館所蔵)第一葉裏、第二葉裏。
(25)注24前掲、「訓女子歌」第一葉裏、第二葉表、第三葉表裏、第四葉裏、第六葉裏。
(26)注12前掲、『保赤便吟』第八葉表裏。
(27)注24前掲、「訓女子歌」第二葉裏。
(28)注24前掲、「訓女子歌」第三葉表。
(29)注24前掲、「訓女子歌」第三葉表、第四葉表、第七葉裏。
(30)「綿宗」は紹治の字であり、「宗」を避けるため、欠筆して「宗」としている。このことについて、『大南寔録』には「辛丑紹治元年、禮部議上國諱諸尊字〔一臨文改用、臨讀避音、人名地名不得冒用、凡三字、左從日中從方右從定、上從日左從髙右從虫、上從宀下從示〕……」、「小字臨文稱呼惟禁不得連用、若單用宗字、凡於郊廟者著照様直書餘職制、及臨文應用者著省一畫、臨讀者應稱為尊字亦足昭敬重。……壬寅紹治二年、列廟徽號與玉牒、寔録中遇有應書人名、及臨文如有恭遇列聖徽號、亦準各敬缺一筆、至如臨文如係南国及北朝前代帝王廟號竝一切常用文字、準各隨文義或改為尊字、或別字者毋得仍前省畫餘依議行」とある。阮朝国史館『大南寔録』正編、「大南寔録十三」第三紀(慶応義塾大学言語文化研究所、一九七七年)巻四、六三頁、巻二十六、三六六頁を参照。〔 〕内は双行注である。
(31)注24前掲、「訓女子歌」第五葉表裏。
(32)「事死如事生、事亡如事存」は『中庸』第十九章による。
(33)注17前掲、「訓女演音歌新訂」第八葉裏、第九葉表。
(34)竈君は竈の神様である。「九天司命」すなわち「九天東廚司命灶府神君定國護宅天尊」という竈君の正式の名前である。大西和彦氏によれば、「『竈君真経』には、竈君は「九天東廚司命灶府神君定國護宅天尊」、「東廚司命定福灶君化生定祿天尊」という二つの名前がある。(大西和彦「『竈神真経』解題」『周縁の文化交渉学シリーズ7 フエ地域の歴史と文化』、関西大学文化交渉学教育研究拠点、二〇一二年を参照)。
(35)この三〇日の夜というのは旧暦一二月三〇日である。
(36)注24前掲、「訓女子歌」第四葉表。

(37) 注17前掲、「訓女演音歌新訂」第三葉表裏。
(38) 注24前掲、「訓女子歌」第四葉裏。
(39) 注17前掲、「訓女演音歌新訂」第七葉表。
(40) 注17前掲、「訓女演音歌新訂」第七葉裏、第八葉表。
(41) □は欠字（一文字）を示す。
(42) 『啓童説約』（NLVNPF－0617, R562、ベトナム国家図書館の電子文）、第二八葉～第二九葉表裏。
(43) 注17前掲、『訓女演音歌新訂』、第五葉表。
(44) 注24前掲、「訓女子歌」第六葉表裏、第七葉表。
(45) 注17前掲、「訓女演音歌新訂」、第五葉表。
(46) 注24前掲、「訓女子歌」第七葉表。
(47) 宇野精一『小学』新釈漢文大系三、明治書院、一九六五年、一七六頁。
(48) これは嗣徳帝の名である阮福時の「時」の諱の同音の「時」を避けるため欠筆して「時」としている。このことは『欽定大南会典事例』に、「紹治七年十月日　議奏恭照　御名字臨文改用臨讀避音人名地名不得用冒該三字〔一字左從日右從寺改用序、字上從山下從日同、又如寺刻之類照隨文義通暢凡係應改之字其義甚廣名以例推……〕。偏旁諸字臨文改用、人名地名仍不得冒用三十一字〔一字上艹頭左從日右從寺、一字左從氵中從日右從寺、一字左從魚中從日右從寺、一字左從土中從日右從寺……〕」とある。阮朝国史館『欽定大南会典事例』（天理大学図書館所蔵）巻百二十一、第一四葉裏以下を参照。
(49) 『啓童説約』（NLVNPF－0617・R.562、ベトナム国家図書館の電子文）、第一葉表裏。
(50) 『裴家訓孩』（VNv214、一九〇八年、漢喃研究院蔵）第一葉表裏。
(51) 「六八体」および「双七六八体」とは、ベトナム語の独自の短詩形慣用表現である。五言・七言という中国における詩歌形式にもとづき、押韻・平仄などの規則をふまえて二行以上の六音、八音を交替させるのが「六八体」、四行以上の七音、七音、六音、八音を交替させるのが「双七六八体」の詩歌形式である。この二つの詩歌形式は漢詩、中国の文献、儒教経典を翻訳・解説した作品や、ベトナムの歌謡、民謡など民間文学の作品によく使用された。

執筆者一覧（掲載順）

内田慶市	関西大学外国語学部教授・言語接触研究班主幹
鄒振環	復旦大学歴史系教授
沈国威	関西大学外国語学部教授・言語接触研究班研究員
乾善彦	関西大学文学部教授・言語接触研究班研究員
高橋文博	就実大学教授
王青	中国社会科学院・哲学研究所研究員
藤田髙夫	関西大学文学部教授・近世近代日中文化交渉研究班研究員
中谷伸生	関西大学文学部教授・近世近代日中文化交渉研究班研究員
髙橋沙希	東西学術研究所非常勤研究員
松浦章	関西大学文学部教授・近世近代日中文化交渉研究班研究員
吾妻重二	関西大学文学部教授・東アジア宗教儀礼研究班研究員
横山俊一郎	東西学術研究所非常勤研究員
三浦國雄	四川大学教授・東アジア宗教儀礼研究班委嘱研究員
西本昌弘	関西大学文学部教授・東アジア宗教儀礼研究班研究員
二階堂善弘	関西大学文学部教授・東アジア宗教儀礼研究班研究員
佐藤トゥイウェン	東西学術研究所非常勤研究員

関西大学東西学術研究所研究叢刊 52
文化交渉学のパースペクティブ
── ICIS 国際シンポジウム論文集 ──

平成 28（2016）年 8 月 31 日　発行

編著者　吾妻重二

発行者　関西大学東西学術研究所
〒564-8680　大阪府吹田市山手町 3-3-35

発行所　関 西 大 学 出 版 部
〒564-8680　大阪府吹田市山手町 3-3-35

印刷所　株式会社　遊　文　舎
〒532-0012　大阪府大阪市淀川区木川東 4-17-31

ISBN978-4-87354-637-7 C3020　